Ullstein Materialien

D1928757

Ullstein Materialien
Ullstein Buch Nr. 35246
im Verlag Ullstein GmbH,
Frankfurt/M – Berlin

Originalausgabe

Umschlagentwurf:
Kurt Weidemann
Alle Rechte vorbehalten
© 1986 by Verlag Ullstein GmbH,
Frankfurt/M – Berlin
Printed in Germany 1986
Gesamtherstellung:
Ebner Ulm
ISBN 3 548 35246 4

Oktober 1986

CIP-Kurztitelaufnahme
der Deutschen Bibliothek

Freudenthal, Margarete:
Gestaltwandel der städtischen, bürgerlichen und proletarischen Hauswirtschaft zwischen 1760 und 1910 / Margarete Freudenthal. Mit e. Vorw. von Katharina Rutschky. –
Orig.-Ausg. – Frankfurt/M; Berlin: Ullstein, 1986.
(Ullstein-Buch; Nr. 35246: Ullstein-Materialien)
ISBN 3-548-35246-4
NE: GT

Margarete Freudenthal

Gestaltwandel der städtischen, bürgerlichen und proletarischen Hauswirtschaft zwischen 1760 und 1910

Herausgegeben und mit einem Vorwort
von Katharina Rutschky

Ullstein Materialien

Inhalt

Katharina Rutschky:
Ein Stück deutscher Geschichte und Wissenschaft

I Lebenslauf

Auch heute noch ist es üblich, der Doktorarbeit einen knappen Lebenslauf beizugeben, in dem der Kandidat bzw. die Kandidatin über Herkunft und Bildungsgang Auskunft gibt. Im Fall der Margarete Freudenthal sah er so aus:

»Ich wurde am 15. August 1894 als Tochter des Kaufmanns Robert David und seiner Ehefrau Elisabeth geb. Hisch in Speyer a. Rh. geboren. Nach privater Grundschulvorbereitung besuchte ich das Lyceum Steimer und späterhin die Städtische Studienanstalt realgymnasialer Richtung Schillerschule zu Frankfurt a. M. Ostern 1914 bestand ich an dieser Anstalt die Reifeprüfung.

Darauf widmete ich mich vom Sommersemester 1914 bis zum Wintersemester 1916/17 dem Studium der Nationalökonomie, Philosophie und Kunstgeschichte an den Universitäten Freiburg i. Br., Frankfurt a. M. und Berlin.

Am 24. Mai 1917 heiratete ich den ordentlichen Professor für Strafrecht, Strafprozeßrecht und öffentliches Recht an der Universität Frankfurt, Geheimrat Dr. Berthold Freudenthal. Am 18. September 1926 wurde unser Sohn Klaus geboren. Am 13. Juli 1929 starb mein Mann. Vom Wintersemester 1930/31 bis zum Sommersemester 1934 setzte ich mein früheres Studium – nunmehr mit dem Hauptfach der Soziologie – an der Universität Frankfurt fort.«

Die Kandidatin, deren mündliche Prüfung am 20. 12. 1933 stattfand, widmete ihre Arbeit dem Andenken ihres verstorbenen Mannes. Sie erschien im März 1934 im Druck. Kein gewöhnliches weibliches Leben, das hier so summarisch dargelegt wird. Sehr zahlreich dürften promovierte Soziologen, schon gar Soziologinnen, damals noch nicht gewesen sein, das Fach war noch zu neu, und die Frage drängt sich natürlich auf, was denn nun aus der Dr. Margarete Freudenthal weiter geworden ist? Nun, was war zu erwarten? Die dank einer ordentlichen Witwenpension ökonomisch unabhängige Frau konnte sich auf das Risiko einer akademischen Karriere einlassen. Bereits 1936 habilitierte sie sich, auch in Frankfurt, und zwar mit dem zweiten Teil ihres Forschungsprojekts über den Gestaltwandel der Hauswirtschaft, der von 1910 bis 1933 reichte und auch eine empirische Untersuchung von 40–50 Frankfurter Haushalten unter dem Einfluß der Krisenbedingungen jener Jahre enthielt. Als Privatdozentin hielt sie dann Übungen und Vorlesungen zu kultursoziologischen Themen ab, wobei sie sich besonders der bis dahin vernachlässigten Erforschung weiblicher Lebenszusammenhänge widmete. Als sie 1939 an der dem Neuen gewissermaßen schon traditionell aufgeschlossenen Universität in Frankfurt den eigens für ihr Forschungsgebiet errichteten Lehrstuhl erhielt, sprach man, etwas ironisch, von Frauenforschern, die hier diplomiert würden ... Als ich 1960 das Studium aufnahm, war Frau Prof. Freudenthal zwar gerade emeritiert, hielt aber noch regelmäßig Seminare gemeinsam mit Prof. Elias ab, den sie schon als Assistenten von Karl Mannheim kennengelernt hatte. Ich besuchte ein Seminar über die Soziologie der Ehe ...

Natürlich ist diese Fortsetzung des Freudenthalschen Promotionsverfahrens ausgedachter Unsinn, oder besser sollte ich sagen: leider; denn natürlich wäre dieser Lauf der Dinge schon gewesen, die Geschichte ist aber extrem unnatürlich, wie das Beispiel zeigt. Es ist nicht müßig, nicht überflüssiges Gedankenspiel, sich auszudenken, was gewesen wäre, wenn im Sommersemester 1933 der eigentliche Doktorvater Freudenthals, Karl Mannheim, nicht, wie sie sagt, schon nach England »ausgewandert« oder der Dr. Elias nicht nach Paris »gegangen« wäre.[1] Karl Mannheim (1893–1947) erhielt eine Stelle an der London School of Economics; denn er hatte sich schon in den zwanziger Jahren mit zahlreichen Veröffentlichungen einen Namen gemacht.[2] Sehr viel schwieriger war das Exil für Norbert Elias, dessen erstes großes Werk überhaupt erst in den Jahren des Exils entstand, ehe es 1939 unter dem Titel »Über den Prozeß der Zivilisation« in einem unbekannten Basler Verlag erscheinen konnte.[3] Zwar mußten noch viele Jahre vergehen, ehe Elias und seine Arbeiten bei uns bekannt wurden, dafür fiel der späte Ruhm aber – nur selten ist Geschichte so gerecht – um so strahlender aus. Und Margarete Freudenthal? Sie verschwand und hinterließ nichts, als die in Würzburg gedruckten Pflichtexemplare der Dissertation. Nachdem der Berliner Soziologe Dieter Claessens (daß er das seinige zur wissen-

1 Margarete Sallis-Freudenthal: Ich habe mein Land gefunden. Autobiographischer Rückblick. Frankfurt/M. 1977, S. 119

2 Diese gesammelt und erläutert in Karl Mannheim: Wissenssoziologie. Auswahl aus dem Werk. Eingeleitet und hrsg. von Kurt H. Wolff. Berlin und Neuwied 1964

3 Vgl. dazu Peter R. Gleichmann, Johan Goudsblom und Hermann Korte, Hrsg.: Human Figurations. Essays for/Aufsätze für Norbert Elias. Amsterdam 1977

schaftlichen Wiedereinbürgerung auch von Norbert Elias getan hat, sei am Rande erwähnt) mehrfach auf diese Arbeit in seinen familiensoziologischen Seminaren hingewiesen hatte, stellte ich schließlich fest, daß die junge Bibliothek der Freien Universität Berlin dennoch ein Exemplar besaß. Der vollständige Titel der Dissertation lautet: »Gestaltwandel der städtischen bürgerlichen und proletarischen Hauswirtschaft unter besonderer Berücksichtigung des Typenwandels von Frau und Familie, vornehmlich in Südwestdeutschland zwischen 1760 und 1933. I. Teil von 1760 bis 1910.« Im Umfeld von Sozialisationstheorie, Familiensoziologie und den Selbsterforschungsmühen der zweiten Frauenbewegung (die erste hatte ihren Höhepunkt in den Jahren vor dem Ersten Weltkrieg) stieß die Freudenthalsche Arbeit auch anderswo auf Interesse, ohne daß aber der Name mehr wurde als ein Ordnungsmittel für die Bibliographie.[1] Das ist der Brauch in der Wissenschaft, wo das Persönliche nichts zu suchen hat. Man stellte fest, daß der zweite Teil, auf den der Titel so deutlich verwies, nicht erschienen war; warum, das fragt man nicht.

Wer war also Margarete Freudenthal, geb. David, und vor allem, was war aus ihr geworden? Es war, wie es oft in schwierig scheinenden Fällen zu gehen pflegt, ganz leicht, diese und viele andere Fragen zu beantworten. Meine Heldin war verschwunden, weil sie Jüdin war, und sie blieb es, weil sie eine Frau war, eine sehr bürgerliche Frau dazu, die, akademischer Titel hin, wissenschaftliche Interessen her, ihre wichtigste Aufgabe in der Erfüllung der Pflichten einer Ehefrau, Mutter und Mitarbeiterin sah. Zwar hatte sie ihren Namen (zum zweiten Mal) nach einer neuen Heirat geändert und hieß jetzt Gred Sallis, aber sie war noch unter der uralten Adresse zu erreichen, die mir der Zufall in die Hände gespielt hatte. Sic war also 1934 nach Palästina ausgewandert, hatte aber hier unter den beiden durch Heirat erworbenen Namen einen Band mit Erinnerungen aus ihrer ersten Lebenshälfte veröffentlicht.[2]

Wie kam es, daß Dr. Gred Sallis in Palästina nach einigen verheißungsvollen Anfängen, ihre Qualifikationen beruflich zu nutzen, sich

1 Auszüge der Dissertation bei Heidi Rosenbaum, Hrsg.: Familie und Gesellschaftsstruktur. Frankfurt/M. 1974 und Ute Gerhard: Verhältnisse und Verhinderungen. Frauenarbeit, Familie und Rechte der Frauen im 19. Jahrhundert. Frankfurt/M. 1978

2 Der in Anm. 1 genannte Band enthält die Erinnerungen einschließlich der Auswanderung und der ersten Monate in Palästina. Die Fortsetzung unter dem Titel »Die Lilie des Scharon. Von Palästina zum Staate Israel«. Frankfurt/M. 1982 (ebenfalls Verlag Josef Knecht) reicht bis 1951.

wieder mit der Rolle einer »Mitarbeiterin« ihres Mannes (er baute einen Treibstoffhandel auf) begnügte? Die Frage scheint eine Privatangelegenheit zu betreffen, wie so oft, wenn es um Probleme weiblicher Emanzipation geht. Umgekehrt ist die Frage, warum Margarete Freudenthal so gut und schnell begriff, welche Gefahr von den Nationalsozialisten drohte, nicht indiskret; denn es wird nach dem Wissen gefragt, das zum realitätsgerechten Handeln führt. Auch aus dunklem moralischem Eigennutz stellen wir leichter die Frage, warum so viele andere Juden nicht die Flucht ergriffen, als umgekehrt zu prüfen, wer die Leute waren, die, von heute aus gesehen, zu verstehen schienen.

Von Politik ist bei Freudenthal nicht die Rede, so seltsam das im Hinblick auf die Ereignisse ihrer Lebenszeit – Weltkrieg, Revolution, Inflation, Faschismus, Gründung des Staates Israel –, aber auch die gesellschaftlichen Veränderungen klingen mag, an denen sie teilhatte. Eine höhere Mädchenbildung, das Abitur, das Recht zu studieren, zu wählen und einer anspruchsvollen Berufsarbeit nachzugehen, all das waren ja für diese Frauengeneration Errungenschaften und keine Selbstverständlichkeiten. Nein, von Politik als Kampf gesellschaftlicher Interessengruppen um Macht und Einfluß ist nie die Rede; denn das besitzende und gebildete Bürgertum, dem Margarete Freudenthal angehörte, kennt nur öffentliche Angelegenheiten, die von Honoratioren, vielleicht unter Zuhilfenahme von Experten, vernünftig geregelt werden. Das hat, gerade in ihrer Heimatstadt Frankfurt, das praktische soziale Engagement und das Zustandekommen philanthropischer Unternehmungen großen Stils nicht behindert, ganz im Gegenteil. Das berühmte Institut für Sozialforschung stiftete ein Frankfurter Bürger von dem Geld, das er im argentinischen Getreidehandel verdient hatte. Und dieses Institut unternahm es, in Gemeinschaftsarbeit mit einer Moskauer Einrichtung, die erste kritische Ausgabe der Schriften von Marx und Engels zu veranstalten. Auch die Frankfurter Universität, zu deren Mitbegründern man Berthold Freudenthal rechnen muß, ist ja eine bürgerliche Stiftungsuniversität.[1]

Was hat nun Margarete Freudenthal, dieses bürgerliche und politische Weltverständnis vorausgesetzt, gegenüber der Gefahr, die vom Nationalsozialismus drohte, so hellsichtig gemacht? Eine Voraussetzung war wohl mit der »Unfähigkeit [gegeben], richtig deutsch-

1 Dazu Wolfgang Schivelbusch: Intellektuellendämmerung. Zur Lage der Frankfurter Intelligenz in den zwanziger Jahren. Frankfurt/M. 1982 und Paul Kluke: Die Stiftungsuniversität Frankfurt am Main 1914–1932. Frankfurt/M. 1972

patriotisch zu fühlen, so wie es die anderen Klassenkameradinnen und einige Lehrer taten und verlangten. Auf Schulausflügen etwa hatte ich eine Abneigung gegen all die nationalistischen Lieder. Ein Ausflug zum Niederwald-Denkmal, bei dem man sich in Hetztiraden gegen Frankreich und in überbetonter ›Deutschland über alles‹-Stimmung erging, ist mir in dieser Hinsicht in besonders unangenehmer Erinnerung geblieben.«[1] Ich denke, hier ist die Deutung erlaubt, daß der Elfjährigen weniger der Inhalt dieser Lieder, Reden und Feiern zuwider war, als daß sie eine nun wirklich instinktive Abneigung gegen hysterisch getönte Gemeinschaftserlebnisse hatte, von denen sich ein sorgfältig erzogenes, ja eigentlich sehr verwöhntes Kind gar nichts versprechen konnte. Und auf dieser Linie von Anspruch und gut entwickeltem Selbstgefühl lag auch viel später ihre Reaktion auf eine Wahlkampfveranstaltung der NSDAP mit Hitler:

»Es muß im Januar oder Februar 1932 gewesen sein, als Hitler in einer Wahlversammlung in der Frankfurter Festhalle sprach. Ich bekam eine Karte und ging, wie man mir geraten hatte, schon um 1.30 Uhr mittags hin, als die Tore sich öffneten, obgleich die Redner erst für 8 Uhr abends angesagt waren. Trotz des Stromes von Menschen, der die Riesenhalle sofort vollkommen füllte, erhielt ich einen guten Platz ziemlich weit vorne gegenüber der Rednertribüne. Die achtstündige Wartezeit wurde nicht lang, denn es geschah immerfort etwas für uns: Sprechchöre von einer Seite, Sprechchöre von der anderen, Aufmärsche über Aufmärsche, bis sämtliche Organisationen mit ihren Standarten szenisch gruppiert waren, Filmvorführungen überall, wo man hinsah, Ansprachen aus allen Richtungen, und dann die langsame Steigerung vom Kreisleiter zum Gauleiter, vom Gauleiter zu Goebbels, zu Göring. Vom Göring zu Hitler? O nein, noch lange nicht! In Etappen wurde, von brausendem Beifall umrahmt, ab 8 Uhr seine Annäherung mitgeteilt: Der Führer verläßt Kassel, er fährt durch Friedberg, er fährt durch Vilbel, Blumen allüberall auf seinen Wegen, triumphierend hält er seinen Einzug. Blasmusik ertönt, Marschlieder zum Gestampf der Stiefel, die Luft ist zum Schneiden, Frauen schreien hysterisch, alles ist in einem Trancezustand – wo hatte ich das alles schon einmal erlebt? – o ja, die Heilsarmee, damals in London – dies war eine neue Heilsarmee. Ein paar Plätze von mir entfernt saß zufällig meines Mannes alter Arzt, ein bekannter Psychiater, bis damals kein Nazi, vielleicht ein guter Nationalliberaler. Als

1 Sallis-Freudenthal a.a.O., S. 18f.

Hitler schließlich nach 9 Uhr vor der tosenden Menge auf die Tribüne sprang, sagte er halb erstaunt, halb anerkennend: ›Oh, er sieht sehr gepflegt aus . . .‹ Was Hitler sagte, vielmehr uns mit heiserer Stimme entgegenschrie, weiß ich nicht mehr, es war auch nicht wichtig und bestimmt am nächsten Morgen in der Zeitung zu lesen. Aber was ich sagte, als ich nach Hause und an meines Vaters Krankenbett kam, weiß ich noch genau. Ich sagte: ›Ihr werdet sehen – das kommt!‹ Worauf meine Eltern wie aus einem Mund riefen: ›Ausgeschlossen!‹ – ›Ausgeschlossen!‹ sagten sie auch am nächsten Tag im Seminar, ›ausgeschlossen!‹ sagten meine Freunde und Freundinnen, von denen keiner mitgegangen war . . . Ich kaufte mir ›Mein Kampf‹ und las ihn.«[1] Es ist schwer, von dieser naiven Nüchternheit sich nicht beeindrucken zu lassen, auch wenn man ihre Grenzen kennt.

Gelegentlich macht Freudenthal in ihren Erinnerungen die gut gemeinte Bemerkung, jemand sähe ganz »unjüdisch« aus oder, wie im Fall der über alles geliebten Mutter, habe eine »unjüdische« Pensionatserziehung genossen und zähle ebenso viele Christen wie Nichtchristen zu seinen Freunden. Das deutet nun kaum auf jüdischen Selbsthaß, eher auf die Sehnsucht, eine leere Partikularität abzustreifen, und sich als Mensch und Deutscher in einer universaleren Ordnung wiederzufinden. Freudenthals Eltern waren nicht Mitglied der jüdischen Gemeinde und erzogen ihr einziges Kind, wie man damals sagte, »freireligiös«. Ihr erster Mann Berthold Freudenthal, der 22 Jahre ältere Professor und Geheimrat, den die Studentin heiratete, gehörte zu den sogenannten Jom-Kippur-Juden, die einmal im Jahr zur Synagoge gingen. Er hielt sich sogar, ungeachtet seiner bedeutenden öffentlichen Stellung, in Angelegenheiten der immer wieder angefeindeten jüdischen Bürger zurück, obwohl er sein Leben lang schwer darunter gelitten hatte, den Leuten immer wieder beweisen zu müssen, »daß er keine silbernen Löffel stehle«.[2] So gewann Margarete Freudenthal erst in der kurzen Zeit vor der immer wahrscheinlicher werdenden nationalsozialistischen Machtergreifung das recht unfreiwillige Bewußtsein ihrer Zugehörigkeit zum jüdischen Volk, das andererseits aber nicht durch Blutsverwandtschaft, sondern durch den Glauben gebildet wird, den sie ja gar nicht hatte . . . Eine schwierige Situation, die sie dann aber sehr bürgerlich und sehr weiblich auffaßt und meistert. Sie begreift, »daß wir in Deutschland nicht zu Hause

1 Sallis-Freudenthal, a.a.O. S. 112 f.
2 Sallis-Freudenthal, a.a.O., S. 69

(sind) und alles andere Illusion gewesen (ist). Ich aber wollte ein Zuhause, ein Zuhause im Judentum.«[1] 1934, hier ist die Angabe im Lebenslauf zu korrigieren, studierte sie natürlich nicht mehr in Frankfurt, sondern unternahm eine erste Reise nach Palästina, wohin sie in der zweiten Jahreshälfte mit Sack und Pack, mit dem kleinen Sohn und der Mutter (der Vater war 1932 gestorben) übersiedelte. Sie war nun zum tapferen Optimismus verpflichtet und wurde eine überzeugte Bürgerin des entstehenden Staates Israel. Wieder baute sie ein Zuhause, ein Haus auch, aber diesmal auf »eigenem« Grund und Boden, eine Überzeugung, die ja auch der Titel der Erinnerungen zum Ausdruck bringt. Sie dachte nie daran zurückzukehren, obwohl die Sprache, die deutsche Sprache eine »Heimat« blieb.[2] In ihrer zweiten Ehe mit einem weit herumgekommenen, aus Litauen gebürtigen Juden, war sie wieder, was sie in der ersten Ehe auch so lange gewesen war: die wichtige Mitarbeiterin ihres Mannes. Sie starb am 16. November 1984.

II Wer macht das Zuhause?

Als die Studentin der Nationalökonomie Gred David sich mit dem Professor Freudenthal verlobte, fragte der Vater besorgt, ob sie denn nun auch kochen lerne? Ich glaube nicht, daß sie es je gelernt, gar mit Begeisterung betrieben hat, wie sie auch der ganzen übrigen Hauswirtschaft, trotz der ja auch wissenschaftlich vertretenen Überzeugung von ihrer Bedeutung, nichts abgewinnen konnte. Ihre Mutter hatte nicht nur Dienstboten, sondern zur Betreuung ihrer einzigen Tochter auch eine Erzieherin, die Gred bis zum Abitur begleitet hat. Auch der gutbürgerliche Professorenhaushalt wurde von der Frau Geheimrätin zwar geleitet, aber nicht mit eigener Hände Arbeit in Gang gehalten. In ihrem ersten Frankfurter Haus beschäftigte sie zeitweilig zwei Hausangestellte und ein Kindermädchen. Auch in Palästina bzw. Israel ließen sich lange unter den Einwanderinnen Dienstboten rekrutieren.[3] Die bürgerliche Frauenbewegung, der Freudenthal ideologisch zuzurechnen ist, hat zwischen unabweisbaren Emanzipationsbedürfnissen und der traditionellen Frauenrolle einen Kompromiß finden wollen, der eigentlich immer schon überholt war,

1 Sallis-Freudenthal, a.a.O., S. 117
2 Gespräche Frankfurt 12. bis 14. Mai 1981
3 Sallis-Freudenthal: Die Lilie des Scharon, a.a.O., S. 112ff.

obwohl er bis in den Handarbeits-, Hauswirtschafts- und Gartenbauunterricht der fünfziger Jahre gewirkt hat. Auf der einen Seite konnte man einer immer größer werdenden Anzahl bürgerlicher Mädchen und Frauen die höhere Schulbildung nicht vorenthalten, auf der andern wollte man aber durch frauenspezifische Unterrichtsfächer an der »natürlichen« Arbeitsteilung der Geschlechter festhalten. Faktisch galt sie vor allem für die Mädchen und Frauen der unteren Sozialschichten, die auf diesem Weg lernten, die Doppelbelastung durch ihren eigentlichen und uneigentlichen Beruf als Hausfrau und »Mitverdienerin« zu tragen. Für die gebildete bürgerliche Frau, die die Hausarbeit von anderen machen lassen konnte, sah der Kompromiß anders aus. Sie wertete die Hausarbeit durch eine betriebswirtschaftliche und arbeitswissenschaftliche Umschreibung auf, um dann als gewissermaßen theoretische Hausfrau den Haushalt überhaupt zum Gegenstand professioneller Arbeit zu machen. Das Schlagwort der Hausfrau der Neuen Sachlichkeit hieß Rationalisierung, und wie schon die Haushaltsliteratur des 19. Jahrhunderts, bot jetzt der neue Haushalt ambitionierten Frauen die Möglichkeit zu forschen, zu lehren, Vorträge zu halten, Vereine zu gründen und zu schreiben, ohne daß durch diese »männliche« Tätigkeit ihre Weiblichkeit infragegestellt worden wäre; denn sie verließen ja mit dieser Arbeit nicht den ihnen eigentlich zugemessenen Bezirk, das Haus und den Haushalt. Es gelang den Frauenverbänden, den »Beruf« der Hausfrau in der Reichsstatistik der Berufe von 1925 erfaßt und sozusagen ehrenhalber anerkannt zu sehen. Was war damit gewonnen und auch damit, daß sich der Hausfrauenverband als Berufsorganisation und nicht als Interessenverband verstand? Was für mich ein bürgerlicher Irrweg mit den entsprechenden Mehrkosten ist, das hat Freudenthal ganz anders erlebt:

»Zu den interessantesten Persönlichkeiten aus unserem nächsten Umkreis, dem ich persönlich sehr viel verdanke, gehörte ein Nachbar, der damals sein Haus auf den Niddahöhen baute, der Frankfurter Stadtarchitekt Ernst May . . . Schon lange ehe er kam, gingen Gerüchte um, daß er ein Haus ohne Dach baue. Wir konnten uns das nicht vorstellen und gingen täglich dorthin, um es zu beobachten. Es hatte natürlich ein Dach, aber ein flaches, und so war es auch mit den kleinen weißen Siedlungshäuschen in einer Wohnkolonie nicht weit von uns. Und dann kam Herr May selbst und erklärte uns in Vorträgen und Aufsätzen, was ›funktionelles Bauen‹ sei, ganz kurz gesagt: Nur was praktisch und zweckmäßig sei, sei auch schön; alles andere nebst den Hausfrauen selbst, die nicht logisch denken wollten, gehöre in die Rumpelkammer. Ich begann mein ganzes Leben von früh bis spät neu zu durchdenken, und ich gab mir Mühe, auch meinen alten Haushalt, der viel Ballast und Leerlauf enthielt, einigermaßen umzustellen.

May baute natürlich ohne Dachboden und ohne Keller, da ja kein Gerümpel da war. Und da man im Innern nicht viel zu verbergen hatte, konnte so viel Glas wie möglich verwendet werden und Sonne, Luft und Licht und der Anblick blühender Gärten in die Häuser dringen. Er führte die praktische eingebaute kleine Küche ein, bei der kein Leerlauf entstand und in der die Hausfrau, ohne auf ihrem Drehstuhl aufzustehen, ringsum alles erreichen konnte. Er führte Klappbetten und übereinandergebaute Betten ein, namentlich für die Kinder, um so viel Platz wie möglich für den Tagesraum zu gewinnen.

Stadtrat May hatte viele Widerstände zu überwinden. Wenn er in seinen Vorträgen bei der Forderung angekommen war, daß man keine Tischtücher mehr brauche, sondern eine abwaschbare Milchglasplatte fürs ganze Leben genüge und den großen Vorteil habe, daß er den Kakaoflecken, den sein kleiner Sohn am Sonntag mache, nicht die ganze Woche sehen müsse – brach regelmäßig Gegröle und Radau aus: Wir wollen keine marokkanischen Dörfer, und unsere Kinder sollen nicht in Schiffskajüten schlafen, schrien sie... In meinem Leben gab es immer von Zeit zu Zeit Menschen, die den nachhaltigsten Einfluß auf mich ausübten... So ging es mir damals mit Ernst May und einigen Wegbereiterinnen der ›Neuen Hauswirtschaft‹ wie Dr. Erna Meyer mit ihrem berühmten Buch und ihrer Zeitschrift. Als mein Haushalt wuchs... wurde mir klar, daß ein Haushalt, genau wie jeder andere Betrieb nach rationellen Gesichtspunkten geführt werden müsse und der Organisation bedürfe. Mein Mann hatte alles andere vorbildlich organisiert. Als wir heirateten, fand ich bei ihm ein ›Wirtschaftsbuch für deutsche Beamte‹ vor, und er hielt mich dazu an, das ›Wirtschaftsbuch für deutsche Beamtenfrauen‹ zu führen; er hatte eine Kartothek für seine Bibliothek, die ich weiterführte... wir führten auch Buch über unsere Einladungen und Gegeneinladungen, etc. Nun begann ich – im Schuhkarton – eine Kartothek für den Gesamthaushalt anlegen, die ich später zu einer wirksamen technischen Hilfe der Haushaltsführung ausbaute. (Sie wurde auch kommerziell vertrieben, K.R.) Ich begann auch regelmäßig Aufsätze in der Zeitschrift des Frankfurter Hausfrauenvereins zu schreiben.«[1]

1 Sallis-Freudenthal: Ich habe mein Land gefunden, a.a.O., S. 79ff.

Setze ich mein Gedankenspiel vom Anfang fort, dann hätte es auch in dieser Richtung weiter gehen können: Einige Jahre älter, wäre Margarete Freudenthal Vorsitzende dieses oder jenes Vereins, Leiterin von Hauswirtschafskursen oder Herausgeberin eines Fachblattes geworden. Da sie für Fertignahrung, Wegwerfgeschirr und bügelfreie Textilien eingenommen war, könnte man auch an eine Stellung in der einschlägigen Industrie denken...

Als Berthold Freudenthal starb, war sie 35 Jahre alt. Liebe, Ehe, Kinderkriegen (ein erstes war im Säuglingsalter gestorben), das lag nun hinter ihr. Sie wurde wieder Studentin, diesmal aber eine ehrgeizige.

III Die Promotion in einem schlimmen Jahr

Hatte die Abiturientin 1914 noch Kunstgeschichte studiert, ein Crêpe de Chine-Fach zur standesgemäßen Beschäftigung der höheren Tochter zwischen Schule und Heirat – erst unter dem Eindruck des Krieges wechselte sie zur ernsten Nationalökonomie – belegte sie jetzt in Frankfurt Soziologie. Den ausdrücklich nur diesem neuen und noch nicht allgemein anerkannten Fach gewidmeten Lehrstuhl hatte seit 1930 als Nachfolger von Franz Oppenheimer, den Freudenthal bereits im Krieg in Berlin gehört hatte, Karl Mannheim inne.[1] Was sie für ihn so einnahm, war sein Interesse an der Aufschlüsselung und analytischen Durchdringung von ganz alltäglichen Phänomenen. Fast sofort wählte sie sich ihr Promotionsthema: »Ich entschied mich nach bittersüßer Neigung und Erfahrung für den Haushalt.«[2] Die historisch ausgerichtete Untersuchung seines Gestaltwandels wurde auf Verlangen Mannheims, zu dessen Dogmen der Vergleich gehörte, um einen zweiten Teil erweitert, in dem 50 Haushalte der unmittelbaren Gegenwart untersucht werden sollten. Das Seminar von Mannheim arbeitete einen Fragebogen aus, mit dem Freudenthal bis ins Frühjahr

1 Über Franz Oppenheimer und die Lehrtätigkeit Mannheims in Frankfurt vgl. Paul Kluke, a.a.O., S. 316f. und S. 545: »Seit 1931 führten Mannheim, Adolf Löwe, Ludwig Bergsträsser und Ulrich Noack eine Arbeitsgemeinschaft zur Sozial- und Ideengeschichte, die sich über mehrere Semester fortsetzen konnte. Es wurden z. B. in Vorlesungen und Übungen politische Probleme der Reichsverfassung, Themen der Sozialpsychologie oder neuerer Pädagogik erörtert, und es wurde eine gemeinsam geleitete Arbeitsgemeinschaft über den deutschen Frühliberalismus abgehalten. Erst das nazistische Regime hat diese vielversprechenden Ansätze eines neuen Arbeitsstils abrupt beendet.«

2 Sallis-Freudenthal, a.a.O., S. 109

1933 hinein eine Erhebung über Budget und Konsumgewohnheiten durchführte. Wie hatten großbürgerliche, mittelbürgerliche, kleinbürgerliche, proletarische und die Haushalte Arbeitsloser auf die ökonomische Krise reagiert?[1] Diese fast fertige Arbeit hätte nach Freudenthals Wünschen, die ein Lob Mannheims sehr gestachelt hatte, die Habilitationsschrift werden können und ist jedenfalls der Teil II, auf den der Titel der Dissertation verweist. Er ist verloren gegangen.[2] Auch der erste Teil mußte 1933 unter großem Zeitdruck und schwerer seelischer Belastung fertiggestellt werden. Im Sommer 1933 konnte sie die Arbeit zur Einleitung des Promotionsverfahren einreichen.[3]

Und bei wem? Natürlich nicht mehr beim eigentlichen Doktorvater Mannheim, sondern bei dem Historiker Georg Küntzel und dem vorläufigen Nachfolger Mannheims auf dem Lehrstuhl für Soziologie, Heinz Marr. Georg Küntzel war schon an der Akademie für Sozial- und Handelswissenschaften tätig gewesen, einer Vorläuferin der Frankfurter Universität. Ein Blick in seine Veröffentlichungen weist ihn als einen nationalkonservativen Wissenschaftler aus, der ziemlich hilflos nun, angesichts der Zusammenstöße auch auf dem Campus, an die Studenten appellierte, im »Tempel der Wissenschaft« den »geistigen Frieden« zu erhalten.[4] Nun, wir wissen heute, daß der bürgerliche Benimm, der Sinn für den Mittelweg in der Stille und das ausgleichende Gespräch nicht ausreichten, zivilisatorische Selbstverständlichkei-

1 Sallis-Freutenthal, a.a.O., S. 110 und S. 114f.

2 Gespräche Frankfurt 12. bis 14. Mai 1981. Möglicherweise erst im Zusammenhang mit einem Wiedergutmachungsverfahren in den fünfziger Jahren.

3 Für den Neudruck wurde das Literaturverzeichnis durchgesehen und die Angaben so weit möglich und nötig komplettiert. Unter normalen Bedingungen hätte Freudenthal diese Mängel und andere organisatorischen und stilistischen Schwächen ihrer Arbeit selbst korrigiert. Die Zeiten waren aber nicht mehr normal. Am 1. April 1933 fand der erste »Judenboykott« statt. Jüdische Kinder wurden aus der Schule nach Hause geschickt und eine Gruppe prominenter jüdischer Bürger durch die Straßen gejagt. Ein sorgfältiger Zeitungsleser wie Adolph Löwe, Horkheimers Vertreter im Institut für Sozialforschung, entdeckte in der Nacht zum 2. April in der Sonntagsausgabe der »Frankfurter Zeitung« den Hinweis, Juden müßten am Montag ihre Pässe bei der Polizei abgeben. Löwe reiste sofort ab; Sallis-Freudenthal a.a.O., S. 122f. gab ihren ab und schwebte wochenlang in Ungewißheit, ob sie ihn wiederbekommen würde. Vgl. auch die Erinnerungen anderer Frankfurter bei Mathias Greffrath: Die Zerstörung einer Zukunft. Gespräche mit emigrierten Sozialwissenschaftlern. Reinbek 1979.

4 Gerda Stuchlik: Goethe im Braunhemd. Universität Frankfurt 1933–1945. Frankfurt 1984, S. 62.

ten, auch nicht im akademischen Leben zu verteidigen.[1]

Heinz Marr (Jahrgang 1876), der Hauptgutachter, war zwar auch, wie Freudenthal schreibt, ein »alter Frankfurter«, dem Bürgertum möchte man diesen zeittypischen Ideologen aber nicht mehr zurechnen. Einmal davon abgesehen, daß er von der Machtergreifung der Nazis direkt profitierte – ohne die Lücken, welche die Emigranten hinterließen, wäre weder er noch mancher andere Professor geworden[2] – also von diesem unfeinen Benehmen abgesehen, ist er doch schon als Wegbereiter und Vorläufer einzuschätzen. Darüber gibt sein Hauptwerk, die Sammlung »Die Massenwelt im Kampf um ihre Form« hinreichend Auskunft. Es ist vermutlich auch kein Zufall, daß es gerade 1934 in der für ihr rechtsreaktionäres Programm bekannten Hanseatischen Verlagsanstalt erscheinen konnte. Die als »realsoziologisch« etikettierten Vorträge und Abhandlungen scheinen, oberflächlich betrachtet, Analysen des Parteiensystems, der Wirtschaftsverbände, der Bürokratie etc., kreisen aber nur um das pseudoreligiöse Verlangen nach völkischer Form, die Marr dann auch prompt im »Staatssozialismus« des Führers und seiner hochgestimmten Gefolgschaft zwar noch nicht verwirklicht, aber doch versprochen fand: »Was mich im Tiefsten bewegt, ist überall dies: ob bodenlose Masse aus Kräften des Bundes in raumgebundenes Volk rückverwandelt werden kann und ob so aus Volk sich Reich fügen mag.«[3] Mag man oft bedauern, daß das Bürgertum, dem Küntzel, aber auch Margarete

1 Typisch für den Widerspruch von bildungsbürgerlichen Werten und dem Glauben an den starken Staat, der mehr sei als die Summe seiner Bürger, Gesetze und Institutionen, der dieses Bürgertum handlungsunfähig machte, sind die Ausführungen von Küntzel zum Antritt seines Rektorats 1929: »Von Niebuhr bleibt sein Sinn für die soziale Bewegung, die in elastischer Verfassung aufgefangen werden müsse; von Ranke sein universaler europäischer, weltgeschichtlicher Sinn, der jede Vereinzelung der Nationen überwand und in der gegenseitigen Anerkennung ... die Grundlagen der europäischen Kultur erblickte; von Droysen sein Sinn für die gestaltende Kraft der sittlichen Persönlichkeit ... Alle aber sind sich einig in dem ... Bewußtsein, daß für den Fortschritt der Menschheit ... der starke Staat unentbehrlicher Rahmen und Voraussetzung sei, nicht als Organ des Zwanges und der Gewalt, sondern als Form eines Gemeinschaftslebens, das den einzelnen über sich selbst erhöht, und von jedem als für ihn selbst notwendig empfunden wird.« Georg Küntzel: Aus der Werkstätte der Geschichts-Wissenschaft. Frankfurter Universitätsreden 1929. XXXII, S. 29

2 »Die Anzahl derjenigen Frankfurter Professoren und Dozenten, die nach 1933 politischen und/oder rassistischen Repressionen ausgesetzt waren, liegt bei 36,5% ... Wie bei der Relegation der Studenten verzeichnete die Frankfurter Universität die zweithöchste Entlassungsquote nach der Hochschule in Berlin.« Gerda Stuchlik, a.a.O., S. 90

3 Heinz Marr: Die Massenwelt im Kampf um ihre Form. Zur Soziologie der deutschen Gegenwart. Hamburg 1934, S. 449

Freudenthal angehört haben, untergegangen ist, so hofft man doch, daß die Erinnerung an den Nationalsozialismus die Mehrheit vor der Flucht in die Weltanschauungen schützt, jene Hybridsysteme, welche auf dem Nährboden individueller und kollektiver Angst so beunruhigend gut gedeihen. Aber wie dem auch sei, Freudenthal erhielt Ende 1933 ihren Doktor mit der Note »gut«. Es war auch höchste Zeit. Sie schreibt in ihren Erinnerungen:

»Zu Beginn des Sommersemesters (1933, K.R.) wurden eines Tages die Namen der jüdischen Stifter der Universität, die in der Eingangshalle eingemeißelt waren, zerstört. Alle Wände wurden neu gemeißelt. Am folgenden Morgen hatte ein altes Stifter-Ehepaar (Moritz Oppenheim und seine Frau) – Eltern sehr naher Freunde von uns, die schon ausgewandert waren – Selbstmord begangen. Die Universität war gleichgeschaltet. Rektor wurde ein bekannter nationalsozialistischer Philosoph aus Heildelberg. Ich konnte meine Arbeit bei zwei älteren Professoren einreichen... Auf den Rat des Historikers, der es gut mit mir meinte, milderte ich einige Stellen in der Einleitung, die zu stark nach marxistischer Theorie aussahen. Ich brachte etwas von »blutsmäßiger, volkshafter und religiöser Bindung der Frau und von den ewigen Grundwerten von Ehe und Familie hinein.«[1]

Der neue Rektor hieß Ernst Krieck. Warum nennt Freudenthal den Namen nicht? Das Nachdenken darüber gehörte in ein Kapitel, in dem auch die Sprachregelung der »Auswanderung«, nicht der Flucht, Vertreibung oder Emigration abgehandelt werden müßte. Keine Klagen, keine Anklagen waren von der Besucherin aus Israel zu hören. Es gibt wohl Kränkungen, die so schwerwiegend sind, daß der Gekränkte selbst darüber nicht mehr sprechen kann. Es ist gut, daß diese Stille durch den Neudruck der Freudenthalschen Dissertation ein wenig unterbrochen wird.

IV Hausarbeit und neue Frauenbewegung

Darüber hinaus könnte die anschaulich aus schwer zugänglichen oder unveröffentlichten privaten Quellen erstellte Analyse dazu anregen, die Geschichte der Hausarbeit mit dem Blick auf die Veränderungen der Gegenwart noch einmal neu zu sehen. Zwar steht Freudenthal in

1 Sallis-Freudenthal, a.a.O., S. 123f.

ihrer Arbeit durchgängig auf dem Standpunkt der bürgerlichen Frauenbewegung, wonach die Frau für das Zuhause, den Haushalt und die Kindererziehung verantwortlich ist und mit der berüchtigten Doppelbelastung rechnen muß, falls sie nebenher noch einen Beruf ausüben will. Der Gedanke taucht nie auf, daß schließlich auch der Ehemann und Vater unter diesen Umständen zwei Berufen genügen müsse. Dieser Glaube an die natürliche Arbeitsteilung der Geschlechter behindert ihre Analyse der Hausarbeit und des Haushalts als eines Arbeitsplatzes, von Sein und Bewußtsein der Hausfrau sozusagen, weniger als es die emanzipativen Vorgaben der neuen Frauenbewegung tun. Die Ausbeutung und Unterdrückung der Frauen unter dem kapitalistischen Patriarchat (oder umgekehrt) läßt sich zwar unendlich oft belegen, daraus folgt aber nur ein Dauerklageton und kein soziologischer oder historischer Zusammenhang, in dem etwas verständlich wird, was um uns herum passiert. Die Vielzahl der angespannten theoretischen Debatten über »unbezahlte« Hausarbeit, Reproduktionsarbeit und die Gebrauchswertorientierung weiblicher Lebens- und Arbeitszusammenhänge usw. steht in einem auffälligen Gegensatz zu dem wenigen Wissen, das sich seit Freudenthals Beschreibung des Gestaltwandels angesammelt hat.[1] Wird es, um wenigstens ein Beispiel zu nennen, irgendwie vermehrt, wenn einem Politologen der gut gemeinte Versuch gelingt, der Hausfrau doch noch den offenbar ersehnten Platz im System der politischen Ökonomie einzuräumen, den Marx und die Marxisten ihr vorenthalten haben?[2] Solche theoretischen Ehren beeinflussen das Problemfeld ebenso wenig wie die ideologischen Kompensationen aus dem rechten Lager. Wenn Einkaufen, Kochen und Putzen im emphatischen Sinn als »gesellschaftliche Arbeit« aufzufassen sind, dann wird keine unlustige Hausfrau glücklicher, es sei denn für den Moment, in dem sie begreift, wie der über seine unbewußte Kunstfertigkeit im Prosasprechen

1 u.a. Lothar Schneider: Der Arbeiterhaushalt im 18. und 19. Jahrhundert. Berlin 1967. Sibylle Meyer: Das Theater mit der Hausarbeit. Bürgerliche Repräsentation in der Familie der wilhelminischen Zeit. Frankfurt 1982.
Für die Entwicklung in England, USA und Frankreich liegen einige ausgezeichnete Untersuchungen vor: Susan M. Strasser: Never Done. A History of American Housework 1850–1930. New York 1982. Auch Patricia Branca: Women in Europe since 1750. London 1978. Rosalind Davidson: A Woman's Work is Never Done. A History of Housework in the British Isles 1650–1950. London 1982.
2 Götz Rohwer: Zur politischen Ökonomie der Hausarbeit. In: Leviathan 13, 1985. Dort auch die Kritik von Rohwer bei: Barbara Sichtermann: Gegen eine politische Ökonomie der Hausarbeit.

verblüffte Bürger bei Molière. Während die ideologische Aufmöbelung in der bürgerlichen Frauenbewegung schon eine Tradition hat, ist die Verschwörungstheorie radikaler Feministinnen neu, welche die Frauen in einem »Teufelskreis« gefangen sieht, den »der« Mann gezogen hat: »Die Überlegenheit des Mannes wird erhalten durch: niedrige Löhne für Frauen auf dem geschlechtssegregierten Arbeitsmarkt: die ihre Abhängigkeit von der Ehe erhöhen: womit die unbezahlte Dienstleistungserbringung der Frau in der Ehe gewährleistet wird: wobei die Flexibilität der Frauen gegenüber dem Arbeitsmarkt reduziert wird.«[1] Die Falle ist schon lange zu, und es ist auch im Jahr 1984, aus dem das Zitat stammt, nicht klar, ob sie einmal aufgeht und vor allem, wer sie überhaupt öffnen könnte. Denn es gehörte ja zu den Überraschungen der einzigen großen Repräsentativuntersuchung der deutschen Hausfrauen, die Helge Pross in den 70er Jahren durchgeführt hat, daß sie (immerhin waren es damals zehn Millionen) selbstbewußter und zufriedener waren, als man es nach allen Diskussionen über das Hausfrauensyndrom und die Probleme der »grünen Witwen« erwarten konnte.[2] Trotz des Kontaktes mit der Wirklichkeit, den die Untersuchung von Helge Pross immerhin so weit herstellt, wie das eine Fragebogenuntersuchung zuläßt, hat sie zur Erhellung des Charakters der Hausarbeit und der Bedeutung, die ihr von all denen auch zugemessen wird, die von ihr Nutzen ziehn, wenig beigetragen. Auch sie hat, streng genommen, die große Konfusion nur vermehrt, die um die aneinander klebenden, sich abstoßenden und wieder anziehenden Begriffe Hausarbeit, Emanzipation, Berufsarbeit vor langer Zeit entstanden ist. Existiert da heute überhaupt noch irgendein Zusammenhang? Wie seltsam liest sich heute schon, nur zehn Jahre später, das Plädoyer von Pross für eine Art sozialer Rationalisierung der Schularbeitsbetreuung und des obligaten warmen Mittagessens in der Familie: »Die Privathaushalte bleiben mit Mittagsmahlzeit und Hauslehrerarbeit belastet, die weder grundsätzlich unersetzbar sind, noch einen erkennbaren vernünftigen Sinn besitzen: beide Funktionen tragen weder dazu bei, die Qualität der Kindererziehung zu erhöhen, noch sind sie geeignet, die Selbstbestimmungschancen der Frauen zu erweitern.«[3] Werden Kinder in die Welt

1 Ilona Kickbusch: Familie als Beruf – Beruf als Familie. Der segregierte Arbeitsmarkt und die Familialisierung der weiblichen Arbeit. In: Ilona Kickbusch und Barbara Riedmüller, Hrsg.: Die armen Frauen. Frauen und Sozialpolitik. Frankfurt 1984

2 Helge Pross: Die Wirklichkeit der Hausfrau. Reinbek 1976

3 Pross, a.a.O., S.85

gesetzt, damit sie als lästige Bearbeitungsgegenstände möglichst schnell Institutionen überantwortet werden können? Inzwischen hat sich herumgesprochen, daß Zweifel an den Möglichkeiten und Erfolgen professionalisierter Erziehung nicht erst dann zugelassen sind, wenn von Heimerziehung und Hospitalismus die Rede ist. Und das Mittagessen ist auch mehr als die sachgemäße Stillung des Hungergefühls mit Vitaminen, Ballaststoffen, Kohlehydraten und Fetten... Das war immer so, ist aber erst heute ganz sichtbar geworden, wo der schiere Nutzen der Hausarbeit auch außerhalb der Privathaushalte zu haben ist. Warum haben Meutereien, Revolten und sogar Revolutionen so gern ihren Ausgangspunkt vom schlechten Kantinenessen genommen und warum vermißt man in keiner Institution mehr die kleine Küche, wo es doch ein paar Automaten auch täten? Hausarbeit ist gewiß nicht weiblichen Menschen vorbehalten. Die Kriterien der Nützlichkeit, gar der Rationalität, reichen nicht entfernt aus, ihr Überleben in Kleinbetrieben zu erklären. Sie ist, wenn schon auf den eher irreführenden Begriff Arbeit nicht verzichtet werden kann, Kulturarbeit.[1] Das bedeutet nicht, daß sie der Kritik entzogen ist, denen auch sonst alle Objektivationen der Kultur unterzogen werden. Warum fangen Männer, die sich an dieser Kulturarbeit beteiligen, gerade mit dem Kochen an? Warum ist der Verbrauch an Putzmitteln in der Bundesrepublik so viel höher als in den auch nicht gerade verschmutzten Nachbarländern? Die historisch und soziologisch fundierte Theorie der Hausarbeit, deren Grundstein Margarete Freudenthal gelegt hat, steht noch am Anfang.

1 Joseph J. Valdez und Rémi Clignet: Household Work as an Ordeal: Culture of Standards versus Standardization of Culture. In: American Journal of Sociology 89, 1983/84

Einleitung

Die vorliegende Arbeit behandelt folgende Problemstellung:

Auf dem Hintergrunde des wirtschaftlichen Geschehens soll die Beziehung untersucht werden, die sich zwischen dem Gestaltwandel der städtischen Haushaltungen und der städtischen Frau einerseits und dem Gestaltwandel der städtischen Frau und der städtischen Familie andererseits in der Zeit zwischen 1760 und 1933 ergibt.

Dabei ist auf das Nachdrücklichste zu betonen, daß die Aufgabe, die hier gestellt ist, *nur* vom Haushalte ausgeht und *nur* die Wirkungen untersucht, die vom Wandel des Haushalts her auf die Frau und die Familie zu beobachten sind. Es soll damit nicht gesagt werden, daß nicht noch ganz andere und vielleicht viel entscheidendere Kräfte, wie z. B. die Liebe zu den Kindern und zum Manne oder weltanschauliche, blutsmäßige, volkhafte und religiöse Bindungen die Frau und ihr Verhältnis zur Familie geformt haben. Die Beziehung zwischen Haushalt, Frau und Familie stellt nur einen, wenn auch sehr wichtigen Ausschnitt des gesamten Umformungsprozesses dar. Und zwar einen Ausschnitt, dessen Bearbeitung Aufgabe der Soziologie ist, während andere Wissensgebiete sich mit der Aufhellung der anderen genannten Faktoren und ihrer Einflußsphäre beschäftigen. Dabei mag gerade die Behandlung des Haushaltproblems und der Versuch – neben den allgemein bekannten und üblichen Analysen der großen Willensverbände, Staat, Kirche, Sippe, Stämme usw. – auch von dieser kleinen Gemeinschaft aus große Zusammenhänge aufzuklären, eine besonders lockende Aufgabe sein.

Die Problemstellung ging von der Gegenwart aus, in der ich selbst als Haushaltführende bestimmte Tendenzen der Entwicklung glaubte beobachten zu können. Diese Tendenzen schienen namentlich in der Richtung zu liegen, daß sich, im Flusse des allgemeinen wirtschaftlichen Geschehens, die Art der Haushaltführung wesentlich gewandelt hatte, daß starke Wirkungen in diesem Zusammenhange auf die Gestalt der Frau und der Familie zu beobachten waren, während trotzdem bestimmte unantastbare Bezirke sich aller Veränderung und aller Beeinflussung entzogen. Hierher gehört vor allem die Tatsache, daß sich die Grundwerte von Ehe und Familie aus den Nachkriegs- und Krisenjahren in einer Kraft und in einer Reinheit errettet hatten, die den Glauben an den dauernden Gehalt dieser menschlichen Beziehungen rechtfertigen. Wenn also diese Arbeit die Wirksamkeit von Tendenzen beobachtet und versucht, über die Richtung und

Intensität von Entwicklungslinien Antwort zu geben, so tut sie dies nur immer im Hinblick auf die Gebiete, die einem Strukturwandel unterworfen sind, während das Unwandelbare bestimmter menschlicher Beziehungen bei dieser Betrachtungsweise selbstverständliche Voraussetzung ist.

Die Arbeit beginnt zu einer Zeit, in der in den Städten der Haushalt als Produktionswirtschaft, wenn nicht vollständig, so doch im Wesentlichen erhalten ist. Da es aber als Beziehungspunkt wichtig ist, eine noch ganz autarke hauswirtschaftliche Form kennen zu lernen, ist in den drei ersten Kapiteln jeweils auch ein ländlicher Haushalt bearbeitet. Im übrigen werden nur städtische Haushaltungen analysiert, und zwar städtische bürgerliche Haushaltungen (mit ihren verschiedenen Untergruppen kleinbürgerlicher, mittelbürgerlicher und großbürgerlicher Art) und städtische proletarische Haushaltungen, deren Beginn erst in die Mitte des 19. Jahrhunderts fällt.

Um das Material weiterhin zu beschränken, ist der Kreis des Dargestellten überall da, wo es möglich ist, auf Südwestdeutschland, insbesondere auf Frankfurt a. M. eingeengt. Streng genommen gliedert sich die Arbeit nach der Quantität des zur Verfügung stehenden Materials in einen soziologisch-historischen Teil ungefähr bis 1930, in dem der Materialstrom zuerst sehr schwach, nach und nach immer reichlicher fließt, und eine Gegenwartsaufnahme, in der in dem kleinen Zeitraum von drei Jahren verhältnismäßig viele Haushaltungen (ungefähr vierzig) untersucht worden sind. Da in der Familie Schlüsse auf die typische Struktur von Haushalt, Frau und Familie gezogen werden, könnte man nach dem eben Gesagten den Vorwurf der Oberflächlichkeit, mehr noch der ungleichen Behandlungsweise in den zwei verschiedenen Perioden aussprechen. Dem gegenüber ist folgendes zu sagen:

Weder die eine noch die andere Periode kann Anspruch auf absolute Genauigkeit, oder gar statistische Genauigkeit haben. Denn, wenn wir schon der Schilderung der Vergangenheit den Vorwurf machen können, daß in ihr das Material quantitativ und zeitlich nur spärlich vertreten ist, um so mehr können wir der Behandlung der Jetztzeit, trotz der 40 Gegenwartsanalysen, unseren Zweifel ausdrükken gegenüber dem unendlichen Reichtum und der Mannigfaltigkeit der überhaupt vorhandenen Haushalttypen. Wenngleich uns in der Gegenwart statistisches Material und Enqueten als Ergänzung zur Verfügung stehen, so kann auch hier kein Anspruch auf Vollständigkeit erhoben werden. Unser Gedankengang ist vielmehr der, daß nach gründlicher Untersuchung weniger, aber gut ausgewählter Beispiele von Haushalt-, Frauen- und Familiengestalten, sowie ihrer Auswirkungen im gesellschaftlichen Raume, die Vermutung dafür spricht, daß auch die übrigen Haushalt-, Frauen- und Familiengestalten der gleichen Zeit in *wesentlichen* Punkten ähnlich ausgesehen haben. Wir wagen es also, trotz mancher Einschränkungen, zu typischen Folgerungen vorzudringen.

Die einzelnen Einschnitte der Arbeit ergeben sich aus inneren Gründen zu bestimmten Zeitpunkten. Innerhalb dieser zeitlich getrennten Abschnitte werden jeweils mehrere Haushaltanalysen nach einem bestimmten Beobachtungsschema durchgeführt. Die Struktur dieses Beobachtungsschemas wird vor Beginn des ersten Kapitels ausführlich wiedergegeben und nur einmal, innerhalb der Analysen, nämlich bei dem Goethe'schen Haushalt, streng und sichtbar angewandt. Im übrigen liegt sie gedanklich allen Analysen zu Grunde, auch ohne daß es äußerlich hervortritt.

Da die Struktur eines Haushalts am klarsten hervortritt, wenn man sie im Gegensatz zur Gestalt eines modernen Haushalts ähnlicher Lagerung, d. h. ähnlicher Vermögenslage, Personenzahl usw. setzt, soll überall, wo es angängig ist, eine solche Gegenüberstellung, sei es zu vorangegangenen, sei es zu künftigen, sei es zu modernen Haushaltungen, versucht werden.

Die Entwicklung des Preisniveaus und die Währungsunterschiede sind in der Arbeit außer acht gelassen, da es ja hier auf Haushalt-Strukturen ankam, für die die genauen Preisfestsetzungen unerheblich waren.

Die vorliegende Untersuchung stellt nur den ersten Teil, also im wesentlichen den soziologisch-historischen Teil, dar. Sie schließt ungefähr mit dem ersten Jahrzehnt des 20. Jahrhunderts ab, d. h. in dem Augenblick, in dem schon der zweite große Gestaltwandel bürgerlicher Haushaltungen – der erste fällt in der Mitte des 19. Jahrhunderts – und seine Parallele zu den proletarischen Haushaltungen sichtbar werden.

In einem zweiten Teil, der im Material, aber noch nicht in der Ausführung vorliegt, soll dann dieser Gestaltwandel in seiner Problematik erfaßt und mit den Kriegs- und Nachkriegsjahren eine Gegenwartsanalyse von 40 Frankfurter Haushaltungen aller Schichten aus den Krisenjahren verbunden werden.

Die Arbeit wurde im Soziologischen Seminar der Universität Frankfurt unter der Leitung von Herrn Professor Dr. Karl Mannheim begonnen und nahezu fertig gestellt. Ich möchte Herrn Professor Dr. Mannheim an dieser Stelle meinen wärmsten Dank aussprechen für die vielfache Förderung und Anregung, die ich bei ihm erfuhr.

Herr Professor Dr. Marr und Herr Professor Dr. Küntzel hatten die Güte mir zu gestatten, die Arbeit zur Promotion bei ihnen einzureichen. Auch ihnen bin ich für ihre Hilfe zu aufrichtigem Danke verpflichtet.

Beobachtungsschema

Der *Lebensraum* und der *Wirkraum* prägen den Menschen.

Ich untersuchte den Lebensraum, in dem eine Frau steht, und die Funktionen des Haushalts als Wirkraum für die Frau.

Der Lebensraum ist der Inbegriff dessen, was die Frau aus ihrem sozialen Schicksal heraus in ihren Wirkraum mitbringt. Er bestimmt in entscheidender Weise die Art, wie sich die Frau innerhalb ihres Wirkraumes verhält und dessen Aufgaben bewältigt.

Der *Haushalt als Wirkraum* hat bestimmte *Funktionen*, die in jedem Haushalt wiederkehren.

Der Haushalt ist eine spezifische Form, um den *allgemeinen Bedürfnissen des Menschen nach Wohnung, Nahrung, Kleidung und Freizeitgestaltung* zu genügen.

Die *konkrete Gestalt* dieser allgemeinen Bedürfnisse in einem bestimmten gesellschaftlichen Raume und in einer bestimmten Schicht dieses Raumes nennen wir die *gesellschaftsüblichen Bedürfnisse*.

Wandeln sich die *allgemeinen ökonomischen Bedingungen* im gesellschaftlichen Raume, so wandelt sich die Art der Befriedigung der gesellschaftsüblichen Bedürfnisse, d. h. die Funktionen im Haushalt, mit.

Zwischen dem jeweiligen Aufbau des Wirtschaftsgefüges und den Funktionen des Haushalts steht als spezielle Bedingung jedes Haushalts die jeweilige *Gelddecke*. Sie ist einerseits von den allgemeinen ökonomischen Bedingungen beeinflußt und steht andererseits in einer bestimmten Beziehung zu den gesellschaftsüblichen Bedürfnissen im Haushalt.

Verändert sich das *Spannungsverhältnis* zwischen den gesellschaftsüblichen Bedürfnissen und dem Einkommen, so verändern sich damit die *Verhaltensweisen* der den Haushalt führenden Frau.

(Dabei ist die jeweilige Art und Herkunft des Einkommens zu berücksichtigen.)

Für diese *Beziehungen* zwischen Einkommen, gesellschaftsüblichen Bedürfnissen und Verhaltensweisen im Haushalt hat die *Nationalökonomie Gesetzmäßigkeiten* aufgestellt. (Engel'sches Gesetz, Schwabe'scher Satz). Diese Gesetzmäßigkeiten interessieren uns nur insoweit, als sie *soziologisch relevant* sind. D. h. wir müssen diese nationalökonomischen Ergebnisse und statistischen Aufschlüsse auf ihre soziologische Bedeutung hin untersuchen. Und wir müssen weiterhin bei diesen nationalökonomischen Gesetzen, die beschreiben, was *ist*, in jeder Richtung weiter vordringen, die uns erklärt, *warum* die Menschen, d. h. hier die haushaltende Frau, sich so und nicht anders verhalten.

Die Verhaltensweisen haben jeweils bestimmte *Gründe*:

a) den *subjektiven* Grund, den die Frau angibt, d. h. ihre Ideologie (Motivation)

b) den *objektiven* Grund.

In den Haushaltungen mit *ähnlichen Spannungsverhältnissen* werden die Verhaltensweisen und Motivationen der Frau tendenziell *ähnlich* sein. Es bilden sich also die für eine *soziale Schicht gesellschaftsüblichen Verhaltensweisen und Motivationen* heraus. (Aber im Rahmen des gleichen sozialen Schicksals bleibt ein individueller Spielraum.)

In den Haushaltungen mit *verschiedenen Spannungsverhältnissen* prägen die *verschiedenen Verhaltensweisen und Motivationen* der Frau *verschiedene Typen* der Frau. Die Frau, die wir vom Haushalt her analysieren, ist also immer zugleich ein *Typus* und der *Repräsentant einer sozialen Schicht.*

Die Weite der Wirkung, die ein Mensch in einem bestimmten Wirkraum hat, nennen wir seinen *Wirkradius*. Je nach dem Aufbau, den der Haushalt in seiner Beziehung zu den jeweiligen ökonomischen Bedingungen erhält, verändert sich der Wirkradius für die den Haushalt führende Frau.

Wir haben also bei jedem Haushalt, den wir analysieren, folgendes zu beachten:

1.) Den Lebensraum.

2.) Den Wirkraum, d. h.

   a) unter welchen allgemeinen ökonomischen Bedingungen

   b) in welcher sozialen Schicht, d. h. unter welchem Spannungsverhältnis zwischen gesellschaftsüblichen Bedürfnissen und Einkommen, entspricht der jeweilige Haushalt seiner spezifischen Form, den gesellschaftsüblichen Bedürfnissen zu genügen.

3.) Den Typus der Frau, der durch die Verschiedenheit der allgemeinen ökonomischen Bedingungen (Wirkradius) und die Verschiedenheit der sozialen Schichtung geprägt wird.

Die Art nämlich, wie die Frau unter diesen verschiedenen Bedingungen die Funktion des Haushalts *bewältigt*, ist durch folgende Symptome gekennzeichnet:

Die eine Art der Frau bewältigt die Aufgaben, die der Haushalt stellt, unmittelbar durch eigenen Einsatz, d. h. durch *körperliche und geistige Arbeit* im Haushalt.

Die andere Art Frau hat nur die *geistige Leitung* des Haushalts und läßt die körperlichen Dienstleistungen durch angestellte Kräfte ausführen.

Eine dritte Art Frau endlich, die »Dame« im engsten Sinne des Wortes, läßt sowohl die körperliche wie den größten Teil der geistigen Arbeit, die zur Bewältigung der Haushaltaufgaben notwendig sind, durch angestellte Kräfte erledigen, und *sie ist also fast völlig freigesetzt für reine, gesellschaftliche Funktionen.*

Zwischen diesen verschiedenen Möglichkeiten, welche der Frau im Zusammenhang mit der materiellen Basis des Haushalts und mit dem gesellschaftlichen Raume, in dem sie lebt, gegeben sind, gibt es unzählige *Übergangserscheinungen*. Jeder dieser verschiedenen Typen formt das *seelisch-geistige Leben der Familie* und das seelisch-geistige Leben der Frau.

Denn jeder dieser Typen zeigt in seiner Verhaltensweise eine andere Art der *Relation zwischen der Leistung des Mannes und der Leistung der Frau.* Dieses Verhältnis von Leistung und Gegenleistung ist bestimmend für die *Harmonie* oder die *Konfliktsituation* innerhalb einer Familie:

a) *subjektiv*, für das Selbstwertbewußtsein der Frau

b) *objektiv*, für die Beziehungen der Familienmitglieder zueinander.

1. Kapitel

Bürgerliche städtische Haushaltungen zwischen 1760 und 1830

Lebensraum

Meine Untersuchung beginnt mit einem Haushalt aus der zweiten Hälfte des achtzehnten Jahrhunderts. Es handelt sich um den Haushalt des Rat Goethe, des Vaters von Johann Wolfgang Goethe, dessen Haushaltungsbuch aus der Zeit zwischen 1753 und 1779 uns überliefert ist[1]. Die ersten Jahre der Haushaltsführung fallen in die Zeit der friderizianischen Kriege, die ihren Niederschlag in französischer Besetzung und Einquartierung finden.

Frankfurt am Main, die Stadt, in der die Familie Goethe lebte, hatte zur damaligen Zeit ungefähr 40000 Einwohner. Sie war eine reiche Handels- und Messestadt, gleichzeitig die Stätte der Kaiserkrönungen, in der eine große Anzahl vermögender Kaufleute, Bankiers und Ortsfremder einen außerordentlichen Luxus und Aufwand trieben[2]. Zur Charakteristik der Einkommensverhältnisse jener Kreise sei gesagt, daß Bankier Schönemann, der Vater von Goethes Lili, 1763 ein Vermögen von fast 2 Millionen Mark hinterlassen hat, und daß die Gebrüder Bethmann 1782 9½ Millionen Mark besessen haben[3].

Ein Sprichwort jener Zeit sagt: »In Frankfurt ist mehr Wein in den Kellern, als Wasser in den Brunnen.« Und bekannt ist Madame de Staëls Ausspruch über Frankfurt aus dem Ende des Jahrhunderts: »Francfort est une assez jolie ville, on y dine très bien et tout le monde s'appelle Gontard.«

Der Vater von Johann Caspar Goethe, ein aus Thüringen in Frankfurt eingewanderter Schneidermeister, hatte nach seiner Heirat mit einer Gasthofbesitzerin seinen Beruf in den eines Gastwirts und Weinhändlers umgewechselt. Johann Caspar Goethe hatte in seiner Jugend zum Doktor juris promoviert und ausgedehnte Sprachstudien und Auslandsreisen gemacht. Er lebte als Rentner mit dem Titel eines

1 Friedrich Bothe, Wirtschaft und Kultur in Goethes Vaterhause. In: Archiv für Frankfurts Geschichte und Kunst. Herausgegeben von Dr. Otto Ruppersberg. Frankfurt a/M. 1932.
2 Friedrich Bothe, Geschichte der Stadt Frankfurt a/M., 1913. Die Stadt Goethes. Frankfurt am Main im XVIII. Jahrhundert. Herausgeben von Heinrich Voelcker.
3 Geldumrechnung nach Bothe, a.a.O. Die angeführten Zahlen entsprechen der Mark von 1930.

Kaiserlichen Rates ohne Beruf. Sein ererbtes Vermögen betrug ungefähr ¾ Millionen Mark. Er war verheiratet mit einer höheren Beamtentochter, der Tochter des Frankfurter Stadtschultheißen, die im Elternhaus eine sehr einfache, stark religiös gefärbte Erziehung genossen hatte. Sie war bei ihrer Eheschließung 17 Jahre alt und 21 Jahre jünger als ihr Mann[4]. In die Zeit der Haushaltführung fiel die Geburt von 6 Kindern, von denen neben Johann Wolfgang nur eines, Cornelia, am Leben blieb.

Wirkraum

1.) Einnahmen:

Die Zinsen des Vermögens betrugen 20000 DM pro Jahr, d. i. auf den Monat umgerechnet, ein Zinseinkommen von MK. 1666.–. Das Kapital war in Hypotheken, fürstlichen Anleihen, Darlehen und Wechseln angelegt. Dazu besaß Rat Goethe ein ausgedehntes, nicht zinsentragendes Vermögen in zwei Häusern, Wiesen, Äckern, Gärten, barem Schatz, Wein, Mobilar, Gemälden, Silber und Pretiosen.

2.) Ausgaben:

Über die *einzelnen* Ausgaben dieses Haushaltes sind wir nur ungenau unterrichtet. Denn neben dem überlieferten Haushaltungsbuch des Herrn Rat bestand noch ein gesondertes Ausgabenbuch der Frau Rat, »Zur Bestreitung der Ökonomie«, von dem wir nur die Gesamtausgabe von Mk. 5500.– bis 6000.– wissen. Außerdem sind besondere Ausgaben, wie der Hausumbau, das Begräbnis der Mutter, das Studium des Sohnes, die Ausstattung der Tochter, die Aufwendungen für Wiesen und Gärten, große Anschaffungen (Klavier) nicht aus dem Laufenden bestritten worden. Dazu wurden das Kapital, der bare Schatz oder andere Vermögenswerte herangezogen. Wir wissen nur so viel, daß im allgemeinen Einnahmen und Ausgaben sich die Waage hielten.

Auch über die Verteilung der Ausgaben auf die einzelnen Posten, d. h. wie sich die Ausgaben für Lebensmittel z. B. zu denen für Kleidung oder Freizeitgestaltung oder die einzelnen Posten der Lebensmittel zueinander verhielten, ist uns nichts bekannt.

Um den Zuschnitt des Haushalts zu kennzeichnen, seien ein paar Summen angegeben: Der Weinkeller des Rat Goethe besaß einen

4 Karl Heinemann, Goethes Mutter. Leipzig 1892.

Wert von Mk. 60000.–; die beiden Kinder erhielten ausschließlich Privatunterricht in den verschiedensten Fächern und von besonders qualifizierten Lehrkräften; Johann Wolfgang hatte auf der Universität in Leipzig einen Monatswechsel von Mk. 750.–, in Straßburg von Mk. 690.–. Cornelia bekam eine Mitgift von Mk. 75000.–. Die Bibliothek des Hauses umfaßte beim Tode des Herrn Rat 1693 Werke, neben der künstlerisch wertvollen Gemäldesammlung bestand eine Marmor-, eine Muschel-, eine Naturalien- und eine Münzsammlung. Eine mit Pelz besetzte Tunika für Cornelia kostete 1766 Mk. 360.–, ein seidenes pelzbesetztes Kleid 1758 etwa Mk. 770.–.

In der Richtung der Ausgaben können wir fixe Kosten für Brand, Mietzins, Steuer, Gehälter, Zeitungen, Licht, Wasser, Kehricht, Brandschutz, Wohltätigkeit und Geschenke (ausgedrückt durch Beiträge an das Latrinenamt, Laternenamt, die Brunnengemeinde, die Beteiligung an einer Feuerspritze und an Kollekten) unterscheiden. Zu den fixen Kosten gehörte im Goeth'schen Haushalt auch der feste Sold für die im Hause beschäftigten Handwerksleute. Die wechselnden Kosten erstrecken sich auf Lebensmittel, Kleidung, Wäsche, Erziehung und Freizeitgestaltung.

3.) Wohnung:

Wir stehen in der zweiten Hälfte des 18. Jahrhunderts, wirtschaftsgeschichtlich gesehen, unter der Herrschaft der Zunftverfassung. Die Städte hatten ihren mittelalterlichen Charakter mit eng aneinander gerückten, um das Rathaus gruppierten, schmalen, hohen Häusern, umgeben von Wällen, Gräben und Festungstoren. Außerhalb des Festungsgürtels lagen Gärten und Grünflächen. Die Zunftverfassung schloß die enge Verknüpfung von privatem Leben und beruflicher Sphäre in sich ein: Beruf und Wohnen vollzogen sich im selben Hause, unter dem selben Dach. Auch die Mitarbeiter des Berufs, ob sie Lehrlinge, Schreiber oder Arbeiter waren, gehörten räumlich und wirtschaftlich zum Haus.

Das Haus der Familie Goethe stand im Mittelpunkt der Stadt in der Nähe der Hauptwache. Es nahm nur insofern eine Ausnahmestellung ein, als es sich hier um das Haus eines Rentners handelte, für den berufliches Wirken und beruflicher Angestelltenkreis nicht in Frage kamen.

Das Haus hatte einen großen Flur, eine breite wuchtige Treppe, zahlreiche schöne Zimmer, mehrere Repräsentationsräume, eine mit viel Zinn und Kupfer ausgestattete Küche, eine Wachstuchtapete nach Entwürfen eines Malers in Neuwied, nach englischem und französischem Geschmack bestellte Möbel, mit Brokat überzogene Sessel, mehrere Uhren. Hinter dem Hause war ein kleiner Hof, kein Garten, dagegen lagen große Obstgärten, Äcker, Wiesen, Weingärten, Erdbeerpflanzungen, Spargelbeete vor dem Tor. Die Nebenräume, Keller, Hof, Kammern und Speicher des Goeth'schen Hauses waren sehr reichhaltig.

So viel von dem Charakter der Einnahmen, Ausgaben, der Wohnung und des im Hause beschäftigten Personenkreises. Schon bei oberflächlicher Betrachtung scheinen uns diese Faktoren sehr verschieden von denen eines modernen Haushalts in ähnlicher Vermögenslage zu sein.

Vor allem fällt uns der große Besitz an Immobilien und an nicht zinsentragenden Werten auf, im Gegensatz zu heute, wo nur in seltenen Fällen eine reiche Familie neben dem Stadthaus noch ein Gut auf dem Lande besitzt. Statt privater Gemäldesammlungen gibt es heute Museen, statt in den Privatunterricht gehen die Kinder heute in die Schule. Wir staunen über die hohen Einzelausgaben für Essen, Kleidung und Studienzwecke. Zu den fixen Kosten gehörte der feste Sold für die Handwerker, während wir heute einen bestimmten Betrag für Kassen und Versicherungen einsetzen müssen. Namentlich scheint uns das Goethe'sche Haus mit seinen Repräsentations- und Vorratsräumen und seiner Zimmerflucht viel großzügiger zu sein, als das Haus eines Großbürgers mit RM. 20000.– Einkommen um 1930. Wir werden sofort die Gründe dieser Verschiedenheiten erkennen, wenn wir im folgenden Abschnitt einen Blick auf die häusliche Tätigkeit, auf die Funktionen der Hausfrau und die Freizeitgestaltung werfen.

4.) Häusliche Tätigkeit:

Betrachten wir zuerst die Art der Warenbeschaffung. Nur weniges kaufte Frau Rat in einem Laden: Essig, Öl, Tee, Kaffee, Zucker und Gewürze wurden bei den Materialwarenhändlern erstanden und dabei jede Ware bei einem anderen Händler. Sonst gab es nur einige Handwerker, wie den Bäcker, den Metzger und den Schneider, bei denen man einschlägige Waren kaufen konnte. Die Haupteinkaufsmöglichkeit war in Frankfurt die Messe oder der Markt, auf denen Stoffe, Haushaltsgeräte, Geschirr und Bücher eingekauft wurden. Spezialitäten wurden aus der näheren Umgebung bezogen, so der Wein vom Rhein, die Wurst aus Göttingen, der Schmuck aus Hanau; bei Mineralwasser, bei Wild und Fischen war man ebenso auf die nähere Umgebung angewiesen.

Viele Güter wurden gar nicht gekauft, sondern im Urzustand oder halbfertigen Zustand in oder außer dem Hause verarbeitet. Im Herbst wurde im Hause ein Schwein geschlachtet und Gänse und Rindfleisch geräuchert und gepökelt. Wein aus dem eigenen Garten wurde gekeltert, Obst, Sauerkraut, Bohnen eingemacht. Frau Rat berichtet, als sie von ihren oft drückenden Hausfrauenpflichten spricht, daß in den »fatalsten« Monaten im Frühjahr, in denen sie vor Arbeit »aus ihrem Geschick und Gerick komme«, nicht bloß Holz eingekauft, Molken gekocht, die große Wäsche besorgt, sondern auch »vor das ganze Jahr Butter zentnerweise eingemacht« wurde. Herr Rat ließ auf der Mühle zu Niederursel Korn mahlen und das Mehl beim Bäcker für sich verbacken. Er ließ Leinwand besonders für sich weben; ob Leinengarn im Hause gesponnen wurde, geht nicht aus dem Haushaltsbuch hervor, es ist aber – entsprechend den Gewohnheiten anderer Haushaltungen jener Zeit – anzunehmen. Das Tuch zum Kleide wurde vom Tuchscherer erst zurecht gemacht, dann stellte der Diener die Männerkleidung zu Hause her oder sie wurde beim Schneider angefertigt. Für die Frauenkleidung kam die Schneiderin ins Haus. Schuhe wurden im Hause gesohlt und geflickt. Als Herr Rat sein Haus umbauen ließ, kaufte er das Material dafür ein und ließ es von den Handwerkern verarbeiten.

Dies alles reichte aber für den Konsum nicht aus. Wir hören, daß neben dem selbst geräucherten Fleisch Frankfurter Schwartenmagen und Göttinger Wurst gekauft wurden. Ebenso wurden Wein und Obst in großen Quantitäten gekauft, ja, Herr Rat ließ selbstgekelterten Wein verkaufen, um anderen dafür zu erstehen. Neben dem vom Bäcker aus eigenem Mehlvorrat gebackenem Backwerk wurden Kuchen zu Hause gebacken und Konfekt, Süßigkeiten, Brenten usw. vom Zuckerbäcker gekauft. Auch elegante Frauenkleidung wurde gekauft und manchmal von auswärts bestellt.

Wir haben es also hier mit einem Haushalt zu tun, der zwar aus dem Zustand der vollen hauswirtschaftlichen Autarkie längst herausgetreten und nur noch in wenigen Punkten eine Selbstversorgung war, – und auch in diesen nur im Verein mit der Warenbeschaffung durch andere gewerbliche Betriebsformen –, der aber in voller Reinheit die folgenden charakteristischen Merkmale der Güterbeschaffung des 18. Jahrhunderts zeigt: Einmal spielt der Kauf nur eine geringe Rolle, während Eigenproduktion und Eigenverarbeitung im Haushalt im Vordergrund stehen. Zweitens erfolgt die Güterbeschaffung in großen Quantitäten und auf lange Sicht. Alles, was dieser Haushalt produzierte, verarbeitete oder kaufte, geschah unter dem Gesichtspunkt der Vorratswirtschaft.

Damit hängt aufs engste der Personenkreis zusammen, der diesem Haushalt zur Verfügung stand. Da die im Hause bis zu ihrem Tode mitlebende alte Mutter des Rat Goethe *nicht mehr*, die heranwachsende Tochter *noch nicht* für die Mitarbeit im Haushalt in Betracht kamen, waren es vorwiegend fremde Kräfte, die in der Hauswirtschaft halfen. Auch durch den etwaigen beruflichen Angestelltenkreis wurde in diesem Falle, wie wir gesehen haben, der Haushalt nicht erweitert. Zu den ständig im Haushalt beschäftigten Personen gehörten eine Köchin, zwei Hausmädchen und ein Diener. Darüber hinaus gab es einen Kreis nicht ständig beschäftigter Personen, die aber trotzdem in dauerndem Zusammenhang mit dem Haushalt blieben und in festem Sold standen: Die Waschfrau, die Reinemachefrau, die Näherin, der Schuster, der Schneider, die Schneiderin, der Fleischer, der Polsterer, der Ofensetzer, der Ofenkehrer, der Böttger, der Schmied, der Dachdecker, der Schornsteinfeger, ja, der Barbier und der Zahnarzt wurden zu den dem Haushalt zugehörigen Kräften gezählt.

Es war ein großer Apparat, gleichsam eine Magazinverwaltung, die Frau Rat zu bewältigen hatte. Sie überwachte den Einkauf und den Produktions- und Verarbeitungsprozeß im Haushalt, d. h. die Umwandlung der produzierten und der in halbfertigem oder fertigem Zustand gekauften Güter in konsumreife Güter wurde von ihr geleitet. Sie gab Rechenschaft über die Ausgaben, denn sie führte ein Haushaltungsbuch. Mit dieser organisierenden und disponierenden Tätigkeit scheint körperliche Arbeit im Haushalt kaum verbunden gewesen zu sein. Im gelegentlichen Backen und Kochen von Leckerbissen und in der Anfertigung von Handarbeiten erschöpfte sich die eigentliche körperliche Hausarbeit. Die Kunst des Kochens scheint Frau Rat nicht bekannt oder nicht sympathisch gewesen zu sein; als ihre Köchin einmal krank war, mußte sie auswärts essen, da sie »nichts Ordentliches bei sich zu essen hatte«[5].

5.) Freizeitgestaltung:

Wie füllte Frau Rat die ihr zur Verfügung stehende freie Zeit aus? Sie spielte Klavier, sie sang, sie lernte italienisch und trieb französische Studien, als die französische Besatzung im Hause war. An dem geistigen Leben ihres Mannes, ihrer Kinder und ihrer Freunde nahm

5 Briefe von Goethes Eltern, ausgewählt v. Karl Schüddekopf, Berlin 1912.

sie reichen Anteil. Es herrschte im Hause Goethe eine rege Geselligkeit. Einladungen zu den Mahlzeiten und Logierbesuch waren häufig. Mit verschiedenen Familien fanden regelmäßige freundschaftliche Zusammenkünfte statt. Frau Rat hielt ihr monatliches Kränzchen und hatte mit jungen Mädchen, ihren »Samstagsmädeln«, fröhliche Nachmittage. Auch die häuslichen Feste, Geburts- und Namenstage wurden mit Geschenken und Einladungen gefeiert. Beim Schweineschlachten pflegte man die Bekannten zur Wurstsuppe einzuladen. Man ging zu den Sensationen der Stadt, Konzert- und Theateraufführungen, Schützenfesten und karnevalistischen Veranstaltungen. Ausflüge wurden mit dem gemieteten Wagen in die Umgebung gemacht, nach Wiesbaden, Worms und Heidelberg, mit dem Schiff bis nach Rüdesheim. Dazwischen gab es in manchen Jahren eine Badereise nach Wiesbaden oder Langenschwalbach. Spazierritte und Schlittenfahrten vergnügten die Familienmitglieder.

Typus des Haushalts zwischen 1760 und 1830

Was läßt sich aus dem eben dargestellten Tätigkeitsbereich des Haushalts für den Charakter von Einnahmen, Ausgaben, Wohnweise und Personenkreis schließen? Wird ersichtlich, warum diese Faktoren im 18. Jahrhundert ein so anderes Gepräge haben, als im 20. Jahrhundert? Und können wir aus der Relation, die sich hier ergibt, zu der typischen Struktur des Haushalts einer reichen, städtischen, bürgerlichen Familie des 18. Jahrhunderts überhaupt vorstoßen?

Zuerst müssen wir unterscheiden zwischen der individuellen Lagerung dieser Familie und der typischen Struktur dieses Haushalts.

Manches mag aus dem besonderen Lebensraum erklärbar sein: Der Stil der reichen Handelsstadt dürfte auf diesen Haushalt abgefärbt haben, der quantitativ und qualitativ hochwerte Einkauf auf Messen gehörte ebenfalls zu den Besonderheiten dieser Stadt. Der Sohn des Gasthofbesitzers und Weinhändlers, die sehr junge und lebenslustige Frau werden gutem Essen und Trinken und fröhlichem genießerischem Lebenswandel nicht abgeneigt gewesen sein. Die handwerkliche Herkunft (der Großvater war ja ursprünglich Schneider) in Verbindung mit ererbtem Vermögen mag in Rat Goethe den Wunsch, es den Reichen seiner Stadt gleich zu tun, den Wunsch nach Hebung seines sozialen und kulturellen Niveaus gestärkt haben. Daß Rat Goethe Rentner war, also über viel freie Zeit verfügte, mag für die

Stetigkeit seiner Einkaufspolitik, die Genauigkeit seiner Haushaltführung und die gut durchgebildete Organisation seines Haushalts sprechen. Die außerordentliche Begabung des Sohnes und sein anregender Freundeskreis mögen auf die geistige Haltung des Hauses von besonderem Einfluß gewesen sein.

Über diese besondere Lagerung hinaus zeigen sich aber folgende typische Merkmale:

1.) Der doppelte Charakter der geschilderten Vorratswirtschaft als Güterbeschaffung durch Eigenproduktion und Eigenverarbeitung (weniger durch Kauf) und als Güterbeschaffung auf lange Sicht mußte als Voraussetzung einerseits den Besitz an Immobilien haben, andererseits zu relativ großen, aber selten wiederkehrenden Ausgaben führen. Es erklärt sich daraus also der Besitz von Wiesen, Äckern und Gärten zur Produktion, der Besitz an barem Geld, das für den Einkauf rasch greifbar war, und die Anlage von Sammlungen jeder Art, die eine Thesaurierung und in Notzeiten (Kriege, Seuchen) eine Rückendeckung boten. Es erklären sich die auffallend hohen Ausgaben für Nahrung und Kleidung, die in großen Qualitäten bei seltenen Gelegenheiten, auf Messen, Märkten, bei herumreisenden Händlern erstanden wurden. Es lassen sich weiter aus der Vorratswirtschaft Folgerungen für die Bauart des Goethe'schen Hauses und für den Charakter des in ihm beschäftigten Personenkreises ziehen. Die Weiträumigkeit des Hauses mit vielen Vorrats- und Nebenräumen, die große Schar der in festem Sold stehenden Hilfskräfte waren für einen Haushalt notwendig, dem Produktions-, Verarbeitungs- und Verwaltungsprozesse eigen waren, die im 20. Jahrhundert verloren gegangen sind.

2.) Wir sahen weiterhin in Frau Rat Goethe eine Frau, die neben der Organisation und Disposition ihres großen häuslichen Apparates ausgedehnte gesellige und repräsentative Funktionen hatte. Und zwar Funktionen der Freizeitgestaltung, die ebenso sehr hier zu den häuslichen Funktionen zu rechnen sind, wie die Bildungsaufgaben (Privatunterricht der Kinder), da sie sich vorwiegend im Hause abspielten. Es erklärt sich aus dieser Tatsache in Verbindung mit der vorhin in anderem Zusammenhang beobachteten Eigentümlichkeit des Hausherrn, kostbare Sammlungen zu beherbergen, der Reichtum des Goethe'schen Hauses an vornehm ausgestatteten Repräsentations- und Besuchsräumen, an Arbeits- und Sammlungszimmern.

Hier, im Repräsentativen und Geselligen, liegt die Hauptangleichung der großbürgerlichen Lebens- und Wohnweise an das französische Vorbild. Die Anordnung der Repräsentationsräume und der Stil der Einrichtung wurden dem Französischen entlehnt, vor allem in Südwestdeutschland, wo rheinische Künstler und Handwerker in französischem Geschmack aufgewachsen waren. Nur sind alle Maße verringert, alles ist näher aneinander gerückt, gemäß der Tatsache, daß hier ja Repräsentation nur ein Ausdruck der familiären Freizeitgestaltung, nicht aber, wie in Frankreich, gleichbedeutend mit Beruf und ständischem Prestige war[6].

3.) Während wir also hier eine enge Beziehung zwischen der Art der Haushaltführung (wobei Haushaltführung immer im weitesten Sinne einschließlich der Bildungsaufgaben und der Freizeitgestaltung verstanden wird) und der wesentlichen Struktur von Einnahmen, Ausgaben, Wohnung und Personenkreis feststellen können, sehen wir in gleicher Weise, wie diese Faktoren in die allgemeine volkswirtschaftliche Entwicklung verflochten sind. Die Zeit um 1760[7], durch Zunftverfassung und staatlichen Protektionismus gekennzeichnet, kannte weder die billige Massenproduktion durch die Maschine, noch die Ausweitung von Handel und Verkehr, noch die Finanzierung durch Kreditinstitute. D. h. die Funktionen der Produktion, der Verarbeitung, der Finanzierung, der Aufbewahrung, der Konservierung und der Verteilung, die in der modernen Welt außerhalb des Hauses vollzogen werden, waren damals noch wesentliche Bestandteile des Haushalts selbst. Und der Personenkreis, der 1930 zu den Angestellten von Landwirtschaft und Industrie, von Verkehrs- und Bankinstituten, von Handel und Handwerk zu rechnen ist, gehörte noch 1760 zu den Funktionären des Haushalts selbst. Während er heute nicht nur von jenen Organen bezahlt, sondern auch durch staatliche Sozialpolitik gegen Unfall, Krankheit und Arbeitslosigkeit versichert wird, stand er damals in festem Sold des Haushalts und war auf patriarchalische Fürsorge angewiesen. Und während im 20. Jahrhundert die öffentlichen Bildungs- und Kunstinstitute, die öffentlichen Vergnügungs- und Erholungsstätten, die geistige Entwicklung des modernen Menschen, seine Geselligkeit und seine Entspannung, weitgehend außerhalb des Hauses liegen, mußte der Mensch des 18. Jahrhunderts, wenn er an diesen Dingen teilhaben wollte, durch große geistige, materielle, räumliche und zeitliche Anstrengungen sich selbst, in seinem Hause, diese Genüsse verschaffen. Mit anderen Worten: Der

6 Norbert Elias, »Der höfische Mensch« 1933. (Manuskript).
7 Vgl. die Wirtschaftsgeschichten von Below, Kulischer und Brinkmann.

Stand der allgemeinen ökonomischen Verhältnisse des 18. Jahrhunderts bedingte den Charakter der Einnahmen, der Ausgaben, der Wohnweise und des Personenkreises der hauswirtschaftenden Menschen jener Zeit. Und es liegt an dieser Parallele, daß wir im Haushalt dieselben gewerblichen Betriebsformen als häusliche Betriebsformen wiederfinden wie im wirtschaftlichen Leben jener Zeit. Nicht nur, daß die Bedürfnisbefriedigung nebeneinander alle gewerblichen Betriebsformen zeigt, von der Eigenproduktion über die handwerkliche Produktion zum Kauf, sondern daß auch die Eigenproduktion und Verarbeitung durch die Hausfrau selber – gleichsam die Art, wie sie als Unternehmerin ihren Betrieb leitet – die verschiedenen Merkmale der gewerblichen Betriebssysteme jener Zeit aufweist, fällt ins Auge. Wir finden Beispiele für die Störarbeit, wenn die Schneiderin wochenlang mit Sack und Pack im Hause Aufenthalt nimmt, und Beispiele für das Heimwerk, wenn gegen Lohnzahlung Getreide in die Mühle zum Mahlen gegeben wird. Und wir finden weiterhin Beispiele für das Lohnwerk, wenn Rat Goethe das Material für den Hausbau selber einkauft und von den Handwerksleuten verarbeiten läßt. Wie viele verschiedene Vorgänge z. B. gehören in einem städtischen Haushalt, in dem Flachs nicht mehr selbst angebaut, sondern gekauft wird, zur Fertigstellung von Leinwand: Zuerst ein Kauf, dann kommt eine Frau auf Störarbeit ins Haus zum Hecheln des Flachses, dann wird das Werg zum Spinnen als Lohnwerk aus dem Haus gegeben, dann spinnen die Frauen im Hause das Linnengarn, und dieses wieder wandert zum Weben im Heimwerk aus dem Haus. Eine Handlung also, die in der Jetztzeit lediglich in dem Kauf eines fertigen Stück Leinwands besteht, war um 1800 (als ein den allgemeinen wirtschaftlichen Verhältnissen analoger Vorgang) in fünf einzelne häusliche Vorgänge zerlegt, Vorgänge, die ihrerseits wiederum eine spezifische Art der Haushaltführung im Gefolge hatten, während umgekehrt die Art der Haushaltführung wieder einer ganz bestimmten ökonomischen Entwicklungsstufe in Bezug auf Einnahmen, Ausgaben, Wohnung und Personenkreis bedurfte. Man sieht hier deutlich, wie der Gestaltwandel im Haushalt im Zusammenhang mit dem Gesamtorganismus eines Volks- und Gesellschaftskörpers steht, und wie alles, was wir von der Produktionsseite her beobachten, seinen Niederschlag in der Konsumseite – und umgekehrt – finden muß.

4.) Wollen wir also zusammenfassend das Typische der großbürgerlichen Haushaltführung des 18. Jahrhunderts, wie sie uns beispielhaft in Goethe'schen Haushalt entgegentritt, im Vergleich mit moderner

Haushaltführung herausarbeiten, so scheint es nach dem Gesagten das Folgende zu sein:

Der Inbegriff von Tätigkeiten im Haushalt, dargestellt durch eine spezifische Art der Geld- und Warenbeschaffung, der Wohnweise, des im Haushalt beschäftigten Personenkreises und der Freizeitgestaltung, vollzieht sich im Haus, durch das Haus und für das Haus und hat eine starke Ausweitung des häuslichen, privaten und patriarchalischen Apparates zur Folge.

Im Gegensatz hierzu hat in der modernen Welt die außerhäusliche und öffentliche Sphäre die genannten Funktionen übernommen und eine zunehmende Funktionsverarmung des Haushalts zu Gunsten der Ausweitung des außerhäuslichen Apparates herbeigeführt.

(Es wird die Aufgabe dieser Arbeit sein, die einzelnen Etappen dieses Gestaltwandels des Haushalts vom 18. Jahrhundert bis in die Gegenwart hinein zu zeigen.)

Typus der Frau zwischen 1760 und 1830

Gehen wir nun einen Schritt weiter und fragen uns: Welcher Typus der bürgerlichen Frau läßt sich aus dem eben entwickelten Typus des bürgerlichen städtischen Haushalts des 18. Jahrhunderts folgern?

Wenn wir Frau Rat Goethe mit einer modernen, vermögenden, bürgerlichen Frau vergleichen, so ergeben sich auf den ersten Blick keine allzu großen Unterschiede. Beide stehen einem reichen und großen Hauswesen vor. Sie werden dabei von mehreren Personen unterstützt. Wir hörten, daß Frau Rat mit der Köchin zusammen den Einkauf besorgte, daß sie ein Haushaltungsbuch führte, daß sie den ganzen Betrieb leitete und überwachte, daß sie sich mit Handarbeiten beschäftigte, daß sie hie und da einen Leckerbissen selbst gekocht oder gebacken habe. Wir hörten weiter, daß sie repräsentierte, daß sie für ihre Weiterbildung sorgte und daß sie am geistigen und geselligen Leben der Familie und der Stadt teilnahm. Wenn wir Spitzen klöppeln, Strümpfe stricken und Garn spinnen ersetzen durch seidene Wäsche waschen und Pullover häkeln, oder wenn wir die »Samstagsmädeln« mit einem Bridge-Nachmittag auswechseln, so ergeben sich zwischen der großbürgerlichen Frau von damals und von heute keine großen Unterschiede. Beide Frauen haben im Haushalt nicht viel selbst angepackt, und nur wenige nichtschmutzende oder sehr individuelle Arbeit wurde von ihnen persönlich getan. Ihre häusliche

Tätigkeit erstreckte sich vorwiegend auf die geistige Leitung des Haushalts, auf seine Organisation und Disposition.

Aber in der Art der Organisation scheint ein Unterschied zu liegen.

Die Frau von 1760 organisierte in der Hauptsache einen Produktions- und Verarbeitungsbetrieb, eine Magazinverwaltung; die Frau von 1930 organisiert dagegen im Wesentlichen eine Konsumtionswirtschaft mit wenigen verarbeitenden Funktionen. Dies bedingt nicht nur eine verschiedene geistige Leistung – Wissen um den Produktionsprozeß, Materialkenntnis, Materialsparsamkeit, langsame Überlegung auf der einen Seite – Wissen um die Gebrauchsfähigkeit für den Konsum, Arbeits-, Zeit-, Raum- und Geldeinteilung, rasche Disposition auf der anderen Seite – sondern auch einen ganz verschiedenen Lebensinhalt für die beiden Frauentypen.

Während nämlich die Frau des 18. Jahrhunderts durch ihre Organisation und Disposition voll ausgefüllt war, weil eben wirklich alle Arbeitsvorgänge, wie wir gesehen haben, im Haus sich abspielten, ist die moderne großbürgerliche Frau, selbst bei Leitung eines komplizierten Hauswesens, nicht mehr voll ausgefüllt, weil sie nur die letzte, in der Hauptsache konsumierende Station eines großen Prozesses ist, der im Wesentlichen außerhalb des Hauses sich vollzieht.

Und im selben Maße, wie die Funktionen der Frau des 18. Jahrhunderts vorwiegend zu den häuslichen und privaten gehörten, war ihre Bewegungsfreiheit, ihr geistiger Horizont eng und begrenzt. War ihr Wirkraum vorwiegend das Haus, fing ihr Arbeitsprozeß im Haus an und hörte im Hause auf, so war auch ihr Wirkradius, d. h. die Reichweite ihrer Persönlichkeit kurz und auf den häuslichen Umkreis beschränkt. Dem gegenüber hat die Frau von 1930, als letzte Konsumentin eines Arbeitsvorganges, von dem sie weder den Ursprung, noch den Weg kennt, einen räumlich und zeitlich stark vergrößerten Wirkradius.

Wir können also zusammenfassend den Typus der großbürgerlichen städtischen Frau des 18. Jahrhunderts im Gegensatz zur großbürgerlichen städtischen Frau des 20. Jahrhunderts in folgender Weise kennzeichnen:

Beide Frauen gehören zu den lediglich organisierenden, nicht körperlich arbeitenden Typen. Aber während die eine Frau eine noch stark produktive Vorratswirtschaft leitet und in dieser Arbeit bei beschränktem Wirkradius voll ausgefüllt ist, organisiert die andere Frau eine zusammengeschrumpfte Konsumtionswirtschaft, die ihr bei unbegrenztem Wirkradius nicht mehr volle Zeit- und Kraftausfüllung bietet.

(Es wird die zweite Aufgabe dieser Arbeit sein, zu zeigen, wie sich mit dem Gestaltwandel des Haushalts der Gestaltwandel der Frau vom 18. Jahrhundert bis in die Gegenwart hinein vollzog.)

Typus der Familie zwischen 1760 und 1830

Es ist schwer, von dem Goethe'schen Haushalt her zum Typus der Familie des 18. Jahrhundert vorzustoßen. Denn er bildet in mehr als einer Hinsicht einen Ausnahmefall. Wir sehen in ihm weder die Großfamilie (es blieben nur zwei Kinder am Leben; die alte Mutter starb schon nach mehreren Ehejahren), noch die Funktionstrennung von Mann und Frau durch berufliche und hausfrauliche Pflichten, da Rat Goethe Rentner war. Lediglich die reichen Geschenke, die Rat Goethe zur Messezeit seiner Frau machte, und der Vermerk »wegen besonderen Fleißes« lassen in den Seiten des Haushaltsbuches einen Schluß auf das Verhältnis der Ehegatten zueinander ziehen.

Wir können nur an Hand der nachfolgenden weiteren Beispiele[8] Grundsätzliches von der Beziehung zwischen Haushalt, Frau und Familienbildung in den bürgerlichen städtischen Kreisen des 18. Jahrhunderts sagen.

Da die Vorratswirtschaft nicht nur die Hausfrau, sondern auch die fremden Personen, die zum Haushalt gehörten, voll ausfüllte, bestand auch für die engere und weitere Familie genügend Arbeit, um sie voll zu beschäftigen. Ja, man kann sagen, daß ein gewisser Zwang zur Familienbildung, zum harmonischen Familienleben, von den Bedürfnissen des Haushalts her herrschte. Der Haushalt als Produktionsstätte führte zur Großfamilie, d. h. nicht nur zur großen Kinderzahl, sondern auch zum Zusammenwohnen mehrerer Familien und zum Zusammenleben mit befreundeten Menschen[9]; und nicht nur für die heranwachsenden Menschen, sondern auch für die unverheirateten älteren Kinder und Geschwister war in den dementsprechenden großen Häusern Platz und Arbeit vorhanden.

In demselben Maße, in dem die Aufgabe im Haushalt für die Frau, bzw. für die Frauen des 18. Jahrhunderts, fest umrissen und umfas-

8 s. Anhang S. 174
9 s. S. 179

send gewesen ist, war ihre Stellung innerhalb der Familie gesichert und bedeutungsvoll[10]. Denn sie kompensierte mit ihrer Hausfrauenarbeit aufs glücklichste für die berufliche Leistung des Mannes. Dies zeigt sich schon in den äußeren Symbolen, die auch heute noch als juristische Formen in unserer Gesetzgebung vorhanden sind, z. B. in dem Begriff der Schlüsselgewalt.

Als Ausdruck dessen, daß die Frau an der Spitze der häuslichen Vorratswirtschaft stand, trug sie am Gürtel den Schlüsselhaken, an welchem die Schlüssel für Schränke und Behälter, in einen eisernen Ring gefaßt, hingen. Dieser Schlüsselhaken war ein beliebtes Schmuckstück, das die Ehemänner ihren Frauen aus Silber und mit schönen Verzierungen zu besonderen Anlässen schenkten – ein Symbol der Wertschätzung und des Vertrauens, das die Frau im Kreise ihrer Familie genoß.

Mit der zunehmenden Funktionsverarmung im Haushalt schwand das Bedürfnis zur Familienbildung, und die Großfamilie wich der Kleinfamilie. Gleichzeitig begann die Frau in ihrem verkleinerten und zerstückelten hauswirtschaftlichen Aufgabenkreis immer schlechter für die berufliche Leistung des Mannes zu kompensieren. Mit diesem Mißverhältnis schwand die wahre Wertschätzung ihrer Persönlichkeit innerhalb der Familie und damit auch die Harmonie und die Ausgeglichenheit der Familie.

(Obgleich es nicht ganz leicht ist, jeweils vom Haushalt her zur Familienbildung vorzustoßen, soll dennoch im Laufe dieser Arbeit dort, wo es möglich ist, mit dem Gestaltwandel von Haushalt und Frau auch der Gestaltwandel der Familie beleuchtet werden.)

Es folgen nun kurz einige weitere Haushaltschilderungen aus etwas späterer Zeit, zwischen 1790 und 1825. Da es sich hier um *Abarten* des Goethe'schen Haushalts, nicht aber um strukturell von ihm veschiedene Haushaltungen handelt, werden sie nur insoweit analysiert, als sich Gegensätze, Abweichungen und instruktive Besonderheiten – d. h. Abweichungen, durch die sie sich sowohl vom Goethe'schen als auch von den späteren und den modernen Haushaltungen abheben – ergeben. Ich habe infolgedessen bei den meisten Schilderungen davon abgesehen, eine gründliche Analyse an Hand des Beobachtungsschemas durchzuführen, wenn auch im Gedanklichen der gleiche Aufbau zu Grunde liegt.

10 Otto Bähr, Eine deutsche Stadt vor 60 Jahren, Leipzig 1884

Wir werfen zuerst einen kurzen Blick auf einen Haushalt, dessen Schilderung wir einem alten Manne verdanken, der den Haushalt seiner großväterlichen Familie beschreibt[11].

Es handelt sich um einen Haushalt aus der Jahrhundertwende zwischen 1790 und 1810, also ungefähr 20 bis 40 Jahre später als der Frankfurter Haushalt. Wieder werden wir in eine Handelsstadt geführt, nach Bremen, dessen Einwohnerzahl damals ungefähr 40000 betrug, also eine ähnliche Bevölkerungszahl wie in Frankfurt 30 Jahre früher. Es war die Zeit nach dem amerikanischen Unabhängigkeitskampf, die Zeit der Revolutions- und Napoleonischen Kriege, die Zeit der Continentalsperre. Bremen war in jenen Jahren keine reiche und blühende Stadt wie das Frankfurt des 18. Jahrhunderts. Die deutsche Schiffahrt war damals im wesentlichen eine jeder Konjunkturschwankung ausgesetzte Küstenschiffahrt, und nur wenige Waren, wie Holz, Getreide, Wolle, Eisen und Leinwand waren Exportartikel. (Erst nach den Befreiungskriegen bewirkte die Selbständigkeit der Nordamerikanischen Union den ungeheuren Aufschwung des deutschen Überseehandels.)

Wir haben es hier mit einem Kaufmannshaushalt zu tun und nicht mit einem Rentnerhaushalt wie in der Familie Goethe. Und hier, wie in dem eben geschilderten Charakter der Stadt, liegt der Hauptunterschied – ja vielleicht der einzige Unterschied – gegenüber dem Haushalt des Rat Goethe, der Hauptunterschied auch gegenüber einem modernen Haushalt. Wohnung und Beruf waren hier vollständig miteinander verbunden. In dem Bremenser Kaufmannshause, nahe der Börse und dem Marktplatz errichtet, dehnte sich bei dem Öffnen der Türe ein großer Hausflur vor dem Eintretenden aus. Hier war für die Waren der beste Platz des Hauses bereitgestellt. Rechts und links befanden sich nur drei kleine Zimmer für die Bedürfnisse der Familie, und im zweiten Stockwerk waren durch den freien Aufgang zur Bodenluke, welcher zu den oberen Packräumen führte, die eigentlichen Wohnstuben sehr eingeengt. Ein großer Hof dehnte sich hinter dem Hause aus, auch er als Packraum benützt, gleichzeitig die Stätte des Holzblocks, auf dem das Vieh für den häuslichen Bedarf geschlachtet wurde.

Beschränkt und einfach wie das Wohnen der Menschen, war in dem Hause Kiesselbach der übrige Lebenszuschnitt. Obgleich es sich hier um eine gefestigte und angesehene bürgerliche Existenz handelte, war

11 Wilhelm Kiesselbach, Drei Generationen. Deutsche Vierteljahrsschrift 23, 1860

das ganze häusliche Leben, dem städtischen Leben entsprechend, von großer Einfachheit und Schlichtheit. Statt brokatüberzogener Möbel, wie im Hause Goethe gab es nur einen ledergepolsterten Sorgensessel, statt mehrerer Repräsentationsräume gab es nur eine »Gute Stube«; die Kleidung aus sehr dauerhaften Stoffen mußte 10 Jahre und länger halten, ein altes schönes Bild aus der holländischen Schule über dem Sofa zeugte für den Kunstsinn der Familie, die weder Sammlungen noch Bibliotheken ihr eigen nannte. Die Kinder gingen in die Schule, und nur fremdsprachlicher Unterricht wurde durch Hauslehrer gegeben. Eine Zeitung war in diesem Bürgerhause eine Seltenheit. »Die Bücher drangen nicht über die abgeschlossene Republik der Gelehrten hinaus«[12]. Alles dies sind nur Beispiele für einen graduellen Unterschied gegenüber dem Haushalt des Rat Goethe, hervorgerufen durch die besondere Lagerung des Bremenser Haushalts. Das wirtschaftlich schwankende Bild der Stadt spiegelte sich im Einkommen und damit im Leben der einzelnen Kaufleute wieder[13]. Wer in diesem Monat nicht wußte, wieviel er im nächsten verdiente, mußte sparsamer leben, als der mit regelmäßigen großen Renteneinkünften rechnende Rat Goethe. Und wer seine Wohnung mit den Geschäfts- und Lagerräumen teilen mußte, hatte, da die Nebenräume in einer Vorratswirtschaft viel Platz beanspruchten, nicht viel Raum für Luxus (Repräsentation, Bibliothek usw.) – ganz abgesehen davon, daß diesem Kaufherrn die Zeit für solche Dinge gefehlt haben mag.

Sehen wir aber von der besonderen Lagerung ab, so ergibt sich, daß die typische Struktur dieses Haushalts von dem großbürgerlichen Frankfurter Haushalt nicht verschieden ist. Auf einer einfacheren Basis in Verbindung mit den Notwendigkeiten einer bestimmten beruflichen Eigenart des Hausherrn, haben wir es hier um die Jahrhundertwende ebenfalls mit einem städtischen bürgerlichen Haushalt zu tun, der gekennzeichnet wird durch eine spezifische Form der Warenbeschaffung und der Freizeitgestaltung, die beide das Ziel der Bedürfnisbefriedigung fast ausschließlich auf dem Wege über die stark ausgeweitete häusliche und private Sphäre erreichen.

Die notwendigen Folgerungen für den Typus der Frau und der Familie ergeben sich demnach – analog der Goethe'schen Haushaltanalyse – von selbst.

12 Wilhelm Kiesselbach, a.a.O.

13 Vergl. Richard Ehrenberg, Große Vermögen, II Das Haus Parish in Hamburg. Jena 1905

Und ebenso evident ist auch hier der strukturelle Gegensatz zu einem modernen Haushalt und seinen Auswirkungen.

Wir wenden uns nun der Betrachtung eines weiteren Haushalts zu, auch diese die Schilderung eines Enkels von seiner Jugendzeit im großväterlichen und väterlichen Hause[14]. Die Erinnerungen führen uns zurück in die zwanziger Jahre des 19. Jahrhunderts, also ungefähr 60 Jahre nach dem Goethe'schen Haushalt. Und diesmal ist es keine Handelsstadt, sondern die kleine Residenzstadt Kassel mit ungefähr 25000 Einwohnern.

Der ländliche Charakter dieser Stadt wird an der Tatsache augenscheinlich, daß jeden Morgen die Kuhherden über die Fuldabrücke zum Forst auf die Weide zogen. Es spricht für den bescheidenen Lebenszuschnitt Kassels, daß der reichste Mann dieser Stadt bis in die fünfziger Jahre hinein ein Kaufmann mit einer halben Million Taler Vermögen war.

Die Zeit der Haushaltführung fällt in die Jahre nach den Befreiungskriegen, nach Mißernten, in die Jahre der Restauration und des Metternich'schen Systems, in die Jahre der steigenden Bevölkerung der deutschen Staaten. Der Haushaltleiter war Regimentsarzt mit privater ärztlicher Praxis. Er verband ein kleines Beamtengehalt mit privatem ärztlichen Verdienst.

Auch hier sehen wir in Wohnung und Lebensweise den Hauptunterschied gegenüber dem Goethe'schen Haushalt. Die Familie lebte in einer Mietswohnung im Stadtinnern, und zwar in einem Holzhaus. (Erst seit den vierziger Jahren hatte sich in Kassel der Steinbau eingebürgert.) Da die Wohnungen ziemlich knapp waren, suchte sich jeder so viel wie möglich einzuschränken. Auch hier sind die Repräsentationsräume, wie in Bremen, zur »Guten Stube« zusammengeschrumpft. Man befindet sich schon in einem Übergang vom französischen Stil zum einfacheren deutschen Biedermeier. »Rokokomöbel, die heute wieder zu einer förmlichen Modesache geworden sind, fehlten damals gänzlich. Man betrachtete alte Sachen, soweit sie nicht von ganz besonderem Wert oder im Haushalt unentbehrlich waren als abgetan und stellte sie in die Rumpelkammer[15].«

Die Mode, auch sie damals noch französisch und von Paris bestimmt, (ihre Utensilien hatten nur französische Namen, Jabot, Chenille, Barège, Crêpe de Chine, Cul de Paris, usw.) wechselte

14 Otto Bähr, Eine deutsche Stadt vor 60 Jahren, Leipzig 1884
15 Otto Bähr, a.a.O.

wenig. Ein Frack und ein Mantel hielten fürs Leben. Frauen konnten in ihren Woll- oder Baumwollkleidern mit der nämlichen Toilette, ohne aufzufallen, in vielen Gesellschaften erscheinen.

Die Frau dieses Bürgerhauses hatte im Gegensatz zu Frau Rat Goethe nur *einen* weiblichen Dienstboten. (Köchin und Hausmädchen zu halten, galt in Kassel für einen Luxus; einen Bedienten hatten nur vornehme Leute.) Die Frau konnte selbst kochen, sie konnte auch spinnen, und sie nähte einen großen Teil der weiblichen Garderobe selbst. Mädchen und Hausfrauen waren niemals müßig, das Mädchen setzte sich ans Spinnrad, wenn sie mit den Arbeiten in der Küche fertig war, die Frau nahm das Strickzeug zur Hand, wenn es nichts anderes zu tun gab. Die Aussteuer der Töchter wurde wochenlang im Hause genäht. Bei leichten Erkrankungen hatte die Frau stets ein selbst gebrautes Hausmittel zur Hand. Füllbier wurde im Hause bereitet, d. h. man ließ das halb gegorene Bier vom Bierbrauer mit Wasser gemischt nochmals gären. Die Töchter des Hauses zogen, wenn große Wäsche war, mit hinaus auf die Bleiche, sie halfen im Haushalt, beschäftigten sich aber viel mit Luxusarbeiten, mit Weißsticken und Buntsticken und Häkelarbeit.

Auch hier führt der individuelle Lebensraum dieser Familie, dargestellt durch den Charakter der Kleinstadt, durch den Beruf des Hausherrn, dessen kleines Beamtengehalt und wechselndes Arzteinkommen nicht zu großen Ausgaben gereicht haben wird, und durch die enge Mietswohnung in einer rasch wachsenden Bevölkerungsschicht zu wenigen graduellen Unterschieden in der Haushaltsführung gegenüber dem Goethe'schen Haushalt. Sie erschöpfen sich, wie in Bremen, im wesentlichen in einer Einschränkung des Luxusbedürfnisses.

Im übrigen finden wir den Kasseler Haushalt in demselben Zustand der Warenbeschaffung und auf derselben Stufe der Freizeitgestaltung, die den Goethe'schen Haushalt charakterisieren.

Dagegen ist die Tätigkeit der Frau hier nicht allein auf Organisation ihrer Vorratswirtschaft beschränkt. Diese Frau, durch Herkunft und Einkommen beeinflußt, packte, wenn es Not tat, mit an. Sie hatte nur wenige häusliche Hilfen und mußte sich das Kochen, Spinnen, Nähen usw. mit dem Mädchen teilen.

Wir haben es also hier mit dem Typus einer Frau zu tun, die ihre ausgedehnte Vorratswirtschaft organisierte und bis zu einem gewissen Grade in ihr unter körperlichem Einsatz arbeitete.

Wir sehen demnach hier einen Typus des Haushalts und einen

Typus der Frau vor uns, die strukturell nicht von dem Goethe'schen Haushalt verschieden sind, sondern lediglich Abarten dieses Haushalts in der Richtung des Kleinbürgertums darstellen.

Zur Verlebendigung des Haushalt- und Familienbildes jener Tage seien hier ein paar kurze Milieuschilderungen von Otto Bähr eingefügt[16]:

»Die Mahlzeiten eines Tages verliefen ungefähr in folgender Weise:

Als Morgentrank nahm man Kaffee, manchmal mit Cichorien vermischt, dazu Weißbrot ohne Butter. Die Kinder erhielten einen ›Wecken‹ mit in die Schule. Das Mittagsmahl war um 12 oder 1 Uhr. Der Tisch war weiß gedeckt und für jeden Tischgast eine Serviette aufgelegt. Als Tischgeschirr diente Porzellan, jedoch auch noch oft zinnerne Teller und Schüsseln. Messer und Gabeln waren von Eisen, die Löffel aus Silber. Es gab täglich Fleisch, in der Woche meist gekochtes Fleisch, seltener einen Braten; als Gemüse, was der Garten bot. Schnepfe, Krammetsvögel, Forellen, Wildpret und Krebse kamen öfters vor, sie waren damals keine teuren Delikatessen. Der Fleischextrakt als Würze war noch nicht bekannt. Französischer oder Rheinwein wurde dazu getrunken. Nachmittags gab es Kaffee. Die Kinder erhielten ein Stück Schwarzbrot mit Mus beschmiert oder einen Apfel. Syrup-Wecke oder ein Äpfelleibchen (Milchbrot, in das ein Apfel hineingebacken war), waren Leckerbissen. Abends gab es ›Schlachtewerk‹ (Wurst und Schinken), öfters auch eine konsistente Suppe oder zur Sommerszeit sauere Milch. Kamen zu Tisch ein paar Freunde, so trank man nach Tisch Tee (und zwar grünen) oder Glühwein (aus Weißwein, Eier, Zucker und Gewürzen).

Gesellschaften für Mittags- und Abendtisch waren selten, dagegen waren Teegesellschaften und Kränzchen für die Damen häufig. Ehe die Gäste kamen, wurde im Besuchszimmer geräuchert, das geschah mit Räucherpulver oder Räucheressenz, welche auf den Ofen gestreut oder gegossen wurde. Den erschienenen Gästen wurde Tee mit Backwerk, Kuchen und Wein vorgesetzt. Man liebte bei solchen Gelegenheiten sein echtes Silber zu zeigen. Bei der verschließbaren Zuckerdose durfte die silberne Zuckerzange nicht fehlen. Was die Tassen betrifft, so

16 Otto Bähr, a.a.O.

legte man keinen Wert auf Gleichartigkeit, sondern man setzte Tassen auf von den verschiedensten Formen und Arten. Namentlich war eine schöne Tasse, vielleicht mit einer goldenen Inschrift oder gemalten Landschaft darauf, ein sehr beliebtes Geburtstagsgeschenk der damaligen Zeit. Natürlich wurden auch mindestens zwei Lichter, womöglich in silbernen oder vergoldeten Leuchtern, aufgestellt. Dazu hatte man auch elegante Lichtputzen aus Stahl, die nur bei Gesellschaften ihrer Papierhülle entkleidet wurden. In einem großen Arbeitsbeutel pflegten die Damen in diese Gesellschaft ihr Strickzeug mitzubringen.

Außerhalb des Hauses gab es Geselligkeit nur durch zwei Vereine, die Unterhaltung pflegten, einen Vergnügungsgarten und einige Konditoreien, wo junge Leute Naschwerk und Likör zu sich nahmen.«

Ein vierter Haushalt, dessen Schilderung wir uns jetzt zuwenden, verdient aus dem Grunde besondere Beachtung, weil es sich hier um eine neue Spielart des bürgerlichen Haushaltes handelt, nämlich um einen bürgerlichen Haushalt auf dem *Lande*. Wir beobachten einen Pfarrerhaushalt in dem kleinen Kirchdorfe Beucha bei Leipzig. Es ist uns das Haushaltungsbuch der Pfarrfrau erhalten, das von einem Nachkommen der Familie[17] aufbereitet worden ist. Das Wirtschaftsbuch der Pfarrfrau, angelegt vom Hausherrn, umfaßt die Jahre zwischen 1814 und 1817, d. h. die drei ersten Ehejahre des Paares, in denen die Frau drei Kinder geboren hat, und es schließt ab mit dem Tode der Schreiberin[18].

Die Wirtschaftsführung fällt in die Zeit der napoleonischen Kriege und der Continentalsperre. Beucha liegt auf dem Boden der Leipziger Völkerschlacht. Kriegswirren und Kosakenbesetzung wechseln miteinander ab. 1815 war eine schlimme Mißernte, die 1816 zu einer großen Hungersnot führte, 1817 dagegen war ein besonders gutes Erntejahr.

Beucha muß ein sehr kleiner Ort gewesen sein, denn 1875 betrug die Parochie 702 Köpfe. Die soziale Struktur des kleinen Dorfes wird gekennzeichnet durch den Herrensitz einerseits und einen Steinbruch andererseits. Aus den Bedürfnissen des Rittergutsbesitzers, der die

17 Georg Brand, Die Wirtschaftsbücher zweier Pfarrhäuser des Leipziger Kreises im vorigen Jahrhundert, Leipzig 1911.

18 Die Umrechnung der Geldbeträge in unsere heutige Währung nach der Methode von Georg Brand, der einen Reichstaler als Mk. 2.88 und einen Groschen als Mk. 0.12 der Münze von 1911 gleich setzt.

Gerichtsbarkeit in dem Orte ausübte, ging die berufliche Gestaltung der Bevölkerung hervor: Eine Anzahl Ackerbau treibender Bürger in Verbindung mit Kleinbürgertum und Handwerk, die Töpfer, Tischler, Böttger, Schlosser, Klempner, Ofensetzer, Seiler, Weber, Schuhmacher, Schneider, Brauer, Bäcker und Fleischer. Die Steinhauer und Steinfuhrleute, schon in der vorindustriellen Zeit, d. h. seit dem Bau der napoleonischen Straße von Leipzig nach Dresden, eine Arbeiterschaft, bildeten eine Menschenklasse für sich. Ein Arzt, ein Apotheker und ein Pfarrer ergänzten die Bevölkerung. Daß der Ort abseits vom Verkehr, nur durch eine Straße mit Leipzig und Dresden verbunden war, ergibt sich aus dem Gesagten von selbst.

Was diesen Haushalt vor allem charakterisiert, ist die Art des Einkommens des Hausherrn. Das Privatvermögen des Pfarrers ist uns nicht bekannt, wohl aber sind wir, nicht durch ihn direkt, sondern durch seinen Vorgänger in der Diözese, über das Stelleneinkommen unterrichtet. Es befindet sich bei den Akten folgender »Extrakt aus der Tabelle, die Einkünfte der Geistlichen und Schullehrer der Diözese Grimma betreffend, 1806: Beucha Pfarramt.

38 Rthl.		(Reichsthaler)	Fixe Besoldung
140 „			Akzidenzien
350 „			Nutzung von Pfarrgrundstücken, ingleichen von der Viehwirtschaft
114 „			38 Scheffel Korn à 3 Rthl.
57 „			38 Scheffel Hafer à 1 Rthl. 12 gl., (Gulden)
21 „	8 gl.	(Gulden)	Holzdeputat.
720 Rthl.	8 gl.	Summa.«	

Die Wohnung ist dabei nicht veranschlagt.

Pfarrer Eduard Stephani, der Leiter unserer Haushaltung, schätzt sich 1811, als er seinen Vater im Amt nachfolgte, mit 699 Reichstaler ein, das sind 1911 ungefähr Mk. 2016.–. Er gibt an, daß das Holzdeputat überhaupt nichts einbrächte und daß die bei der Verpachtung des Pfarrgutes ausbedungenen Naturallieferungen sehr unregelmäßig seien. Als Naturallieferungen sind im Beuchaer Pachtauszug folgende Güter angegeben:

3 Scheffel Gerste, Dresdner Maß,
2 Scheffel Weizen,
4 Scheffel in- und 4 Scheffel ausländische Erdbirnen,

¼ Scheffel gute Kocherbsen,
4 Schock Krauthäupter,
1 Schock Kohlrüben,
4 Schock Eier,
4 Schock Käse,
20 Kannen Kraut- und Einlegebutter, die Kanne à 72 Loth,
½ fetter Hammel zur Kirmes.

Dazu gehören fernerhin:

1 Kalb und 2 Kannen Butter zur Waldholzmahlzeit, vom 1. April bis 1. November wöchentlich 2 Kannen Butter à 6 gl. und vom 1. November bis 1. April wöchentlich 1 ½ Nösel oder 3 Stücken, die Kanne à 7 gl., ferner an Sahne wöchentlich 1 ½ Kanne, die Kanne wurde mit 1½ gl. die Milch mit 6 Pfg. bezahlt.

Pfarrer Stephani gibt weiterhin als Grund für die Verminderung seines Einkommens oder vielmehr für die Unsicherheit seines Einkommens an, daß der Reinertrag aus den Pfarrgrundstücken durch Unglück mit dem Vieh und durch Überschwemmungen der Felder in Frage gestellt sei.

Pfarrer Stephani hat ein Reitpferd gehalten, das für den amtlichen Verkehr auf dem Filialdorf und den anderen Orten des Kirchspieles diente, aber wohl auch für leichte Ackerarbeit und Fuhren gebraucht wurde. Jedenfalls sind Kühe neben den Schafen nach Sitte der damaligen Feldwirtschaft, sowie Schweine für den Fleischgebrauch vorhanden gewesen. Die Anschaffung einer Butterstreiche und von Äschen, wie sie für die Milchwirtschaft dienen, deutet darauf hin, daß gebuttert worden ist. Im Jahre 1815 erhielten die Dienstleute 5 Tlr. Buttergeld. Eine Gänse-, Hühner- und Taubenzucht ist betrieben worden. Um den inneren Pfarrwirtschaftshof herum lag ein ausgedehnter Obst-, Gemüse- und Blumengarten, der alles bot, was der Haushalt brauchte. Oft aber scheint die eigene Produktion, statt für den Hausbedarf, für den Verkauf auf dem Markte verwandt worden sein. Für den Erlös wurde dann das Entsprechende gekauft oder die Naturallieferungen im Haushalt verwandt.

Wenn wir zusammenfassen, so ergibt sich also, daß dieser Pfarrer einer der ersten Gutsbesitzer seines Bauerndorfes war. Sein Einkommen setzte sich vorwiegend aus Naturalien zusammen, und zwar sowohl sein Einkommen aus der Pfarramtsstelle als auch aus Pachtauszügen und aus eigener Produktion. Dieser Haushalt stellt sich uns fast noch ganz als geschlossene Hauswirtschaft, d. h. als Naturalwirtschaft dar und ist noch kaum in den Zustand der Geldwirtschaft übergegangen. Er unterscheidet sich dadurch wesentlich von den bisher beobachteten städtischen Haushaltungen aus jener Zeit und stellt einen noch größeren Gegensatz zum modernen Haushalt dar, als nach den bisher beobachteten städtischen Haushaltungen angenommen werden durfte.

Wir finden in diesem Haushalt noch Funktionen, die den früheren städtischen Haushaltungen schon gar nicht mehr eigen waren. Die landwirtschaftliche Arbeit außerhalb des Hauses findet ihren Ausdruck auch innerhalb des Hauses. Im geräumigen Flur fällt uns bei unserem Eintritt in das Pfarrhaus zu allererst die Waage ins Auge, die an einem starken Eichenbalken von der Decke herabhängt. Das Getreide, das in den früheren Haushaltungen beim Müller gekauft und aufbewahrt wurde, wurde hier auf den großen Hausboden geschüttet und von dort nach Bedarf in einzelnen Quantitäten in die Mühle geschickt, um als Mehl zurückkehrend im Hause selbst zu Brot gebacken zu werden. Der Kaffee wurde in einer großen eingebauten Esse im Hause gebrannt, das Obst im Backofen für den Winter gedörrt, das Braunbier wurde im Hause gebraut, der Kornbranntwein ebenfalls im Hause gebrannt. Flachs wird gekauft, eine Frau kommt auf Störarbeit zum Hecheln ins Haus, dann wird Werg zum Spinnen auf Lohnwerk aus dem Haus gegeben, und nun wandert der Flachs wieder ins Haus zurück und wird dort zu dauerhaftem Linnengarn gesponnen. Außerhalb des Hauses wird dann das Garn durch Heimwerk zu Leinwand gewebt, gewirkt und gebleicht. Alle Handwerksleute, wie sie uns bei der Bevölkerung dieses Ortes entgegengetreten sind, wurden im Haushalt beschäftigt, auch diese, wie wir es schon in früheren Haushaltungen gesehen haben, zum Teil als in festem Sold stehendes Personal, zum Teil als Dauergäste, wie die Schneiderin, der Schuster und der Zimmermann. Immerhin gab es auch in diesem fast ganz auf Eigenproduktion beruhenden Haushalt Waren, die nicht selbst hergestellt, sondern für den Haushalt angefertigt oder gekauft wurden. Zum Teil waren es, wie in den bisher besprochenen Haushaltungen, Waren, die neben den selbstproduzierten oder zur Ergänzung derselben angeschafft wurden: Stoffe, Spitzen, Hüte, Taschentücher, Handschuhe, Kindersachen, Spielzeug, Haushaltgeräte, Möbelstükke, Kaffee, Öl, Schokolade, Gewürze, Semmeln, Christstollen und Medikamente.

Frau Pfarrer Stephani standen zwei Dienstmädchen, ein Kutscher, (oder irgend eine andere männliche Hilfe) und zeitweise eine Kinderfrau zur Seite. Eine Waschfrau kam regelmäßig ins Haus. Alle

Angestellten, auch die nicht ständig im Haushalt beschäftigten Handwerker, scheinen zum Teil in Naturalien entlohnt worden zu sein. Die Pfarrfrau wird ungefähr die Stellung einer Gutsbesitzersfrau eingenommen haben. Sie hat die Küche, die Gartenarbeit, das Spinnen und Nähen verstanden und zusammen mit dem Personal darin gearbeitet. Wir hören, daß ihre Aussteuer bei der Hochzeit noch nicht fertig war und von ihr persönlich in den ersten Ehejahren vervollständigt wurde.

Einen wichtigen Posten bilden in dem Beuchaer Haushaltungsbuche die Botenlöhne. Die in Leipzig geliehenen Journale und die Zeitung verteuern sich durch den Botenlohn erheblich.

Des Abends, wenn die Mahlzeit abgetragen war, saß die Pfarrfrau mit ihren Mädchen in der geräumigen Unterstube am Spinnrad. Um Heizung und Licht zu sparen, saß der Pfarrer auf der Ofenbank neben dem großen Kachelofen dabei, Pfeife rauchend und Zeitung lesend.

Zweimal in den drei Jahren der Haushaltführung hat die Frau Pfarrer eine Reise unternommen, einmal nach Wittenberg und einmal nach Meißen.

Als die junge Pfarrfrau im Mai 1814 ihren Einzug in Beucha hielt, wurde sie von dem Rittergutsbesitzer im Kreise der ganzen versammelten Gemeinde in patriarchalischer Weise festlich empfangen. Die Jugend überreichte eine kostbare Wiege mit grünseidenen Vorhängen, und bis in die Nacht hinein fand ein wahres Volksfest statt, zu dem Berittene das junge Paar auf dem Wege von Wittenberg her schon meilenweit eingeholt hatten. Zum Danke dafür gab der Pfarrer später noch etwa 100 Schulkindern ein Kinderfest. Die Waldholzmahlzeit, das Erntefest, die Weinlese, waren Festlichkeiten, die der Charakter dieses Haushaltes als Gutshof mit sich brachte.

Wenn wir uns nun zusammenfassend fragen, ob dieser Haushalt, der auf den ersten Blick einen von den früheren städtisch-bürgerlichen Haushaltungen verschiedenen Eindruck macht, eine andere typische Struktur als diese aufweist, so müssen wir uns folgendes vor Augen halten: Von einer individuellen Lagerung kann bei näherem Zusehen nicht in besonderem Maße die Rede sein. Alles, was uns an diesem Haushalt als Besonderheit erscheint, die unsicheren politischen Verhältnisse, die unsicheren wirtschaftlichen Verhältnisse durch Naturereignisse und die Einsamkeit des vom Verkehr abgeschnittenen kleinen Ortes, alles dies stellt sich bei näherer Betrachtung als eine typische Situation der damaligen ländlichen Haushaltungen dar. Kriegswirren waren an der Tagesordnung, und so lange es keinen internationalen Handel und keinen Verkehr gab, mußten Naturereignisse wie Mißernten und die Einsamkeit ländlicher Orte ihre unmittelbare Wirkung auf den ländlichen Haushalt der damaligen Zeit ausüben. Und in demselben Maße, wie diese Faktoren charakteristisch sind für die ländlich bürgerlichen Haushaltungen jener Zeit, in demselben Maße decken sie die Gründe auf für den Zustand des Naturaleinkommens und der Eigenproduktion eben jener Haushaltungen.

Bei politisch und wirtschaftlich derart unsicherer Situation und bei einer Abgeschlossenheit von solchem Ausmaße, mußte die Bezahlung zu einem großen Teile in Naturalien bestehen, denn Messen, Läden, Händler, bei denen man mit Geld etwas hätte kaufen können, waren nicht so häufig wie in der Stadt. Und es war notwendig, daß die durch die Unsicherheiten hervorgerufenen Ausfälle durch Eigenproduktion wenigstens zum Teil ausgeglichen und ergänzt wurden.

Wir finden also in diesem bürgerlichen Pfarrhause auf dem Lande zwar keine neue typische Struktur des bürgerlichen Haushaltes, wohl aber einen Haushalt, bei dem aus den angegebenen Gründen das Hauptgewicht weniger auf der Warenbeschaffung durch Selbstverarbeitung und Kauf beruht, sondern im wesentlichen auf der Selbstproduktion. Es ist hier in hohem Maße die Urform der Haushaltung erhalten, die aus dem Zustand der Autarkie noch wenig herausgetreten ist. Dementsprechend ist die Vorratswirtschaft mit allen ihren Auswirkungen in diesem ländlich bürgerlichen Haushalt in noch stärkerem Maße ausgedehnt als in der Stadt. Und es tritt eine räumliche Erweiterung der häuslichen Sphäre ein, die gleichzeitig in geistiger Beziehung durch die Abgeschiedenheit des Ortes zu einer noch stärkeren Intensivierung des engen privaten Lebens führt.

Diesem Haushalt, der Produktion und Konsumtion noch weitgehend verbindet, entspricht der Typus einer Frau, die einen noch größeren Apparat zu organisieren hat, als in der Stadt. Obgleich diese Frau viele Funktionen des Haushalts verstanden und auch zum Teil selber ausgeübt hat, glich ihre Stellung im wesentlichen der einer organisierenden Gutsherrin, ja, man kann beinahe sagen, daß sie eine ausgedehnte Unternehmung, nämliche eine Erzeugerwirtschaft geleitet hat. Und noch mehr als in der Stadt war ihr Wirkraum, ihr Wirkradius und damit ihr geistiges Blickfeld in die Grenzen ihres zur Gutsherrschaft erweiterten Haushaltes gebannt.

Es versteht sich von selbst, daß Tag und Kraft dieser Frau und ihrer Familienmitglieder voll ausgefüllt waren, und jedenfalls von der Seite der Haushaltaufgaben her kein Konfliktstoff und keine Disharmonie in die ländlichen bürgerlichen Familien hineingetragen wurden.

Wir sehen in dieser fast noch vollständig erhaltenen Urform autarker Wirtschaftsführung auf dem Lande, die sich von den gleichzeitigen städtischen bürgerlichen Haushaltungen in vielen Punkten abhebt, naturgemäß einen besonders starken Gegensatz zur modernen Haushaltführung[19].

2. Kapitel

Bürgerliche städtische Haushaltungen um 1860

Als erster Haushalt, der uns, wenn auch nur in großen Zügen, die allgemeinen Linien der Strukturveränderung vor Augen führt, beschäftigt uns noch einmal der Bremenser Kaufmannshaushalt, den wir 1810 verlassen haben, ungefähr 30 bis 40 Jahre später[1].

Die Jahre zwischen 1825 und 1840[2] werden gekennzeichnet durch folgende Momente: Die allgemeine Durchführung der Gewerbefreiheit in allen deutschen Staaten, die Gründung des deutschen Zollvereins und des deutsch-österreichischen Postvereins, die Ausbreitung der Freihandelsideen, die Abschaffung der Feudallasten, die Ausdehnung von Maschine und Fabrik und die Entwicklung der Banken und Kreditanstalten. Diese Faktoren, zusammengefaßt unter dem Begriff des wirtschaftlichen Liberalismus, sind von weittragender Bedeutung für die Hauswirtschaft: Die Aufhebung der Zunftverfassung, d. h. das Zurückdrängen der handwerklichen Betriebsform, bereitete den Boden für die Entwicklung von Manufaktur und Hausindustrie einerseits, von maschineller Fabrikation im Großbetrieb andererseits. Sie ermöglichte die Produktion beliebig vieler, billiger, differenzierter und neuer Waren. Auf der anderen Seite schufen die Wandlungen in der Handelspolitik und im Handel, hervorgerufen durch die Verwendung der Dampfkraft, die Grundlagen für den Versand und Bezug jeglicher Waren innerhalb Deutschlands als auch vom Ausland und von Übersee. Die Änderung der Agrarzustände bildete in einer verarmten und landlosen Bauernschaft das Menschenmaterial für die zunehmende Fabrikarbeit. Die Wandlungen im Geld- und Kreditwesen, d. h. die Gründung von Spekulationsbanken einerseits und Depositenbanken

19 Beispiele und Zitate aus der zeitgenössischen Literatur zwischen 1760 und 1830 finden sich im Anhang.

1 Kiesselbach, a.a.O.

2 Vgl. die Wirtschaftsgeschichten von Below, Kulischer und Brinkmann

andererseits, ermöglichten nicht nur das Funktionieren der industriellen Produktion, sondern auch die Umstellung der Konsumenten auf eine neue Art der Bedarfsbefriedigung.

Diese Faktoren kamen in besonderer Weise in der Struktur der Hansestadt Bremen zum Ausdruck, die sich in jenen Jahrzehnten neben Hamburg zu einem reichen und blühenden Stützpunkt des internationalen Handels emporgearbeitet hatte. Am Ende der zwanziger Jahre des 19. Jahrhunderts wurden in Bremen, wie auch in vielen anderen deutschen Städten, die alten Befestigungswerke und Mauern abgerissen. Die Vorstädte begann sich auszudehnen, die Straßenpflasterung wurde besser, die nächtliche Beleuchtung regelmäßiger. Der Sohn des Bremenser Kaufherrn, der uns um die Jahrhundertwende begegnet ist, baute sein Haus nicht mehr im engsten Zentrum der Stadt, sondern an der städtischen Peripherie, dorthin, wo sich bisher die Wiesen und Gärten ausgedehnt hatten. Und während sein Vater Geschäfts- und Wohnräume unter einem und demselben Dache gehabt hatte, führte er eine Trennung von Geschäfts- und Wohnsphäre durch. Wenn auch die beiden Gebäude noch aneinander stießen, so war doch das Warenhaus und das Wohnhaus des Kaufmanns völlig voneinander geschieden. Die Zahl und die Größe der Wohnräume nahm infolgedessen zu.

Viele Haushalterfordernisse, die früher von den Familienmitgliedern selbst verfertigt oder besorgt werden mußten, konnten jetzt ebenso billig und gut in den verschiedenen Läden gekauft werden. Die herbstliche Verproviantierung der Vorratskammern fand nicht mehr in der alten Weise statt, die benötigten Stoffe konnten den ganzen Winter hindurch leicht beschafft werden.

Ein leichterer und reicherer Zuschnitt des Hauses läßt sich überall beobachten. Dies beginnt schon bei den Spielwaren der Kinder, die man vor 40 Jahren nicht gekannt hatte. Die Großväter sahen staunend ihre Enkel mit Bleisoldaten und mit Puppen mit natürlichem Haar und Glasaugen spielen. Der Schulunterricht hatte sich wesentlich verändert. Für die Knaben gab es jetzt Realschulen, polytechnische Anstalten, Gewerbe- und Handelsschulen, sowie Navigationsschulen, die wohl eine Spezialität der Hansastädte waren.

Die Töchterschulen für die Mädchen, die zum Unterschied gegen die Knabenschulen vollständig unter privater Leitung standen, hatten französischen und englischen, sowie Literatur- und Geographieunterricht aufgenommen. Die heranwachsenden Söhne absolvierten ihre Lehrzeit in überseeischen Ländern, namentlich in Amerika, die jungen Mädchen gingen oft Eheverbindungen mit deutschen Auswanderern oder mit Fremden ein, während die Großeltern sich meist noch als »Nachbarskinder« geheiratet hatten. Ein großer, internationaler Zug war jetzt in den Familien zu verspüren. Eine neue Literatur war die Folge dieser räumlichen Ausdehnung: Neben den jetzt entstehenden Jugendschriften – der Struwwelpeter wurde in jener Zeit geschrieben – verschlang die Jugend namentlich Reiseliteratur und naturwissenschaftliche Bücher. Es war ja auch jetzt innerhalb Deutschlands für die jungen Leute so viel leichter, eine Reise zu machen, als zur Zeit ihrer Väter. Mit der Eisenbahn und dem Flußdampfer reisten schon die Sekundaner im Harz, im Thüringer Wald und auf der Weser. Das Lesebedürfnis in den Familien, namentlich bei den Frauen und Töchtern, war gewaltig gewachsen. Hausbibliotheken bildeten sich, die Leihbibliotheken wurden eifrig benutzt. Das Klavier, früher ein Besitz großbürgerlicher Kreise, zog in jedes Bürgerhaus ein. Die Frauen überboten sich in luxuriösen Handarbeiten. Eine neue berufliche Kategorie fand ihren Eingang in die Haushaltungen: Neben den Verlagsanstalten war es der Notendruck und das Modejournal (Stickmuster), die eine Menge Menschen beschäftigten, und die Schar der Musiklehrer und -lehrerinnen zog in die Häuser ein.

Die Lockerung der häuslichen Enge und Strenge und der natürlichere Geist, der in die Menschen einzog, zeigen sich auch an Äußerlichkeiten: Der gepuderte Zopf verschwindet, der Briefstil wird weniger überschwenglich, an die Stelle des früheren »Sie« tritt das »Du«, mit dem die Kinder ihre Eltern anreden. Die Schminke war außer Mode gekommen; wer alt war, genierte sich nicht, alt zu erscheinen.

Ehe wir das Fazit aus den eben geschilderten Veränderungssymptomen ziehen, wollen wir als Bestätigung und Ergänzung weitere Wandlungsmerkmale hervorheben, die uns in anderen Haushaltungen begegnen.

Zum zweiten Male tritt uns der Kasseler Haushalt, ebenfalls in der Mitte des Jahrhunderts, entgegen[3].

Wir lassen Otto Bähr selber sprechen, wie er uns die Wohnung seiner Eltern schildert:

»Die besseren Zimmer waren auch damals schon tapeziert, das

3 Otto Bähr, a.a.O.

Holzwerk meist mit weißer Ölfarbe gestrichen. Einen Anstrich mit dunkler Ölfarbe kannte man nicht. Die Fußböden waren einfach gedielt. In einfachen Bürgerwohnungen wurden die Wohnzimmer noch mit Sand bestreut. Die Zimmerdecken waren geweißt. Verzierte Plafonds hatte man nur selten. Die Fensterscheiben waren sehr klein, daß deren vier oder sechs den Fensterflügel füllten. Auch die häuslichen Einrichtungen waren im Durchschnitt sehr einfach. Von einem stilvollen Zimmerputz wußte man noch nichts. Vorherrschend war das polierte Kirschholz oder das Mahagoni. Möbel mit Schnitzwerk kannte man gar nicht. Das Kunsthandwerk hatte nur selten Gelegenheit, sich zu betätigen; man hatte keine Vorstellung, daß in dem Hausgerät sich ein Kunstsinn erweisen könne. Die Wände schmückte man gerne mit eingerahmten Bildern. Die Rahmen waren aus Holz, braun oder schwarz poliert. Goldrahmen hielt man nur für Ölgemälde passend. Teppiche, durch das ganze Zimmer gelegt, gab es nur in sehr reichen Häusern. Die Vorhänge an den Fenstern waren durchweg weiß, meist von einfachem Zeug. Dunkle Vorhänge, wie sie jetzt oft vorkommen, und dazu bestimmt scheinen, eine ständige Dämmerung im Zimmer zu schaffen, waren nicht üblich. »Portieren« waren ganz unbekannt. Viele Bürger- und Beamtenfamilien hatten neben ihrem Wohnzimmer noch eine »gute Stube«, welche nur für Besuch geöffnet wurde. In ihr standen die »guten Möbel«, die Polster von Sofa und Stühlen darin für gewöhnlich mit weißen oder gewürfelten Schutz-Überzügen bedeckt. In ihr standen die Schaustücke der Familie, meist von den Eltern ererbt, chinesische Porzellanvasen, Uhren mit Glockenspiel und ähnliche Sachen; mitunter auch noch ein Potpourri, d. h. eine große Vase, in welche allerhand wohlriechende Dinge (Rosenblätter, Lavendel, etc.) hineingeworfen wurden. Auf der ganzen Stube lagerte ein eigentümlicher Duft, und den Kindern galt sie als ein Heiligtum. Ich erinnere mich noch, mit welcher Ehrfurcht ich die gute Stube einer befreundeten Bürgerfamilie betrat, in welche wir Kinder mitunter hineingelassen wurden, und in der mir vorzugsweise zwei in Rokoko-Goldrahmen eingefaßte Spiegel einen Eindruck machten, welche gerade einander gegenüber hingen und dadurch eine Perspektive in die Unendlichkeit eröffneten.«

Zu den neu entstandenen Läden, in denen die Kasseler Hausfrau fertige Konsumtionsgüter kaufen konnte, gehören vor allem die folgenden: Die Delikateßhandlungen, in denen man auch eingemachte Früchte kaufen konnte, der Fleischerladen, in dem es sofort verspeisbare Fleischwaren (»der jetzt in Arbeiterkreisen üblich gewordene Genuß von rohem gehackten Fleisch mit Salz und Pfeffer«[4]) gab, die Kleider- und Schuhkonfektion, die Blumenläden (Bouquet) und die Apotheken, in denen der Bezug ausländischer Medikamente die Hausmittel verdrängt hatte. Butter gab es auch im Winter, und man brauchte deshalb nicht so sparsam mit ihr umzugehen. Ebenso wurden Seife und Lichter nicht mehr im Hause hergestellt, sondern die Seife aus Steinkohlenteer auf industriellem Wege gewonnen und die Kerzen durch Petroleum ersetzt. Die Glasfabrikation hatte den Glaszylinder für Lampen auf den Markt gebracht, die Streichhölzer trugen zur Vereinfachung der Beleuchtungs- und Feuerungsfrage bei. Eine wichtige Voraussetzung für die geschilderten Vorgänge in der Lebensmittelversorgung hatte sich eingebürgert: Die Kühlung durch Eis. Bestimmte Folgerungen aus dem Gesagten prägten das Gesicht des Haushalts und seine Funktionen. Viele Waren konnten nicht nur im Kassel der sechziger Jahre gekauft werden, sondern die Hausfrau bekam sie auch ins Haus getragen. Am Morgen sah man pfeifende Bäcker- und Metzgerjungen durch die Straßen ziehen. Und die Trinkgelder und Geschenke, die früher der Nachtwächter und der Schornsteinfeger erhalten hatten, bekamen jetzt der Briefträger und die Auslaufburschen. Alte Funktionen und Gebrauchsgegenstände gingen verloren und neue kamen auf. Die Streichhölzer z. B. machten nicht nur den Nachtwächter, sondern auch die alten Repetieruhren, die des Nachts die Stunden angaben, überflüssig. Dagegen gaben sie der Tabakindustrie und der bis dahin nur häuslichen Funktion des Rauchens (es war nämlich bis 1848 verboten, auf der Straße zu rauchen) einen neuen Auftrieb. Statt der Geldbeutel, die die Frauen bis dahin gestrickt und gestickt hatten, kamen jetzt die Geldtäschchen für das kursierende Papiergeld auf. Die gärtnerische Arbeit der Haushaltsmitglieder wurde ersetzt durch die Gartenkunst, die eine Menge fremdländischer Blumensorten in die Gärten einführte. Ebenso war es mit anderen Funktionen, die aus dem Haushalt ausgegliedert wurden und für die man zum Handwerker »schickte«, wenn man ihn gerade benötigte. Der Handwerker war nicht mehr ein zum Hause gehörender Faktor, sondern eine fremde Kraft, die man stundenweise bezahlte. Der Friseur, in der Zeit der Perücken der

4 Otto Bähr, a.a.O.

tägliche Gast des Hauses, war jetzt überflüssig geworden. Auch die Messe und der Markt verloren in demselben Maße ihre Bedeutung für den Haushalt, als die Geschäfte an Bedeutung gewannen. Die Messe, in Kassel zweimal pro Jahr veranstaltet, sank zur Rolle eines Jahrmarktes herab, und die Kasseler Geschäfte waren in den sechziger Jahren nicht auf ihr vertreten. Gleichzeitig fing die Reklame an, sich mächtig zu entwickeln. In der Ausstattung der Schauläden und in Ausstellungen (1851 fand in London die erste Weltausstellung statt) versuchte sie den Erwerb der angebotenen Waren für den Konsumenten lockend zu gestalten. Die Auflösung der hauswirtschaftlichen Sphäre ging, wie wir schon in dem Bremenser Haushalt gesehen haben, Hand in Hand mit einer Öffnung des Hauses in geistiger und geselliger Beziehung. Die maschinelle Erzeugung des Papiers, der Stahlfeder und der Briefumschläge, sowie die Einführung der Postkarten erleichterten die bisher verengten Beziehungen der Menschen untereinander. Mit der Einführung des Bayerischen Bieres in die Länder nordwärts der Mainlinie schossen die Felsenkeller und Restaurationen, die Männergesangvereine und Frühschoppen wie Pilze aus der Erde. Andere Vereine, z. B. das »Lesemuseum« in Kassel folgten, die Eisenbahn erschloß Wilhelmshöhe und machte es zu einem beliebten Ausflugsort. Auch die Frauen nahmen an diesen Vergnügungen teil, wenn ihnen auch das Bierglas zugunsten der Kaffeetasse verboten war. Auch das Schlittschuhlaufen hat sich unter ihnen eingebürgert, und während sie in früheren Zeiten, nur in einem Schlitten sitzend, passiv von ihren Anbetern hin- und hergefahren werden durften, konnten sie jetzt eine aktivere »Beziehung« zu ihren Partnern knüpfen. Von der leichteren Möglichkeit des Reisens ist schon gesprochen worden. Aber auch innerhalb der Stadt erleichterte sich der Verkehr, als 1810 die ersten 12 Droschken zugelassen wurden. Wichtige Mitteilungen besorgte statt des Ausrufers die Presse, auch die Familienanzeigen gab man ausführlich in der Zeitung bekannt. Das alte Stammbuch wurde ersetzt durch das Fotoalbum, so wie ganz allgemein die Porträtkunst durch die neu aufgekommene Fotografie verdrängt wurde. Der »Kladderadatsch« und die »Fliegenden Blätter« fanden gleich nach ihrem Erscheinen große Auflagen; die stark ausgebreitete Kunst der Illustration jener Jahrzehnte kam dem Interesse für Politik entgegen. Je mehr durch die Freizügigkeit und Vermischung der Menschen (nach Kassel strömte in der Mitte des Jahrhunderts eine starke Einwanderung von Altpreußen) die Eigenart eines Ortes und die Charakterfiguren verloren gingen, desto mehr flüchtete das Original in die Karikatur. Dem Haushalt ging etwas verloren, was früher in ihm heimisch gewesen war: es waren zwei Instrumente, die lediglich der Hausmusik dienten, die Flöte und die Gitarre, die Begleiterin der jungen Mädchen, die ihr Liedchen vortrugen. Und als letztes ein äußeres Symptom, das die Veröffentlichung und Demokratisierung der privaten häuslichen Sphäre anzeigt: man fing an, jede verheiratete Frau mit »Gnädige Frau« und jede unverheiratete Frau mit »Gnädiges Fräulein« anzusprechen – der Adel verlor damit sein bevorzugtes Recht, sich so zu nennen.

Über die Stellung der Frau in diesem veränderten Haushalt geben drei Stellen aus den beiden zitierten Werken von Kiesselbach und Bähr am besten Aufschluß[5].

> Kiesselbach: »Durch diese günstigeren Verhältnisse im Haushalt gewinnt auch das Frauenleben mehr freie Zeit zur geistigen Fortbildung. Man mag vielleicht im ersten Augenblick den Sozialhistoriker auslachen über seine Ansicht, daß zuvor durch äußere Umstände der bürgerliche Haushalt minder beschwerlich werden mußte, ehe die deutschen Bürgerfrauen als Konsumenten der Literatur in Betracht kommen konnten. Wer jedoch die Literaturgeschichte nicht von der gesamten Kulturgeschichte losreißt, vielmehr alle Erscheinungen des öffentlichen Lebens auf die ihnen zu Grunde liegende ökonomische Basis zurückführt, der verkennt es auch nicht, wie mit der Umgestaltung der Haushaltführung eine ganz andere Büchergattung in Deutschland auftaucht, weil nun für die Frauenlektüre nicht minder gesorgt werden muß, als für das Lesebedürfnis der Männer.«
>
> Bähr: »Nicht minder ist die Stellung des Hausgesindes eine andere geworden. Welche Ansprüche erheben nicht heute unsere Dienstboten! Ansprüche, an welche sie vor zwei Menschenaltern noch nicht dachten. Aber auch hierzu haben ohne Zweifel die Herrschaften selbst beigetragen. Eine Hausfrau, welche selbst noch in der Küche waltet, steht ihrem Dienstmädchen ganz anders gegenüber, als eine solche, welche lediglich in der Stube sitzt und Firlefanz treibt.«
>
> Und an anderer Stelle: »Der Gedanke, daß die Frau die Hände nicht in den Schoß legen dürfe, wirkte noch lange fort. Als zu Anfang der 1850er Jahre in Fulda vor dem Schwurgericht eine interessante Mordgeschichte acht Tage lang verhandelt wurde,

5 Kiesselbach und Bähr a.a.O.

saßen in der ersten Reihe der Zuhörer die Fuldaer Damen fast durchweg strickend da.«

Und nun ein paar kurze Angaben aus einem halb zerrissenen Buch, auf dessen vergilbtem Titelblatt mit altmodischer Handschrift geschrieben steht: »Haushaltungsbuch vom 1. Juni 1863 an, Hannchen M., Gießen«[6]. Wir wollen gleich zusammenfassen, was uns in diesem Haushalt im Hinblick auf seine Struktur auffällt. Es werden Ergänzungen und Bestätigungen des bisher Beobachteten sein. Zur Einführung sei gesagt, daß es sich um einen Haushalt von zwei erwachsenen Personen und zwei halbwüchsigen Knaben in einer Etagenwohnung handelt. Das Buch ist von der Frau selbst geführt.

1.) Täglich oder in kurzen Zeitabständen werden folgende Lebensmittel gekauft: Brot, Brötchen (Weck), Milch, Fleisch, Wurst, Schinken, Butter (manchmal 10 Pfund zum Auslassen), Natron- und Zimtkuchen, Eier, z. T. Kartoffeln, Kolonialwaren, Wein, Äpfelwein, Bier, Salat, Obst und Gemüse.

2.) Es ist bemerkenswert, daß die letzteren drei Posten, Salat, Obst und Gemüse als gekaufte Waren angeführt werden. Es war also ein Garten oder ein Stück Land in diesem städtischen Haushalt nicht vorhanden.

3.) In größeren Quantitäten und in längeren Zeitabständen wurden die folgenden Güter gekauft: Torf, Steinkohlen, Buchenscheitholz, Seife, Lichter, ein ganzer Schinken und Kartoffeln. (Die letzteren zeitweise auch im Detailkauf.)

4.) Zu den Funktionen, die eine Verarbeitung im Hause darstellen, gehören die folgenden: Einmachen, Backen, Waschen, Bügeln, Nähen, Flicken, Socken stricken und Holz klein machen.

5.) An Hilfen im Haushalt wurden die folgenden benötigt: Alle vier Wochen eine Waschfrau, die zwei bis drei Tage blieb, ebenso eine Büglerin, ein Nähmädchen, das manchmal für zwei, manchmal für fünf Tage bezahlt wurde, ein Flickmädchen und als ständige Hausangestellte ein Mädchen.

6.) Punkt 1.), die Lebensmittel, wird ergänzt durch die folgenden Haushaltsbedarfsartikel, die ebenfalls gekauft wurden. Zum Teil werden sie neben der häuslichen Verarbeitung gekauft und zwar teils in Geschäften, teils beim Handwerker, teils auf den Messen: Zwirn, Seide, Knöpfe, Socken, Lichter, Spielwaren, Haushaltgeräte, Schür-

6 Durch Vermittlung von Professor Dr. Bergsträsser, Frankfurt a/Main erhalten: Haushaltungsbuch von Hannchen M., Gießen, 1863.

zen, Leinen, Beinkleider, Halsbinden, Schlittschuhe, Hemden, Anzüge, Kleider, Handschuhe, Bürsten, Kappen, Peitschen und Seife. Die letzteren, ebenso wie die Kleidungsstücke, waren Handwerkerarbeit: Der Bürstenmacher, der Kappenmacher, der Sattler, der Seifensieder, der Handschuhmacher und der Schneider waren daran beteiligt.

7.) Fast alle Handwerker, die für den Haushalt arbeiteten, wurden außer dem Hause beschäftigt und innerhalb des Hauses nur, wenn es sich um Reparaturen handelte. Manchmal, wie beim Tapezierer, wurde das Material offenbar von der Hausfrau angeschafft. Es steht aufgezeichnet: gebleichter Mull für Vorhänge, Stangen, Rosetten und Eisen dazu. Ebenso wurden der Näherin in ihre Wohnung 4 Ellen Shirting für Hemden überliefert. Von folgenden Handwerkern wird uns berichtet: Der Buchbinder, der Schneider und der Schuhmacher, der Glaser (Fensterscheiben, Einrahmen), der Anstreicher und Lakkierer, der Schreiner (Bücherbrett, Turngerät), der Schlosser, der Spengler und die schon genannten Tapezierer, Kappenmacher, Handschuhmacher, Sattler und Seifensieder.

8.) Wir hören von verschiedenen neu in den Haushalt eingeführten Bedarfsartikeln: Vor allen Dingen alles, was mit der Korrespondenz zusammenhängt, Papier, Federn, Siegellack, Bleistift, Porto, und nicht zu vergessen, »die telegrafische Depesche nach Petersburg«. Dann ist die Rede von Petroleum, Petroleumlampe (ein Weihnachtsgeschenk), Küchenlämpchen, Lampendocht und Zylinder, von Gummischuhen, vom Apotheker und von Pillen und Pulvern, die Kosten für das Bad und für das Fotografiertwerden sind aufgezeichnet, und eine Eisenbahnfahrt von Darmstadt nach Gießen mit allem Zubehör, Dienstmännern und Fuhrmann, spielt eine Rolle.

9.) An immer wiederkehrenden feststehenden Beträgen hat die Hausfrau folgendes ausgegeben: Miete, Schulgeld, Steuer, Armenschule, Gehalt für das Mädchen und »Spitalgeld für Bärbele«, eine feste monatliche Ausgabe.

10.) Wir tun einen Blick in das gesellige und geistige Leben des Hauses: Die Kinder haben allerlei zum Teil sehr sportliche Vergnügungen, Turngesellschaft, Schwimmen, Schützenwehr, Reitzirkus, Kirchweih, Seiltänzer, Menagerie und dergleichen. Dann stehen die Ausgaben für folgende Freuden verzeichnet: Konzert-Chausseehaus, Abonnement für Winterkonzerte, Abonnement für das Wochenblatt, Bibliotheksbücher, Bücherrechnungen (Atlas) und eine Reise nach Vilbel. Einmal wird das Honorar für zwanzig griechische Privatstunden aufgeschrieben.

11.) Nun noch ein paar Momente, die mir in diesem Haushalt aufgefallen sind: Das Haushaltungsgeld betrug durchschnittlich für diesen Haushalt von 5 Personen 100 fl, wobei auch alle größeren Ausgaben, wie Miete und Gehälter eingeschlossen waren, das ist ebenso viel[7] wie im nächstfolgenden Darmstädter Haushalt 10 Jahre später. Es wurde offenbar sehr viel Fleisch gegessen, durchschnittlich fast jeden Tag 2½ Pfund. Es wurde auch alles nicht sofort bezahlt, manche Rechnungen blieben ein paar Wochen liegen, das Anschreiben scheint üblich gewesen zu sein. Von dem Mädchen, der Bärbel, heißt es, daß zwei Tage das Nähmädchen für sie gearbeitet hat, daß Kleiderfutter, Pantoffeln und Sohlen sowie Jahrschuhe für sie bezahlt worden sind. Es ist hier offenbar noch ein Rest der Bezahlung in Naturalien vorhanden.

Von einer etwas anderen Seite stellt sich uns ein Haushalt dar, der, ähnlich wie der Haushalt des Rat Goethe, nicht von einer Frau, sondern von einem Manne organisiert worden ist. Er wird beleuchtet durch ein Haushaltungsbuch, das mir ebenfalls von privater Seite übergeben wurde und das die Jahre 1853 bis 1875 umfaßt. Es ist ein großes dickes Buch in Folio-Format, von Oberbaurat Dr. L. in Darmstadt in sorgfältiger und übersichtlicher Weise angeordnet und geführt. Uns interessiert zuerst hier nur die Zeit von 1853 bis 1865[8].

Das Buch trennt Einnahmen und Ausgaben. Das Küchenbuch der Frau ist gesondert geführt worden. Die Rubrik »An Anna für die Haushaltung« zeigt an, daß in diesem Haushaltungsbuch zwar die Gesamtausgaben für die Küche aufgeschrieben, die Einzelheiten aber nicht verzeichnet sind. Wir können also aus diesem Haushaltungsbuch nur die großen Linien der Ausgaben und der Ausgabenverteilung sehen, nicht aber alle Einzelheiten und Kleinigkeiten, wie in dem vorhergegangenen Haushalt.

Einige dieser Tendenzen seien hier festgehalten:

Das Einkommen des Oberbaurats wurde vierteljährlich gezahlt, wozu in unregelmäßigen Zeitabständen und in unregelmäßiger Höhe noch Diäten-Zahlungen kamen. Das Gehalt stieg von 1853, wohl dem Beginn der Ehe, bis 1865 auf über das Doppelte, nämlich von 213 fl auf 476 fl. Fast die gleiche Summe wie das Gehalt macht der Betrag der Zinsen der Mitgift aus. Die Frau des Hausherrn stammte aus einem

7 Die Kaufkraftdifferenz des Guldens ist nicht beachtet.

8 Durch Vermittlung von Professor Dr. Bergsträsser, Frankfurt a/Main erhalten: Haushaltungsbuch von Oberbaurat Dr. L., Darmstadt, 1853 bis 1865.

reichen, noch heute bekannten Mainzer Kaufmannshause. Die Zinsen ihrer Mitgift stiegen ungefähr in gleichem Maße wie das Gehalt. Während aber zu Beginn der Ehe im Haushaltungsbuch verzeichnet ist »vom Schwiegervater erhalten 250 fl«, heißt es später »an Zinsen für Eisenbahnaktien eingenommen«. Offenbar hat der Oberbaurat inzwischen das Vermögen seiner Frau selbst angelegt und zwar ausschließlich in Eisenbahnaktien und Eisenbahnschuldverschreibungen. Wir hören auch, daß »auf der Rentenanstalt 700 fl erhoben worden sind, für Ankauf einer Bexbacher Aktie (ebenfalls eine Eisenbahnaktie)« und ebenso heißt es an einer anderen Stelle »von Fuld und Oppenheim im Voraus erhoben«, und zwar waren es diesmal Pfälzische Ludwigsbahn-Aktien, die für den Betrag gekauft worden sind. Mit den steigenden Einnahmen stieg »der Betrag an Anna für die Haushaltung« ebenfalls auf das Doppelte, von 50 fl pro Monat auf 100 fl pro Monat durchschnittlich. Auch die Miete erhöhte sich mit steigendem Einkommen ungefähr auf das Doppelte, von 56 fl zu Beginn der Ehe auf 95 fl im Jahre 1865.

Außer den Bestätigungen bisher gesagter Merkmale bei der Analyse früherer Haushaltungen, zeigt die Analyse dieses Haushaltes in folgenden Punkten besondere Symptome:

Es handelt sich hier um den Haushalt eines Beamten mit regelmäßigen Einkünften in bestimmten Zeitabständen. Infolgedessen werden z. B. Steinkohlen nicht in großen Mengen für den Winter eingedeckt, sondern mit großer Gleichmäßigkeit heißt es in jedem Monat »3 Zentner Steinkohle«. Leider können wir nicht erkennen, ob auch bei anderen Waren derartige Einteilungsmerkmale vorhanden gewesen sind, da ja das Lebensmittelbuch der Hausfrau nicht mehr zugänglich ist.

Die Fülle der Vereine, der gutsitutierte Zuschnitt des Hauses in Bezug auf Reisen und Geselligkeit, die Häufigkeit der Versicherungen fallen uns auf. Der Oberbaurat war Mitglied im Kasino, im hessischen Architektenverein, im Gewerbeverein, im geographischen Verein, im Singverein, im Verein für Erdkunde und im Musikverein. Es stehen öfters Ausgaben für Bälle (Neujahrsball) verzeichnet, seit 1855 hat die Familie zwei Mädchen, von einer Gesellschaft von 18 Personen wird 1863 berichtet, bei der es offenbar sehr elegant zuging, denn das Haushaltungsbuch weist die Posten Kochfrau, Fische, Braten, Pasteten, Torte, Malaga und Champagner auf. Diese Ausgaben sind offenbar nicht durch das Haushaltungsbuch der Frau gegangen, sondern direkt von dem Hausherrn gemacht worden. Der

Oberbaurat hat viele berufliche Reisen im hessischen Gebiet und nach Frankfurt machen müssen. Er hat seine Frau oft dorthin für Einkäufe mitgenommen, aber sie hat auch unabhängig von ihm allerlei Reise zu Verwandten (in die Pfalz) und ins Bad gemacht. Wir hören aber auch von großen Reisen des Ehepaares nach Paris, Ostende und Holland, Salzburg und Tirol. Regelmäßige Beiträge an die Feuerversicherung, die Spitalkrankenkasse, die weibliche Krankenanstalt, die Suppenanstalt, kommen uns schon beinahe ganz modern vor. Dazu kamen erhebliche Weihnachtsgelder und Neujahrsgelder. Die Anteilnahme an geistigen und kulturellen Gütern war nicht gering: Ein Abonnement für das Theater und für die Konzerte der Hofmusik bestand, aber der Posten Theaterbillets erscheint noch öfters gesondert. Die Postzeitung und das Wochenblatt waren abonniert, wir hören von Kupfern und Stichen (Waldpartie von C. Meinhart 1788), von Gipsabdrücken, von Büchern, meist naturwissenschaftlichen, architektonischen und historischen Inhalts, vom Baedeker Norddeutschlands, die gekauft wurden.

Es erinnert an die Haushaltungen der älteren Zeit, wenn wir lesen, daß neben der Eisenbahn noch die Post und die Chaise benutzt wurden, daß immer wieder »Transport und Oktroi eines Fäßchen Wein« bezahlt wurden, daß Fische aus dem Teichhause und Wildschweine und Gänse aus dem Hühnerhof bestellt wurden und zwar beides zu einem relativ hohen Preise, daß das Federmesser noch eine Rolle spielte, daß Badbillette (auch im Winter) eine ständige Rubrik bildeten und daß Mutterlauge und Bitterwasser aus den Bädern von fern her bestellt wurden.

Bestimmte Waren waren also noch an den Standort gebunden und infolgedessen eine Delikatesse. Anderes dagegen konnte noch nicht in chemischen Ersatzmitteln verkauft werden. Aber die neue Zeit macht sich mächtig bemerkbar: Nicht nur, daß fast alles in diesem Haushalt, und zwar zum Teil in Frankfurt, gekauft worden ist, zeigt die Wandlung an, sondern die durch den Beruf des Hausherrn sich ergebenden Arbeiten weisen darauf hin, in welcher Zeit wir uns befinden. Wir lesen von einem Bauplan für die höhere Gewerbeschule, für Hochöfen, für den Bau der Homburger Trinkhalle und der Homburger Synagoge. Auf der ersten Seite des Haushaltungsbuches heißt es auf einem kleinen eingeklebten Firmenschild »Schreibmaterialienhandlung von Franz Borhauer, im Besitze einer englischen Liniiermaschine«. Von der Benutzung privater und öffentlicher Bankinstitute und von der Vermögensanlage in industriellen – namentlich Eisenbahnwerten – war schon eingangs die Rede.

Wenn Frau Anna mit dem Haushaltungsgeld nicht auskam, so erhielt sie zwar einen Mehrbetrag, aber meist gab es dafür im nächsten Monat weniger. Und wenn Frau Anna eine Reise machte, so hieß es z. B. »An Anna Reisegeld 40 fl«, und dann an anderer Stelle »Von Annas Reisegeld zurückerhalten 5 fl«. Der Ehemann also, der dieses Ausgabenbuch so pünktlich und genau führte, hat auch über die Ausgaben seiner Frau, obgleich diese im Besitze einer großen Mitgift war, genau gewacht.

Nach der Analyse dieser vier bürgerlichen Haushaltungen, die vermögenden – z. T. reichen – Familien angehörten, soll, um nicht ein falsches Bild jener Zeit entstehen zu lassen, noch von einem Gespräch erzählt werden, das ich mit einer heute noch lebenden Zeugin der Frankfurter sechziger Jahre führte[9].

Die heute 83jährige alte Dame saß in ihrem Stübchen, am Biedermeiersekretär, den Blick auf die schönen Stiche der Raffael'schen »Vier Fakultäten«, die ihr Vater einst von einer Italienreise heimgebracht hatte, gerichtet, und erzählte mir von ihrem Elternhaus. Ihr Vater war ein bedeutender Gymnasial-Direktor, und sie hatte als 14jährige noch die »österreichischen Jahre« der alten freien Reichsstadt, später die Bismarck'sche Zeit und den langsamen Wandel der Frankfurter Bevölkerung zur preußischen Gesinnung miterlebt.

Sie war die Älteste von 8 Kindern, 3 Knaben und 5 Mädchen. Es war kein Vermögen vorhanden, und die große Familie war nur auf das Beamtengehalt angewiesen, das freilich in der damaligen Zeit höher war, als beispielsweise das Gehalt eines Marburger Universitätsprofessors (eine Stellung, die der Hausherr kurz vor seiner Berufung nach Frankfurt aus finanziellen Rücksichten ausgeschlagen hatte). Aus wirtschaftlichen Gründen nahm das Ehepaar, trotz der großen Kinderschar, noch viele Jahre hindurch die Last von Pensionären auf sich. Die ziemlich große Dienstwohnung, in einem der ältesten und unhygienischsten Stadtteile gelegen, erforderte 2 Mädchen. Eine Frau zum Flicken und Waschen, sowie für den Frühjahrsputz kam ins Haus. Trotz dieser Hilfen, die die Hausfrau vor rein körperlicher Arbeit bewahrten, war die Arbeitslast, solange die Kinder im Heranwachsen waren, für die zarte Frau sehr groß. Alle Kinder wurden selbst gestillt, die Kindergarderobe ganz im Hause angefertigt, die Strümpfe angestrickt, die Schulaufgaben überwacht, mit den Pensionären Klavier

9 Aus naheliegenden Gründen unterbleibt auch hier die Nennung des Namens.

geübt, stundenlange Spaziergänge mit den z. T. sehr zarten Kindern gemacht und englische Übersetzungen für die wissenschaftlichen Arbeiten des Mannes vorbereitet. Es war kein Geld da für teuere Nachhilfestunden und für Erholungsreisen, und aus den gleichen Gründen verbot sich der Einkauf allzu vieler Fertigfabrikate. Die Trauer der 17jährigen, als sie eine Einladung zu einem Maskenball absagen mußte, weil das Geld für die Anschaffung eines Kostüms fehlte, zitterte heute noch in der 83jährigen nach. Außer zwei Studienreisen des Hausherrn nach England und Italien sind keine Reisen der Familienmitglieder unternommen worden. Aber trotz der dringenden Notwendigkeit zu sparen machte es die Familie möglich, nicht nur den drei Söhnen eine akademische Ausbildung zu geben, sondern auch drei Töchtern eine berufliche Vorbildung zuteil werden zu lassen. Zwei Töchter bildeten sich als Lehrerin, eine als Malerin aus. »Ich erhielt 1870 als erste die Erlaubnis, in Frankfurt das Lehrerinnen-Examen ablegen zu dürfen, nachdem es bisher nur in Wiesbaden abgenommen worden war; mehr noch als wegen dieses Umstandes erregte die Prüfung deswegen Aufsehen, weil ich aus vornehmem bürgerlichem Hause war, während bisher nur Unbemittelte einen solchen Beruf ergriffen.«

Aus Krankheitsgründen wurde nur kurze Zeit eine Erzieherinnenstelle in England bekleidet, die Berufsausübung unterblieb; die beiden anderen Schwestern übten den Beruf aus. Von den fünf Töchtern hat nur eine geheiratet; die Aussteuer ließen die Schwiegereltern anfertigen.

Typus des Haushalts und Typus der Frau um 1860

Wenn wir zusammenfassen, so wollen wir unterscheiden zwischen den Strukturveränderungen im Haushalt und dem Typenwandel der Frau. Allen fünf städtischen bürgerlichen Haushaltungen zwischen 1840 und 1865 sind, ob sie vermögend oder nichtvermögend waren, folgende Symptome einer Veränderung im Haushalt gemeinsam:

1) Das Wohnhaus in der Außenstadt wird durch die Ausgliederung von beruflichen, produktiven und geselligen Funktionen erst in Wahrheit ein *Wohn*haus. Dabei aber nicht etwa durch den Wegfall anderer Räumlichkeiten ein üppiges und großes Wohnhaus, sondern ein in Zeiten stetig steigender Bevölkerung nur auf das Notwendige beschränktes Wohnhaus. Etagenwohnungen in der Außenstadt werden

aus den gleichen Gründen üblich. Das erstarkte Bürgertum schuf sich zwischen 1820 und 1850 einen eigenen den neuen Bedürfnissen entsprechenden, nun nicht mehr dem Französischen entlehnten Stil – einfach und zweckmäßig, klare etwas schwerfällige Möbel in nicht mehr überfüllten Räumen – das Biedermeier.

2) Die in der Außenstadt gelegenen Äcker, Wiesen und Gärten, einstmals zur Produktion nötig, verschwinden.

3) Der bare Schatz, die Thesaurierung von Geldmitteln in wertvollen Sammlungen und Kostbarkeiten werden aufgegeben und von außerhalb des Hauses liegenden Organen übernommen.

4) Zwar werden noch nicht alle Waren ausschließlich im Laden gekauft, sondern teils beim Handwerker bestellt, teils auf der Messe erstanden. Aber auf alle Fälle ist es ein Kauf an Stelle der früheren Selbstproduktion oder Selbstverarbeitung und, was die Lebensmittel anbetrifft, ein Kauf von frischen Waren und nicht mehr, wie früher, ein Hinlegen von für den Dauerzustand präparierten Gütern. Man hatte die Möglichkeit, sie zu konservieren und sie für den Winter bereit zu stellen. Und dieser Einkauf von frischen und täglich wieder erhältlichen Waren machte die Versorgung des Haushalts mit großen Quantitäten hinfällig. Langsam erstreckte sich diese Transformation auch auf nicht zu Lebensmitteln gehörige Waren, wie Stoffe und Kleidungsstücke, Möbel und Haushaltungsgegenstände, für die nicht mehr allein der Qualitätsstandpunkt maßgebend war.

5) Neben der neuartigen Warenbeschaffung entstand auch die Produktion ganz neuer Güter außerhalb des Hauses und damit zusammenhängend das Wachsen eines *neuen* Bedarfs und *neuer* Funktionen. Zum Teil wurden auch alte Waren durch neue ersetzt und so die betreffenden Funktionen umgewandelt.

6) Die Handwerksarbeit löste sich vom Haushalt. Sie wurde teils durch das Fertigfabrikat des Ladens ersetzt, teils wandelte sie sich ausschließlich in das auf Bestellung in der eigenen Werkstatt gearbeitete Fertigfabrikat um, während die Anfertigung im Hause mehr und mehr verschwand. Statt des festen Soldes, in dem die Handwerker früher im Dienste des Hauses standen, trat die stundenweise Bezahlung; statt der Geschenke, die die Handwerker in der patriarchalischen Ordnung des 18. Jahrhunderts zu bestimmten Gelegenheiten bekamen, erhielten jetzt die Laufburschen der Geschäfte, die Metzger- und Bäckerjungen und der Briefträger ihre Trinkgelder.

7) Denn der Weg zwischen Konsumtion und Produktion war zwar länger geworden, aber der Hausfrau entstand dadurch keine wesentli-

che Mehrbelastung. Die Belieferung durch die Ausläufer der Geschäfte nahm ihr zum Teil die Mühe des Einkaufens ab.

8) Obgleich wir noch Reste der Naturalentlohnung des Hauspersonals finden, sehen wir auch zugleich leise Ansätze einer Sozialversicherung. Im Großen und Ganzen aber ist der Zustand noch so, daß zwar die Öffentlichkeit die meisten Funktionen der Hauswirtschaft übernommen und ihre Unternehmungen in ihren Dienst gestellt hat, daß sie sich aber noch nicht für die Erhaltung und Versorgung der in ihnen beschäftigten Arbeitskräfte verantwortlich fühlt.

9) Die geistigen und geselligen Aufgaben lösen sich vom Haus. Aus häuslichen Funktionen werden sie Funktionen des öffentlichen Lebens, für jeden sichtbar, für jeden ähnlich, eine Massenorganisation außerhalb des Hauses – die stärkste Manifestation des demokratischen Gedankens und des Liberalismus, der stärkste Ausdruck des sich festigenden Bürgertums, das seine Macht und seine Bedeutung überall sichtbar im Lichte der Öffentlichkeit zur Schau trägt. Dieser Vorgang durchdringt alle Gebiete, ob es Bildung, Kunst und Freizeitgestaltung, ob es Fragen der Mode oder der Liebe sind – es ist der gleiche Ausdruck des gleichen Geschehens, wenn wir von dem Aufkommen des »Du« zwischen Eltern und Kindern und dem Fallen der Perücke hören, vom aufblühenden Vereinsleben und der Verbreitung der Fotografie lesen, die französische Freilichtmalerei betrachten und die Wunder des Eisenbahnbaus oder einer Weltausstellung uns vor Augen führen.

10) Daß die Funktionsverarmung- und -verschiebung im Haushalt der Frau eine Erweiterung oder Umgestaltung der Freizeit gab, lag prinzipiell auf der Hand. Trotzdem war die Wirkung von ganz verschiedener Natur für die vermögende, kinderarme oder für die unvermögende, kinderreiche Frau. Es soll deshalb scharf zwischen den beiden Spielarten geschieden werden und im Folgenden zuerst die auf die vermögende Frau beobachtete Wirkung geschildert werden:

a) Der außerhäusliche Apparat, der für die Bedürfnisbefriedigung im Haushalt in Bewegung gesetzt wurde, beraubte zwar einerseits die Hausfrau eines großen Teils ihres bisherigen Aufgabenkreises, brachte sie aber gleichzeitig in Kontakt mit der Außenwelt, mit der Ferne. Dieser Umlagerung in ihrem Wesen durch Freizeit und Fernkontakt kam die neue Industrie zur Hilfe. Sie schuf ihr die Möglichkeiten, durch neue Formen der Beschäftigung und der Geselligkeit ihre Freizeit im Haus und außerhalb des Hauses auszufüllen und ihren Horizont zu »erweitern«. Wir sehen also hier, wie sich zwei Bewegungen derselben Entwicklung, nämlich die Industrie, die der Frau die Freizeit schafft und die sie gleichzeitig ausfüllt, einander begegnen.

Da aber die Frau, aufgewachsen in der alten Familienverfassung und in der alten Ideologie, diese Gesellschaft und diese Ideale als Ganzes bejaht, ergibt sich eine Disproportionalität zwischen ihrer Realsituation und ihrer Ideologie. Während ihre Realsituation sich schon aus der häuslichen und privaten Sphäre entfernt und der öffentlichen Sphäre (durch Freizeit und Fernkontakt) genähert hatte, verbot ihr ihre Ideologie noch jedes öffentliche Wirken. Diese Ideologie, ursprünglich, wie wir gesehen haben, aus den Notwendigkeiten des Haushalts gleichermaßen von Mann und Frau geprägt, war im Begriff, von der Mitte des Jahrhunderts ab vorwiegend vom Manne festgehalten zu werden. Noch aber wurde sie auch von der Frau bejaht, die mit der Sitte, sich der Tradition zu fügen, voll einverstanden war.

Es wäre natürlich falsch, sich vorzustellen, daß diese Disproportionalität mit der Klarheit, mit der wir sie heute sehen, der Frau damals zum Bewußtsein gekommen wäre. Und es ist weiterhin anzunehmen, daß in einem späteren Zeitpunkt, als die Frau zum Bewußtsein ihrer Situation gekommen war, sie dieses Bewußtsein leugnete, weil sie sich in der überkommenen Ideologie geborgen fühlte. Wir werden zu untersuchen haben, durch welche Stufen hindurch die Frau diese Disproportionalität bewältigte.

Für den Augenblick genügt es, nochmals zu betonen, daß wir auf der ersten Stufe der Bewältigung dieser Disproportionalität einen ähnlichen Sachverhalt haben, wie im Rhythmus der großen politischen Veränderungen: Die Frau ist zwar real durch Freizeit und Fernkontakt schon in mehr oder weniger neuen Situationen, aber sie lebt noch in einer Familienverfassung und einer Ideologie, die ihr nicht erlauben, ihren Wirkraum ihrer Realsituation anzupassen. So schuf ihr die neue Industrie vorerst nur eine spielerische und nicht notwendige Freizeitgestaltung, und sie war, wenigstens von den Aufgaben des Haushalts her gesehen, vielfach dazu verurteilt, weder innerhalb noch außerhalb des Hauses eine befriedigende Beschäftigung zu finden.

Es scheint demnach die Auffassung der Frauenbewegung nicht richtig zu sein, daß die Emanzipation der Frau in dem Moment beginne, in dem sie Freizeit bekommt. Sicher liegen hier die Wurzeln der Frauenemanzipation; aber es ist noch ein langer Weg, der zu ihr führt.

b) Von viel schwächerer Wirkung als auf die vermögende Frau der guten Bürgerkreise war die Funktionsverarmung- und -verschiebung im Haushalt auf die, trotz hohen Lebensstandards, zu äußerster Sparsamkeit gezwungene unvermögende bürgerliche Frau mit großer Kinderzahl – eine Spielart, die beispielsweise bei den meisten höheren Beamtenfamilien (Lehrer, Professoren, Pfarrer, Richter) und in unseren Analysen bei dem 5. Fall der beobachteten Haushaltungen zutrifft.

Während bei dem ersten Frauentyp Wirkraum und Realsituation auseinanderklaffen und eine Schein-Ideologie, die nur dem alten Wirkraum, nicht aber der neuen Realsituation entsprach, entstanden war, war beim letzten Frauentyp eine ganz andere konkrete Grundlage gegeben. Wohl waren die stark fortgeschrittene Konsumtionswirtschaft, der Fernkontakt, die Erweiterung der öffentlichen Sphäre vorhanden, aber was nützte es, sie mit Händen greifen zu können, wenn das Einkommen nicht langte, um sich ihrer zu bedienen!

Zwar lebte die Frau natürlich nicht mehr in einer Produktionswirtschaft alten Sinnes, aber Teile davon mußte sie in ihrer bedrängten Lage aus Ersparnisgründen beibehalten, und namentlich war sie durch die Erziehung einer vielköpfigen Kinderschar, durch Hausarbeit, als Gefährtin ihres Mannes und als diejenige, die trotz Einschränkungen das Lebensniveau aufrecht zu erhalten wußte (ja, in diesen Jahren des Aufstiegs zu *steigern* vermochte), aufs Stärkste angespannt und ausgefüllt. Vor allem kam gerade bei diesem Typ der Beamtenfrau hinzu, daß sie nach einem festgefügten Lebensplane, oft auf einer festverankerten religiösen Grundlage, jedenfalls mit äußerster Pflichterfüllung handelte, und wir schon mit Deutlichkeit, wie in diesen Kreisen andere Kräfte als die der Haushalt-Erfordernisse – religiöse und ehtische Mächte – die Frau geformt haben.

Hier war also in der Tat die alte Ideologie nicht eine Schein-Ideologie, der die Wirklichkeit nicht mehr entsprach, sondern sie fiel noch buchstäblich mit dem Wirkraum der Frau zusammen. Und während in der Situation des ersten Frauentyps die Wurzeln der Frauenbewegung liegen, wäre für diesen letzten Typ zu untersuchen, ob in dem Augenblick, in dem durch kleinere Kinderzahl und leichtere Einkommensverhältnisse der Übergang zur Konsumtionswirtschaft und zum Fernkontakt geschaffen sind, gerade aus dem bisherigen Wirkraum und der bisherigen Ideologie der Frau heraus starke Kräfte für eine neue Hausgestaltung freigemacht werden könnten. Diese Frage wird uns bei der Untersuchung bürgerlicher Haushaltungen um 1900 wieder beschäftigen. Es mag aber in diesem Zusammenhange auch darauf hingewiesen werden, daß trotz starker Inanspruchnahme der Mütter in diesen Familien die *Töchter* schon nicht mehr den vollen Wirkraum fanden, vielmehr dem zuerst geschilderten Frauentypus glichen. Es gibt bei Fall V zu denken, daß der Hausherr trotz knapper Einkommenslage eine Berufsausbildung für seine Töchter als notwendig erachtete, daß von fünf Mädchen nur eines geheiratet hat und, nach der Aussage der alten Dame, sie und ihre Schwestern viel unter Kränklichkeit und Bleichsucht zu leiden hatten.

Fragen wir uns nun, ob diese städtischen bürgerlichen Haushaltungen um 1850 eine andere Struktur aufweisen als die städtischen bürgerlichen Haushaltungen um die Jahrhundertwende, oder ob sie auch wieder wie jene, nur eine neue Spielart des städtischen bürgerlichen Haushalts von 1760 mit anderer Akzentverlagerung sind, so entscheiden wir uns in postitivem Sinn für die erstere Behauptung. Wir haben es hier, verglichen mit den bisherigen Haushaltungen, zum ersten Mal mit einem neuen Typus zu tun. Und zwar scheint die individuelle Lagerung der einzelnen Fälle hier kaum ins Gewicht zu fallen. Daß der Bremenser Haushalt durch den Rückfluß der Übersee-Atmosphäre und der Bedingungen eines Kaufmannshauses großzügiger und geöffneter war als die Haushaltungen in Gießen und Kassel, daß andererseits der vermögende Beamtenhaushalt aus Darmstadt wieder eine andere Lagerung hat als der sparsame Frankfurter Beamtenhaushalt, ändert nichts an der Tatsache, daß alle fünf Haushaltungen im wesentlichen strukturell gleich und von den früheren Haushaltungen strukturell verschieden sind.

Alle fünf Fälle sind durch einen Zustand gekennzeichnet, in dem die Warenbeschaffung überhaupt nicht mehr durch Eigenproduktion und selten durch Selbstverarbeitung geschieht. Sie erfolgt nicht mehr auf Quantität und Qualität, d. h. in großen Mengen und auf die Dauer, und die Vorratswirtschaft löst sich dadurch auf. Die Bedürfnisbefriedigung wird durch einen großen Apparat geleitet, der nicht mehr innerhalb der häuslichen Sphäre liegt. Die Produktion, der größte Teil der Verarbeitung, die Finanzierung, die Aufbewahrung, die Konservierung, die Verteilung sind von diesem außerhäuslichen Apparat übernommen worden. Und die im Haushalt früher beschäftigten Menschen werden von diesem Apparat bezahlt, wenn er sich auch noch nicht für die Erhaltung ihrer Arbeitskraft verantwortlich fühlt. Die häusliche Sphäre umfaßt noch kleine Teile der Verarbeitung, zum Teil in der Form von Arbeitsverschiebung und die Überführung des gekauften halb-konsumreifen Gutes in ein konsumreifes. In demselben Maße beginnt dieser außerhäusliche Apparat das geistige Leben und die Freizeitgestaltung zu übernehmen. Geselligkeit, Vergnügen, Bildung und Kunstgenuß haben ihren Platz außerhalb des Hauses und werden von dort an die Familie herangebracht.

Der Typus des städtischen bürgerlichen Haushalts um 1860, also genau 100 Jahre nach dem Goethe'schen Haushalt, wird gekennzeichnet durch eine spezifische Form der Warenbeschaffung und der Freizeitgestaltung, die beide das Ziel der Bedürfnisbefriedigung fast ausschließlich auf dem Wege über die stark ausgeweitete außerhäusliche und öffentliche Sphäre erreichen. Oder mit anderen Worten gesagt: Die außerhäusliche Wirtschaft produziert für den Haushalt – der Haushalt dagegen konsumiert im wesentlichen.

Wir haben also hier einen strukturellen Gegensatz im Vergleich zum Haushalt des 18. Jahrhunderts und eine starke Annäherung zur Struktur des Haushalts im 20. Jahrhundert.

Dementsprechend sehen wir vor uns in der bürgerlichen städtischen Familie um 1860 den Typus einer Frau, die ohne körperlich im Haushalt stark in Anspruch genommen zu sein, eine zusammengeschrumpfte Konsumtionswirtschaft organisiert und trotz Freizeit und Fernkontakt geistig in die engen Grenzen ihres Haushalts gebunden bleibt.

Der Typus dieser Frau ist von der bürgerlichen städtischen Frau des 18. Jahrhunderts ebenso verschieden, wie von der bürgerlichen städtischen Frau des 20. Jahrhunderts. Er ist von jener durch die Beschränkung auf Konsumtionswirtschaft geschieden, und er ist von dieser durch die Enge ihres Wirkraums getrennt.

Typus der Familie um 1860

Über den Typus der Familie um 1860 etwas auszusagen, ist deshalb schwer, weil aus den Blättern eines Haushaltungsbuches naturgemäß kein Aufschluß über seelische Freuden und Leiden der Familienmitglieder, über Zufriedenheit oder Unzufriedenheit von Mann und Frau zu erhalten ist. Wir können nur aus einigen wenigen Symptomen schließen, welche Stellung die Frau damals in den Augen der Männer einnahm, in welcher Situation sie sich innerhalb der

Familie befand. So, wenn Bähr[10] von dem Verhältnis der »Firlefanz« treibenden Hausfrau zu ihrem Dienstmädchen spricht, oder wenn der Oberbaurat L.[11] Haushaltungsgeld und Reisegeld seiner reichen Frau gegenüber fest in der Hand hält, oder wenn wir hören, daß Frau L. ihre Kinder nicht selbst gestillt hat, wenn Ausgaben für die Kochfrau, für Badereisen und Zeichenstunden verzeichnet sind. Auch hier sollten wir zwischen den zwei Typen unterscheiden, dem der vermögenden, kinderarmen und dem der unvermögenden kinderreichen Familie.

Es ist anzunehmen, daß bei der erstgenannten Spielart bürgerlicher Haushaltungen das Selbstwertbewußtsein der Frau aus der Situation ihres nicht mehr voll ausgefüllten Wirkraums heraus eine schwankende und empfindliche Note erhielt, ebenso wie die Stellung der heranwachsenden Tochter, des jungen Mädchens, innerhalb der Familie in ihren Grundfesten erschüttert war: Beide schienen für die berufliche Leistung des Mannes oder der Brüder schlecht zu kompensieren und ihrem Idealbild nicht mehr zu genügen. Andererseits findet der Mann, durch den Zeitenwandel in einen neuen, aufregenden und täglich wechselnden außerhäuslichen Wirkraum gestellt, an der Frau keine Gefährtin mehr, die für diesen neuen Wirkraum Verständnis hätte, da sie ja den ihrigen, das Haus, noch nicht verlassen hat. So entsteht in jenen Jahrzehnten auf der einen Seite der bis in unsere Tage hinein bekannte Typus der »nie rastenden Hausfrau«, die sich da Hausarbeit macht, wo eigentlich keine ist. Und auf der anderen Seite liegen hier die Gründe für die häufig zu beobachtende Tatsache, daß der Mann seine Abende lieber in einer Restauration oder im Wirtshaus verbringt, anstatt sich zu Hause mit einem unfruchtbaren Gespräch zu belasten, das beide Ehegatten an ihrer *wahren* Interessensphäre vorbeiführt. Es liegen hier die Wurzeln für die Disharmonie des Familienlebens, für den Wandel des Frauenideals (vom Manne her gesehen), für die Auffassung der »doppelten Moral«, und die Problematik der Heiratsfrage in bürgerlichen Kreisen, die uns gegen Ende des Jahrhunderts bei weiterer Betrachtung bürgerlicher Haushaltungen nochmals begegnen werden.

Auf der anderen Seite gab es gerade in jenen Zeiten, wie wir gesehen haben, Familien, die auf Grund einer besonderen ethischen, religiösen und wirtschaftlichen Lagerung auf gegenseitiger Aufopfe-

10 Otto Bähr a.a.O.
11 L. a.a.O.

rung und starkem Zusammengehörigkeitsgefühl aufgebaut waren, in denen die Frau durch ihre Haushalts- und Familienfunktionen außerordentlich gut für die Leistung des Mannes kompensierte und zugleich ihrem Manne eine verständnisvolle Gefährtin war.

Als sechsten Typus des bürgerlichen Haushaltes in der Jahrhundertmitte beschäftigt uns jetzt nach den bürgerlich städtischen Haushaltungen noch ein bürgerlich ländlicher Haushalt. Wir kehren zurück zu einem ganz ähnlich gearteten Pfarrerhaushalt, wie der, den wir 1817 verlassen haben. Es ist der Haushalt eines Pfarrers aus der gleichen Familie wie Pfarrer Stephani[12] in Beucha. Wiederum verwaltet der Pfarrer eine Gemeinde, die einem kleinen Dorfe angehörte, Brandis, kaum eine Wegstunde von Beucha entfernt. Es ist wieder ein von dem Hausherrn angelegtes, aber von der Pfarrfrau geführtes Haushaltungsbuch, und diesmal handelt es sich um die Zeit zwischen 1846 und 1848. Auch diese Jahre schließen wieder, wie die Jahre 1815 bis 1817, ein Teuerungsjahr ein. Deutschland hatte 1846 eine Mißernte, die aber wohl in der Zeit der beginnenden Verkehrswirtschaft nicht so schlimm geworden wäre, wenn nicht auch im Ausland (ungünstige Kartoffelernte in Irland, schlechte Getreideernte in Amerika, unglückliche Eisenbahnspekulationen in England) Krisenzeiten bestanden hätten. Der Siegeszug der Eisenbahn war für unseren kleinen Ort von besonderer Bedeutung, da er ihm in einem Nachbardorfe Anschluß an die Eisenbahn Leipzig-Dresden schuf. Es war dies die berühmte Bahn, die 1839 vollendet wurde und auf der Friedrich Lists Buch »Sächsisches Eisenbahnsystem als Grundlage eines allgemeinen deutschen Eisenbahnsystems und insbesondere einer Eisenbahn von Leipzig nach Dresden« beruhte. Zwar gingen die Güterzüge damals noch »nach Bedürfnis mehrere Male des Tages«, und der Leipziger Personenzug hielt ein paar Minuten länger, wenn die Pfarrfrau, mit dem Kinderwagen auf dem Fußwege verspätet zur Station eilend, erspäht war, aber der Transport des österreichischen Kriegsheeres von 30000 Mann von Böhmen nach Sachsen bei Ausbruch des österreichisch-italienischen Krieges 1859 ging durch diese Eisenbahn rasch und glatt vonstatten. Ein Jahr vor der Revolution von 1848 erzählt uns das Ausgabenbuch von dem Aufenthalt des Königs Friedrich August in Schloß Brandis während der Manöver und des Kriegsministers, der im Pfarrhaus im Quartier war. Die Familie dieses

12 Georg Brand a.a.O.

Pfarrers bestand aus ihm, seiner Frau und zwei Kindern. Ein Hausmädchen, kurze Wohnbesuche von Verwandten und die schon erwähnte Einquartierung vergrößern den Personenkreis.

Das Einkommen des Pfarrers dürfte, einschließlich der Wohnung, nur um weniges höher gewesen sein, als das Einkommen des Beuchaer Pfarrers 1815, nämlich, in Mark umgerechnet, Mk. 2.400.–. Und auch in der Art des Einkommens scheint, verglichen mit dem Einkommen aus dem Beginn des Jahrhunderts, kein allzu großer Unterschied gewesen zu sein. Auch jetzt bestand das Gehalt im Wesentlichen noch aus dem alten Kirchenzehnten. Am bestimmten Termin kamen die Gutsbesitzer aus der Umgebung zum »Dezemschutt«, d. h. zur Ablieferung ihrer Naturalabgaben ins Pfarrhaus, wo die Pfarrfrau sie mit Pomeranzenschnaps bewirtete. Und zum stillen Kummer des Pfarrers brachten die kleinen Gutsbesitzer immer besseres Getreide als das große Rittergut. Dieses Getreide wurde teils verkauft, teils auf dem Boden ausgeschüttet, wanderte von dort zum Mahlen in die Mühle, von der Mühle in die Küche der Hausfrau zur Teigverarbeitung und von dort wieder zum Bäcker zum Backen.

Daher haben wir in diesem Haushalt, ebenso wie in dem früheren Pfarrerhaushalt, neben Kuchen und Gebäck nur Mahl- und Backgeld verzeichnet, keine Brot- oder Brötcheneinkäufe.

Was nun die eigene Ökonomie des Pfarrhauses anbetrifft, so ist sie, wenn auch noch stark ausgedehnt, doch von der Naturalwirtschaft des Beuchaer Haushalts verschieden. Es gab hier keine Kühe und Schafe mehr, der Posten Milch bildete eine ständige Rubrik im Ausgabenbuch, Getreide wurde nicht mehr selbst angebaut, sondern, wie wir sahen, nur als Naturalabgabe empfangen, Käse und Butter wurde nicht mehr selbst hergestellt, es gab auch keinen Schweinestall mehr – wohl aber ist, vom August oder September ab, ein Schwein und ein Schaf herangefüttert worden, um an Weihnachten geschlachtet zu werden; man hält Hühner und Enten, einen Hund, ein paar Katzen und einen Singvogel. Ausgaben für Gänse- und Enteneier werden notiert, die zum Ausbrüten für den Hühnerhof dienen. Eine Frau wird für das Rupfen der Gänse entlohnt, die Federn sind offenbar im Haus verwandt worden. Die Feldwirtschaft beschränkt sich auf das Anbauen der für diesen Haushalt nötigen Kartoffeln. Im Garten gibt es Obstbäume und Weinstöcke; Früchte, Gemüse und Kräuter werden gezogen. Auch das Bier wurde nicht mehr im Hause gebraut, sondern in Flaschen gekauft, Zitronen und Heringe konnte man kaufen, ebenso Fleisch und Wurst den Sommer über (Kalbskeule, Nierenbraten). Die Einkäufe werden in Brandis, in einer benachbarten Kleinstadt oder durch den Botenfuhrmann in Leipzig besorgt. Sonst scheinen die Handwerksleute, ihre Beziehung zum Haus und die sonst im Haushalt beschäftigten Angestellten ähnlichen Charakters gewesen zu sein, wie 50 Jahre früher. Waschfrauen, Flickfrauen, Schneiderinnen, Böttger, Maurer, Ofenkehrer, Hausschlachter – dies ist alles ähnlich wie in Beucha.

Einige Symptome deuten auf große Einfachheit des Haushaltzuschnittes: Ein Gast, offenbar ein Kollege des Pfarrers, wird mit Kirschen für 18 Pfennige[13] bewirtet, ein anderer Gast, die Schloßherrin, Frau Major von Pentz, bekommt für 10 Pfennige Zwieback vorgesetzt, und dies alles wird zur Erinnerung feierlich in das Ausgabenbuch eingetragen. Es ist auch, wie wir sehen, nur ein Mädchen vorhanden, während der Haushalt von 1815 zwei Mädchen beschäftigte.

Der Hausherr war ein Freund der Musik. Gern sah er öfters ein Thomanerquartett bei sich, das dann mit Brezeln für 34 Pfennige oder auch, wenn es nobel herging, mit Rindfleisch und Rosinensauce bewirtet wurde. Als anerkannt tüchtiger, einstiger Schüler von St. Augustin in Grimma hat unser Pfarrer sein Leben lang Freude im Studium der alten Klassiker gefunden, sowie im Fortarbeiten in seiner geliebten Mathematik. Seine Euklidausgabe ist durchschossen und durchgearbeitet. Da er keinen Sohn besaß, unterrichtete er die ältere Tochter wie einen Knaben. Ihr eingebundenes Geometrieheft würde heute für einen Sekundaner ein Stolz sein. Das Hausmädchen Rieke wird für 24 Pfennige ins Theater geschickt. Besondere Ausgaben, wie Reisen, kommen in den drei Jahren nicht vor: einmal war die Pfarrfrau mit den Kindern bei ihren Eltern in einem benachbarten sächsischen Ort, und einmal trug sie Mk. 1.90 für eine Fahrt mit dem Dampfwagen nach Leipzig ein. Der Leipziger Botenfuhrmann, der die Einkäufe besorgte, hatte auch den Bezug der Journale vermittelt.

Zusammenfassend ist über diesen Haushalt das Folgende zu sagen: Wir haben eine ähnliche Lagerung wie in dem ländlichen bürgerlichen Pfarrerhaushalt um 1815. Unsichere politische Zeiten, eine wirtschaftliche Entwicklung, die, wenigstens für ländliche Zustände, noch sehr in den Anfängen der Umwandlung begriffen ist, Mißernten und die Abgeschlossenheit eines kleinen Dorfes machen es notwendig, durch Naturaleinkommen und eigene Ökonomie die Haushaltführung zu

13 Umrechnung nach Georg Brand, a.a.O.

erhalten. Wir sehen also hier, 30 Jahre nach dem Beuchaer Haushalt, ebenfalls eine Hauswirtschaft vor uns, die noch stark auf Selbstproduktion beruht. Aber an einigen Punkten haben Einbrüche stattgefunden: Die Mißernte hatte nur deshalb so starke Wirkungen auf den Einzelhaushalt gehabt, weil auch im Ausland Krisenzeiten bestanden hatten. Die zunehmende Verkehrswirtschaft machte auch einen ländlichen Haushalt in der Mitte des Jahrhunderts nicht mehr allein abhängig von dem Erntestand der nächsten Umgebung. Wenn auch das Naturaleinkommen des Pfarrers offenbar noch ganz dem Einkommen von 1815 glich, so war doch in der eigentlichen Ökonomie der Pfarrerfamilie manche Funktion verloren gegangen: Das Brot wurde nicht mehr selbst gebacken, das Bier nicht mehr im Hause gebraut, der Ackerbau und die Milchwirtschaft waren stark eingeschränkt und die geschlachteten Tiere gehörten nicht mehr dem eigenen Viehbestand an. Mehr als 1815 wurden Fertigfabrikate gekauft oder halbfertige Waren im Hause verarbeitet.

Die typische Struktur dieses ländlichen bürgerlichen Haushaltes ist also von dem ländlichen bürgerlichen Haushalt um 1815 nur insofern verschieden, als durch einige Einbrüche der wirtschaftlichen Umwälzung (Eisenbahn) der Akzent bei der Warenbeschaffung, neben der Selbstproduktion, auf der Selbstverarbeitung und dem Kauf von Fertigfabrikaten ruht. Während zur gleichen Zeit in der Stadt der bürgerliche Haushalt sich transformiert und einen neuen Typus herausgebildet hat, ist hier auf dem Lande der nur wenig verwandelte alte Typus bestehen geblieben. Während in der Stadt die Vorratswirtschaft sich in eine Konsumtionswirtschaft umgesetzt hat, finden wir auf dem Lande noch den im wesentlichen autarken bürgerlichen Haushalt, dessen Produktionswirtschaft und Freizeitgestaltung kaum gelockert ist und dementsprechend auch in geistiger Beziehung zu einer starken Intensivierung des häuslichen und privaten Lebens führt.

Es drängt sich der Eindruck auf, daß die politischen, wirtschaftlichen und klimatischen Verhältnisse in der Mitte des Jahrhunderts zu einer noch stärkeren körperlichen Mitarbeit der Frau in Haus und Hof gezwungen haben, als dies 1815 der Fall war. Es war im Gegensatz zu 1815 nur ein Mädchen zur Unterstützung vorhanden, Mann und Frau haben gemeinsam den Garten bewirtschaftet, und der frühe Tod des Pfarrers ist auf einen unglücklichen Sturz von einem Obstbaum zurückzuführen.

Wir haben es also hier mit dem Typus einer Frau zu tun, die, ähnlich der ländlich bürgerlichen Frau von 1815, eine ausgedehnte Erzeugerwirtschaft organisiert und zum Teil in ihr körperlich mitgearbeitet hat, und deren geistiges Blickfeld, trotz einiger Fernkontakte im Wesentlichen in die Grenzen ihres zur Gutsherrschaft erweiterten Haushaltes gebannt war.

Sie stand damit der bürgerlichen Frau des 18. Jahrhunderts sehr viel näher, als der bürgerlichen städtischen Frau des 19. Jahrhunderts, und von der bürgerlichen städtischen Frau des 20. Jahrhunderts trennt sie noch eine große Kluft[14].

3. Kapitel

Proletarische städtische Haushaltungen um 1850

Wir verlassen jetzt die bürgerlichen Haushaltungen in der Jahrhundertmitte und wenden uns den Menschen zu, die aktive Träger der industriellen Entwicklung waren, von deren Auswirkung die beobachteten bürgerlichen Haushaltungen Zeugnis ablegten: Zuerst beschäftigt uns der proletarische Haushalt auf dem Lande, d. h. die proletarische Familie in ihrer Ausgangs-Form, als sie noch dem Bauerntum nahe stand und noch nicht zur städtischen Bevölkerung umgewandelt war. Es ist dies zugleich die Arbeiterfamilie, die für die Industrie die Urproduktion lieferte, die Familie der Berg- und Minenarbeiter.

Die Analyse der beiden folgenden Arbeiterhaushaltungen richtet sich nach dem berühmten Buche von Le Play[1]. Einschränkend ist hier hinzuzusetzen, daß Le Play staatlicher Grubeninspektor der französischen Regierung war und als solcher seine Untersuchung der europäischen Arbeiterfamilien unternahm. Dementsprechend dürften einige seiner Beurteilungen im Hinblick auf die von seiner Regierung gewünschten Resultate leicht gefärbt und von Ideologien getrübt sein.

In der ersten Monographie handelt es sich um die Familie eines Minenarbeiters aus dem kleinen Ort Clausthal im Harz. Clausthal liegt 700 m hoch unterhalb des waldreichen Brocken. Es hat ein sehr hartes und rauhes Klima und seine Bevölkerung besteht vorwiegend aus Bergarbeitern und Waldhütern. Die Gruben sind Silber- und Bleigruben, sie unterstehen einer Administration, die zugleich das Patronat über die Arbeiterschaft inne hat.

14 Belege und Zitate zu diesem Kapitel finden sich im Anhang.

1 Frédéric Le Play, Les Ouvriers Européens. Tours 1855–78. Hier 3. Bd., 3. Kapitel

Die Familie besteht aus Mann und Frau, einem Sohn von vierzehn Jahren und zwei kleineren Kindern von 11 und 8 Jahren. Sie ist lutherisch reformiert und geht Sonntags und an Feiertagen zur Kirche. Der Entwicklungsweg der beiden Ehegatten vor der Heirat war ungefähr der folgende: Beide besuchten die Schule bis zum 14. Jahr. Der Junge begann dann in der Gießerei, die dem Bergwerk angegliedert ist, zu arbeiten; einige Fortbildungsstunden liefen nebenher. Sobald seine Kraft es ihm erlaubte, wurde er in die Bergwerksarbeit eingestellt. Das junge Mädchen hat nach dem Verlassen der Schule der Mutter im Haushalt geholfen und sie in den übrigen Arbeiten unterstützt, von denen weiter unten die Rede sein wird. Da die Grubenadministration hier, wie in anderen deutschen Gegenden, das Heiratsalter des Arbeiters auf 25 Jahre heraufgesetzt hatte, um die damals überall im Steigen begriffene Bevölkerungszahl einzuschränken, ergab sich eine verhältnismäßig späte Eheschließung. Le Play fügt hinzu, daß diese Heiratsgrenze nur die Moral verschlechtere und illegale Beziehungen hervorrufe. Aber es sei üblich, die Kinder aus diesen illegalen Beziehungen nach der Eheschließung als eheliche Kinder anzuerkennen.

Die Bezahlung des Arbeiters geschieht entsprechend der geleisteten Arbeit und nicht nach Tagen oder Wochen. Da aber beide Bezahlungsarten sich innerhalb bestimmter Grenzen bewegen, nämlich zwischen 8 frs. 68 und 9 frs. 52 pro Woche, besteht hier kein großer Unterschied zwischen Akkord- oder Stundenlohn. Durchschnittlich setzt sich die Arbeit aus 6 Fahrten à 11 Stunden, einschließlich Ein- und Ausfahrt, pro Woche zusammen; dazu kommen manchmal noch Überstunden. Vermögen besitzt der Arbeiter nicht, wohl aber ein kleines Häuschen mit einem kleinen Garten, das ihm gehört, solange er lebt. Das heißt, die Administration leiht ihm das nötige Geld zu einem billigen Zinssatz (4%) und besitzt die Hypothek auf dem Häuschen. Es ist also praktisch kaum zu unterscheiden, ob der Arbeiter zur Miete wohnt, oder ob das Haus sein Besitz ist.

Haustiere besitzt der Arbeiter nicht; da ihm keine Wiesen gehören, und da Wiesen überhaupt in der waldreichen Gegend eine Seltenheit sind, kann er auch keine Milchkuh halten; die Milch wird von Händlern gekauft. Für die Aufzucht von Geflügel ist das Klima zu rauh.

Dem Einkommen zuzurechnen sind die folgenden Beträge: Das Recht auf eine Pension für den alten oder invaliden Arbeiter, für die Witwe und die Waisen, das Recht auf freie Beerdigung, das Recht auf ärztliche Hilfe und auf Krankengeld im Falle der Krankheit. Die Beiträge des Arbeiters für die betreffenden Kassen werden von seinem Lohn abgezogen. Weiterhin sind dem Einkommen zuzurechnen die verbilligten oder freien Bezüge von Brennholz und Getreide. Auch für andere Waren stellt die Grubenverwaltung in eigenen Magazinen preiswerte Angebote zur Verfügung. Schließlich ist der Schulbesuch in den Schulen der Administration frei.

Ein weiteres Einkommen ergibt die Vermietung des ersten Stockes des Häuschens an eine andere Arbeiterfamilie. Das Häuschen besteht aus dem Erdgeschoß und der ersten Etage. Im Erdgeschoß bewohnt unsere Arbeiterfamilie ein Zimmer mit einem Ofen und zwei kleine Zimmer, im ersten Stock noch ein kleines Zimmer, ein Vorratszimmer und den Speicher. Die beiden übrigen Zimmer im ersten Stock gehören, wie gesagt, einer fremden Familie, die aber kein Anrecht auf den Garten hat. Das Mobiliar besteht aus dem Notwendigsten: drei Betten für das Ehepaar und die drei Kinder, zwei Tischen, sechs Stühlen, einer Kommode und einer Truhe. Der Ofen, der gleichzeitig als Herd dient, ist im Hause fest eingebaut. Das Küchengeschirr, die notwendigsten Utensilien für Küche, Haushalt und Garten, eine Grubenlampe und zwei Hotten für die Trägerarbeit der Frau vervollständigen das Mobiliar.

Über die Hauptarbeit des Mannes haben wir schon gesprochen, als Nebenarbeit ergibt sich das Holzschlagen im Walde für den Haushalt, die Gartenbestellung und der Unterhalt des Hauses. Die Arbeit der Frau gliedert sich in die folgende:

1.) Die Sorge für den Haushalt, 2.) zweimal in der Woche geht die Frau zu Fuß nach Goslar oder Osterode und kauft dort Getreide, Kartoffeln und andere Lebensmittel, die sie dann auf dem Rücken den 400 m hohen Berg 10 km zurück nach Clausthal trägt. Die eingekauften Waren dienen teils dem eigenen Haushalt, teils dem Verkauf an besser situierte Leute in der Stadt, teils dem Verkauf mit einem Aufschlag auf dem Markt. Im übrigen beschäftigt sich die Frau mit Gartenarbeit und mit der Herstellung von Wäsche und Kleidung für ihre Familie. Daneben verdient sie noch kleine Beträge durch Hilfe bei der Erntearbeit der Wiesenbesitzer und durch Waschen und Putzen bei den reicheren Familien des Ortes.

Der älteste Sohn ist mit seinen 14 Jahren schon in der mechanischen Werkstätte beschäftigt. Er erhält einen festen Betrag für jeden Arbeitstag.

Durch Frau, Sohn und Vermietung werden also kleine Einkommensbeträge dem Arbeitsverdienst des Mannes hinzugefügt. Die Nahrung besteht im Wesentlichen aus Roggenbrot, Schweinefleisch, Butter, Kartoffeln und Kohl. Das Brot wird zwar im Haushalt zubereitet, aber zu einem etwas billigeren Preis bei dem Bäkker gebacken, der für die gutsituierte Bevölkerung das Brot liefert. Das Fleisch wird meistens gekocht, die Kartoffeln werden mit Wasser und Salz gekocht, der Kohl wird in frischem Zustand, nicht eingelegt, gegessen. Die Menge des Sauerkrautes entspricht der Menge des Schweinefleischs. Speck, verschiedene Arten von Wurst, Ochsen- und Schaffett neben der Butter, Milch und Eier, Hülsenfrüchte, frische Gemüse und Früchte, Kolonialwaren (Melasse für Zucker und Kaffee), Branntwein, Bier, vervollständigen die Lebensmittelversorgung. Für Fische sind keine Ausgaben verzeichnet. Die übrigen Ausgaben für den Haushalt erschöpfen sich im wesentlichen, da die Heizung frei ist, in Öl und Kerzen für die Beleuchtung, Seife und Stärke für die Wäsche, Tabak zum Rauchen und die Kleidung. Die letztere besteht für den Mann aus der Bergmannsuniform, der Sonntagskleidung und der Arbeitskleidung. Die Uniform und die Sonntagskleidung halten 7 bis 9 Jahre, dazu kommt die Kleidung für die Frau und die Kinder, deren Ausgabe zusammen ungefähr der Ausgabe für die Männerkleidung entspricht. Kleidung und Wäsche werden fast ausschließlich zu Hause gearbeitet, nur die Uniform und die bessere Sonntagskleidung werden im Grubenmagazin gekauft. Die Erholung des Mannes besteht vorwiegend im Genuß des Tabaks; er gehört in diesem harten Klima und bei dieser harten Arbeit zu den täglichen Notwendigkeiten. Dagegen wird das Wirtshaus wenig besucht. Branntwein wird in kleinen Quantitäten zu Hause nach der Mahlzeit getrunken. Die Abende gehören der Familie; sie ist zusammen mit der Kirche die Hauptzerstreuung und Erholung dieser Menschen. Der Arbeiter liebt sein Häuschen genau so, als ob es ihm wirklich gehörte. Er hält es so schön im Stand, daß die Administration sich niemals darum zu kümmern braucht. Auch die schwere ernste Landschaft und der schwere Beruf werden von dem Arbeiter geliebt. Er ist an beides so anhänglich, daß er den höheren Bezahlungen in neuen Berufsgattungen, namentlich der Eisenbahnarbeiter, die viele seiner Genossen verlockt haben, bisher widerstanden hat.

Diesem Verwurzeltsein mit Land und Arbeit kommt noch folgender Umstand entgegen: Der Arbeiter ist in ein vollkommenes System der

Vorsehungen (prévoyance[2]) hineingestellt, d.h. bei einem knappen Gehalt, das allein nicht zum Leben ausreichte, werden ihm von der Grubenverwaltung Vergünstigungen zugestanden, die ihm allein erst erlauben, mit seiner Familie auskömmlich zu leben. So lange also der Arbeiter in diesem gut ausgedachten Organisationsfeld von Administration und Arbeiterschaft verharrt, ist er gegen alle Eventualitäten für sich und seine Nachkommenschaft geschützt oder, wie es Le Play ausgedrückt hat, »er besitzt eine wirkliche und legale Hypothek auf die Sicherheit seines Lebens«. Einen Beweis für diese Sicherheit finden wir bei der Budget-Aufstellung unter dem Posten »Wohltätigkeit«, der mit Null angegeben wird, da es in dieser Gegend keine Armen und keine unglücklichen Witwen und Waisen gibt.

Wir haben es also hier, wenn wir an den letzteren Punkt anschließen wollen, mit einer eigenartigen Struktur zu tun. Auf einem körperlich und finanziell unsicheren Hintergrund, – denn das Leben des Grubenarbeiters ist dauernd gefährdet –, hebt sich ein Haushalt ab, der dieser Unsicherheit entsprechend, eine eigentümliche Art des Einkommens und der Warenbeschaffung besitzt. Das Einkommen besteht nur aus einem sehr knapp gemessenen Teil aus Geld. Dazu kommt ein erhebliches Natural- und Sacheinkommen in der Gestalt eines auf Lebenszeit gewährten Anteiles an Haus und Garten, eines freien Holz- und Getreidebezuges, eines freien Schulbesuches und einer Bereitstellung verbilligter Waren durch die Magazine der Grubenverwaltung. Ein ausgedehntes System von Versicherung und Kassen schützt den Arbeiter vor den Eventualitäten seines gefährdeten Daseins. Wir haben es also in gewisser Beziehung mit einem nicht ganz freien Leben zu tun, mit Menschen, die an diese Lebensform gebunden sind, weil dann, und nur dann, für sie gesorgt wird.

Im Rahmen dieser relativen Unfreiheit finden wir in diesem ländlichen Arbeiterhaushalt alle Formen der Warenbeschaffung von der Selbstproduktion über die Selbstverarbeitung bis zum Kauf. Die eigenartige Methode des Naturaleinkommens durch Gartennutzung, Holz- und Getreidedeputat gibt der Eigenproduktion noch einen großen Anteil in dieser Haushaltführung. Dementsprechend mußte dieser Haushalt im wesentlichen den Charakter einer Vorratswirtschaft tragen. Dafür spricht auch, daß in diesem kleinen Häuschen ein Vorratszimmer und ein Speicher vorhanden waren. Der Familienzusammenhalt, Heimat-, Religions- und Beufsanhänglichkeit sind spür-

2 Le Play, a.a.O.

bar; von einem geistigen Leben der Familie hören wir im übrigen durch Le Play nichts.

Die typische Struktur dieses ländlichen Grubenarbeiterhaushalts zwischen 1829 und 1845 scheint demnach die folgende zu sein: Unter der Einschränkung, daß diese Arbeiterexistenz unselbständig und abhängig ist, bzw. daß die Existenzmittel dieser Familie zum Teil von der Arbeitgeberschaft zur Verfügung gestellt werden –, unter dieser Einschränkung also haben wir es mit einem Haushalt zu tun, dessen Warenbeschaffung noch sehr stark durch Eigenproduktion, aber auch durch Selbstverarbeitung und Kauf erfolgt, und der dementsprechend zu einem erheblichen Teil den Charakter einer Vorratswirtschaft trägt. Die Freizeitgestaltung ist durch die Phänomene der Familie, der Kirche, der Heimat und des Berufs bestimmt.

In diesem Arbeiterhaushalt verdienen neben dem Manne die Frau und der 14jährige Sohn. Beide verdienen, wie der Mann, durch körperliche Arbeit, und zwar durch eine Arbeit, die sie außerhalb des Hauses verrichten. Der Einkauf in Goslar oder Osterode durch die Frau kommt zum Teil auch unmittelbar dem eigenen Haushalt zugute. Der Weiterverkauf dieser Ware kommt dagegen nur mittelbar der eigenen Haushaltführung zugute. Ebenso ist es mit der Erntearbeit und der Verdingung bei fremden Familien. Die Hilfe des Sohnes besteht in Geldeinkommen.

Durch Vermietung eines Teiles der Wohnung wird das Geldeinkommen weiterhin erhöht.

Aber die Hauptarbeit der Frau besteht, trotz der außerhäuslichen Erwerbsarbeit, in der Sorge für ihren Haushalt. In der Gartenarbeit und in der Instandhaltung des Hauses wird sie von ihrem Manne unterstützt. Alle übrigen Funktionen besorgt sie allein, auch, wie wir gesehen haben, die fast vollständige Anfertigung der Wäsche und der Garderobe. Wir beobachten also in dieser Frau des ländlichen Grubenarbeiters in den dreißiger und vierziger Jahren des vorigen Jahrhunderts einen Typus, dem drei »wichtige Funktionen« im Haushalt zufallen. Diese Frau organisiert ihren Haushalt, d. h. sie leitet ihn in geistiger Beziehung (wozu die Einteilung der knappen vorhandenen Geldmittel und die Disposition über die vorhandenen Vorräte gehört); sie arbeitet körperlich in ihrem Haushalt und wird darin von keiner fremden Hilfe, nur von Mann und Kindern, unterstützt; sie trägt schließlich zur Bestreitung des Lebensunterhaltes durch körperliche Arbeit außerhalb des Hauses bei. Zwar werden durch diese außerhäusliche Erwerbsarbeit der Frau, in Verbindung mit der Zimmervermietung einige Kontakte mit der Außenwelt und eine gewisse Erziehung zur Geschäftstüchtigkeit nicht ohne Einfluß auf die Frau geblieben sein. Da aber die Erwerbsarbeit hier im wesentlichen keine haushaltfremde Arbeit ist, sondern nach Form und Inhalt mit der Haushaltführung in Beziehung steht, mag trotz dieser Einbrüche die Ideenwelt dieser Frau in der Hauptsache durch das Haus, die Familie, die Kirche, die Heimat und den Beruf des Mannes bestimmt worden sein.

Wir wenden uns nun einem zweiten proletarischen Haushalt zu, dessen Schilderung wir ebenfalls dem Buche von Le Play[3] verdanken. Dieser Haushalt ist von dem vorangegangenen insofern verschieden, als er zwar auch noch eine starke Beziehung zur Naturalversorgung hat, aber in ganz anderer Weise als in Clausthal und nicht mehr einem kleinen ländlichen Orte, sondern einer Stadt angehörend.

Der von Le Play analysierte Arbeiter wohnt in Solingen und gehört zu der Kategorie der Stahlwarenarbeiter. Solingen liegt nicht allzuweit von einer fruchtbaren Gegend, die alle ländlichen Produkte liefert, die zur Nahrung einer zahlreichen Bevölkerung notwendig sind. Die eisenhaltigen Ausläufer des Westerwaldes und der Fluß, der die Stadt durchzieht, vervollständigen den Hintergrund, der Solingen zu einem Industrie-Zentrum machte. Während der Beobachtungszeit von Le Play, die in das Jahr 1853 fiel, bewohnten ungefähr 10000 Arbeiter diese Stadt. Die Fabrikation erstreckte sich hauptsächlich auf Hiebwaffen (blanke Waffen), auf Messer- und Stahlwarenfabrikation.

Le Play unterscheidet drei Arten von Arbeitern: den Schmied (Former), den Mühlsteinhauer und den Zurichter. Wenn man aber nicht nach der Arbeitsart, sondern nach der Ausbildung unterscheidet, so gab es ungelernte und gelernte Arbeiter; die ersteren, die mehr Hilfsarbeit leisten, rekrutieren sich aus den benachbarten Ländern Hessen und Nassau, während die gelernten Spezialarbeiter der Solinger Bevölkerung angehören. Unterscheidet man nach dem Standort der Arbeit, so gab es in Solingen zwei große Kategorien von Arbeitern: Diejenigen, die in ihrer eigenen Wohnung, also sozusagen in ihrem Haushalt ihre Arbeit verrichten, wie z. B. der Schmied und der Zurichter, und diejenigen, die für eine wöchentliche Miete die Benutzung eines Raumes, in dem Maschinen stehen, sich erkaufen. Das letztere muß bei den Mühlsteinhauern geschehen, die auf Maschi-

3 Le Play, a.a.O.

nenbetrieb durch Wasser oder Dampfkraft angewiesen sind. Beide Methoden dienen der Fabrikation von Stahlwaren, die den Fabrikanten bzw. dem Chef der Industrie abgeliefert und von ihm bezahlt werden; er übergibt sie dann dem Handel mit seinem eigenen Risiko. D.h. in manchen Fällen übernimmt ein Kaufmann oder Händler den Vertrieb; oft ist nicht zu unterscheiden, ob der Fabrikant nicht im wesentlichen selber den Charakter eines Kaufmannes hat. Auf jeden Fall liefert er das Betriebskapital, d.h. das ursprüngliche Material, mit dem der Arbeiter seine Arbeit beginnen kann.

Wir sehen also hier in der Solinger Stahlwarenfabrikation aus der Mitte des vorigen Jahrhunderts die verschiedenen gewerblichen Betriebsformen der Zeit vor uns: Die Hausindustrie, das Verlagssystem, den Manufakturbetrieb und die Anfänge des Fabriksystems.

Während die Schmiede und Mühlsteinhauer mit Vorliebe auf dem Lande wohnen und landwirtschaftliche Arbeit mit der industriellen Arbeit verbinden, wohnt die Klasse der Zurichter meist in Solingen selbst und treibt wenig Landwirtschaft. Die Bevölkerung des Landstriches wird ergänzt von einer großen Anzahl von Landleuten, die die nähere und fernere Umgebung von Solingen bewohnen. Da diese Landgüter sich meist ungeteilt vererben, müssen sich die jüngeren Söhne nach anderen Berufen umsehen. Meistens entschließen sie sich mit ihrem Erbteil nach Amerika auszuwandern und nicht den Beruf des Industriearbeiters aufzunehmen.

Die Le Play'sche Monographie betrifft einen Arbeiter, der dem Stande der Zurichter angehört. Er arbeitet für einen ganz bestimmten Fabrikanten, wie es in Solingen, einer Tradition entsprechend, üblich ist. Aber dies ist nicht überall so, die meisten Arbeiter haben kurzfristige Verträge mit ihren Fabrikanten.

Die Familie besteht aus Mann und Frau, einem Sohn von 23 Jahren, zwei Töchtern von 20 und 17 Jahren und einem Sohn von 9 Jahren. Ein älterer Sohn von 28 Jahren ist verheiratet und gehört also der väterlichen Familie nicht mehr an. Der Entwicklungsgang der beiden Gatten bis zur Ehe verläuft insofern anders, wie bei dem früher beobachteten Arbeiter-Ehepaar, als es sich hier um einen gelernten Beruf handelt. Der 14jährige Sohn kommt meist zu seinem Vater in die Lehre (meist nur *ein* Sohn, damit sich die Brüder später nicht untereinander Konkurrenz machen). Eine drei- oder vierjährige Lehrzeit schließt mit einem Gesellenexamen ab, und dann folgt noch eine ein- bis zweijährige bezahlte praktische Arbeit. Erst nach der dann absolvierten zweijährigen Militärzeit wird ein

Meisterexamen abgelegt, das zum Arbeiten auf eigene Rechnung berechtigt.

Demnach besteht hier neben den vorhin erwähnten gewerblichen Betriebsformen noch die alte Art der Handwerksausbildung fort.

Wenn das nötige Handwerkszeug, Wäsche und Möbel beisammen sind, wird geheiratet. Während die Arbeitertöchter meist ganz ohne Mitgift in die Ehe treten, haben die Söhne oft eine kleine Mitgift in Mobiliar oder in Geldbeständen von ihren Eltern. Wir sehen auch in unserem Falle, daß der älteste Sohn mit seinem Vater zusammen arbeitet.

Die Familie gehört der calvinistisch-reformierten Gemeinde an; alle Familienmitglieder gehen jeden Sonntag zur Kirche und empfangen einmal im Jahr die heilige Kommunion. Der Arbeiter arbeitet im Akkordlohn. Und zwar hat er ein Atelier im eigenen Hause auf eigene Rechnung gemietet. Sowohl die Werkzeuge wie das notwendige Hilfsmaterial sind von ihm gestellt; ebenso werden die Hilfen bei der Arbeit von ihm bezahlt. Er würde somit einem selbständigen Handwerksmeister gleichen, wenn er nicht das ursprüngliche Betriebskapital vom Fabrikanten geliefert und die Disposition über die Kundschaft vom Fabrikanten aus der Hand genommen bekommen hätte. Die Spezialität unseres Arbeiters ist die Montage von Säbeln. Vom Fabrikanten werden ihm Klinge, Griff und Schneide geliefert, die er zum fertigen Säbel zusammen zu setzen hat. Auch für das Hilfsmaterial bekommt der Arbeiter Erleichterungen bzw. Kredit durch den Fabrikanten; und das Gehalt an seinen Hilfsarbeiter zahlt er in demselben Maße, als der Fabrikant ihm das Fertigfabrikat bezahlt. Neben dem Hilfsarbeiter ist der älteste im Hause anwesende Sohn bei seinem Vater beschäftigt.

Der Arbeiter hat keinen eigenen Besitz, weder an Geld noch an Immobilien. Dagegen hat er von einem kleinen in Solingen wohnenden Kaufmann ein Haus gemietet, das sowohl als Werkstätte wie zur Wohnung dient. Der Besitzer des Hauses gehört, wie angedeutet, einer westfälischen Familie an, die mit den Gewohnheiten des Arbeiters vertraut, ihm eine gewisse Stetigkeit der Wohnweise garantiert. Im Parterre des Hauses ist das große Atelier für die Säbelmontage, die Küche und ein Zimmer, das die Familie zum Wohnen und Essen vereint. Im ersten Stock befinden sich drei Schlafzimmer, ein viertes auf derselben Etage ist von der Familie möbliert und an einen Fremden vermietet. Das Arbeitsatelier ist gut durchgelüftet, ebenso die Schlafzimmer. Die Arbeit selbst wird als eine nicht ungesunde geschildert, die alle Organe des Körpers in Bewegung setzt, ohne sie besonders zu ermüden.

Das Haus ist etwas reichlicher möbliert als die Wohnung des Clausthaler Minenarbeiters. Es ist für jedes der Familienangehörigen ein Bett vorhanden mit ausreichendem Bettzeug. Vier Tische, 15 Stühle, ein Geschirrschrank, ein Kleiderschrank, ein Wäscheschrank, drei Truhen, zwei Bänke, ein Küchenherd, eine Uhr vervollständigen das Mobiliar. Für die Benutzung in der Werkstätte sind ein Ofen zur Beheizung, vier Lampen für die Beleuchtung des Ateliers, ein Werktisch und einiges Handwerkzeug für fünf Personen vorhanden. Dazu kommt die Kücheneinrichtung, vier Lampen für das Haus und einiges Werkzeug für die Gartenarbeit. Weiterhin hat unser Arbeiter einen Garten, ein Stück Feld und eine Wiese gemietet, und zwar von demselben Eigentümer, dem das Haus gehört. Es ist im wesentlichen ein Gemüsegarten, ein Grundstück für den Anbau von Kartoffeln und eine Wiese, um Gras und Futter zu ernten.

Mitte Juli kauft der Arbeiter meist ein Schwein, d. h. in dem Zeitpunkt, in dem er ihm von seinen Abfällen zu fressen geben kann; dieses Schwein wird an Weihnachten für den Verbrauch der Familie geschlachtet. Le Play fügt hier hinzu, daß dies ein Zeichen für eine gewisse Wohlsituiertheit der Familie sei; ärmere Familien begnügten sich damit, am Ende des Jahres die Hälfte eines Schweines zu kaufen, das sie einsalzen und als Dauerware verzehren. Neben dem Schwein werden ganzjährig von dem Arbeiter eine Ziege und zwei Hühner gehalten.

Die Arbeit der Familienmitglieder verteilt sich folgendermaßen: Der Arbeiter selbst ist durch seine Berufsarbeit so in Anspruch genommen, daß er zur ländlichen Arbeit wenig Zeit hat. Die Frau und die beiden Töchter sind ebenso in die industrielle Arbeit des Familienvaters eingespannt. Und zwar wird dies von Le Play als ihre Hauptarbeit geschildert. Sie holen die Bestandteile des Säbels, Klinge, Griff und Schneide vom Fabrikanten, und sie tragen das fertige Fabrikat wieder zurück. In guten Geschäftszeiten haben diese Frauen auf diese Weise zweimal pro Tag ein Durchschnittsgewicht von 210 Kilo einen Kilometer weit zu tragen. Unter den sekundären Arbeiten nimmt die Hausarbeit den ersten Platz ein. Dazu kommt die Herstellung von Wäsche und Kleidung, namentlich auch Strümpfe stricken. Es ist bemerkenswert, daß Möbel und Wäsche auf Vorrat für die Heirat des ältesten im Hause anwesenden Sohnes bereitstehen. Neben der Haushaltarbeit nimmt die Bebauung des Gartens und des Feldes, sowie die Aufzucht der häuslichen Tiere die Zeit der Frauen in Anspruch. Der älteste Sohn, der, wie gesagt, seinem Vater hilft, beteiligt sich am Grasmähen für Futterzwecke. Die fremde Hilfskraft ist gleichfalls durch die industrielle Berufsarbeit ausgefüllt. Als Einnahmequelle kommt also außer der indirekten Vermehrung des Einkommens durch Mithilfe der Familienmitglieder und außer der indirekten Steigerung durch Land und Vieh nur noch die Vermietung des möblierten Zimmers in Frage.

Eine Unterstützung dieses Arbeiters, wie wir sie bei dem Clausthaler Minenarbeiter gesehen haben, existiert ebenso wenig wie bei seinen übrigen Kollegen in Solingen. Außer seiner Bezahlung im Akkord steht ihm keine Subvention zur Vefügung. Haus, Garten und Land sind, wie wir gesehen haben, aus eigenem Einkommen gemietet. Es ist hier zwar ein starker ländlicher Rückhalt für die Familie vorhanden, aber er beruht ganz auf dem selbständigen Geldeinkommen der Familienmitglieder.

Mit dem Wohl und Wehe der Fabrik ist der Arbeiter eng verknüpft. In guten Zeiten kann er viel verdienen, in schlechten Zeiten wenig. Das einzige Entgegenkommen des Fabrikanten besteht darin, daß er in Krisenzeiten die Arbeit aufrecht erhält und wenn nötig, den Arbeitern Summen vorschießt, die er später mit ihrer Bezahlung verrechnet. Ebenso finden die Arbeiter in schlechten Geschäftsperioden etwas Kredit bei dem Hauseigentümer und in Lebensmittelgeschäften. Diese Dinge fielen aber nicht sehr ins Gewicht, da es sich bisher vorwiegend um Zeiten guter Konjunktur handelt. Kassen und Versicherungen sind nicht vorhanden. Obgleich die hygienischen Bedingungen der Arbeit und des Wohnens nicht schlecht sind, bestehen die größten Lasten, die die Familie drücken, in Krankheitsfällen. Drei junge Kinder sind durch den Tod hinweggerafft worden. Der Arzt der Stadt läßt sich besuchsweise bezahlen.

Über die Moral der Familie, die, wie wir gesehen haben, sich der calvinistischen Kirche zurechnet, sagt Le Play das folgende: Es herrsche in allen geschäftlichen Beziehungen eine große Ehrlichkeit. Für gutes Essen und geistige Getränke bestehe eine Vorliebe, letzteres sei besonders ausgesprochen bei dem ältesten Sohne, der mehrere Jahre in der preußischen Armee gedient habe. Dies aber sei bei den meisten Solinger Arbeitern verbreitet und zwar sei die Sittenlockerung (wozu Le Play auch die unehelichen Geburten rechnet, die aber meist durch eine spätere Heirat legalisiert würden) am meisten unter der Klasse der Mühlsteinhauer verbreitet, deren Bezahlung oft das zehnfache der Durchschnittsbezahlung betrüge. In den mittleren Lohnklassen fänden sich die mäßigen Arbeiter, deren Chance zu Händlern oder Fabrikanten aufzusteigen, am größten sei.

Geistige Getränke werden während der häuslichen Mahlzeiten nicht getrunken, das normale häusliche Getränk ist der Kaffee. Dagegen trinkt der Arbeiter viel außerhalb der Mahlzeiten und hauptsächlich im Wirtshaus, namentlich der Verbrauch von Branntwein ist ziemlich hoch. Am Samstag gibt es immer in der Werkstätte eine Verteilung von Branntwein für die drei Arbeiter. Die Frauen beteiligen sich nicht am Genuß geistiger Getränke. Der Tabakkonsum während der Arbeit und während der Ruhepausen gehört daneben zu den Haupterholungs-Faktoren der Männer.

Jedes Jahr findet als Hauptbelustigung ein Scheiben-Schießen statt, an dem die Männer teilnehmen. Dazu kommen der Markt, der viermal im Jahr in Solingen abgehalten wird, einige jährliche Feste in benachbarten Dörfern, die alle Familienmitglieder vereinen, ein Tanz, vielleicht einmal eine kleine Theateraufführung – damit sind die Zerstreuungen der Arbeiterfamilie zu Ende. Le Play fügt zusammenfassend hinzu: Die Erholung für die Männer ist im wesentlichen Tabak und der Branntwein; für die Frauen die Unterhaltung mit den Nachbarfrauen.

Die Mahlzeiten eines Tages verlaufen ungefähr in folgender Weise: Die Familie macht vier Mahlzeiten pro Tag. Das Frühstück um 8 Uhr morgens besteht aus Kaffee ohne Zucker mit wenig oder gar keiner Milch und zwar reinen Kaffee ohne Zusatz, dazu gibt es Brot und Butter. Mittags um 12 Uhr ißt man gekochte oder geschmelzte Kartoffeln, dazu Kohl oder ein anderes frisches oder konserviertes Gemüse. Ungefähr zwei- bis dreimal in der Woche gibt es dazu Fleisch oder Speck. Am Sonntag wird die Mahlzeit durch Bouillon ergänzt. Die Vesper-Mahlzeit um 4 Uhr verläuft wie das Frühstück. Am Abend um 8 Uhr gibt es meist Kartoffeln oder eine Mehlspeise oder einen Eierkuchen; meist ißt man ein Butterbrot dazu und nochmals (das dritte Mal) wird Kaffee getrunken.

Die Teile des gemästeten und geschlachteten Schweines durchsetzen die Mahlzeiten in den verschiedensten Formen. Sie kehren als geräucherter Schinken, Speck, Wurst, Schmalz und als frisches Fleisch im täglichen Küchenzettel wieder. Neben Speck, Schmalz und Butter wird auch viel Öl verwendet. Pfannkuchen aus Buchweizenmehl ist ein sehr übliches Gericht.

Man sieht, daß in dieser Familie gut und reichlich gegessen wird. Le

Play dürfte mit seinem Urteil recht haben, daß zwar die Kleidung sauber und praktisch angefertigt wurde, trotzdem aber auf die Nahrung ein viel größeres Gewicht gelegt wurde, als auf die Kleidung. Diese Auffassung wird von Le Play[4] zahlenmäßig belegt.

Wenn wir uns die Struktur dieses Arbeiterlebens zusammenfassend überlegen, so ergibt sich vor allen Dingen, verglichen mit dem Clausthaler Minenarbeiter, eine sehr viel größere Unabhängigkeit mit den Nachteilen eines ganz auf sich selbst gestellten Einkommens und einer ebenfalls auf sich selbst gestellten Disposition dieses Einkommens. Dieser Arbeiter, dessen Beruf allerdings relativ gesund und nicht so gefährdet wie der Beruf des Grubenarbeiters ist, und der in einer größeren Stadt, nicht auf dem Lande wohnt, ist keineswegs in ein System der Vorsehung und der Subvention eingeordnet, wie der Minenarbeiter im Harz. Das patriarchalische Verhältnis zwischen Arbeitgeber und Arbeitnehmer ist fortgefallen. Man hat bei der Betrachtung dieses Solinger Arbeiters viel eher den Eindruck, daß es sich um einen selbständigen Gewerbetreibenden handelt, mit eigener Werkstatt, eigenen Werkzeugen und eigenen Hilfsarbeitern. Lediglich die Disposition über das Betriebskapital und über den Vertrieb des Produktes sind durch den Fabrikanten übernommen. Es stünde auch nichts im Wege, daß dieser Arbeiter durch Fleiß und Mäßigkeit sich selbst zum Händler oder Fabrikanten entwickelte. Le Play hält dies im vorliegenden Falle für nicht wahrscheinlich, da es dem Arbeiter an dem dazu nötigen Unterscheidungsvermögen, an der Voraussicht und dem Ordnungssinn mangele. Manche Solinger Arbeiter aber ergriffen diese Aufstiegschance, um sich zu kleinen Kaufleuten und Händlern, von denen der Weg zum Fabrikanten nicht mehr weit ist, durchzuringen. Oft ist es ein Familienunternehmen, in dem einer der Brüder oder Söhne mit dem Handel im Kleinen beginnt und ihn nach und nach vergrößert. Überall da, wo keine großen Anfangskapitalien notwendig sind und keine teuren und komplizierten Maschinen gebraucht werden, ist die Chance dieses Aufstiegs gegeben. Trotzdem aber stehen diesem Aufstieg, wie wir in folgendem sehen werden, stark erschwerende Umstände entgegen.

Wir hören schon, daß dieser Arbeiter, da es sich bis jetzt um Zeiten guter Konjunktur und um ein persönlich angenehmes Verhältnis zwischen ihm als Mieter und dem Hausbesitzer handelt, in einer relativ günstigen Lage lebt. In Zeiten schlechter Beschäftigung und im

4 Le Play, a.a.O.

Falle eines erpresserischen Hauseigentümers dagegen, können ihm sein Angewiesensein auf den Geldverdienst, d. h. also seine Unabhängigkeit und Freiheit zum Verhängnis werden. Le Play sieht in diesem Punkte den grundlegenden Unterschied gegenüber dem Clausthaler Arbeitertyp und die große Gefahr für die Zukunft der Arbeiterschaft überhaupt. Wohl sei der Solinger Arbeiter, ähnlich dem Clausthaler, noch mit Haus, Land, Garten und Viehzucht verbunden. Aber während dieser Rückhalt an Naturalien und Sachgütern in Clausthal in einem eigenartigen System der Sicherheit und der Bevormundung verankert sei, das beinahe einem eigenen Besitz an diesen Gütern gleich käme, so stehe der Solinger Arbeiter diesen Dingen lediglich als ein rechtloser Mieter gegenüber, dessen Lage von dem Eigentümer der Immobilien sehr ausgenützt werden könne. Der Solinger Arbeiter stelle einen Übergangstyp dar zu der Gruppe von Industriearbeitern in englischen, belgischen und französischen Kohlenrevieren, deren Situation durch Unbeständigkeit und Unsicherheit gekennzeichnet ist. Daß diese ungünstige Lage bisher noch in Deutschland im Anfangsstadium ist, gehe auf folgende Momente zurück: Im Gegensatz zu England und Belgien rekrutierten sich die ersten Unternehmer im rheinischen Industriegebiet aus den Handelsstädten des Südens und nicht aus der einheimischen Bevölkerung; und ebenso setzten sich die ersten Arbeiter aus der verarmten Auswandererschaft der östlichen Grenzländer zusammen. Le Play hat festgestellt, daß in der Zeit zwischen 1829 und 1845 die Bevölkerung des Rheinlandes kaum zur Schaffung von Manufakturen und Fabriken beigetragen hat. Die adeligen Familien wählten nach wie vor die militärische Karriere und die Bauern setzten dem industriellen Beruf einen Widerstand entgegen. Lieber wanderten sie nach Amerika aus, als daß sie Arbeiter wurden, und in der Tat, so fährt Le Play fort, ist das Los des amerikanischen Auswanderers bei weitem besser, als das des zu Hause gebliebenen Industriearbeiters. Ein einfacher kleiner Hofbesitzer, der einen sehr geringen Verdienst hat, kann im Amerika ein vermögender Grundbesitzer werden, der für seine Kinder und seine Geschwister auszusorgen in der Lage ist. Dagegen gelingt es dem Stahlarbeiter von Solingen in den seltensten Fällen zum Besitz seines Hauses und seines Gartens zu kommen, obgleich er ein relativ höheres Geldeinkommen hat. Für sein Alter ist nicht gesorgt, und er kann in Armut und Verlassenheit sterben, wenn nicht seine Kinder ihm zu Hilfe kommen.

Die Unmöglichkeit und Aussichtslosigkeit, zum Erwerb von Haus und Garten zu gelangen, treibt den Industriearbeiter von Solingen in viel größere und unnütze Ausgaben hinein, als zu seinem Lebensunterhalt notwendig wären. Die Summen, die auf Essen und Trinken verwendet werden, würden, nach Le Plays Meinung, zum allmählichen Ankauf eines Besitztums reichen – wer aber wird sich einschränken und aufs Sparen verlegen, dem von vornherein durch die Unerbittlichkeit einer bestimmten ökonomischen Lagerung die Unmöglichkeit zur Erlangung eines solchen Besitzes vor Augen steht?

Le Play hat beobachtet, daß seit ungefähr 1851 die von ihm befürchtete und vorausgesehene Veränderung in der Struktur der rheinländischen Arbeiterschaft um sich greift. Der höhere Lohn lockte allmählich die bisher ablehnenden Bevölkerungskreise der näheren und ferneren Umgebung zur industriellen Arbeit. Unser Solinger Arbeiter steht, wie gesagt, an der Grenze, noch blüht die Fabrik, für die er arbeitet, noch vermeidet der westfälische Hauseigentümer ihn auszubeuten. Aber die Grundlage seines Lebens, dargestellt durch Geld, statt Besitz, gibt ihm eine andere geistige Einstellung. Er verliert einen Teil seiner »Würde«, ein Stück Besonnenheit und Voraussicht. In der sozialen Rangordnung nimmt er durch seine Besitzlosigkeit eine niedrigere Stellung ein. Er trinkt und geht ins Wirtshaus, der Familienzusammenhalt fängt an sich zu lockern. Le Play fügt hinzu: »Es ist zu fürchten, daß sich dergestalt im Rheinland zum ersten Mal die Generation von alten Leuten vorbereitet, die in den Kohlenrevieren des Westens oder Englands in Hilflosigkeit und Verlassenheit sterben.«

Wir finden also hier um 1853 den Typus eines städtischen Arbeiterhaushaltes vor, der im Rahmen einer zwar freien aber unbeständigen und unsicheren Existenz alle Formen der Warenbeschaffung von der Selbstproduktion über die Selbstverarbeitung zum Kauf vereinigt. Der fiktive und jederzeit kündbare Naturalbesitz gibt der Eigenproduktion noch einen großen Anteil in dieser Haushaltführung, die dementsprechend noch starke Züge der Vorratswirtschaft trägt. Der Familienzusammenhalt ist insofern gelockert, als das Wirtshaus eine Rolle im Leben des Arbeiters spielt. Trotzdem sind die Kirche und die Familie noch wichtige Faktoren in seiner Ideenwelt, um so mehr, als es sich ja hier um einen in der Hausindustrie beschäftigten Arbeiter handelt, bei dem Haus, Familie und Arbeitsstätte eine eng ineinander verflochtene Einheit bilden.

In diesem Arbeiterhaushalt wird das Geldeinkommen des Mannes durch Vermietung eines Zimmers ergänzt; namentlich aber durch die

Arbeit aller übrigen erwachsenen Familienmitglieder, nämlich der Frau, des ältesten Sohnes und der beiden ältesten Töcher. Es ist ein Zeichen für die Unsicherhcit dieses Arbeiterhaushalts, daß alle, Frau, Sohn und Töchter bei der Berufsarbeit des Mannes helfen, d. h. sich bemühen, das durch die industrielle Arbeit erzielte Geldeinkommen nach Möglichkeit zu steigern. Die Frau und die Töchter holen jeden Vormittag beim Fabrikanten die Bestandteile des Säbels, die der Mann und der Sohn zusammensetzen, und sie tragen abends das Fertigfabrikat zurück. Es ist dies ihre Hauptarbeit, während die Haushaltarbeit, die Herstellung von Wäsche und Kleidung, die Garten-, Land- und Kleintierarbeit an zweiter Stelle stehen. In der Haus- und Gartenarbeit finden die Frauen keine Unterstützung des Mannes, nur geringe Unterstützung des ältesten Sohnes.

Wir beobachten also hier in der Mitte des vorigen Jahrhunderts den Typus einer Arbeiterfrau, der folgende wichtige Funktionen zufallen: In erster Linie leistet sie mit ihren Töchtern eine körperliche, außerhäusliche und haushaltfremde Erwerbsarbeit, d. h., eine Arbeit, die unmittelbar dem Beruf des Mannes gilt und nur mittelbar durch die Steigerung des Gesamt-Geldeinkommens dem Haushalt dient. In zweiter Linie organisiert sie ihren Haushalt, d. h. sie leitet ihn in geistiger Beziehung (wozu die Einteilung der vorhandenen zur Zeit auskömmlichen Geldmittel und die Disposition über die vorhandenen Vorräte gehören); ebenfalls in zweiter Linie arbeitet diese Frau körperlich in ihrem Haushalt und zwar im wesentlichen allein, nur geringfügig von ihrem Sohne unterstützt.

Die Ideenwelt dieser Frau ist durch die Berufsarbeit des Mannes, die ja auch ihre eigene ist, durch die Unterhaltung mit den Nachbarsfrauen beim täglichen Arbeitsgang, durch Haus, Familie und Kirche bestimmt. Es ist anzunehmen, daß die Frau dieses Arbeiters durch die Art ihrer Erwerbsarbeit, die sie täglich in Kontakt mit der Außenwelt bringt, in stärkerem Maße ihr Blickfeld erweitert als der Mann, der seine Werkstatt in den vier Wänden seines Hauses hat. Und auf alle Fälle ist hier eine größere Berührung mit der Ferne, als bei der Frau des Clausthaler Minenarbeiters, deren Erwerbsarbeit in unmittelbarem Zusammenhang mit dem Haushalt stand.

Wir wollen, ehe wir in der Analyse städtischer proletarischer Haushaltungen fortschreiten, einen Augenblick inne halten und uns über die Geschehnisse klar werden, die zu einer langsamen Revolutionierung ländlicher und kleinbürgerlicher Arbeiter-Haushaltungen und Familien, wie wir sie eben gesehen haben, geführt haben. Wir wollen namentlich einen kurzen Blick auf die Symptome werfen, die schon in den Anfangsstadien proletarischer Haushaltungen diese grundlegend von den bürgerlichen Haushaltungen der gleichen Zeit unterscheiden.

1.) Zwar sind beide Arbeiterhaushaltungen, die wir beleuchtet haben, noch im Stadium der Vorratswirtschaft, der weitgehenden Eigenproduktion. Aber bei beiden ist es um die Sicherheit dieser Produktion, bzw. um die Bodenständigkeit schlecht bestellt, sei es, daß sie auf der einen Seite lediglich von der Grubenadministration gewährleistet, sei es, daß sie auf der anderen Seite durch konjunkturelle Mißfälle jederzeit entzogen wird. Der Faktor der Unsicherheit ist in das Leben dieser Menschen eingekehrt, sie werden bald von der Scholle ganz gelöst und im wesentlichen einem unsicheren Geldeinkommen ausgeliefert sein.

2.) Mit diesem Mangel an Rückhalt und schwankendem Verdienst hängt zusammen, daß Verdienststeigerungen gesucht und in Wohnungsvermietung und Frauenerwerb gefunden werden.

3.) Der Unsicherheitsfaktor und die Tatsache des Frauenerwerbs beginnen ihren Einfluß auf die geistige Haltung der Familie auszuüben: Die Familie steht nicht mehr allein im Mittelpunkt des Daseins, sondern das Wirtshaus beim Manne, die haushaltfremde Arbeit bei der Frau schaffen Interessensphären, die außerhalb des Hauses liegen.

4.) Die Überfüllung der Wohnungen mit Menschen, die Ärmlichkeit der Ausstattung, der relativ hohe Prozentsatz, den die Nahrung im Vergleich zu anderen Ausgaben darstellt, sind gleichfalls ins Auge springende Symptome, die mit der unsicheren Situation in Zusammenhang stehen.

5.) Während sich also die Transformation des bürgerlichen städtischen Haushalts in der Jahrhundertmitte von der Produktions- zur Konsumtionswirtschaft immer noch auf der gleichen Ebene der Sicherheit und der Stabilität vollzieht, zwar auch unter Einbuße von Land- und Hausbesitz, aber ohne daß deswegen die sichere Lebensgrundlage fortgefallen wäre, beginnt zur gleichen Zeit für den ländlichen und kleinbürgerlichen Haushalt des Industriearbeiters auf dem Wege von der Produktions- zur Konsumtionswirtschaft und unter Wegfall der patriarchalischen Bindungen die vollkommene Loslösung von der bisherigen sicheren Lebensgrundlage – es beginnt das, was die Römer mit »Prolium laeti«[5], d. i. »kinderreich« bezeichnet hatten, und woraus sich in jenen Jahrzehnten das Wort Proletarier entwickelt hat, als Bezeichnung für die, denen außer ihren Kindern nichts als wirklicher Besitz zur Verfügung steht. Und während die bürgerliche städtische Frau vorerst nur als Passive, als eine, für die der neue Produktionsapparat arbeitet, ohne daß sie selbst in ihn eingreift, in ihrer geschmälerten und verarmten Hauswirtschaft steht, wird die Frau des Industriearbeiters gleich von Anfang an in den Produktionsprozeß als Aktive eingespannt.

Die folgenden Ausführungen sollen nun kurz den Weg beleuchten, der in den vierziger und fünfziger Jahren des 19. Jahrhunderts von dem Haushalt des Industriearbeiters auf dem Lande zum endgültig stabilisierten Proletarierhaushalt in der Stadt geführt hat.

Die drei verschiedenen Etappen der wirtschaftlichen Entwicklung und die damit in Zusammenhang stehenden drei verschiedenen Typen von Arbeiterhaushaltungen werden am deutlichsten in den verzweiflungsvollen Kämpfen, die in jenen Jahren von den schlesischen Textilarbeitern und Webern durchgefochten worden sind. Von ihnen soll im folgenden die Rede sein[6].

Zuerst beschäftigt uns der Haushalt des ländlichen Heimarbeiters, der vergebens versucht, sich mit seiner Handarbeit gegen die aufkommende Maschine durchzusetzen. Wir befinden uns in den vierziger Jahren im schlesischen Gebirge (und zwar in den rauhesten und unwirtlichsten Teilen des Riesengebirges) schon in einer Phase der Entwicklung, die von Le Play vorausgesagt worden war: Der in der Hausindustrie beschäftigte bäuerliche Arbeiter war schon zum landlosen Proletarier, ohne Grund und Boden und ohne Rückhalt herabgesunken. Die vierziger Jahre waren die Zeit, in der die schlesischen Spinner und Weber zu teuer arbeiteten, während die Maschine die

5 J. J. Dittrich, Unsere Übergangszeit betreffend die Erlösung des Proletariats. Breslau 1848

6 Will-Erich Peuckert, Volkskunde des Proletariats Band I. Frankfurt a./M. 1931.

Arbeit viel billiger herstellte.[7] Die Kaufleute nahmen ihnen die Waren nicht mehr ab, im Winter 1843 auf 1844 müssen sie mit einer Webe fünf- oder sechsmal zum Markte gehen, heute nach Hirschberg, morgen nach Schmiedeberg usw., ehe sie sie loswerden. Man schob damals noch das Elend der Weber auf ihre schlechten Leistungen. Statt die wahren Ursachen zu erkennen, versuchte man noch weiter das Verlagsystem zu fördern und zu intensivieren. Auch Versuche, den Weber wieder zum Ackerbau zurückzuführen, wurden in die Wege geleitet.[8] Aber das Elend der Weber in den schlesischen Gebirgsdörfern stieg nur noch mehr.

Wie sah es im einzelnen aus? Schneer vergleicht das Einkommen einer solchen Weberfamilie mit dem Einkommen eines preußischen Schullehrers. Der Schullehrer hatte um jene Zeit: freie Wohnung, zur Feuerung 7 preußische Klafter Holz, einen Gartenfleck von einem Scheffel Aussaat, 15 Scheffel Roggen und 3 Scheffel Gerste, Erbsen und Hirse, die Freiheit, unter das Gemeindevieh 2 Stück Rindvieh und 1 Schwein unentgeltlich zu treiben, und an Gehalt 50 Taler baren Geldes. Schneer schätzt dies alles zusammen auf 80 bis 90 Taler pro Jahr.

Der Verdienst einer Weberfamilie in einem schlesischen Dorf, erarbeitet von Mann, Frau und Kind bei einer insgesamt sechsköpfigen Familie, beträgt dagegen nicht mehr als 30 Taler pro Jahr. Davon müssen die Klassensteuern und Kommunalabgaben, die Hypothekenzinsen und Abgaben an die Gutsherrschaft, die Feuerung für 8 Monate, denn im Riesengebirge bleibt es lange Winter, bezahlt werden. Von dem bäurischen Leben, aus dem der Weber kam, ist nicht viel übrig geblieben. Von einem Weber Ziegert in Herischdorf berichtet uns Schneer, daß er bei 63 Talern Einkommen auf seinem Hause 400 Taler Schulden hätte, für die er 20 Taler Zinsen zahlen muß. Der Grundzins an die Gutsherrschaft beträgt dazu noch 3 Taler, die Gemeindeabgaben 2 Taler, die Grundsteuer 1 Taler – so bleiben ihm 37 Taler zum Leben. Einen Acker und ein Stück Vieh haben die wenigsten. Wer eine Hundehütte an seinem Hause hat, gehört zu den Begüterten, da er noch einen müßigen Hund durchzufüttern in der Lage ist. Die wenigsten können auch in einem Häuschen, selbst wenn

7 Alexander Schneer, Über die Not der Leinenarbeiter in Schlesien, Berlin 1844. Alexander v. Minutoli, Die Lage der Spinner und Weber im schlesischen Gebirge, Berlin 1851.

8 Werner Sombart, Der moderne Kapitalismus, München 1924. Joh. Ziekursch, Hundert Jahre schlesischer Agrargeschichte, Breslau 1915.

es stark verschuldet ist, wohnen. Die meisten sind sogenannte Inlieger, die zur Miete wohnen. Wie es in diesen Häusern aussieht, soll uns Schneer wörtlich berichten:

»Das Haus des Häuslers Gottlieb Lachmann in Mittel-Langenöls sieht so aus, daß es kaum mehr bewohnbar erscheint: die Schlafkammer unter dem Dach ist dem Wind und Wetter preisgegeben; auf der Treppe zu derselben hin bin ich eingebrochen. Vom Hause Gottlieb Lachmanns aus Friedersdorf, Krs. Lauban, hören wir, es wäre dem Einfallen nahe; unter dem ganz durchlöcherten Schobendache befindet sich das aus einigen Lumpen in einer Bettstelle bestehende Lager, dem Regen, Schnee und Winde preisgegeben und vor der Kälte nicht geschützt. In der ungedielten Stube läuft von den schlechten Wänden das Wasser herab, so daß man sich auf dem schlüpfrigen Lehmboden vor dem Hinstürzen hüten muß. Mitten in der Stube läuft das Regenwaser in einer großen, mit einem Feldsteine bedeckten Zisterne zusammen, aus welcher nach starkem Regen gegen 15 Kannen Wasser geschöpft werden. – Das soll wohl heißen, daß mitten in der Stube sich eine Vertiefung befindet, wie sie die Iserhäuser noch heute haben; es werden dort Vorräte aufbewahrt; an eine Zisterne ist sicher nicht zu denken, sonst würde man sie doch nicht ausschöpfen müssen. Aber der schauderhafte Zustand des Daches und der Wände, durch welche der Regen dringt, machen die Vorratsgrube zu einer Art Zisterne. Häufig finden wir zwei Familien in einem Zimmer. So heißt es von Christian Ehrenfried Däsler in Maiwaldau, daß er mit seiner Frau und zwei Söhnen im Alter von 17 und 13 Jahren noch eine Einliegerin Maria Juliane Grundmann mit deren unverheirateter Tochter und ihren beiden unehelichen Kindern aufgenommen habe: Der dreizehnjährige Knabe schläft auf der Bodenkammer mit Lumpen bedeckt; im Winter liegt er in der Stube auf der sogenannten Hölle, dem Anbau des Ofens. Die Einlieger schlafen auf der Bodenkammer, auf Moos und Waldstreu gebettet. Oder der Häusler Leder aus Hermsdorf: Verheiratet, hat 4 Kinder; das jüngste drei Wochen alt, liegt in wenigen Lumpen in einem kleinen Waschgefäß auf der Bank am heißen Ofen, um den Platz für den Spuler zu beschaffen. In derselben Stube wohnt und schläft der verheiratete Inlieger Badermann. Die Bettstelle des letzteren und die der Häusler Lederschen Eheleute ist keine 5 Fuß voneinander entfernt. Die Frau des Badermann ist

60 Jahre alt, vom Schlage gerührt, blind und epileptisch; der Mann teilt trotzdem dasselbe Lager mit ihr, welches aus schlechtem Stroh und Lumpen besteht. Man denke sich die Entbindung der armen Wirtin bei der epileptischen Nachbarin.
Oft wird in einer solchen Stube auch im Sommer gekocht, ohne daß die Fenster geöffnet werden. Familien mit 13 Köpfen in einer kleinen Stube sind keine Seltenheit. Es läßt sich denken, daß in dem engen und niedrigen Zimmer mit 4 Webstühlen und dieser Menge Menschen im geheizten Raum die Luft zum Ersticken ist.«

Um die Kleidung ist es nicht anders bestellt. Ich zitiere wieder den Schneer'schen Bericht:

»Beim Inlieger Opitz in Berbisdorf hat die Stube, in welcher sich die Lager befinden – für die Eltern aus einer Bettstelle, für die beiden Knaben von 10 und 13 Jahren aber nur aus Lumpen bestehend – das Aussehen eines Viehstalls; die Bewohner sind nur in Lumpen gehüllt, man kann kaum mehr sagen bekleidet. Seit sieben und mehr Jahren haben sich die Unglücklichen nicht mehr irgend ein Kleidungsstück beschaffen können; den Kirchenrock haben viele schon verkauft oder versetzt; sie schämen sich, in ihren Lumpen zur Kirche zu gehen. Mit der Kleidung, sagt die alte Mutter Neumann in Grunau mit Schluchzen, sind wir nun so heruntergekommen, daß ich mich vor den Leuten nicht mehr sehen lassen mag.«

Von einer geregelten Lebensmittelversorgung kann hier kaum mehr die Rede sein. Die Maiwaldauer Behörden berichten:

»Es ist gar nichts Seltenes, daß man eine Familie mehrere Tage lang ohne Brot, ja wohl auch ohne sonst gewöhnliche Nahrungsmittel sieht.«

Und Schneer faßt seine Beobachtungen zusammen:

»Die mißratenen Ernten der Kartoffeln, namentlich in den beiden letzten Jahren, haben die Weber auf die billigeren wilden oder Viehkartoffeln, und auf das schwarze oder Viehmehl zur Nahrung angewiesen. Fleisch kommt nur bei einigen zu Ostern, Pfingsten und Weihnachten ins Haus, und dann für eine Familie von fünf bis sechs Personen ein halbes Pfund. Schenkt der Bauer ihnen ein Quart Buttermilch, oder tauschen sie es für die

Kartoffelschalen bei ihm nach langem Aufsammeln ein, so ist dies ein Festtag. Wenn es zuweilen zu etwas Butter noch ausreicht, so zehrt die ganze Familie an einem Viertelpfund die ganze Woche. Im letzten Winter 1843 hat man von wirklicher Hungersnot unter diesen Armen sprechen können. So sagte mir der 67 Jahr alte Weber Anton Werner, wohnhaft Nr. 107 in Schömberg, mit Freudentränen in den Augen: er hätte bei der mangelnden Arbeit das Glück gehabt, daß in der Nähe zwei Pferde krepiert wären, deren Fleisch ihn, sein Weib Antonie und seine 3 Kinder eine Zeitlang erhalten. Daß Weber dazu getrieben werden, von der Schlichte – der sauer und stinkig riechenden gekochten Stärke –, sich zu ernähren, war nach unzweifelhaften Zeugnissen eine nicht seltene Erscheinung.«

»Den 10. Januar 1844«, berichtet ein Korrespondent der »Breslauer Zeitung«[9] dieser, »hörte man ein krampfhaftes Stöhnen eines Menschen, der, wie man sich bald überzeugte, vor der Tür des landrätlichen Amtes zu Schweidnitz in Zuckungen auf dem Boden lag. Er war nicht betrunken, Freunde der Mäßigkeit und Entsagung! er war vor Hunger in diesen Zustand verfallen; er hatte drei Tage mit seinen Kindern nichts gegessen, und kam von Leutmannsdorf mit einer Bittschrift ans landrätliche Amt, um Brot für seine Familie zu erflehen.« Ein ähnlicher Vorfall (wenn nicht der gleiche) wird in der »Schlesischen Zeitung«[10] vom 9. Februar berichtet:

»Die zweiundzwanzigjährige blödsinnige Tochter der Anna Rosina Scholz in Mittel-Langenöls muß von der Mutter geschlagen werden, weil sie vor Hunger schreit.«

Das Borgsystem ist sehr ausgebildet; morgen kommt vielleicht schon der Garnsammler ins Haus; ist der Strähn da noch nicht fertig, so gibt es keinen Arbeitslohn, und der Bauer, bei dem die Kartoffeln schon lange auf Borg entnommen werden, will ohne bare Bezahlung keine Lebensmittel mehr verabreichen. Der Müller, der Bäcker, der Brauer, der Flachshändler, der Garnhändler, alle borgen dieser armen Bevölkerung, deren einzige Hypothek oft allein in den zwei Händen besteht.

Übrigens gibt es nicht in allen Weberdörfern Spezerei- oder Mate-

9 Angeführt bei Peuckert a.a.O.
10 Ebenso bei Peuckert a.a.O.

rialwarenhandlungen. Von wenigen Abnehmern oder Kunden kann der Krämer sich nicht erhalten. Dort wo mehrere solcher Kaufläden vorhanden sind, ist der Beweis erbracht, daß es sich um Orte mit weniger großer Not handelt, in denen die Einwohner neben der Befriedigung des dringendsten Hungers daran denken können, die Nahrung schmackhafter zuzubereiten.

Die körperliche Beschaffenheit der Weberfamilien geht auf diese schlechte Ernährung und auf das Stubenhocken zurück. Schneer berichtet:

> »Die Entwöhnung von der freien Luft und das Einschließen in überheiße Stuben macht trotz des gesunden Klimas die Körper siech. Von schwächlichen Eltern entsprossen und denselben schwächenden Ursachen verfallen, nimmt unter dieser Volksklasse Hinfälligkeit und Schlaffheit von Generation zu Generation zu, und muß endlich zu einem erblichen Kretinismus, wie schon jetzt in einzelnen Ortschaften, ausarten. Des Spinners Hubrich in Langenöls fünfzehnjährige Tochter ist noch nicht vier Fuß groß, die zweiundzwanzigjährige Tochter der Witwe Rosina Scholz in Mittel-Langenöls ist blödsinnig, stumm und lahm. Der Häusler David Frommelt von ebenda hat unter neun Kindern ein vierjähriges, kontraktes, welches das Bett noch nicht verlassen hat, und ein einjähriges, gleichfalls rachitisch. Die beiden jüngsten Kinder Carl Maywalds in Berbisdorf von vier und sieben Jahren sind so skrophulös, daß ihre Beine völlig ein schiefes Kreuz bilden.«

Es war nicht nur die Entfremdung gegenüber dem Ackerbau und der Mangel an Erfahrung und Kenntnissen, die diese Weber davon abhielten, der von der Regierung geplanten Zuwendung zum Ackerbau zu folgen. Sondern es war auch der Mangel an Körperkräften, der es ihnen unmöglich machte, die Rückkehr zum bäuerlichen Leben anzubahnen.

Hand in Hand mit der körperlichen Verelendung geht natürlich ein ungewöhnliches Kindersterben. Und dabei ist es ein Glück für Eltern und Geborene, wenn sie so bald wie möglich sterben. Der sehr geringe Lohn nötigt die Eltern dazu, die schwachen Kräfte der Kinder schon mit vier Jahren für die leichteren Arbeitsverrichtungen in Anspruch zu nehmen. Kann das Kind noch nicht laufen, so findet sich niemand im Hause, der es in die freie Luft tragen kann, denn Vater und Mutter sitzen am Webe- oder Spinnrad, die kleineren Geschwister sind mit dem Spulen beschäftigt, und so müssen die Kinder in der Stube und in der Wiege bleiben. Hin und wieder stößt dann die der Wiege nahe sitzende Mutter diese mit einer Hand heftig an, damit sie eine Weile von selbst fortschaukelt, und das Kind sie nicht bei der Arbeit stört. Die Kinder, welche bei dem Mangel an schützender Bekleidung im Winter zur Schule anzuhalten eine Grausamkeit wäre, die, wie bereits erwähnt worden, oft mit vier Jahren von den Eltern schon an das Spulrad gesetzt werden, wachsen bei mangelndem Unterricht, ohne Verkehr mit der Außenwelt und ohne das bildende Ferment eines öffentlichen Lebens in dem geisttötenden Einerlei ihrer Beschäftigung auf. Kinder von sieben und acht Jahren, nicht bloß in den Betten nackt liegend, sondern auch in den Stuben dasitzend, ohne selbst nur mit Lumpen bedeckt zu sein, hat Schneer besonders in Hermsdorf und auch sonst im Landeshuter Kreise bis zur Unzahl gefunden.

Über das geistige Leben dieser Menschen wird uns das Folgende berichtet:

»In einer amtlichen Denkschrift erwähnt Minutoli[11], daß die Versuche, die Bewohner zu Ackerbauern zu machen oder ins Ausland zu versetzen, an der starken Heimatliebe der Weber scheitern. Von dem vorhin erwähnten Ziegert in Herichsdorf, der in einem überschuldeten Haus wohnt, bekommt Schneer auf die Frage, warum er sich nicht irgendwo einmiete, da sein Haus ja doch den Gläubigern gehöre, die Antwort: ›Bei dem Alter, in dem ich und meine Frau stehen, in welchem wir dem Grabe schon so nahe sind, während wir den eigenen Besitz doch einmal gewohnt sind, wäre es uns schon lieber, man trüge uns aus dem Hause, als daß wir hinausgehen.«

Ebenso stark wie die Liebe zu Heimat und Boden ist das Gerechtigkeitsgefühl dieser Menschen. Im Herbst 1846 zog auf der Straße in Peterswaldau am hellen Tage ein Haufen Menschen mit einer brennenden Laterne her; er suchte die Gerechtigkeit.

Auch der Glaube dieser Familien besteht noch im alten christlich-kirchlichen Sinne und ebenso sind viele alte Formen des Aberglaubens in diesen schlesischen Dörfern verbreitet. Die Not wirkte so zerstörend, daß sich der Weber zu keinem Widerstand mehr aufzuraffen vermochte. Apathie und Deprimiertheit haben ihn so stark ergriffen, daß es ihm meist zu der zum Verbrechen notwendigen Tatkraft fehlt.

11 Minutoli a.a.O.

Es wird daher nur über Diebstahl und Betrügereien in der Arbeit geklagt, nicht etwa über Diebstahl von Lebensmitteln und dergleichen. Und dabei ist es noch sehr zweifelhaft, ob nicht die Übervorteilung durch den Händler zur Verschlechterung der Ware primär geführt hat. Daß der Verzweiflungszustand zu Trunksucht und Unmäßigkeit geführt hat, ist selbstverständlich. Damit gehen die sexuellen Verfehlungen Hand in Hand. In den 1830er Jahren war in jenen Dörfern nach den Berichten der Geistlichkeit ungefähr jedes 18. Kind ein Uneheliches. In den 1840er Jahren jedes 14., 1841 war die Quote 13:1, 1842 12:1, 1843 11:1. Aber aus diesen Zahlen ist ebenso sehr zu schließen, daß die Not die Eheschließungen erschwert hat.

Übergangstypus proletarischer Haushaltungen zwischen 1840 und 1850

Wie kann man diesen Haushalt des schlesischen Handwebers, der in einem aussichtslosen Kampfe gegen die Maschinenweberei steht, charakterisieren?

Wenn wir die Kategorien anwenden wollen, die wir bei den früheren Typisierungen bürgerlicher und proletarischer Haushaltungen benützt haben, so sehen wir, daß keine dieser Kategorien hier anwendbar ist. Von einer aktiven Warenbeschaffung ist hier kaum mehr die Rede, geschweige denn von einer Vorratswirtschaft. Die geldlichen Mittel, die zur Haushaltbestreitung zur Verfügung stehen, sind völlig unzureichend und unregelmäßig. Alle Familienmitglieder, auch die kleinen Kinder sind am Verdienst und an der Berufsarbeit beteiligt. Es ist eine Berufsarbeit, die im Hause vollzogen wird und zum Teil körperlichen Einsatz beansprucht. Die Haushaltarbeit der Frau, die von ihr allein besorgt wird, erfordert ebenso körperlichen Einsatz, während an eine Organisation oder Disposition nicht zu denken ist, da alle Voraussetzungen dafür fehlen.

Wir haben es also hier mit dem Typus des Haushalts des schlesischen Handwebers aus den vierziger Jahren des 19. Jahrhunderts zu tun, in dem die Warenbeschaffung nicht mehr durch Selbstproduktion erfolgt, sondern in unregelmäßiger und nicht ausreichender Weise durch Selbstverarbeitung und Kauf. Ebenso sind die geldlichen Einkünfte dieses Haushalts unregelmäßig und unzureichend. Die Freizeitgestaltung wird bestimmt durch die Phänomene der Kirche, des Berufs, der Heimat und der Familie. Eine leichte Lockerung des

Familienlebens durch das Wirtshaus ist vorhanden. Frau und Kinder üben gemeinsam mit dem Manne den Beruf im Hause aus, der zum Teil körperlichen Einsatz erfordert.

Das Elend der schlesischen Weber, die Aufstände, die da und dort in den vierziger Jahren stattfanden, die Unmöglichkeit, den Weber von neuem an die Scholle zu fesseln, oder durch Intensivierung des Verlagsystems seine Einkünfte zu steigern, führten schließlich zu der Erkenntnis, daß einzig der Übergang von der Hausindustrie zur Fabrikindustrie den Handwebern helfen könne. In den vierziger Jahren werden überall im schlesischen Gebirge Fabriken ins Leben gerufen, 1845 hat die Regierung zu Liegnitz die Gründung eines entsprechenden Fabrikantenstandes als die wichtigste Maßregel zur Hilfe des schlesischen Leinenhandels erkannt und ins Auge gefaßt[12].

Als Folge der Fabrikengründungen erscheint im schlesischen Gebirge und in den kleinen schlesischen Landstädten ein neuer Fabrikarbeiterstand, den man wohl als Übergangstyp zum städtischen Arbeiterproletariat bezeichnen kann. Wir wollen kurz die wesentlichen Merkmale dieser Übergangserscheinung herausarbeiten, um uns dann dem städtisch-proletarischen Haushalt zuzuwenden:

Das neue Arbeitermaterial der Fabriken setzt sich aus dreierlei Schichten zusammen. Vor allen Dingen aus den jungen Burschen und Mädchen, die aus der ganzen Gegend, zum größten Teil Söhne und Töchter der ländlichen Bevölkerung, in der Fabrik zusammenströmen. Der zweite kleinere Bestandteil wird von den alten Webern gestellt, soweit sie noch umstellungsfähig waren. Eine Anzahl Fremder kommt als dritter Zustrom hinzu; es sind die gelernten Werkmeister, Maschinenschlosser und dergleichen, die meist aus der Stadt kommen.

Das, was diesem neuen Fabrikarbeiterstand das Gepräge gibt, ist die große Menge ungelernter Arbeiter und Arbeiterinnen der ersten Gruppe. Sie werden durch folgendes charakterisiert: Sie kommen aus entfernten Gegenden herbei und quartieren sich oft nur zeitweise am Ort ein. In einer 1843 verfaßten Flugschrift[13] heißt es, daß 10 bis 20 junge Leute beiderlei Geschlechts zusammen in einem Raume schlafen, ohne daß irgend jemand sie beaufsichtigt. Selbst in Fällen, wo einzelne sich an einwohnende Familien anschließen, um Kost und Wohnung gegen Vergütung zu genießen, bleibt in der Regel aller

12 Schneer, a.a.O.

13 Eduard Pelz (Pseudonym Treumund Welp), Über den Einfluß der Fabriken und Manufakturen in Schlesien. 4 Briefe. Leipzig 1844–46

weitergehende Familieneinfluß aufgehoben. Oft sorgen die Fabrikherren selbst für Beköstigung und Wohnung und richten für die Arbeiter Lokale ein, in denen 12 bis 15 Menschen ohne Trennung der Geschlechter leben und gemeinschaftlich übernachten. Der Zusammenhalt mit der eigenen Familie, die weit entfernt wohnt, war durchbrochen. Es handelte sich meist um Mädchen und Knaben im Alter zwischen 14 und 18 Jahren.

Ein ziemlich erheblicher Lohn, der zwar unregelmäßig und von Fabrik zu Fabrik verschieden war, lockte die Arbeiter an. Ein Tagelohn zwischen 5 und 8 Sgr. und bei Stücklohn ein täglicher Verdienst von 10 bis 15 Sgr. war üblich, das war sechsmal so viel, als der Weber und über sechzigmal so viel als der Spinner in der gleichen Gegend bei der Handarbeit verdiente. Dazu kamen Belohnungen der Fabrikherren für besonders brauchbare Leute. Man sparte nicht an Geschenken und anderen Lockungen, um die Tauglichen zu fesseln.

Es war also, um zusammenzufassen, für das Leben dieses neuen Fabrikarbeiterstandes charakteristisch, daß er vollkommen frei, in halbwüchsigen Jahren, ohne Bindung an Haus und Eltern und mit verhältnismäßig hohem Verdienst sich die Arbeit aussuchte, wie und wo es ihm behagte.

Betrachten wir nun die jungen Frauen in diesem Fabrikarbeiterstand gesondert und genauer, so zeigt sich, daß sie von ihrem Konfirmationstage ab nichts anderes tun, als in Fabriksälen von früh bis spät die aus der Maschine quellenden Fäden zu beaufsichtigen. Pelz sagt wörtlich[14]:

> »Gerade in dem Alter, wo mütterliche Lehre und Aufsicht, mütterliches Beispiel am nötigsten sind, zur Gewöhnung der Mädchen an Häuslichkeit und Familienpflichten, wie Familientugenden, deren sicherste, unerläßlichste Trägerinnen überall die Mütter genannt werden müssen, gerade in der Zeit, wo die Jungfrau vor allem das Höchste ihrer Bestimmung erkennen und erlernen soll, wird das elterliche Haus verlassen, um selbständig Geld zu verdienen, gleichviel ob auf Unkosten des ganzen übrigen Lebens, der ganzen Menschheit. Nichts von dem wird gelernt, was zur guten Hausfrau und Mutter gehört. Die so nötige Aufopferungsfähigkeit des Weibes macht vielmehr höchst selbstsüchtigen Ansichten Platz; man emanzipiert sich vom elterlichen Hause, kehrt nur auf Augenblicke besuchsweise dahin zurück,

14 Pelz a.a.O.

um für sich waschen und nähen zu lassen, und um sich im städtischen Putz zu zeigen.«

Die körperlichen Folgen einer Fabrikarbeit im jugendlichen Alter werden folgendermaßen geschildert[15]:

»Betritt man die Fabriklokale, so wimmelt es dort von jungen Mädchen und Knaben, die im Alter von 14 bis 18 Jahren stehen, also sich recht eigentlich in der Entwicklungsperiode und Lehrzeit des Lebens befinden. Statt daß ihr Körper durch kräftige Bewegung und Übung im Freien gestählt wird, sind sie in Räume gesperrt, deren Atmosphäre weder den Lungen noch der Haut zuträglich sein kann. Dazu grenzt ihre Beschäftigung so nahe an das Mechanische, daß man sich beinahe wundert, überhaupt die Menschenhand noch angewandt zu finden. Das männliche Personal wird rein unfähig zu Beschäftigungen, die Kraftentwicklung und mehrseitige Aufmerksamkeit erfordern. Körper und Seele erschlaffen. Die Mädchen werden ebenso untauglich zu jeder anderen Beschäftigung. Wer etwa einen Dienstboten aus diesen Fabrikarbeiterinnen annahm, gab sich bestimmt das Wort, den Versuch niemals zu erneuern. Von der strotzenden Fülle der Gesundheit, wie wir sie bei Landmädchen zu sehen gewöhnt sind, finden sich in dem verweichlichten Aussehen der – Maschinenmädchen – kaum noch Anklänge.«

Daß diese jungen losgelösten Menschen mit großem Verdienst, der ihnen aber trotzdem niemals erlaubte, über einen bestimmten Lebens-Standard hinauszukommen, von der Hand in den Mund lebten und ihre Freiheit genossen, liegt auf der Hand. Das Zusammenleben der beiden Geschlechter führte zur Ungebundenheit in sexuellen Dingen. *Pelz* sagt in seiner Flugschrift:

»Man muß, um sich einen Begriff von dem Wesen und Treiben eines Fabrikpersonals zu machen, in Sommernächten solche von Fabrikarbeitern bewohnten Ortschaften besuchen. In Freiburg habe sich die Bürgerschaft letzthin geweigert, Vormünder für die vielen vorkommenden unehelichen Kinder zu stellen. Die Ansteckung kaum erst konfirmierter Knaben mit venerischen Krankheiten war an der Tagesordnung. Das Bedürfnis sich am Abend auszuleben und auszutoben, nachdem man den ganzen

15 Pelz a.a.O.

Tag in stickigen Räumen gehockt hatte, führte neben der sexuellen Betätigung zum Schnaps. Bis spät in die Nacht hinein, ja oft bis zum hellen Morgen sitzen die Fabrikarbeiter und Arbeiterinnen in den Wirtshäusern und Kneipen bei Spiel und Trunk. An Sonntagen und Feiertagen geht es in den Schenkwirtschaften und auf den Tanzböden natürlich am lebhaftesten zu. Verhöhnung der kirchlichen Dinge, Fluchen, Diebstahl und andere Laster treten allenthalben auf.«

Pelz, der der Meinung ist, daß den Fabrikherrn die Schuld an diesen Zuständen träfe, schreibt:

»Als ich einst einen von unseren großen Fabrikbesitzern fragte, warum man nicht die Fabrikarbeiter mehr familienartig behandele, nicht mit ihnen Andachtsstunden halte, ihnen außer der Arbeitszeit nicht Unterricht erteilen lasse, keine zweckmäßigen Bewegungen im Freien anordne, keine Sparkassen anlegte, die Mädchen nicht in Kosthäuser unter Aufsicht achtbarer Patronen stelle, sie nicht abwechselnd zur Führung des Hauswesens anhalte usw., wie dies von allen amerikanischen Fabrikherren geschehe, die in gutem Ruf stehen wollten –, sah mich der Mann mit einer Miene an, als wolle er sich überzeugen, ob ich bei Sinnen wäre oder vielleicht einen Scherz machen wolle. Endlich entgegnete er, das fehlte noch, sich mit dem Gesindel so zu plagen; man hat genug zu tun, seine Arbeit getan zu bekommen, und wir würden bei solchen Vorhaben schwerlich von den Behörden kräftig genug unterstützt werden. Die Hauptsache aber ist: ›Wir würden bei dergleichen Maßregeln keine Arbeiter bekommen.‹ Und Pelz fügt mit Recht hinzu: Der Fabrikherr würde sich gewiß auch deshalb weigern, weil solche Versuche seinen Etat belasteten, überlasteten. Gewöhnlich ist es ja so, daß er anfänglich sein ganzes Kapital in seine Gründung steckt. Und wenn die Sache im Laufen ist, sieht man für eine Änderung keine Notwendigkeit mehr ein.«

Übergangstypen proletarischer Menschen um 1850

Fassen wir das Ergebnis der bisherigen Skizzierung des neu entstandenen Fabrikarbeiterstandes auf dem Lande zusammen, so ergibt sich vor allen Dingen ein negatives Symptom: Wir hören vorerst nichts von

Haushaltungen, sondern von jungen Menschen beiderlei Geschlechts, die, von Scholle, Haus und Eltern losgelöst, einem lockenden Verdienst und einer lockenden Freiheit nachgehen und diesen Verdienst in Ungebundenheit und Zügellosigkeit für sich selbst und ihr Vergnügen verbrauchen. Die halbwüchsigen Fabrikmädchen erhalten auf diese Weise keine häusliche Ausbildung, sie nehmen erheblichen Schaden an ihrer Gesundheit und an ihrer Moral.

An dieser Stelle seien, ehe wir weitergehen, noch zwei charakteristische, zusammenfassende Schilderungen von Pelz[16] und Jahn[17] eingefügt.

Das erste, was *Pelz* bemerkt, ist eine vollkommene Veränderung der Menschen und ihrer Sitten. Er schreibt:

> »Der Zufall will es, daß ich mich *leider* der Zeiten noch zu wohl erinnere, wo man im schönen Tal, das sich von Glatz bis hinauf gegen Landeck zieht, noch nichts von den großen Maschinerien der Herren Lindheim wußte, bei denen jetzt Tausende von Menschenhänden beschäftigt sind. Ich sage leider, denn es ist mir ein solcher Rückblick wahrhaft betrübend gewesen, nachdem ich den gegenwärtigen Zustand der Dinge kennen gelernt. Wohl waren es zu jener Zeit auch Menschen, schwache, gebrechliche Geschöpfe, die man hier, wie überall fand; allein wenn auch hin und wieder noch üble Nachwirkungen früher bestandener Knechtschaftsverhältnisse sichtbar blieben, so zeigte sich doch rascher Aufschwung zum Besseren. Familienbande scharten die Bevölkerung zu einzelnen Gruppen, woraus eine gründliche Sittenverbesserung hervorging, da die Einwirkung der Eltern nicht durch vorzeitige Emanzipation und Losreißung der Kinder unterbrochen und behindert wurde. Es bedurfte nur noch eines Schrittes zum freien Gemeindewesen, um so nahe als möglich an das Ideal menschlichen Zusammenlebens zu reichen. Aber anstatt die vorhandenen Überreste der Sitteneinfalt zu benutzen und darauf fortzubauen, hat man sie ganz fallen lassen; daher sich denn jetzt schon Kinder von 12 Jahren Dinge ohne Scheu und Anstand erzählen, die früher zu den Heimlichkeiten der Eltern gehörten. Der schlichte, fromme Sinn, den man sonst die Regel nennen konnte, findet sich kaum noch in einzelnen Ausnahmen vor. Häuslichkeit hat dem beliebten Schenkstubenleben Platz

16 Pelz a.a.O.

17 H. Jahn, Beleuchtung der Schrift über den Einfluß der Fabriken. Braunschweig 1844

machen müssen, und wo die Ehrlichkeit ehedem jedermann die Türe offen stehen ließ, da wird bald ein Polizcigesetz dergleichen für strafwürdig erklären, weil dadurch die Versuchung zum Stehlen zu groß gemacht wird. Man kann nicht fertig werden, Diebereien zu bestrafen, und wird daran denken müssen, diejenigen zur Verantwortung zu ziehen, die sich bestehlen lassen. Ich fand früher das Landvolk durch und durch arbeitsam von früh bis spät, und Mäßigkeit ging mit vorsichtiger Sparsamkeit Hand in Hand. Jetzt klagt man allgemein schon über Arbeitsscheu, und die Trunksucht verbreitet sich immer mehr; das Sparen aber ist bei zu vielen Gelüsten, bei immer gesteigerten Ansprüchen, ganz außer Mode gekommen, daher die geringste Stockung im Gewerbe dringende Not herbeigeführt. Was sich die Leute sonst versprachen, das wurde durchschnittlich auch gehalten, und Freundschafts- oder Verwandtschaftsverbindungen reichten sich die Hand durchs ganze Land. Jetzt werden schriftliche Abkommen immer notwendiger und reichen oft nicht aus, während Geld je länger je mehr das einzige Bindemittel der Menschen werden will. Ehedem war man offen und gerade bis an die Grenzen der Grobheit, dabei konnte auf viel Uneigennützigkeit gerechnet werden. Grob ist man wohl noch jetzt, allein es haben sich die guten Nebenbedingungen, die Offenheit und der gerade, biedere Sinn verloren; Eigennutz muß aber allenthalben vorausgesetzt werden. Wohl herrschte auch damals überall Armut, indessen zeigte sich mehr Genügsamkeit und weniger Hang zum Müßiggange und zu Vergnügungen. Es gab nur Perioden, wo man über die Schnur ging; waren diese vorüber, so kam alles wieder ins alte Gleis. Geschlechtliche Sünden blieben zwar nicht aus, aber sie traten überall kräftiger auf und fanden kräftigeren Widerstand als jetzt. Die Lüge, sowie überhaupt das moralische Verbrechen, erschien immer nur einzeln und durfte als Ausnahme gelten, während dermalen das umgekehrte Verhältnis stattfindet. – Diese Gegensätze sind nicht Erinnerungen eines alten Greises, der nur immer die guten alten Zeiten herausstreicht; sie gehören nicht dem vorigen Jahrhundert an; auch sind es keine Anschauungen aus den Kinderjahren, die ich unseren gegenwärtigen Verhältnissen gegenüber aufstellte; ich sah mit 24 Jahren und mit 40 Jahren. Mehr Zwischenraum liegt nicht in meinen Nachrichten. Die traurigen Veränderungen haben sich in anderthalb Jahrzehnten eingefunden und können größtenteils nur den Einwirkungen der Fabrikenetablissements zugeschrieben werden, denn da, wohin dieser Einfluß noch nicht gedrungen ist, rückt eine gewisse Kultur der Zeit auch bei weitem noch nicht in dem Grade vor.«

Das gleiche fast behauptet Jahn, das ist der Kaufmann und Gutsbesitzer Hain aus Hermsdorf bei Waldenburg, in seiner Kritik der Pelz'schen Schrift[18]:

> »Vor der Zeit der Maschinenspinnerei gab es nur Spinnräder, die im Familienkreise gar fröhlich und traulich die Tonleiter industrieller Tätigkeit abschnurrten. Glaube man ja nicht, daß nur das stumpfe Alter oder die erste Kindesfähigkeit allein die Spinnräder zur Produktion des Garnes in Bewegung setzten; im Gegenteil war das Spinnen ebenso gut eine gewerbliche Beschäftigung im Fundament der Weberei wie diese selbst, und der Garnhändler wußte recht gut das Garn eines wirklichen Spinners von demjenigen, welches nur von Händen, die übrige Stunden nicht müßig verbringen wollten, ohne vom Spinnen Profession zu machen, gefertigt war, zu unterscheiden ... Sitteneinfalt, Ruhe und Ordnung waren Eigentum der Weberdörfer, und die degenerierende Eigenschaft gesteigerter materieller Kultur hatte darin noch nicht Wurzel fassen können. Da erschien die erste Spinnmaschine!«

Von der Entwicklung der ungelernten Arbeiterschaft, wie wir sie als Folge der Fabrikengründungen im schlesischen Gebirge kennen gelernt haben, bis zum Entstehen eines städtischen Fabrikarbeiterstandes ist kein weiter Schritt. Die langen Fabrikdörfer, Bielau, Peterswaldau, Friedersdorf wachsen im Nu zu Städten an, namentlich macht sich der Zustrom in den Städten selber bemerkbar, deren Bevölkerungszahl rapide steigt. Wir werden uns im folgenden, anschließend an die Transformation des schlesischen Bauern- und Weberstandes, mit dem Zustand der arbeitenden Klassen Breslaus beschäftigen, da sich der Zustrom der ungelernten Arbeiterschaft naturgemäß in der schlesischen Hauptstadt besonders fühlbar macht.

In einer weiteren Schrift des schon einmal erwähnten Alexander Schneer[19] erfahren wir einige Einzelheiten über die untersten Schichten der Breslauer Bevölkerung in der Mitte des Jahrhunderts.

18 Jahn, a.a.O.
19 Alexander Schneer, Über die Zustände der arbeitenden Klassen in Breslau mit Benutzung der amtlichen Quellen. Berlin 1845

Zuerst erhalten wir einen Überblick über die Zusammensetzung der Breslauer arbeitenden Bevölkerung. Schneer schätzt die Zahl der

Dienstboten auf etwa	5000
Gesellen auf etwa	4500
Lehrburschen auf etwa	2000
Fabrikarbeiter aller Art auf etwa	2500
Tagarbeiter, d. s. die ungelernten Arbeiter, die in großer Zahl in die Fabriken strömen, auf etwa	6000

Über das Einkommen der Breslauer Fabrikarbeiter wird folgendes berichtet: Bei den gewöhnlichen Tagearbeitern kommt der Lohn auf 8 Sgr. (Silbergroschen) im Sommer und 6 Sgr. im Winter, bei Bauarbeitern durchschnittlich um 1 Sgr. höher. Die Tagearbeit von Frauen wird gewöhnlich mit 4–5 Sgr. bezahlt. Durchschnittlich beträgt die Arbeitsdauer 10 bis 13 Stunden pro Tag. Manche Berufsarten, wie z. B. die Formstecher, haben ihr eigenes Werkzeug zu stellen, das mit 30 bis 50 Talern bzw. mit 5 bis 10 Sgr. Abnützung pro Woche in Rechnung zu stellen ist. Die Drucker z. B. bezahlen ihrerseits die Streichkinder. Wenn man 300 Arbeitstage und einen Durchschnittslohn von 7 Sgr. annimmt, dann würde man auf einen Jahreslohn von 175 Talern kommen. Vergleicht man wieder, wie beim handarbeitenden Weber, mit den Einnahmen eines Volksschullehrers von rund 80 bis 90 Talern, so ergibt sich jetzt beim städtischen Fabrikarbeiter eine erhebliche Mehreinnahme.

Es ist aber zu berücksichtigen, daß der Tagesarbeiter stets der Eventualität ausgesetzt ist, keine Arbeit zu finden und daß außerdem in den Großstädten Wohnung und Nahrung als Folge des rapiden Anwachsens der Bevölkerung unverhältnismäßig teuer sind.

Schneer hat zu der Wohnungsfrage Enqueten von einigen Ärzten eingeholt, zum Teil auch von einigen städtischen Servisbilleteuren, offenbar einer Art von Wohnungspflegern. Übereinstimmend wird berichtet, daß die Wohnungen der Fabrikarbeiter und Tagearbeiter schlecht und teuer sind. Es sind meist feuchte, tiefliegende Parterrewohnungen in Hinterhäusern, in engen Höfen halb unter der Erde und in nächster Nähe der Flußarme. Die sogenannten Treppen sind ganz finster, das Haus baufällig, der Fußboden schief, an den Türen und Wänden läuft gewöhnlich das Wasser herunter, die Stuben sind so niedrig, daß man kaum aufrecht stehen kann. Eine solche Wohnung, meist bestehend aus einer Stube und einem Alkoven, mit einem Herd auf dem Flur, kostet zwischen 15 und 30 Talern. Der Andrang der Arbeiter ist derartig groß, daß die Städte nicht genügend Wohnungen zur Verfügung stellen können, daher steigen gerade die kleinen Wohnungen im Preis. In den Vorstädten haben viele Ackerwirte aus Stallungen, Scheunen und anderen Baulichkeiten solche kleine Wohnungen zurecht gemacht.

Oft wohnen zwei und drei Familien in einer Wohnung. Meist werden Schlafburschen und Aftermieter aufgenommen, besonders dort, wo noch eine Kammer vorhanden ist. In diesen Kammern wohnen oft auch noch ganze Familien. In den Ställen, unter der Treppe, auf dem Boden (von Betten ist bei diesen nicht die Rede) hausen zum Preise von 5 Sgr. die Woche einzelne Schlafburschen, die auf diese Weise vor der Polizei den Ausweis führen können, daß sie nicht Vagabunden sind. Im ganzen muß man von einer Belegzahl von 7 bis 8 Personen auf die Stube rechnen.

Daß die Wohnungen feucht sind, geht zum Teil darauf zurück, daß alles in der Stube vorgenommen wird; es wird darin gekocht und gewaschen, der kleine Kochherd auf dem Flur ist alles, was an eine Küche erinnert. Auch dieses ist neben anderen Gründen mit daran schuld, daß die Ernährung sich im wesentlichen aus Kartoffeln, Brot und Kaffee zusammensetzt. Die Frau und Mutter muß mit verdienen, sie kann sich wenig um die Häuslichkeit kümmern, und um die Reinlichkeit ist es natürlich in den engen Räumen schlecht bestellt. Steht die Frau auch der Häuslichkeit vor, so fehlt es doch an Zeit und Mitteln, sie wirklich zu führen. Einer der genannten Ärzte gibt ein Beispiel: Nehmen wir an, eine solche Frau hätte vier Kinder, von denen vielleicht eins an der Brust; außerdem muß sie neben ihrer eigenen Fabrikarbeit die ganze Wirtschaft besorgen, dem Manne das Essen tragen, der vielleicht eine viertel Meile entfernt bei einem Bau beschäftigt ist. Die Kinder, sich selbst überlassen, liegen entweder auf dem Erdboden oder treiben sich auf den Straßen herum, sind also fortwährend beschmutzt. Auch fehlt es an den notwendigen Kleidungsstücken, um sie öfter zu wechseln und an Zeit und Geld, um sie öfters zu waschen.

Es ist begreiflich, daß unter diesen Wohn- und Ernährungsverhältnissen der Gesundheitszustand der Arbeiterschaft ein sehr schlechter ist. Die Sterblichkeitsziffer, namentlich der Kinder, ist sehr hoch, Skrophulose und Rachitis, Gelenkrheumatismus und Gebärmutterleiden gefährden das Leben, vor allem der Kinder und Frauen.

Über das geistige Leben, über das Verhältnis der Arbeiterschaft zu Bildung, Religion und Moral hat Schneer ebenfalls Berichte von Lehrern und Geistlichen eingeholt. Im ganzen sind diese Berichte sehr verschieden. Von einer Kirchenfeindlichkeit der Arbeiter kann, wie Peuckert[20] zusammenfaßt, nicht gesprochen werden, eher von einer gewissen Gleichgültigkeit. »Wer eine ganze Woche 12 oder 13 Stunden täglich in einem Fabrikgebäude arbeiten muß, den lockt es nicht, am Sonntag zwei Stunden in einer dumpfen, kalten Kirche sitzen zu müssen und einem Prediger zuzuhören, der über uninteressante Dinge spricht.«

Meist wird der Schulbesuch und der Kirchenbesuch bis zur Konfirmation fortgesetzt, dann aber versinken diese Dinge, und es ist den Eltern lieber, die Kinder zu Broterwerb zu benützen, als sie in die Schule zu schicken.

Die Begriffe von Diebstahl und Eigentum sind sehr gelockert; Diebstähle von Holz, kleinen Kleidungsstücken und Nahrungsmitteln gelten nicht als Diebstahl. Stehlen heißt nur Geld und Wertsachen nehmen. Die Vergnügungssucht ist im höchsten Grade vorhanden. Am Sonntag wird ausgegeben, was in der Woche verdient wird. Wenn die Steuerbeamten montags oder dienstags wegen der Steuer kommen, so hören sie oft die Klage, ja gestern oder vorgestern hatten wir noch Geld, heute ist alles fort. Die Einnahmen der Armenkasse aus den Tanzlustbarkeiten (die besteuert waren), beliefen sich auf eine beträchtliche Summe. Wilde Ehen und uneheliche Kinder sind selbstverständlich; die Ehen sind meist die Folge von vorangegangenen Schwangerschaften. Der geschlechtliche Verkehr der beiden Geschlechter erfährt keine Hemmungen durch irgendwelche gesetzliche oder moralische Vorschriften. Er wird begünstigt durch die Wohnungsnot und das mit ihr zusammenhängende frühe Wissen der Kinder und das Erwachen ihrer Neugier. Rohheit und Mißhandlungen zwischen den Ehegatten und zwischen Eltern und Kindern sind häufig, meist sind sie eine Folge der Trunkenheit.

Ansätze zu einem Zusammenschluß der Arbeiter scheinen vorhanden zu sein, denn Schneer schreibt von den Breslauer Tagearbeitern: Sie bilden beinahe ein Korps, in welches sich der Eintretende erst einleben und einprügeln muß, ehe ihm von den andern die Erlaubnis gegeben wird, eine Straßenecke zu okkupieren und dort auf Arbeit zu warten. Und an anderer Stelle berichtet er von einem Gespräch, das er mit einem Altgesellen führt. Zuerst hören wir, daß dieser Geselle einen Wochenlohn bis zu 1½ Talern erhält, also sehr viel weniger als der Fabrikarbeiter, bei dem ein Mitglied der Familie, wie wir gesehen

20 Peuckert a.a.O.

haben, bis zu drei Talern wöchentlich verdient. Aber dem Gesellen sind freie Wohnung und Kost im Hause des Meisters sicher. Schneer fragt: Sparen viele unter Ihnen? Der Geselle antwortet: Ordnung und Sparsamkeit ist unter den Gesellen meines Gewerbes ziemlich verbreitet und allgemein. Ich weiß mehrere Beispiele, daß Gesellen, die gar nichts von Hause aus besaßen, im Stande waren, sich so viel in der Gesellenzeit zurückzulegen, daß dieser Sparsatz zu ihrer selbständigen Niederlassung als Meister ausreichte. Schneer fragt weiter: Welchem Umstande würden Sie diese größere Ordnungsliebe der Gesellen Ihres Gewerks zuschreiben? Der Geselle antwortet: Ganz besonders dem, daß sie durch die Aufnahme in das Haus des Meisters einen moralischen Halt gewinnen und einer Aufsicht unterworfen sind, deren die Gesellen, welche alle meist in jüngeren Jahren sind, bei ihrer Jugend in anderen Gewerken entbehren, wenn sie nicht im Hause des Meisters wohnen.

Einer der Schneer'schen Berichterstatter bemerkt, daß solche Gesellen, die verheiratet sind und für ihre Meister in ihren Wohnungen arbeiten, von der sonstigen rohen und unsittlichen Haltung der Arbeiter eine recht rühmliche Ausnahme machen.

Und derselbe Berichterstatter meint, daß unter den weiblichen Fabrikarbeiterinnen sich manche erfreuliche Ausnahme bei solchen Frauen findet, die früher in guten Häusern gedient haben.

Typus des proletarischen städtischen Haushalts nach 1850

Wir wollen nun zusammenfassen und die Symptome herausheben, die den neuen städtischen proletarischen Haushalt nach den vorliegenden Schilderungen kennzeichnen:

1. Die jungen Fabrikarbeiter und Fabrikarbeiterinnen, die eine Ehe miteinander schließen, sind von Heimat und Elternhaus losgelöst. Eine Fabrikarbeit seit dem 14. Lebensjahr liegt hinter ihnen. Die Frau hat keine häuslichen Kenntnisse erworben.

2. Mann und Frau sind vollkommen frei und können sich ihre Arbeit aussuchen, wie und wo es ihnen behagt.

3. Ein relativ erhebliches Geldeinkommen ist vorhanden, aber durch keinerlei Fürsorge und Sicherheit garantiert. Ein Rückhalt an Naturaleinkommen oder eigenem Besitz besteht nicht. Überteuerte Wohnungs- und Nahrungsverhältnisse vermindern das Einkommen beträchtlich. Sozialversicherungen sind nicht vorhanden.

4. Durch Untervermietung wird das Einkommen erhöht.

5. Frau und Kinder verdienen mit. Ihre Arbeit ist eine körperliche, außerhäusliche, von der Arbeit des Ehemanns unabhängige. Oft verdient die Frau mehr als der Mann oder an Stelle des Mannes.

6. Die Frau muß ihren Haushalt neben der Fabrikarbeit und ohne Hauspersonal bewältigen. Hie und da erhält sie Hilfen, die natürlich Ausgaben verursachen, für die Wäsche, für die Kinderbeaufsichtigung oder Kinderbewahrung, für das Essensenden an den Mann. Oft besorgt dies eine Mutter oder ältere Verwandte. In vielen Fällen führt der Mann statt der Frau den Haushalt und erzieht die Kinder.

7. Die Haushaltverrichtungen, namentlich das Kochen, werden infolge schlechter Küchen- und Wohnverhältnisse und infolge Zeit- und Kraftmangels auf ein Minimum beschränkt.

8. Die gesundheitlichen Schäden für die Familienmitglieder, namentlich für die Frauen und Kinder, sind groß.

9. Das Familienleben ist durch die außerhäusliche Erwerbsarbeit der Frau gelockert, die moralischen und kirchlichen Begriffe sind verändert. Das Wirtshaus tritt an Stelle der unwirtlichen Wohnung. Die Kontakte mit außerhäuslichen Phänomenen sind stärker als die Bindung an die häusliche Sphäre. Ansätze zu einer neuen Bindung des Proletariats unter sich sind vorhanden.

Die typische Struktur des städtischen Fabrikarbeiterhaushalts in der Mitte des 19. Jahrhunderts scheint demnach die folgende zu sein:

Auf dem Hintergrund einer vollkommen freien aber ungesicherten Existenz hebt sich ein Haushalt ab, der allein auf einem nicht unerheblichen Geldeinkommen, ohne Rückhalt durch Naturaleinkommen und eigenen Besitz beruht. Die Funktionen der Warenbeschaffung (durch Kauf und Umwandlung noch nicht konsumreifer Güter in konsumreife), der Haushaltverrichtungen und Kindererziehung sind stark reduziert. Der Haushalt stellt im wesentlichen nur noch eine Konsumwirtschaft und Schlafgemeinschaft dar, wobei der Konsum zum Teil nicht mehr im Hause vollzogen wird und der Schlaf auch noch haushaltfremde Menschen einbezieht.

Denn das Geldeinkommen wird durch Untervermietung und die Mitarbeit von Frau und Kindern ergänzt.

Typus der städtischen Proletarierfrau nach 1850

Der Typus der Proletarierfrau in den fünfziger Jahren des 19. Jahrhunderts wird infolgedessen durch nachstehende Merkmale gekennzeichnet: Die verheiratete Frau leistet in erster Linie eine körperliche, außerhäusliche, haushaltfremde, von der Arbeit des Ehemanns unabhängige Erwerbsarbeit, nachdem sie schon vor ihrer Ehe in der Fabrik tätig war und sich meist keine häuslichen Kenntnisse erworben hat. Diese Erwerbsarbeit übertrifft in manchen Fällen den Geldverdienst des Mannes, in manchen Fällen tritt sie an die Stelle des Geldverdienstes des Mannes.

In zweiter Linie bewältigt die Frau ihren kinderreichen, zur Konsumwirtschaft und Schlafgemeinschaft zusammengeschrumpften Haushalt, indem sie sowohl organisatorische, als auch körperliche Arbeit darin leistet. In seltenen Fällen wird sie dabei von Hilfen durch fremde Einzelpersonen und im Entstehen begriffene Kollektiveinrichtungen unterstützt. Dagegen ist die Hilfe des Mannes, der Kinder und der Verwandten häufig.

Typus der städtischen Proletarier-Familie nach 1850

Im Typus der Familie hat sich durch die Fabrikarbeit beider Geschlechter eine Wandlung vollzogen. Der Faktor der Unsicherheit – und zwar der Unsicherheit nicht einer Einzelperson, sondern eines ganzen Standes – schafft für Mann und Frau eine neue Interessensphäre, die außerhalb der Familie liegt. Die Fabrikarbeit der Frau zudem bringt die bisher an die Häuslichkeit gefesselte Frau in zahlreiche Beziehungen zur Umwelt, die mindestens ebenso stark sind, wie die bisherigen Beziehungen zur häuslichen Sphäre. Beides, die Unsicherheit einerseits, die Frauenerwerbsarbeit andererseits, führt in den dem Massenzustrom in keiner Weise gewachsenen Städten zu schweren hygienischen, gesundheitlichen und moralischen Schäden der Familienmitglieder.

So lockert sich der Zusammenhang der Familie zusehends: Die Wohnung wird zu einer unfreundlichen und armseligen Wohn- und Schlafstätte eines viel zu großen Menschenkreises. Die Familie flüchtet in die Arbeit, in das Wirtshaus und in das proletarische Kollektivbewußtsein.

Wir wollen es mit dieser Typisierung von Haushalt, Frau und Familie des städtischen Proletariers um 1850 bewenden lassen, nachdem wir schon früher die Charakteristika der Übergangserscheinungen kennen gelernt und diese auch in Beziehung zu den zeitgenössischen bürgerlichen Haushaltungen gesetzt haben. Es soll daher jetzt auf eine neue Gegenüberstellung zum bürgerlichen Haushalt verzichtet werden, die hier noch keine wesentlich neuen Gesichtspunkte zeigen würde; diese Parallele soll vielmehr erst am Ende des übernächsten Kapitels, nach den weiteren Analysen bürgerlicher und proletarischer Haushaltungen in den achtziger und neunziger Jahren des 19. Jahrhunderts, gezogen werden[21].

4. Kapitel

Bürgerliche städtische Haushaltungen zwischen 1865 und 1890

Wir wenden uns jetzt wieder dem bürgerlichen städtischen Haushalt zu, den wir in den sechziger Jahren des 19. Jahrhunderts verlassen haben. Damals hatte der bürgerliche Haushalt, wenigstens in der Stadt, die Entwicklung von der Produktions- zur Konsumtionswirtschaft, bis auf einige wenige Überbleibsel, abgeschlossen und sich dem heutigen Typus des bürgerlichen Haushalts stark genähert. Nur der Haushalt auf dem Lande zeigte noch viele Symptome der Produktionswirtschaft. Wir werden nun untersuchen, ob und wie weit sich die Struktur des bürgerlichen Haushalts in den siebziger Jahren des vorigen Jahrhunderts verändert hat.

Es beschäftigt uns zuerst von neuem das Haushaltungsbuch des Oberbaurats Dr. L.[1] in Darmstadt, dessen erste Hälfte wir früher behandelt haben und dessen Fortsetzung von 1865 bis 1875 uns jetzt interessiert.

Die zehn Jahre, um die es sich hier handelt, umfassen die Kriege von 1866 und 1870/71, sowie die sich daran anschließenden Jahre starken wirtschaftlichen Aufschwungs. Von der Einführung der Markwährung ist in dem Buche noch nichts zu merken, es wird weiter nach Gulden gerechnet. Es ist aber möglich, daß nicht nur der Einzug in ein neues Haus an dem Abschluß des Haushaltungsbuches mit dem Jahre 1875 schuld war, sondern auch der Übergang zur jetzt erst sich durchsetzenden neuen Währung.

21 Auszüge aus wirtschaftsgeschichtlichen, literarischen und politischen Werken älterer und moderner Autoren finden sich im Anhang.
1 L. a.a.O. s. S. 39.

Da das Haushaltungsbuch im wesentlichen so weitergeführt wird, wie es von 1853 bis 1865 angelegt ist, so werde ich im folgenden nur die Dinge herausschälen, die entweder stärkere Akzentuierung schon angegebener Momente anzeigen oder etwaige strukturelle Veränderungen andeuten. Die Einnahmen des Dr. L. vergrößern sich weiter. Sowohl das feste Gehalt, als auch die Extraeinkünfte, zu denen sich außer beruflichen Kriegszulagen, Kriegskostenvergütungen und Zuschüsse der Schwiegermutter gesellen, als auch die Einnahmen aus Aktienbesitz haben sich stark vermehrt. In entsprechendem Sinne dehnten sich die Ausgaben aus, namentlich auch die Summen für das Haushaltungsbuch der Frau und für Miete. Bei zwei Mädchen ist es im wesentlichen geblieben. Die Vermögensbildung muß erheblich gewesen sein, denn wir hören oft von gekauften Papieren, und zwar sind es jetzt neben den Eisenbahnaktien namentlich Bankaktien, die gezeichnet werden, Frankfurter Vereinskassenaktien, Darmstädter Bankaktien und auch ausländische Werte, z. B. amerikanische Coupons, oder es heißt »In die Rentenanstalt gegeben«. Ein Privatbankier Wolfskehl wird oft bei diesen Transaktionen genannt und große Summen werden, z. B. vor Reisen, von der Rentenanstalt abgehoben.

Bei den Ausgaben, die, wie gesagt, im Ganzen sehr gestiegen sind, nehmen, neben der großzügigeren und üppigeren Lebensführung, die Erziehungs- und Bildungsausgaben der offenbar zahlreichen Familie einen großen Raum ein. Unter den reinen Haushaltsausgaben, soweit sie in dem Buche zu finden sind (das Haushaltungsbuch der Frau ist ja, wie früher erwähnt, nicht vorhanden), fallen uns folgende Dinge auf: In größeren Quantitäten werden bezogen: Der Winterbedarf an Kartoffeln, Äpfeln und Steinkohlen; letztere also nicht mehr in monatlichen Raten wie früher, sondern in großen einmaligen Einkäufen. Sodann wird Mehl in regelmäßigen Zeitabständen en gros gekauft, ebenso Stearinlichter (12-Pfundweise) und ihr Zubehör, die Lichtmanschetten, Seife, Zucker in Gestalt eines Zuckerhutes (offenbar zum Einmachen), Honig (Honig samt Topf aus Reichelsheim). Neben diesen Waren, die im Haushaltungsbuch des *Mannes* stehen, also wohl irgendwie von finanzieller oder wirtschaftlicher Tragweite sind, stehen noch folgende Haushalteinkäufe in diesem Buch verzeichnet: Wein (auch feine französische Weine und Champagner), Tee, Cognak, Essig, Öl, Steinöl, Benzin und Fleischextrakt. Diese Dinge müssen also irgendwie den Charakter des Außerordentlichen oder der Delikatesse getragen haben. Einmal steht die große Wäsche mit 20 fl. verzeichnet, einmal Blutegel für Anna und dann einige Anschaffungen: der Ankauf eines Feuerzeugs, einer Badebütte aus Holz, von Gummischuhen, von einem halben Dutzend Handtücher und einem Dutzend silberner Löffel, von Kleiderstoff für Anna, von Handarbeitsstoffen, von Ballkleidern für die Töchter und einem Paar Ballstiefel. Sechs Bäder im Hause von Jachheim sind manchmal aufgeschrieben, der Posten Droschken spielt eine Rolle, und nach Frankfurt fährt man jetzt mit dem Schnellzug. Während des Krieges 1870 ist eine besondere Ausgabe für Haushaltvorräte verzeichnet.

Von folgenden Handwerksleuten ist die Rede: Schneider, Schuhmacher, Sattler, Hutmacher, Uhrenmacher, Schirmmacher, Küfermeister, Schreiner, Buchbinder, Seifensieder, Buchhändler, Weinhändler, Kohlenhändler, Geflügelhändler, Wildbrethändler, Tapezier, Vergolder und Lackierer, Glaser, Hofweißbinder, Spengler und Ofenputzer. Ob unter einer Medikamentenrechnung von Dr. T. der Arzt oder Apotheker zu verstehen ist, wird nicht ersichtlich.

Der äußere Rahmen dieses Haushalts blieb bis 1875 eine Etagenwohnung, dann wurde ein Haus in der Heinrichstraße gekauft. Es ist vom Umzug und von dem Kaufakt die Rede. Ob in diesem neuen Haus noch ein Mieter vorübergehend oder für die Dauer gewohnt hat, wird nicht klar; jedenfalls ist im Januar 1875, der Monat mit dem das Haushaltungsbuch abschließt, von einer empfangenen Hausmiete von 125 fl. die Rede. Auffallend sind weiter die vielen Vereine, in denen der Hausherr Mitglied ist. Wir werden an anderer Stelle noch einmal auf sie zurückkommen. Ebenso steigert sich die private Wohltätigkeit: Landkrankenhaus-Beiträge, Kleinkinderschule, eine Badekur für das Mädchen, Weihnachts- und Neujahrsgeschenke z. B. für den Lohnkutscher und den Logendiener.

Die Frau des Hausherrn bekommt regelmäßig neben ihrem Haushaltungsgeld ein Nadelgeld und die heranwachsenden Töchter monatlich einen als Monatsgeld bezeichneten Betrag, von dem sie offenbar kleinere Bedürfnisse für die Schule und ihr Vergnügen bestritten haben. Den weitaus größten Posten nehmen, wie schon gesagt, die Erziehungs- und Bildungsaufgaben für sämtliche Familienmitglieder ein.

Das Schulgeld und das Hofmann'sche Institut (offenbar eine Privatschule) kommen in regelmäßigen Zeitabständen wieder. Die Fortbildung für Frau und Kinder wird durch folgendes charakterisiert: Klavierstunden, Singstunden, Zeichenunterricht, Blumenmachen-Lernen, Geschichtsstunden, französische und englische Stunden (von dem Ankauf einer englischen Grammatik ist einmal die Rede),

Lateinstunden, Tanzstunden, Schwimmen (auch der Schwimmanzug einer Tochter ist aufgeschrieben); das Abonnement der »Modenwelt« wird regelmäßig bezahlt. Mehr für die Erwachsenen und auch für den Hausherrn selber scheinen folgende Veranstaltungen gewesen zu sein: Die Mitgliedschaft im literarischen Verein, im historischen Verein, in der Volksbibliothek, die Teilnahme an Vorlesungen über Kunstgeschichte im Alicen-Lyceum. Kuglers Kunstgeschichte und ein Lehrbuch der Geschichte werden angeschafft, ebenso neun Stück Berliner Aquarellfarben. Wie stark das Bildungselement in dieser Familie vertreten war, wie stark namentlich nach dem Krieg 1870 die Tendenz zur Geschichte, zur Politik, zum Militärischen und Kirchlichen in diesen Bildungselementen zum Ausdruck kam, geht noch aus folgenden Bestrebungen hervor, über die das Haushaltungsbuch Aufschluß erteilt: Der Krieg von 1866 findet kaum seinen Niederschlag in dem Haushaltungsbuch, der Krieg von 1870/71 nur insoweit, als wir von Einquartierung und Beiträgen für die Verwundeten hören. Aber die Begeisterung nach den Siegen kommt dann zum Ausdruck in der Illumination am 3. September 1870, nach Sedan, in den Guirlanden beim Einzug der Truppe, im Beitritt zur Bismarckstiftung, zum Militärkasino, in Beiträgen zu Denkmalerrichtungen für die hessische Division usw. Neben der Zeitung wird das »Politische Wochenblatt« gehalten, Wahlversammlungen für die neuen Reichstagswahlen spielen eine Rolle. In die Schillerstiftung wird eingetreten, in den protestantischen Verein, Denkmalsbauten für Darmstädter Lokalhelden werden unterstützt. Das Ehepaar reist zwei Monate nach Italien, der Vater gibt den Söhnen Zuschüsse zum Ankauf eines Bücherbretts, und ein Neffe erhält eine vierteljährliche Unterstützung, damit er sein Studium durchführen kann. Die Erholung und das Vergnügen nehmen bei dieser Familie einen großen Raum ein. Die vielen Dienstreisen des Hausherrn, die sich dauernd erweitern, geben Anlaß zu mancher Beteiligung der Familienmitglieder. Aber die Ausflüge an die Bergstraße, auf die Ludwigshöhe, in die Felsenkeller, das Auswärts-Essen sind nicht dienstlich und werden oft und gerne unternommen. Theater- und Konzertabonnements, Gesellschaften zu Hause und bei anderen (die Entlohnungen des Lohnkutschers und die Trinkgelder des Logendieners beweisen es zur Genüge), Bälle, Tanzkränzchen, Maskenbälle, Fahrten nach Mainz zur Fastnacht, fotografische Aufnahmen, Liebhabertheater und Schlittschuhpartien vervollständigen das Amusement-Programm.

Aus diesen wenigen Charakteristika bürgerlicher Haushaltführung in einer deutschen Mittelstadt um 1875 läßt sich, verglichen mit der Mitte des Jahrhunderts, folgendes schließen:

1. Die Einnahmen stiegen, die industrielle Entwicklung führte zu neuen Anlagemöglichkeiten für das Vermögen, wozu auch der Kauf eines Hauses in der Außenstadt gehört.

2. Von der alten Vorratswirtschaft ist, ähnlich wie 1865, nur noch die Versorgung mit einigen Wintervorräten, mit Einmachware, mit einigen Produkten, die längeres Lagern erfordern (Lichter, Seife) und mit einigen Spezialitäten, die offenbar von auswärts bezogen wurden, übrig geblieben. Zu den Wintervorräten gehören jetzt auch die Kohlen, die auf einmal und nicht mehr dreizentnerweise gekauft werden – ein Umstand, der sicher auf das Anwachsen des Vermögens des Hausherrn zurückgeht. Vorübergehend gleicht der Haushalt während des Krieges wieder einer Vorratswirtschaft, als die Möglichkeit billiger, regelmäßiger Warenbelieferung fehlte.

3. Benzin, Fleischextrakt, Feuerzeuge, Gummischuhe, Fahrten mit Droschken und Schnellzügen gehen auf neue Erfindungen der Industrie und Veränderungen im Import und Verkehrswesen zurück. Das Baden im eigenen Hause scheint sich mit der hölzernen Badewanne neben dem Baden in einem Badehause eingebürgert zu haben.

4. Die Anschaffungen in diesem Haushalt sind zum Teil Ergänzungen eines in langer Ehe verschlissenen Bestandes, zum Teil sind es Stoffe für Kleidung und Wäsche. Die Garderobenversorgung scheint aber nicht einheitlich gewesen zu sein, da neben den Ausgaben für Kleidungsstoff auch der Einkauf von fertigen Kleidern dauernd berichtet wird. Neu-Anschaffungen größeren Stiles werden nicht gemacht.

Unter der einmal angeführten großen Wäsche mit 20 fl. wird wohl die Ausgabe für Waschfrauen oder vielleicht für einen großen Frühjahrsputz zu verstehen sein.

5. Die Handwerksleute, von denen in dem Haushaltungsbuche die Rede ist, sind ungefähr noch dieselben, wie in dem vorangegangenen Jahrzehnt, und ihre Stellung ist von der unserer Tage nur dadurch verschieden, daß einige Waren, wie Hüte, Schirme, Seife, hier noch von einem mit Verkaufsmöglichkeit versehenen Handwerker, statt von einem Laden, bezogen werden.

6. Was vor allem an diesem Haushalt ins Auge fällt, ist seine Großzügigkeit und Üppigkeit, sowohl in der Wirtschaftsführung, als auch in dem Standard des Vergnügens und der Bildung. Das größere Einkommen, das von verschiedenen Seiten hier zusammenströmte,

das Älterwerden der Kinder, der wirtschaftliche Aufschwung nach dem siegreichen Krieg von 1870, die durch ihn geförderten neuen Bildungsbestrebungen trugen dazu bei. Die Beschäftigung der Frau und der heranwachsenden Tochter gehörte ebenfalls zu diesen großzügigen Ausgaben. Es wird zahlenmäßig für ihre Fortbildung viel ausgegeben; die Repräsentation der Frau nimmt einen breiten Raum ein.

Als Gegenspiel zu dem üppigen Darmstädter Haushalt sei hier noch kurz die Struktur eines anderen Beamtenhaushalts skizziert, dessen Haushaltungsbücher aus der Zeit zwischen 1880 und 1923 uns überliefert sind[2].

Der Hausherr, offenbar der Schreiber des Haushaltungsbuches, war ein bekannter Gymnasial-Professor an einem Frankfurter Gymnasium.

Die Familie bestand von 1880 bis 1894, als der älteste Sohn die Universität bezog, aus 7 Personen, 2 Eltern, 3 Söhne, eine Tochter und ein Dienstmädchen. Es wurde immer eine Etagenwohnung bewohnt und nur einmal innerhalb der 40 Jahre gewechselt. Ein kleines Vermögen aus eigener Ersparnis oder von der Seite der Schwiegereltern scheint vorhanden gewesen zu sein, da ein paar Mal von Coupons, Gewerbekasse und Sparkasse die Rede ist. Im großen und ganzen aber ist die Einnahmeseite des Haushaltsbuches undeutlich. 1880 ist an einer Stelle eine vierteljährliche Gehaltseinnahme von 1200.– Mk. verzeichnet, 1901 eine monatliche Gehaltseinnahme von Mk. 1000 (eine sehr hoch anmutende Summe). Daneben laufen noch Nebeneinnahmen aus Privatunterricht.

Sehr genau sind dagegen die Ausgaben aufgeschrieben, die von Mk. 5766.– im Jahre 1880 auf Mk. 9163.– im Jahre 1891 und auf Mk. 12790.– im Jahre 1901 anwachsen. Charakteristisch ist in diesem Zusammenhang das Sinken des Fleischkonsums im Ablauf der 40 Jahre und das Steigen des Gemüsekonsums im gleichen Zeitraum, ebenso das langsame Ansteigen der Miete von Mk. 275.– pro Vierteljahr im Jahre 1880 auf Mk. 1442.– pro Jahr im Jahre 1891. Das Haushaltungsbuch, dessen Rubriken sich im Laufe der Jahre sehr vermehrt und differenziert haben (der Posten Droschken ist im Jahre 1880 noch nicht vorhanden), trägt als Geleitwort auf der ersten Seite folgenden Spruch: »Die Rechnung lasse klein; im großen kaufe ein«.

Diesem Motto enspricht der Geleitbrief, den die Hausfrau dieses

2 Die Einsichtnahme geschah mit freundlicher Erlaubnis der Direktion des Frankfurter Stadtarchivs. Da auch hier Familienangehörige in Frankfurt leben, soll auf Namensnennung verzichtet werden.

Hauses im Jahre 1923, als sie das Buch dem Stadtarchiv übergab, beifügte. In ihm heißt es, daß Sparsamkeit die Hauptregel ihres Lebens gewesen sei. Sie habe den Einkauf immer im großen besorgt, Mehl und Zucker 10 Pfd.-weise, Eier immer 10 bis 50 Stück auf einmal, Hülsenfrüchte 20 bis 25 Pfd. Alle Kleider habe sie für sich und die Kinder selbst angefertigt, alle Ausbesserungen selbst vorgenommen. Die Erholungen und Vergnügungen seien auf eine Reise pro Jahr, Spaziergänge und zwanglose Geselligkeit, die nicht viel hätte kosten dürfen, beschränkt gewesen. Ihr Mann habe sich noch den Abendschoppen und hie und da einmal einen Skat geleistet. Die Reisen habe erst der Mann allein, später Mann und Frau gemeinsam (und ganz später auch in Begleitung der Kinder) unternommen.

Aus diesen wenigen Worten ergibt sich das Leitmotiv dieses Haushalts, das uns dann in den Posten und Zahlen des außerordentlich genau geführten Buches auf Schritt und Tritt entgegentritt: »Sparsamkeit war die Hauptregel.« Es sollen im folgenden nur die Momente hervorgehoben werden, aus denen charakteristische Gegensätze zum Darmstädter Haushalt hervorgehen.

In dem Jahrzehnt zwischen 1880 und 1890 ist die Rubrik Backwerk und die Rubrik Delikatessen niemals ausgefüllt. Obgleich nur ein Mädchen vorhanden war, sind ganz geringe Beträge für Tagelöhne und Trinkgelder eingesetzt, 1886 z. B. für beides nur Mk. 70.– für das ganze Jahr. Im großen sind außer den schon genannten Vorräten noch Wein, Kohlen, Kaffee, Butter, Kartoffeln und Seife gekauft worden. Trotz ziemlich erheblicher Arztrechnungen ist für Apotheke sehr wenig ausgegeben worden. Hier griff man offenbar noch zu den guten alten Hausmitteln. Hie und da wurde einmal ein Mantel oder eine Hose gekauft; meist aber hören wir von Kleiderzutaten, wie Stoffen, »schwarzes Zeug für Anzug«, Strumpfwolle, Besatz, Litze, Krausen, Stickereien, Spitze usw., die auf Selbstanfertigung schließen lassen. Ebenso ist selten von einer Anschaffung die Rede, wohl aber von Handwerkern, die bezahlt wurden und von Matratzen- und Vorhangstoff, von Seegras und Vorhangkordel. Die Weihnachtsgeschenke des Jahres 1886 übersteigen nicht den Betrag von Mk. 107.–, trotz der 5 Kinder, die Neujahrs-Trinkgelder nicht die Summe von Mk. 4.10. Im gleichen Jahr wurden Mk. 100.– im ganzen für Bücher, Schulbücher, Zeitungen und Musikalien ausgegeben, für Vereine nur Mk. 13.–, für Wohltätigkeit Mk. 10.–, für Theater und Konzerte Mk. 39.–, für Privatstunden Mk. 30.–. Der Posten Lesezirkel ist nicht ausgefüllt, an Versicherung wurde nur eine Lebensversicherung bezahlt. Geselligkeit tritt nicht äußerlich in Erscheinung, sondern ist in den Rubriken für Wein und Lebensmittel mitenthalten, wohl aber zeigt eine Sonderrubrik an, daß an vielen Tagen des Monats die siebenköpfige Familie um mehrere Personen zu den verschiedenen Mahlzeiten vergrößert war. In den späteren Jahren, die uns hier nicht so wesentlich sind, spielen natürlich die Studiengelder für die Söhne, die alle drei studierten, eine Rolle. Von einer Berufausbildung der Tochter ist nicht die Rede; in dem Geleitbrief der Hausfrau heißt es, daß die Tochter viel krank gewesen sei und mit ihr im Haus lebe[3].

Typus des bürgerlichen Haushalts um 1880

Fassen wir nun das Ergebnis zusammen: Verglichen mit dem vorangegangenen Jahrzehnt hat sich die Struktur des bürgerlichen Haushalts in einer deutschen Mittelstadt in keinem Punkt verändert; alle Ansätze zu einer neuen Struktur, wie wir sie in der Mitte des Jahrhunderts beobachtet haben, sind bis in die siebziger Jahre hinein in stetiger Fortentwicklung ausgebaut und in gleicher Richtung verstärkt worden. Der Haushalt von 1875, dessen Bedürfnisbefriedigung, ebenso wie 1860, auf einer dauernd in Steigerung begriffenen Produktion der außerhäuslichen Wirtschaft für einen im wesentlichen nur konsumierenden Haushalt beruht, stellt infolgedessen eine starke Annäherung an den modernen bürgerlichen Haushalt dar. Es liegt in dem Charakter des Ausbaues der genannten strukturell veränderten Ansätze, daß sowohl in der Einkommensseite, als auch in der Ausgabenseite, als auch in der Art der Bedürfnisbefriedigung eine starke Differenzierung spürbar ist, eine Differenzierung, die mit dem wirtschaftlichen auch das geistige Leben der Familie erfaßt.

Typus der bürgerlichen Frau und der bürgerlichen Familie um 1880

Betrachten wir nun in diesem Prozeß die Gestalt der Frau, so müssen wir sagen, daß in demselben Maße als der eben erwähnte Ausbau struktureller Veränderungen fortschreitet, die häuslichen

3 Ergänzende Zitate aus den zeitgenössischen Schriften, aus der Literatur, aus den Kampfblättern der Frauenbewegung finden sich im Anhang.

Funktionen der Frau weiterhin einschrumpfen und von der außerhäuslichen Apparatur übernommen werden.

Trotzdem liegen hier, wie die Charakteristik des Darmstädter und des Frankfurter Haushalts gezeigt hat, starke Verschiedenheiten in der Wirkungstiefe der Haushaltveränderungen auf die Frau. Wir wollen deshalb bei der Zusammenfassung die Betrachtung der vermögenden, kinderarmen bürgerlichen Frau von vorneherein trennen von der Beobachtung der unvermögenden, kinderreichen Familie. Bei der Entwicklung des ersten Typs läßt sich folgendes feststellen:

a) Die Disproportionalität zwischen der Realsituation dieser bürgerlichen Frau und ihrer Ideologie ist in diesen 15 Jahren nicht geringer geworden. Sie hat sich, im Gegensatz zu früher, durch einen besonderen Umstand noch verschärft: Der wirtschaftliche Aufschwung der Zeit nach dem Krieg von 1870/71 mit dem zunehmenden Reichtum der Bürgerkreise, mit dem am militärisch-politischen Aufstieg Deutschlands geschulten Interesse für Geschichte, Kunstgeschichte – überhaupt für Bildungsfragen –, mit der neu erstandenen Möglichkeit, große Reisen zu machen, mit dem unerhörten und schier unbegrenzten Siegeszug der Technik, traf die bürgerliche Frau in einem Augenblick, in dem sie zwar durch Freizeit und Fernkontakt aufgelockert, aber noch tief in der alten Familientradition befangen war. Nichts zeigt deutlicher das Eigentümliche dieser Situation an, als die bürgerliche Wohnung des letzten Viertels des 19. Jahrhunderts, deren Stilarten wir noch heute als Reste in unserem Bewußtsein und in unseren Einrichtungen herumschleppen. Schon Otto Bähr[4] ließ Anfang der achtziger Jahre in seinem Buche durchblicken, »daß man 30 Jahre früher noch keine Vorstellung davon hatte, wie sich in dem Hausgerät ein Kunstsinn erweisen könne«. Wenn wir die bürgerliche Wohnung in den Jahrzehnten nach der Reichsgründung mit der eben erwähnten Schilderung vergleichen, die uns Otto *Bähr* von seinem Elternhaus gegeben hat, so fragen wir uns: Wie konnte es kommen, daß der ruhige, behäbige, der veränderten unproduktiven und unrepräsentativen Haushaltführung entsprechende Biedermeierstil sich sobald in die unzweckmäßige und richtungslose Imitation von Stilarten aus der zweiten Hälfte des 19. Jahrhunderts verwandelte, die wir noch alle als Makart- und Jugendstil in Erinnerung haben? Die Antwort kann nur dahin lauten: Das in den siebziger Jahren auf Weltausstellungen konkurrierende Kunstgewerbe mit seiner Technik,

4 Otto Bähr, a.a.O.

der keine Nachahmung und kein Ersatzmittel unerreichbar war, hätte diese seltsame Wohnweise mit Bildern, Spiegeln, Decken und Deckchen, mit Vorhängen über Vorhängen, Kissen über Kissen, Teppichen, Vorlegern, Uhren, aufgestellten Fotos und Souvenirs, Nippes über Nippes, auf Etageren und Konsolen nicht schaffen können, wenn es nicht auch zugleich die Frau gefunden hätte, die sich in ihren vielen leeren Stunden zu einer Sklavin des Abwaschens, Putzens und Reinigens ihrer Wohnung gemacht hätte. Nicht etwa, daß sie selbst körperlich im Haushalt tätig gewesen wäre – dazu stand ihr meist Personal zur Verfügung – aber die Arbeit wurde von ihr überwacht und sollte und mußte für sie den Inhalt ihres Lebens bedeuten. Jene, auch uns noch allzu bekannten Etagenwohnungen, die in den siebziger und achtziger Jahren (Gründerjahre) wie Pilze aus der Erde schossen, waren sich in Anordnung und Einrichtung so ähnlich wie ein Ei dem andern: Dieselben nach Norden gelegenen Schlaf- und Kinderzimmer, sehr beengt im Vergleich zu den Wohnräumen, dieselben unpraktischen und unhygienischen Küchen und Badezimmer, die gleichen unzureichenden und unheizbaren Mädchenzimmer, der Salon mit »üblichem Mobiliar« (Plüschsofa, 6 Stühle, Tisch, Damenschreibtischchen, Stehspiegel, Glasspind, Vertiko, Klavier mit Notenständer), dasselbe eichene Eßzimmer, dasselbe eichene Schlafzimmer. Unsere Großmütter wissen sich noch sehr genau daran zu erinnern, daß in jenen Jahren durch Zeitungsannoncen »junge Mädchen aus besserer Familie« zum Staub-Wischen und -pinseln gesucht wurden.

Gleichzeitig mußte diese Wohnung den Hintergrund abgeben für die Repräsentationssucht und den gesellschaftlichen Ehrgeiz der Zeit, in der das gemütliche, häusliche Beisammensein im Freundeskreise ersetzt wird durch »Abfütterungen« großen Stiles, durch Bälle und Soupés, die wesentlich der Karrière, nicht mehr dem Kennenlernen der Menschen dienten. In jenen Jahrzehnten, die für den Kaufmann und den Fabrikanten, den Offizier und den Beamten tausendfache Möglichkeiten zur Entwicklung und Entfaltung boten, zog eine Geselligkeit in die überladenen Salons ein, deren Zweck zum großen Teil vom Manne her bestimmt war, als eines seiner wichtigsten und durchschlagendsten Mittel für Konkurrenz und Karrière. Auch Frau und Töchter mußten sich oft diesem Zweck des Mannes, der Söhne und der Brüder unterordnen; ihr Wert, bzw. ihre Heiratsaussichten stiegen und fielen je nach Einfluß oder Vermögen, und sie mußten beiseite stehen und Opfer bringen, während dem Manne und den Brüdern die Welt und jede Art der Ausbildung offen standen.

Wir haben hier einen wesentlichen Punkt, von dem aus sich das Eheproblem und die Frauenfrage des ausgehenden 19. Jahrhunderts aufrollen läßt: Auf der einen Seite stand der Mann, der für seine vielfachen Unternehmungen Geld und Repräsentation brauchte, also oft nur auf überhöhtem Lebensstandard – in nicht mehr jungen Jahren – Ehe und Familie aufzubauen wagte. Auf der anderen Seite stand die Frau, festgehalten in der zusammengeschrumpften Häuslichkeit und in der alten Familienverfassung, trotzdem aber – oder gerade deswegen – dem vorwärtsstrebenden Manne keine Gefährtin im innerlichen Sinne, auch sie von dem Lebensstandard des Elternhauses verwöhnt und zu Ansprüchen erzogen. So gaben der spät und oft nicht nach den Bedürfnissen der Liebe heiratende Mann einerseits, das spät oder gar nicht zur Heirat gelangende Mädchen und die unausgefüllte verheiratete Frau andererseits, sowohl der illegalen Liebe als auch den Gedanken der Frauenbewegung Vorschub und Auftrieb.

b) Zur gleichen Zeit und neben dieser Frau aber lebte in den Großstädten noch derselbe Frauentypus weiter, den wir 20 Jahre früher beobachtet haben: Die selbstlose und glückliche Frau und Mutter, deren Tagewerk Mühe, Arbeit und Entsagung war, die sich nicht die Frage vorzulegen brauchte, »Wie verbringe ich die leeren Stunden meines Tages?«, sondern deren Stoßseufzer umgekehrt war »Wenn ich mich nur *einmal* ruhig hinsetzen und ein Buch lesen könnte!« In diesen Familien mußte scharf gerechnet und gespart werden, hier war die Frau aus wirtschaftlichen Gründen noch weitgehend dazu gezwungen, durch ihrer eigenen Hände Fleiß im Hause das herzustellen, was es in den Läden kostspieliger zu kaufen gab, hier war für Überflüssiges kein Platz, und trotzdem – oder gerade deswegen – waren diese Frauen frohe Mütter ihrer Kinder, verständnisvolle Gattinnen und ihrer Aufgabe bewußte Erhalterinnen und Mehrerinnen des Familienglücks und der Fortentwicklung ihrer Kinder.

Wir sehen also in den siebziger und achtziger Jahren des 19. Jahrhunderts drei Frauentypen nebeneinander:

Auf der einen Seite steht die Frau, die, befangen in der alten, vom Manne bestimmten, Familientradition, ihren Wirkraum noch nicht ihrer Realsituation angepaßt hatte. Auf der anderen Seite sehen wir die voll ausgefüllte glückliche Mutter und Gattin, bei der Ideologie und Wirkraum noch zusammenfallen, ein Typus, der uns um die Jahrhundertwende als starke Kraftquelle neuer und zweckmäßiger Haushaltgestaltung noch eingehend beschäftigen wird.

Dazwischen standen, als Konsequenz der zuerst geschilderten

Funktionsverarmung im Haushalt, aber auch als Konsequenz der Situation der unverheirateten Töchter des zuletzt genannten Typus, eine große Anzahl Frauen, die, von den Ideen der Frauenbewegung ergriffen, für sie kämpften und nach ihr lebten. Wir haben also die seltsame Konstellation, daß die Frauenbewegung die Mütter des einen Typus und die Töchter des anderen Typus in ihren Reihen sah.

Wir können hier, aus der geschilderten Situation der Frau heraus, drei Strömungen der Frauenbewegung unterscheiden:

1. Einmal sind es Frauen, die aus eigenem Erleben, gleichsam aus ihrer Häuslichkeit oder aus dem Interessengebiet des Mannes heraus, sehen, wo es Not tut, und, indem sie ihre eigene Kraft nützen, anderen zu Nutzen gereichen[5]. Zu ihnen sind auch alle die zu rechnen, denen die eigene Erfahrung während des Krieges von 1870 die Eignung der Frau für den ärztlichen und krankenpflegerischen Beruf empfahl. Sie alle brauchten nach ihrem Wirkfeld nicht lange zu suchen, da neben ihnen die großstädtische Proletarierfamilie und die großstädtische Dirne gequält und ungeschützt ihr kümmerliches Dasein fristete. Wir haben es hier mit den karitativen und sozialen Aufgaben der Frauenbewegung zu tun.

2. Das Problem der unverheirateten Frau führte zur eigentlichen Frauenfrage, der Frage nach der Ausbildung, dem Beruf, und schließlich nach der politischen Gleichberechtigung der Frauen.

3. Diesem ganzen Komplex von Wünschen und Kämpfen kam, ohne daß sie selbst es wollte, das Bedürfnis der ins Gigantische wachsenden Industrie zu Hilfe. Während bis in die siebziger Jahre hinein nur die »weiblichen Berufe«, Schauspielerin, Sängerin, Tanz- und Musiklehrerin, Blumenmacherin usw. vom Arbeitsmarkt aufgenommen wurden, während es z. B. nur den Witwen erlaubt war, Geschäfte zu gründen und zu führen, wurde jetzt in weiten Zweigen der Wirtschaft, auf den Post- und Telegraphenämtern, auf den kaufmännischen Büros und in den Geschäftslokalen, in den Schulen und Lehranstalten das Bedürfnis nach weiblichen Arbeitskräften wach. Zwar hatten diese Berufsgattungen gegen mancherlei Widerstände namentlich gegen die männliche Konkurrenz und spürbaren Lohndruck gegenüber der Frauenarbeit, zu kämpfen – aber die Emanzipation der Frau war auf dem Marsch, »die Industrie webte ihr die erste Siegesfahne«[6].

5 Hedwig Heyl a.a.O.
6 Luise Otto-Peters, a.a.O.

Es ist nach dem Gesagten anzunehmen, daß auch gegen das Ende des 19. Jahrhunderts das harmonische Bild der Familie in vielen Fällen getrübt war. Weder der Typ der »nie rastenden Hausfrau«, noch der Typ der für die Ideale der Frauenbewegung kämpfenden Frau dürfte bei der Mehrzahl der Männer auf Gegenliebe gestoßen sein, um so weniger als die Grundlage der Ehe- und Familienbildung, wie wir gesehen haben, oft von schwankender und brüchiger Natur war. Von der Haushaltsseite her bestand in diesen Fällen kein Zwang mehr zur Familienbildung; die immer kleiner werdenden Familien wurden teils durch Konvention und Zwang, teils, wie wir gesehen haben, durch andere Kräfte als die der reinen Haushaltaufgaben zusammengehalten.

Ehe wir zur Schilderung proletarischer Haushaltungen aus dem letzten Viertel des 19. Jahrhunderts übergehen, wollen wir noch dem bürgerlichen städtischen Haushalt der siebziger Jahre einen ländlichen bürgerlichen Haushalt gegenüberstellen, für den uns, ungefähr aus dem gleichen Zeitraum, nämlich von 1870 bis 1879, Aufzeichnungen zur Verfügung stehen. Es handelt sich also um dieselben politisch bewegten Jahre des Krieges von 1870/71 und die sich daran anschließende Zeit großen wirtschaftlichen Aufschwungs. Es ist wieder unser alter Pfarrerhaushalt[7] aus dem Dorfe Beucha, dessen Entwicklung uns schon zweimal beschäftigt hat. Das kleine Kirchdorf war inzwischen durch seinen Steinbruch zu einer kleinen Industriegemeinde geworden, in dem neben den früheren Handwerkern, eine Wassermühle, eine Spiritusbrennerei und ein Gasthof die wirtschaftliche Entwicklung anzeigen. Seit dem 1. Mai 1873 hatte der Ort eine eigene Personenhaltestelle für die Leipziger Bahn.

Das Ausgabenbuch ist diesmal, zum Unterschied von den beiden früheren von den Pfarrfrauen geführten Wirtschaftsbüchern, nicht nur von dem Hausherrn angelegt, sondern auch geschrieben worden. Das hat wieder den Nachteil, daß das eigentliche Küchenbuch nicht in ihm vertreten ist; immerhin gibt das erhaltene Beibuch der Leipziger Materialwarenhandlung von Hentschel und Pinckert einigen Aufschluß. Der Krieg von 1870/71 kommt, wie in dem Darmstädter Haushalt, durch »Kriegsopfer« und Zeichnung von National-Anleihescheinen, durch Einberufung des Kutschers und Ablieferung eines

7 Brand, a.a.O.

Pferdes, durch Feiern für die Heimkehrer und durch Hinterbliebenenfürsorge in Erscheinung, nicht aber durch Teilnahme des Hausherrn. Die Krise von 1873 ist kaum bemerkbar, ein Zeichen, daß solche Erschütterungen nicht mehr so spürbar sind, wie in den früheren Jahren, als man noch von aller Welt abgeschlossen war. Auch die neue Markwährung ist, wie in Darmstadt, in diesen Jahren noch nicht durchgeführt. Der Haushalt besteht zu Beginn außer dem Ehepaar, aus fünf Kindern im Alter zwischen 8 und 1 Jahr, einem Kutscher, einer Köchin und einem Hausmädchen. Fast die ganze Zeit über war eine Hauslehrerin vorhanden, ebenso zeitweise ein Pensionär. Es war also ein großer Haushalt, der durch Offiziers-Einquartierung und ausgedehnte Gastfreundschaft noch oft erheblich erweitert war. Da wir über die Einnahmen des Hausherrn nur im ganzen unterrichtet sind, geben wir zunächst eine Aufstellung des Einkommens aus dem Jahre 1859, die uns in Einzelheiten überliefert ist.

16	Taler 27 Groschen	festes Diensteinkommen
662	„	Grundstücksertrag
150	„	Akzidenzien
264	„	Geld- und Naturalgefälle
20	„	Jagdpacht.
1112	Taler 27 Groschen Summa.	

Von diesem Einkommen bringt der Pfarrer 150 Taler als Dienstaufwand in Abzug, so daß dann im Ganzen, nach unserer Münze umgerechnet, ein Gesamtbetrag von 2.888.70 Mk. bleibt. Wenn wir mit unserem ersten Pfarrerhaushalt vergleichen, so ergibt sich daraus nahezu eine Verdopplung des Grundstückertrages in rund 50 Jahren. Das Gesamtgehalt des Jahres 1872 wird von dem Pfarrer mit Mk. 4.425.25, das des Jahres 1880 mit Mk. 4.580.— (nach unserer Währung umgerechnet) angegeben. Die freie Wohnung kommt noch hinzu. Da wir von Parthen- und Hutungsrenten hören, die der Pfarrer vom Gehalt abzieht, ist anzunehmen, daß die einzelne Zusammensetzung des Einkommens der von 1859 ähnlich war. Dem entsprechen auch andere Symptome dieses Haushalts, die auf starke Naturalwirtschaft schließen lassen.

Es ist, wie wir schon gehört haben, ein Fuhrwerk mit einem Kutscher da, für die Feldwirtschaft, für den Beruf des Pfarrers, der im ganzen Kirchspiel des Sonntags predigen muß, für die Zufuhr des

Wassers, für die Anfahrt von Holz und – wenigstens in den ersten Jahren – von Kohle. Die Feldwirtschaft, aus 7 Äckern Feld bestehend, liefert das Brotgetreide, Kraut, Kartoffeln und das Futter der Pferde. Der früher erwähnte Pfarrwald liefert der Wirtschaft durch ein staatlich geordnetes Schlagsystem regelmäßig den Hauptteil des nötigen Brennholzes. Der Viehstand besteht neben den Pferden aus zum Schlachten heranzufütternden Schweinen, Ziegen, deren Milch den Kindern gereicht wird, und Feldtauben. Hühner werden aus Rücksicht auf den gut kultivierten Nutz- und Ziergarten nicht gehalten. Ein Pudelhund und ein paar Kanarienvögel vervollständigen das Tierreich der Wirtschaft. Der Garten scheint Weinstöcke, Obstbäume, eine Rosenkultur beherbergt zu haben. Da in dem Wirtschaftsbuch eine Rubrik für »Brot, Backwerke, Mehl« vorhanden ist, scheint tatsächlich Brot und Mehl für die Küche und zum Backen gekauft worden zu sein, während das von der Gemeinde gelieferte Getreide, sowie das selbst gebaute Getreide offenbar verkauft oder als Bezahlung für den Bäcker in Rechnung gestellt worden ist.

Es ist bemerkenswert, daß die Ausgaben dieses Haushalts die Diensteinnahmen beträchtlich überschreiten. Im zehnjährigen Durchschnitt betragen die Ausgaben ungefähr Mk. 7.900.– pro Jahr, während das Gehalt, wie wir sahen, mit Mk. 4.580.– in Rechnung gesetzt und der Wohnungswert mit Mk. 600.– angenommen wird. Es müssen also ungefähr Mk. 2.720.– durch andere Einnahmen, aus Privatvermögen und Zuschüssen, gedeckt worden sein. Wir haben es im ganzen, verglichen mit den früheren Pfarrer-Haushaltungen, mit einem recht großzügigen Haushalt zu tun. 1876 fand der Abbruch des alten Pfarrhauses und der Neubau eines neuen und geräumigeren Pfarrhauses statt. Der Konsum an Wein, Tabak und Büchern war verhältnismäßig groß, es wurden Reisen unternommen und zu dem eigenen großen Haushalt kam stets noch Logierbesuch und Geselligkeit hinzu. Manche Lebenserleichterungen gingen aber auch darauf zurück, daß der Pfarrer leidend war und auf seine zarte Gesundheit Bedacht nehmen mußte.

Was nun die Verarbeitung der gezogenen oder gekauften Produkte im Haus betrifft, so sehen wir folgendes: Im Hause ist also, wie gesagt, Brot nicht mehr gebacken worden, nur noch Kuchen und Christstollen. Auch das Spinnen wurde nicht mehr geübt. An die Stelle des Spinnrades ist bei der Pfarrfrau die Nähmaschine getreten. Aber der Bearbeiter des Beuchaer Haushaltes, der ein Sohn in der Familie war, glaubt, daß Ende der sechziger Jahre die weibliche Dorfjugend noch bei den Hausmädchen des Pfarrhauses mit Spinnrädern und Spinnrokken zu einer Spinnstube versammelt war. So wie beim Schweineschlachten das Pökelfaß und der Rauchfang gefüllt wurden, so wurden in anderen Fässern Kraut, Kürbis, Bohnen und Gurken aufbewahrt. Im Kessel wurde Pflaumenmus gesotten und im Backofen Obst gedörrt. Die Wäsche wurde im Haus und Hof gewaschen, gebleicht, getrocknet, gerollt, gelegt und geplättet. Es wird erzählt, vom Lohn der Waschfrau, der Scheuerfrau, einer Frau, die für das Kartoffel-Legen kommt, die drischt, die Holz hackt und die Kohle ablädt. (Der Tagelohn dieser Frauen war weit unter dem Satz der Männer.) Brennöl wurde bis 1873 faßweise bezogen, von 1873 ab Petroleum im Ballon von Leipzig. Meißner Landwein ließ man im Faß kommen und im Hause auf Flaschen ziehen. Auf Störarbeit kamen ein alter Flickschneider und Näherinnen ins Haus. Ebenso Maurer und Zimmerleute, Tischler, Schmied, Sattler und Seiler, sowie der Schornsteinfeger. Eine Menge kleiner Händler liefern ihre Produkte, der Kesselflicker und Mausefallenhändler, der Zündhölzer- und Wichsemann, der Sandmann, der Wachholderhändler, der Hausierer, der Bürstenmann, der Korbmacher, der Besenmann und der Leiter- und Holzzeughändler.

Neben dem eingepökelten und konservierten Fleisch wurde auch frisches Fleisch gekauft. Man war in dieser Beziehung vom Leipziger Markt abhängig, für den man beim Fleischer vor den Markttagen seine Bestellung abgeben mußte. Aber auch Ochsenzungen in Blechdosen wurden gekauft, ebenso Biskuits in Blechkästen, gebrannter Kaffee in halben Pfundpackungen, Kölnisches Wasser – dies alles und noch manches andere bringt die Botenfrau, gegen Beibuch, jeden Sonnabend aus der Materialwarenhandlung in Leipzig. Auch Kleidung wird in Stoffen und in Konfektion neben der Hausanfertigung gekauft, Seide und Wollstoffe, einen schwarzen Rock, Weste und Beinkleider, Sommer-Überrock und Winter-Überrock, Oberhemden, Hüte, Handschuhe, Knabenanzüge, Mädchenkleider, Pelzstiefel. Auf neue Technik und die Einführung neuer Waren deuten neben den Konserven und dem Petroleum der Ankauf von einem Paar Herren-Gummischuhe (damals mit Mk. 8.–), von einer Handnähmaschine mit Mahagonikasten, die bald darauf gegen eine große Maschine umgetauscht wird. Zwei Klaviere werden von einem Leipziger Klavierstimmer repariert und der Pfarrer empfing während seiner Krankheit regelmäßig den Besuch seines Leipziger Arztes.

Wir hörten schon über den ausgedehnten Arbeitskreis des Kutschers; er hat auch im Garten gearbeitet und das Vieh gewartet. Der

Pfarrer selbst war ein sehr tätiger und praktischer Mann, der in der Wirtschaft viel mithalf. In der Bodenkammer standen Hobel- und Drechselbank und eine reiche Werkzeugausstattung ermöglichte allerlei Selbsthilfe im Hause. Fußböden, Gartenmöbel und Pfähle strich der Hausherr selber an mit Farben, die in der Stadt mit dem nötigen Lack und Firnis trocken bestellt wurden. Es wurden Weinstöcke kunstgerecht geschnitten, Rosen okuliert, Bücher eingebunden, Schlipse aus Seide selbst geschnitten, in Falten gelegt und von der Hausfrau gesäumt. Die letztere schneidet dem Pfarrer und den Jungens regelmäßig die Haare. Das geistige Leben dieser Familie war, wie schon angedeutet, sehr rege. Der Pfarrer teilte sich mit einer Hauslehrerin oder einem Hauslehrer in den Unterricht seiner 5 Kinder. Französisch, Musik, Zeichnen und Papparbeiten waren darin eingeschlossen. Eine ausgedehnte Bibliothek war vorhanden, nicht nur ausgedehnt, sondern auch ausgewählt (es wurden Mk. 207.– pro Jahr für Bücher ausgegeben.) Es war eine Bibliothek, die geschichtliche, geographische und naturwissenschaftliche Bücher umfaßte, vor allem auch Reisebeschreibungen. Verschiedene Zeitungen und gute Zeitschriften wurden gehalten und die Mutter las den Kindern am Abend oft vor. Ein Lesekränzchen von Geistlichen läßt für einen Jahresbeitrag Bücher, wie Riehl, von der Goltz, Gregorovius u. a. cirkulieren; die Botenfrau bringt regelmäßig die Journale des Lincke'schen Leihinstituts mit. Das »Daheim«, die »Gartenlaube«, die »Illustrierte«, Zarnckes Literaturblatt und der »Globus« wurden gelesen. Ein Jahresabonnement für eine Leipziger Kunstausstellung bestand für beide Ehegatten. Nach Beendigung des Krieges steht die Eintragung von 4 preußischen Photographien (Kaiser, Kronprinz, Moltke, Bismarck) und der nach Berlin entsandte Vereinsbeitrag für die christlich-soziale Bewegung im Haushaltungsbuch. Die neuen Musikausgaben der Edition Peters und die zwei Klaviere lassen auf Musikverständnis schließen. Durchschnittlich werden Mk. 370.– pro Jahr für Reisen ausgegeben, der Hausherr mußte mehrfach zur Kur nach Karlsbad, die Hausfrau in ein Solbad. Kleinere Reisen zu Freunden und Verwandten fanden statt. Ein Eisenbahn-Kursbuch wurde gehalten. Von herumziehenden Theatertruppen, Taschenspielern und Bärenführern ist die Rede.

Wenn wir uns zusammenfassend über die Struktur dieses ländlichen bürgerlichen Haushalts in den siebziger Jahren klar werden wollen, so fällt uns vor allen Dingen auch hier wieder, wie um 1850, das große

Naturaleinkommen des Pfarrers auf. Trotz Eisenbahnverbindung und zunehmender Verkehrswirtschaft war man in diesem Haushalt doch noch so abgeschlossen von der Außenwelt, daß Naturaleinkommen und eigene Ökonomie notwendig waren. Immerhin waren die Einbrüche in den Zustand der Selbstproduktion doch zahlreicher und erheblicher als 1848. Die Krise von 1873 kommt im Haushaltsbuch zum Unterschiede von früheren Jahren nicht mehr zum Ausdruck. Solche Erschütterungen können jetzt, wenn sie nicht sehr langwierig sind, durch die Verkehrswirtschaft ausgeglichen werden. Das Getreide wird jetzt verkauft und nicht mehr für den eigenen Bedarf vermahlen. Das Spinnrad war beiseite gestellt, die Nähmaschine hielt ihren Einzug. Eine dauernde Beziehung zu einem Kolonialwarengeschäft besteht, sogar Fleischkonserven ließ man kommen, die Konfektion spielt eine Rolle, der geistige Konnex mit der Großstadt Leipzig war hergestellt, Reisen wurden unternommen und das neu erbaute Pfarrhaus war Gästen und Freunden offen.

Wenn wir also in diesem Haushalt auch noch sehr stark die Eigenproduktion und die Bedeutung der häuslichen Sphäre für wirtschaftliche und geistige Dinge hervortreten sehen (der Privatunterricht der Kinder und die große Bibliothek sind Zeichen hierfür), so nehmen trotzdem die Selbstverarbeitung, der Kauf und die Ausweitung des häuslichen Interessenkreises einen großen Raum ein. Wir finden zwar die typische Struktur dieses Haushaltes von der Vorratswirtschaft zu Beginn und in der Mitte des Jahrhunderts noch nicht verschieden, aber es beginnt sich der Akzent schon stark auf die Funktionen der Selbstverarbeitung und des Kaufs zu legen. Der autarke bürgerliche Haushalt auf dem Lande beginnt sich in den siebziger Jahren aufzulockern zu Gunsten der Konsumwirtschaft, wie wir sie schon seit 20 Jahren in den Städten finden.

Auch wenn es nicht ausdrücklich aus den Blättern des Haushaltungsbuches zu entnehmen ist, müssen wir den Schluß ziehen, daß die Frau durch die Organisation und zeitweilige körperliche Mitarbeit in ihrer Produktions- und Verarbeitungswirtschaft stark in Anspruch genommen war. Wenn ihr auch Hilfen zur Verfügung standen, so dürfte doch die Bewältigung dieses ausgedehnten Betriebes, in Verbindung mit der Erziehung einer großen Kinderschar und der Erfüllung geistiger, geselliger und repräsentativer Pflichten, ihr Leben und ihre Zeit ganz ausgefüllt haben.

Wenn auch der Typus dieser Frau als Leiterin einer Erzeugerwirtschaft dem Typus der ländlichen Pfarrersfrau von 1815 und 1850 noch sehr nahe stand, so finden wir doch durch die Aufnahme neuer häuslicher Funktionen und durch die Öffnung der häuslichen Sphäre infolge einer neuen Freizeitgestaltung, manche Angleichungen an den Typus der städtischen bürgerlichen Frau jener Zeit. Sie unterscheidet sich aber von ihr vor allem dadurch, daß ihr genügend häusliche Funktionen zur Ausfüllung ihrer Zeit bleiben, daß dadurch ihre Realsituation mit ihrer Ideologie zusammenfällt und – jedenfalls von der Haushaltseite her – kein Konfliktstoff in die Familien hineingetragen wurde.

5. Kapitel

Proletarische städtische Haushaltungen zwischen 1880 und 1900

Wir haben den proletarischen Haushalt verlassen, als er sich in der Mitte des Jahrhunderts in den wachsenden Städten stabilisierte. Ehe wir zu einer Analyse weiterer proletarischer Haushaltungen der achtziger und neunziger Jahre des 19. Jahrhunderts, also aus der mit den zuletzt geschilderten bürgerlichen Haushaltungen korrespondierenden Zeit, übergehen, wollen wir noch kurz auf die allgemeine ökonomische und politische Entwicklung, so weit sie mit dem Arbeiterhaushalt in Verbindung steht, einen Blick werfen.

Die Zeit zwischen 1870 und 1900 wird durch folgende Symptome gekennzeichnet[1]:

1.) Durch die Ausbreitung der eheweiblichen Fabrikarbeit, nachgeprüft und belegt durch zwei große Erhebungen, die von 1875 und von 1899.

2.) Durch wechselnde Beurteilung der Gründe und der Auswirkung dieser eheweiblichen Fabrikarbeit von den an der Enquête interessierten Personen.

3.) Durch die Gründung und Festigung der Arbeiterbewegung und der Arbeiterinnenbewegung und ihre ebenfalls wechselnde Stellungnahme zur Fabrikarbeit der verheirateten Frau.

4.) Durch die Stellungnahme des Staates zur Fabrikarbeit der Frau in seinen verschiedenen gesetzgeberischen Akten, von der

1 Rose Otto, Die Fabrikarbeit verheirateter Frauen. Stuttgart und Berlin 1910. Ludwig Pohle, Frauenfrage und Fabrikarbeit. Schmollers Jahrbuch 25, 1901. Wilhelm Feld, Die Kinder der in Fabrikarbeit lebenden Frauen. Dresden 1906. Henriette Fürth, Die Fabrikarbeit verheirateter Frauen. Frankfurt 1902.

Gewerbefreiheit im Jahre 1869 zu den Gesetzen von 1891 und 1907, sowie den damit verbundenen Kämpfen.

5.) Durch die privater Initiative entspringenden Fürsorgemaßnahmen karitativer und sozialer Art.

1.) Die 1875 erfolgte Zählung der in Fabriken arbeitenden verheirateten Frauen ergab, daß im deutschen Reich damals 53925 verheiratete Frauen in Fabriken und Bergwerken beschäftigt waren, d. i. 23,9% der in den untersuchten Industriegruppen beschäftigten Arbeiterinnen über 16 Jahre. 1899 betrug die Zahl der in Fabriken arbeitenden verheirateten Frauen im Reich 28,7% der gesamten erwachsenen weiblichen Arbeiterschaft. Dazwischen stehen viele Einzelerhebungen von Städten, Provinzen, Einzelstaaten, Fabrikinspektoren und Privatunternehmungen, alle mit dem gleichen Ergebnis einer steigenden Anteilnahme der Arbeiterfrau am Erwerb – und zwar einer prozentual stärker ansteigenden Teilnahme von Frauen an der Fabrikarbeit als von Männern. Das Hauptkontingent der weiblichen Arbeiterinnen arbeitete in der Textil- und in der Zigarrenindustrie, und zwar findet sich der größte Prozentsatz in den Großbetrieben. Die tatsächliche Arbeitszeit betrug durchschnittlich in den siebziger und achtziger Jahren 11 bis 12 Stunden und stieg auch oft bis zu 13 Stunden im Tag. Sonntags- und Nachtarbeit waren häufig. Als Wochenlohn wurde im Durchschnitt Mk. 5.– bis Mk. 8.– angegeben, doch schwankte er in einzelnen Fällen so, daß er bis zu Mk. 2.– hinunter und bis zu Mk. 19.– heraufging. Durchschnittlich waren die Frauenlöhne geringer als die Männerlöhne.

2.) Über die Zustände in den Haushaltungen mit eheweiblicher Fabrikarbeit sind sich die Berichterstatter der Enquête klar. Allgemein heißt es: Arbeiterinnen, die täglich von 6 Uhr früh bis 9 Uhr abends an die Arbeit gefesselt sind, kann nicht die notdürftigste Zeit zur Erfüllung häuslicher Pflichten bleiben. Die Ernährungsweise der Arbeiter ist dort am mangelhaftesten, wo Mann und Frau in Fabriken arbeiten, lauten andere Berichte. Die Zeit zur Besorgung der Mahlzeiten sei durchaus ungenügend. Auf den Haushalt würde das geringste Maß an Zeit verwendet, damit der Verdienst in der Fabrik möglichst groß werde. Und was soll die Fabrikarbeiterin während der Arbeitszeit mit ihrem Säugling machen? Sie nimmt ihn mit in die Fabrik. Da findet man dann die beklagenswerten zarten Geschöpfe massenhaft, besonders während des Winters, in einem

Winkel auf dem Fußboden gebettet, dürftig in Lumpen gehüllt. Das Zieh-Kinderwesen oder -unwesen, wie es in einem Bericht genannt wird, bietet nicht Ersatz für die mütterliche Pflege. Die älteren Kinder bleiben sich selbst überlassen, so weit sie nicht durch eigene Fabrikarbeit unter gewisse Aufsicht kommen. Findet Versorgung der Kinder statt, so überwiegt im allgemeinen die Versorgung durch Verwandte, die durch Anstalten tritt zurück.

Über die Gründe der eheweiblichen Fabrikarbeit sind sich die Berichterstatter nicht so klar. Vielfach wird angenommen, daß nur Überschätzung des Bareinkommens, Unterschätzung der häuslichen Arbeit und der sittlichen Werte, die die allein in der Familie wirkende Mutter schaffe, zu dieser Fabrikarbeit führten. Rein rechnerisch solle bei der außerhäuslichen Arbeit der Hausfrau nichts herauskommen, unrationelles Kochen, das Besorgen häuslicher Arbeiten, die Wäsche, Reparaturen usw. durch Fremde, soll einen Aufwand verursachen, der zusammen mit den Kosten der Kinderbewahrung den Hauptteil des mütterlichen Verdienstes verschlingt. Es wird empfohlen, daß sich die Frauen durch Putz- und Scheuerarbeiten, als Ausgeherinnen oder durch Heimarbeit den notwendigen Zuschuß verdienen könnten. Halbtagsarbeit wird ebenso empfohlen, wie ein vollständiges Aufhören der eheweiblichen Fabrikarbeit mit dem Ziel, daß dadurch eine Steigerung der Männerlöhne hervorgerufen würde. Auch ein übertriebenes Luxusbedürfnis, das in die Fabrik führe, wird den Frauen vorgeworfen.

Dem gegenüber hat die Enquête von 1899 auch die Feinde der eheweiblichen Fabrikarbeit endgültig davon überzeugt, daß es nur einen großen Beweggrund gibt, der die Frau auf diesen Weg treibt: Die Not. Die Ermittlungen ergaben, daß in der überwiegenden Zahl verdienender Frauen die Ehemänner zu wenig verdienten. Bei Familien mit unter Mk. 1200.– Ausgaben pro Jahr fallen 11,3% der Einnahmen auf den Verdienst der Ehefrau; in den Familien mit über Mk. 1200.– Ausgaben im Jahr beträgt der Anteil der eheweiblichen Einnahmen nur bis höchstens 4,4%. Die ungelernten Arbeiter überwiegen, gelernte Arbeiter schicken ihre Frauen nicht so gerne in die Fabrik. Von zwei sächsischen textilindustriellen Orten heißt es, daß die Meister und die Selfaktorspinner, die ihr gutes Einkommen hatten – zum Teil Mk. 20.– die Woche – ihre Frauen zu Hause behielten, während die Stuhlarbeiter und Krempelausputzer, die durchschnittlich 14 bis 16 Mark in der Woche verdienen, die Frau zur Mitarbeit heranziehen. Wie sehr die Lohnhöhe des Mannes entscheidend ist, zeigt auch die Tatsache, daß bei ungünstigem Geschäftsgang die verheirateten Frauen mehr Arbeit suchen.

Das Fazit aller Beurteilungen der Frauenfabrikarbeit ist um 1900 ungefähr das Folgende:

Die Frau muß zur Schaffung des Lebensunterhaltes eintreten; sie greift zur Fabrikarbeit, weil die Fabriklöhne, im Vergleich zur Heimarbeit die höchsten und immer noch regelmäßigsten sind. Hinter der materiellen Not tritt alle Rücksicht auf die sittlichen Faktoren des Familienlebens, die bei einer solchen außerhäuslichen Lohnarbeit der Mutter nicht zur Geltung kommen können, zurück. Der Mann muß mit der Häuslichkeit, wie sie ihm eine Frau, die zehn Stunden in der Fabrik arbeitet, liefern kann, vorlieb nehmen. Die Kinder müssen Fremden anvertraut werden. Ihre Pflege, ihre Erziehung entgleitet den Händen der Mutter. Auch der Umstand der schlechteren Bezahlung aller Frauenarbeit kann nicht verhindern, daß die Erwerbstätigkeit der verheirateten Proletarierin eine lohnende ist.

Dazu kam, daß die Berichterstatter der Erhebung von 1899 davon überzeugt waren, daß die Industrie nur durch die Mitarbeit der verheirateten Frauen konkurrenzfähig bleiben konnte.

Wie verhielt sich die Gesellschaft, die Arbeiterschaft selbst und der Staat, zu diesen Faktoren?

3.) Seit dem Jahre 1848 hatten sich Arbeitervereine, teils aus dem Handwerkerstande zusammengesetzt, teils unter liberaler Führerschaft stehend, gebildet. Unter Lassalles Einfluß begann die Loslösung der Arbeiterschaft von den liberalen Parteien und die Herausarbeitung eines scharf vom Handwerk abgeschlossenen Standes der Lohnarbeiter. Das Eisenacher Programm von 1869 enthielt u. a. die Forderung nach der Einführung des Normal-Arbeitstages, das Verbot der Sonntagsarbeit, die Beschränkung der Frauen- und Verbot der Kinderarbeit, die staatliche Überwachung der Fabriken, Werkstätten und der Hausindustrie. Von nun ab wurde das Thema »Frauenarbeit« ein Diskussionspunkt für die Arbeiterwelt. Während einerseits die liberalen Anschauungen Fuß faßten, daß auch die Frau zur freien Entfaltung ihrer Fähigkeiten und damit zur Berechtigung für jede Arbeit, die sie leisten kann, berufen ist, wurde auf der anderen Seite einer vollkommenen gesetzlichen Abschaffung der Frauen- und Kinderarbeit in Fabriken das Wort geredet. Dieser Protest kam aus der Praxis der einzelnen Arbeiter heraus. Sie litten unter dem durch die weibliche Konkurrenz gedrückten Lohn, unter dem öden, verlassenen Zuhause. Sie hingen noch an den alten überlieferten Sitten, die Frau in der Häuslichkeit, für die Häuslichkeit sorgen zu sehen. Die Tradition geriet in Konflikt mit der Theorie der Arbeiterschaft, die sie als eine Partei, die auf dem Grundsatz der Gleichheit aufgebaut war, vertrat.

Dagegen waren die Frauen, die der sozialdemokratischen Partei angehörten, von so radikaler Auffassung, daß sie selbst die Rücksichten auf Frauengesundheit und Sittlichkeit, die die Partei befürwortete, ablehnten. Auf dem Parteitag zu Halle 1890, wurde ohne spezielle Beschränkung auf die Frau die »Einschränkung aller die Gesundheit besonders schädigenden Arbeit auf höchstens 6 Stunden gefordert«. Allmählich sahen die sozialistischen Frauen ein, daß eine Gleichheit zwischen der proletarischen Frau und dem proletarischen Mann schon deswegen nicht bestand, weil die Frau durch Fabrikarbeit, Mutterschaft und Haushaltführung schwerer belastet war, als der Mann. Dazu kam noch der von Clara Zetkin vertretene taktische Grund, daß die berufstätige Frau leichter zur bewußten Klassenkämpferin werde, als die »Nichts- als Hausfrau«.

Bebels berühmtes Buch »Die Frau und der Sozialismus« erschien in erster Auflage 1879. Der Gedanke gewinnt unter den sozialdemokratischen Kämpfern Gestalt, daß die Berufstätigkeit der Frau zur Zersetzung einer überlebten Form der Familie führe und daß an Stelle der im Hause wirtschaftenden Frau, der die technische Entwicklung eine Tätigkeit nach der andern entziehe, die für den gesellschaftlichen Markt arbeitende Frau träte. Um die Konflikte der Entwicklungszeit zu mildern, sei ein besonderer Schutz der unter besonderen Verhältnissen arbeitenden Frau notwendig. 1901 fügt Lili Braun in ihrem Buche »Frauenarbeit und Erwerbswirtschaft« den Forderungen ihrer Partei nach Arbeiterinnenschutz noch die Forderung nach Zentralisierung der häuslichen Wirtschaftseinrichtungen hinzu.

4.) Mit der Stellungnahme der Arbeiterbewegung zur Frauenerwerbsarbeit gingen die Forderungen der organisierten Arbeiterschaft in den gesetzgebenden Körperschaften Hand in Hand. Die Einführung der Gewerbefreiheit im Jahre 1869 hatte für die Fabrikarbeiter und -arbeiterinnen keine Berücksichtigung. Die Selbstverantwortung eines jeden war das Ideal der liberalen Ära. Aber die Enquête von 1875 zeigte, daß das Familienleben durch die ganz schutzlose Fabrikarbeit der Frau aufs Höchste gefährdet war. Nun wechselten sich die Anträge der religiösen Parteien, des Zentrums und der evangelischen Geistlichkeit, sowie der sozialdemokratischen Partei, nach Arbeiterschutz ab. 1871 wurde der erste Gesetzentwurf der Regierung eingebracht. Gleichzeitig läuft Bismarcks großes Werk, die Arbeiter durch die Arbeiterversicherung an den Staat zu fesseln. In das Kranken-Versicherungsgesetz wurden auch Bestimmungen zu Gunsten der Frauen aufgenommen. Erst als Wilhelm II. sich 1890 ausdrücklich zum Arbeiterschutz bekannte, wurde 1892 durch eine Novelle zur Gewerbeordnung folgendes gesetzmäßig festgelegt:

Für alle Arbeiterinnen (einschließlich der arbeitenden Ehefrauen) die elfstündige Maximal-Arbeitszeit, der obligatorische Schluß der Arbeit an Vorabenden von Sonn- und Festtagen um spätestens 5½ Uhr, die obligatorische 1½stündige Mittagspause auf Antrag der Arbeiterinnen, die ein Hauswesen zu besorgen haben, Wöchnerinnenschutz auf 6 Wochen und Verbot der Nacht- und Sonntagsarbeit.

Verschiedene Änderungen und Verbesserungen dieses Gesetzes, auch Revisionen der Versicherungs-Gesetzgebung erfüllten das folgende Jahrzehnt, bis 1907 ein neues Arbeiterinnen-Schutzgesetz mit neuen Bestimmungen, namentlich mit der Einführung des Zehnstundentags für alle Arbeiterinnen, durchgeführt wurde.

5.) Neben den staatlichen Maßnahmen liefen die, mit den Aufgaben der Frauenbewegung[2] eng zusammenhängenden, privaten Fürsorgebestrebungen, die Kinderbewahranstalten und Kindergärten, die Wöchnerinnenvereine und Schwangerschaftsbeihilfen, die Volksküchen und die Aufklärung durch Vorträge und populäre Schriften.

Nachdem wir die allgemeinen ökonomischen und politischen Bedingungen verfolgt haben, unter denen sich die proletarischen Haushaltungen, insbesondere die durch Frauenerwerb charakterisierten Haushaltungen, zwischen 1870 und 1900 entwickelten, wollen wir jetzt einige proletarische Haushaltungen aus jener Zeit analysieren.

Zur Erklärung des verwandten Materials sei folgendes hervorgehoben: Das zur Verfügung stehende Schrifttum bezieht sich in der Hauptsache auf Budget-Berechnungen und Wohnungs-Enquêten. Die Bearbeiter jener Zeit interessierte vor allem die Einkommensverteilung der Proletarier und ihre Wohnweise und zwar, wie aus dem vorangegangenen allgemeinen Teil ersichtlich ist, aus sozialpolitischen und karitativen Gründen. Die Budget-Zusammenstellung, auf Grund von Haushaltungsbüchern, die auf Wunsch der Bearbeiter eine Zeitlang geführt wurden, errechnet, sind in der Regel ein Ausdruck für geordnete und besser situierte Häuslichkeiten. Es mag daraus zu erklären sein, daß das mir zur Verfügung stehende Material nur in Ausnahmefällen Haushaltungen zeigt, in denen die Frau

2 Hedwig Heyl, a.a.O.

ganztägige, außerhäusliche Fabrikarbeit ausübt. Ich werde also in folgendem drei Haushaltungen analysieren, die zwar alle in ihrer Art typisch zu sein scheinen, von denen aber nur einer den Haushalt einer Fabrikarbeiterin darstellt. Es werden zuerst zwei Frankfurter Haushaltungen, in denen die Frau nicht mitarbeitet und zwar der Haushalt eines in staatlicher Werkstätte angestellten Arbeiters und der Haushalt eines in der Privatindustrie arbeitenden Proletariers gezeigt. Es wird dann ein Leipziger Haushalt folgen, in dem die Frau Fabrikarbeiterin ist, und ich werde dann die Einkommensverteilung dieser drei Haushaltungen und ihre Besonderheiten in einer Tabelle zeigen. Es soll dann versucht werden, auf Grund des angeführten Materials die typischen Züge des Proletarierhaushalts herauszuarbeiten.

Das Material zu den folgenden beiden Haushaltungen ist der Schrift »Frankfurter Arbeiter-Budgets«, bearbeitet vom Stadtrat Dr. Karl *Flesch*[3] entnommen. Es handelt sich, wie gesagt, um einen Arbeiter, der an der Staats-Eisenbahn-Werkstätte in Frankfurt angestellt ist. Das Berichtsjahr geht vom 1. Januar 1888 bis zum 1. Januar 1889. Die Familie umfaßt die beiden Ehegatten, die im vierzigsten Lebensjahre stehen, zwei Töchter und einen Sohn im schulpflichtigen Alter und ein Baby, das während des Berichtsjahres geboren wurde. Sechs Kinder hat das Ehepaar durch den Tod verloren.

Der Arbeiter, aus einer geschiedenen Ehe stammend und unter großen Opfern der Mutter großgezogen, hatte eine dreizehnjährige Volksschulzeit hinter sich und dann die Schreinerei erlernt. Er hatte als Ältester seine Mutter bis zu ihrem Tode mit ernährt und deshalb auf die Wanderschaft verzichtet. Er arbeitete in verschiedenen Werkstätten von ungefähr 6 fl. bis 9 fl. Verdienst pro Woche. Mit 25 Jahren heiratete er; bis zum Herbst 1877, also die ersten drei Jahre seiner Ehe, hatte er einen wöchentlichen Durchschnittslohn von Mk. 24.–. Von hier ab konnte er einige Winter keine Beschäftigung finden; die Verrichtung kleiner Arbeiten für Kunden, Putz- und Wascharbeit der Frau, schließlich städtische Armenpflege hielten die Familie über Wasser. Das Armenamt schildert den Mann als hitzig und überempfindlich; dauernde Reibereien mit der Frau, die ihren tieferen Grund im ursprünglichen und zeitweiligen Zusammenwohnen mit der Schwiegermutter und in zehnmaligen Schwangerschaften der Frau haben, wechselnde Wohnungen, Mietrückstände, Pfändungen, folgen

3 Karl Flesch, Frankfurter Arbeiterbudgets. Frankfurt 1890

einander. Als das Armenamt ihm statt anderer Unterstützung Arbeit im Armenhause gab, die er außerordentlich gewissenhaft erledigte, wurde ein Mitglied des Amtes auf ihn aufmerksam und empfahl ihn seiner jetzigen Stellung.

Die Arbeitszeit in der Eisenbahnwerkstätte dauert in der Regel 10 Stunden, von 7 Uhr früh bis 12 und von 1½ bis 6½ Uhr mit einer Mittagspause von 1½ Stunden. Alle Werkzeuge werden geliefert. Sonntagsarbeit wird besonders bezahlt. Der Lohn betrug durchschnittlich Mk. 3.22 pro Tag, d.h. Mk. 1024.51 pro Jahr. Während die Lohnzahlung anfangs in 14tägigen Perioden erfolgte, wurde plötzlich im Laufe des Jahres, ohne weitere Ankündigung eine monatliche Ausbezahlung eingeführt. Da Neuherstellungen im Akkord verrechnet und Reparaturen vom Werkstattvorstand abgeschätzt wurden, war die Lohnberechnung so eigentümlich, daß der Arbeiter weder genau wußte, was er verdiente, noch die Lohnzahlung genau kontrollieren konnte. Immerhin aber stand dieser Schreiner zurzeit in einem stetigen, festen und, gemessen am ortsüblichen Tagelohn, gut bezahlten Arbeitsverhältnis. Entsprechend dem Kranken-Versicherungsgesetz von 1883, dem Unfallversicherungsgesetz von 1884 und dem Invalidenversicherungsgesetz von 1887 ist der Arbeiter und seine Familie für diese Fälle versichert. Die Beiträge zahlt er selber. Da aber die Mitgliedschaften alle noch sehr kurz sind, ergeben sich vorerst noch keine großen Versorgungsbezüge. Verbesserung der Stellung durch Erlangung höheren Lohnes oder höherer Rangordnung steht für den Arbeiter nicht in Aussicht.

Nach wechselnden Wohnungen, die meist ein bis zwei Zimmer und Küche enthielten und durchschnittlich Mk. 15 bis 19.– Miete pro Monat kosteten, bewohnt die Familie jetzt eine aus einem Zimmer und Küche bestehende Wohnung, die Mk. 14.– pro Monat kostet. Es ist ein auf freiem Felde vor der Stadt liegendes Haus, von Überschwemmungen des Mains manchmal heimgesucht, ohne Kanalisation und Wasserleitung. Im Parterre ist ein Pferdestall, die Wohnung des Arbeiters ist im zweiten Stock, drei Familien mit im ganzen 15 Personen wohnen in demselben Stockwerk. Das Haus wird von 7 Familien, bestehend aus 38 Personen bewohnt, auf 5 Familien geht ein auf der Treppe befindlicher Abort. Die Wohnung hat nur zwei Fenster, die Tapete ist stellenweise zerrissen, der Verputz zum Teil abgefallen. In der Küche wird gewaschen und gekocht, falls nicht der Heizung wegen der Ofen des Wohnzimmers hierfür benützt wird. Da keines der beiden Fenster direkt ins Freie führt, gehen die Küchendünste in das Wohnzimmer der Familie.

Das Zimmer enthält drei Betten, eines für Mann und Frau, eines für die zwei Mädchen und ein Bettchen für das jüngste Kind, während der achtjährige Knabe aus Mangel an Platz seit der Geburt des Babys bei der Großmutter wohnt. Da einige Male das durch die Frau in die Ehe mitgebrachte und durch die Schreinerarbeit des Mannes hergestellte Mobiliar bei Mietrückständen gepfändet wurde, enthält die Wohnung nur das Allernotwendigste, einen Tisch, eine Gartenbank mit Lehne, eine alte Kommode, zerrissene Strohsäcke und halbgefüllte Federkissen in den Betten, ein altes schmutziges Rouleau am Fenster, zwei alte Holzstühle und noch eine alte Holzbank, als Schmuck an den Wänden eine Schwarzwälder Uhr, zwei kleine Spiegelchen und ein eingerahmtes Druckbildchen. Die Schwarzwälder Uhr hat sich der Arbeiter nach dem letzten Umzug für Mk. 9.– durch ratenweise Bezahlung angeschafft.

Die Ernährungsweise der Familie ist ungefähr die folgende: Morgens nimmt der Vater, ehe er zur Arbeit geht, Anteil an dem Frühstück, bestehend aus dem Kaffee (mit Zucker, wenn ohne Milch, und ohne Zucker, wenn mit Milch genommen) und Brötchen, die, weil so billiger, altgebacken gekauft werden. Zur Herstellung des Kaffees wird wöchentlich ungefähr ein Pfund Kornkaffee d. h. gebranntes Korn, das bei armen Leuten übliche Surrogat für Kaffee, gemischt mit einem halben Pfund echtem Kaffee verwendet. Wie selten Milch hierzu genossen wird, zeigt der Gesamtkonsum von Mk. 5.39 für die ganze Familie in den ersten sechs Monaten des Jahres (bis zur Geburt des jüngsten Kindes).

Der Arbeiter nimmt sich auf dem Wege zur Werkstätte in der Regel für 10 Pfg. Wurst mit. Er kauft die Wurst nicht nach dem Gewicht, weil er bei dem Ankauf solcher Fleisch- und Wurstreste, die gewöhnlich nicht nach dem Gewicht verkauft werden, besser zu fahren hofft.

Es finden sich in der Ausgabenaufstellung 181 Posten für Ankauf von Wurst à 10 und 20 Pfg. Eine 10 Pfennig-Portion wog 80 gr. Eine solche Portion, meist Fleischwurst, bildete mit dem von zu Hause mitgenommenen Brot und Kaffee, im Wirtshause gewärmt, das Mittagsmahl. Manchmal wurde auch im Wirtshaus statt des Kaffees zur Wurst eine Suppe oder ein Glas Bier getrunken. (Für die Metzger bedeutet dieses Verkaufen von Wurst für einen festen Preis statt für das Gewicht die Möglichkeit, ohne abzuwiegen, ihre Reste zu verwenden.)

Um ½8 Uhr abends, nach der Rückkehr von der Arbeit, wird die Hauptmahlzeit eingenommen, bestehend aus Suppe, Gemüse oder Hülsenfrüchten oder Kartoffeln und etwas Fleisch. Der durchschnittliche Konsum von Fleisch pro Woche ist 2–4 Pfund. Die Überreste dieser Mahlzeit bilden dann das Mittagessen des nächsten Tages für die Frau und Kinder. Manchmal aßen jedoch die Kinder in der Schule, wo sie für 5 Pfg. einen großen Teller Suppe und ein Stück Butterbrot erhielten.

Kartoffeln wurden je nach dem Bedarf, auf den Malter umgerechnet für Mk. 10.55 pro Malter, nicht auf Vorrat, gekauft. Ebenso wurde Holz für Mk. 1.59 den Zentner in kleinen Quantitäten und Kohlen vierzentnerweise gekauft. An Fleisch wurde Freibankfleisch reichlich gekauft; oft mußte man dafür schon von 4 Uhr früh an vor dem Schlachthause anstehen, um manchmal um 3 Uhr, wenn man zur Verteilungsstelle gelangte, leer auszugehen.

Der Prozentsatz der einzelnen Ausgaben für Nahrung im Vergleich zu den Gesamteinnahmen war der Folgende:

Gesamtausgaben für Nahrung 54,85 % sämtlicher Ausgaben überhaupt. Davon sind

a) Ausgaben für Fleisch	12,1 %
b) Brot und Brötchen	18,5 %
c) Kartoffeln	2,9 %
d) Kaffee und Kornkaffee	5,1 %
e) Butter und Fette	5,0 %
f) Bier	1,9 %
g) Branntwein	0,4 %
h) Milch	3,3 %

Von speziellem Interesse sind noch folgende Prozentzahlen: Unter dem Posten Fleisch steht

das reguläre Fleisch mit	3,8 %
das minderwertige Fleisch mit	2,7 %
Wurst mit	5,3 %

Unter dem Posten Brot und Brötchen steht

Schwarzbrot mit	9,3 %
Brötchen mit	7,5 %

Unter dem Posten Fette steht

Butter mit	0,8 %
Wurstfett mit	0,7 %
Schmalz mit	2,6 %

Das Essen der Kinder in der Schule ist mit 0,4 % verzeichnet.

Grüngemüse und Obst nehmen im Ganzen 0,8 % ein.
Gesamtausgaben für Miete 16,07 % sämtlicher Ausg. überhaupt,
Gesamtausgaben für Kleidung 7,4 % sämtlicher Ausg. überhaupt
davon sind

a) Ausg. für neue Schuhe 2,5 %
b) Ausg. für Schuhreparaturen 2,0 %

Gesamtausg. für Heizung u. Beleuchtung
5,84 % sämtl. Ausg. überhaupt
Gesamtausg. für Haushaltungsgegenstd.
1,6 % sämtl. Ausg. überhaupt
Gesamtausg. für Reinlichkeit 2,5 % sämtl. Ausg. überhaupt
Gesamtausg. für Kranken- u. Pensionsk.
4,6 % sämtl. Ausg. überhaupt.
Die übrigen 7 % gehen auf Erziehung, Freizeitgestaltung, Zigarren und Tabak, Unvorhergesehenes usw.

Über Kleidung und Mobiliar ist zu sagen, daß sie außerordentlich notdürftig und im schlechten Zustand sind. Der Bearbeiter hält sie für schlechter als in den meisten der Armenpflege anheim gefallenen Familien. Obgleich diese Familie nicht zu den von der Armenpflege Unterstützten gehört, wird sie durch private Wohltätigkeit, durch allerhand Geschenke dauernd über Wasser gehalten. Es gehören zu diesen Unterstützungen sowohl Gaben in bar, als in Naturalien, als namentlich in Kleidungsstücken und Wäsche. Außer dem Flicken der Schuhe werden alle Reparaturen der Garderobe von der Frau und den heranwachsenden Töchtern besorgt. Der kleine Posten für Bildungsausgaben – es sind 9.5 Mark pro Jahr – besteht im wesentlichen aus Ausgaben für die Schulutensilien der Kinder. Eine Zeitung wird nicht gehalten. Einem Gesangverein ist der Mann erst nach Ablauf des Berichtsjahres beigetreten. Die Vergnügungen bestanden in einem gelegentlichen Spaziergange der Familie am Sonntag oder im Zusammensein mit Kameraden bei einem Glase Bier. Während des Jahres machte der Arbeiter ein Fest mit, das aus Anlaß des Umzuges in eine neue Werkstätte gefeiert wurde.

Der Posten für Reinlichkeit ist deshalb verhältnismäßig hoch, weil die Frau während eines Teils ihrer Schwangerschaft nicht waschen, überhaupt häusliche Arbeiten schwer verrichten konnte und von einer Waschfrau vertreten wurde. Medikamente wurden offenbar von der Kasse nicht getragen, denn sie erscheinen mit 10.86 Mk. im jährlichen Budget. Auch die Entbindung scheint damals nicht von der Kasse, sondern von privater Seite, vom Frauenverein, bezahlt worden zu sein. Eine im Haus wohnende Frau half unentgeltlich während des Wochenbettes bei den häuslichen Arbeiten.

Zwar sollen die typischen Züge des städtischen Proletarier-Haushalts der achtziger Jahre erst am Schlusse sämtlicher Analysen dieser Art und Zeit herausgearbeitet werden. Ich möchte aber, ehe ich zur nächsten Analyse übergehe, folgendes festhalten: Es handelt sich hier um einen Arbeiter, der ein sehr beschränktes Einkommen hat, dessen Arbeitgeber aber – nämlich die staatliche Eisenbahnwerkstätte – ein gesichertes und auch in der Zukunft aussorgendes Unternehmen darstellt. Der Arbeitnehmer kann also mit einer gewissen Stetigkeit seines knappen Einkommens rechnen. Die Frau des Arbeiters war durch zehnmalige Schwangerschaften am Mitverdienst gehindert. Die Familie bewohnt ihre Wohnung allein ohne Untermieter oder Schlafgänger.

Diese drei Faktoren, Unabhängigkeit vom Konjunkturwechsel, Alleinverdienst des Mannes und Wohnen ohne Untervermietung sind also diesem Haushalt eigentümlich.

Der zweite der von Karl *Flesch*[4] bearbeiteten Frankfurter Arbeiter-Haushaltungen schildert das Haushaltungsbudget eines in einer großen chemischen Fabrik arbeitenden Mannes. Wieder handelt es sich um die Zeit vom 1. Januar 1888 bis zum 1. Januar 1889. Die Familie besteht aus 8 Personen, den Eltern und 6 Kindern. Im September des Berichtsjahres wurde das sechste Kind geboren; das älteste Kind muß ungefähr 7 Jahre alt sein.

Der Arbeiter, der seinen Vater mit 2 Jahren schon verloren hatte und bei einem Stiefvater aufwuchs, hatte nach einer Volksschulzeit in einem kleinen Taunusstädtchen eine Lehre als Feilenhauer durchgemacht. Die ersten Jahre nach beendigter Lehrzeit hatte er bei seinem Lehrmeister guten Verdienst, bis dieses Geschäft aufgegeben wurde. Dann begannen wechselnde Stellungen als Taglöhner in einer Gerberei, später in einer Färberei, und Zeiten vollkommener Arbeitslosigkeit. Dazwischen hatte der Arbeiter geheiratet und zwar eine ebenfalls ganz vermögenslose Frau, die aus einer Taglöhnerfamilie stammte und sich als Hausangestellte ihr Brot verdiente. Die Zeit der Arbeitslosigkeit wurde durch Aushilfsstellungen, mit Straßenkehren, Schneeschöpfen und Promenadenarbeit, ohne Unterstützung der

4 Karl Flesch, a.a.O.

Frau, die Kinder bekam, aber auch ohne Unterstützung des Armenamtes, durchgekämpft. Zum Glück war das bei der Heirat auf Abschlagszahlung gekaufte Mobiliar gerade bezahlt worden, als die Arbeitslosigkeit hereinbrach. Aber Mietrückstände, Pfändung und Wohnungswechsel waren unvermeidbar. Schließlich fand der Arbeiter wieder eine dauernde Stellung in der genannten chemischen Fabrik mit einem einigermaßen auskömmlichen Einkommen. Krankheits- und Todesfälle waren in der schweren Zeit nicht vorgekommen.

Die Arbeitszeit des Mannes dauert von 7 Uhr früh bis 4 Uhr nachmittags mit einer kurzen Mittagspause. Der Lohn stieg von 18.– Mark pro Woche auf 20.– Mark und schließlich am Ende des Berichtsjahres auf 21.– Mark pro Woche. Zu den Einnahmen, zu denen sich noch Überarbeit gesellte, kam noch hier und da eine kleine Einnahme der Frau durch Putzen, einige Trinkgelder und Gratifikationen hinzu. Der Gesamtbetrag war 1173.87 Mark pro Jahr. Ausgaben für Versicherung sind nicht aufgezeichnet, da die Fabrik für alle ihre Arbeiter die Ortskrankenkassenbeiträge bezahlt. Auch ein Pensionsfonds der Fabrik war vorhanden. Die mannigfachen Krankheitsfälle der Kinder im Berichtsjahr und die Entbindung der Frau wurden ebenfalls durch den Betrieb bezahlt.

Die Familie bewohnte im Berichtsjahr zuerst eine Wohnung, die aus drei schrägen Mansarden ohne Küche in einem außerhalb der Stadt gelegenen Hause bestand, zum Mietpreis von 8.– Mark pro Monat. Hier diente ein Zimmer als Küche, d. h. die Speisen wurden von der Frau auf einem sogenannten Schiffmannsofen zubereitet.

Diese Wohnung wurde dann mit einer Mietskasernenwohnung, die aber wieder in Gärten lag, von zwei Zimmern und Küche, vertauscht. Sie kostete 15.– Mark pro Monat. Ein kleines 9.8 qm umfassendes Gärtchen gehörte dazu. In dem Gärtchen konnten Suppen- und Gemüsesachen neben etwas Blumen gezogen werden. Die Wohnung hatte den Nachteil, daß sie so feucht war, daß im Sommer die Kleidung im Schranke sich mit Pilzen überzog.

Nach Eintritt in das regelmäßige Arbeitsverhältnis hatte der Arbeiter allmählich die gepfändeten Möbel und Haushaltungsgegenstände wieder ersetzt. Meist waren es gebrauchte Gegenstände und vor allem nur das Notdürftigste: Ein eintüriger Kleiderschrank, zwei Tische, sieben Stühle, ein Geräteschrank, drei Betten, ein Kinderstrohsack, ein als Bett benutzter Kinderwagen (für 8 Personen im Ganzen), das nötigste Bettzeug, etwas Kücheneinrichtung und Küchengeräte und als Ausschmückungsgegenstände zwei Spiegel, einige Fotografien und

Öldruckbilder, zwei Glasleuchter, ein kleines Kruzifix und ein Album, sowie eine Wanduhr.

Die Lebensweise der Familie zeigt folgendes Bild:

Morgens gab es Kaffee mit trockenem Brot für Mutter und Kinder. Der Mann nahm sein Frühstück mit und verzehrte es während der Frühstückspause im Geschäft; ebenso nahm er auch ein kurzes Mittagsbrot »aus der Hand« ein, da die Beteiligung an dem genossenschaftlichen Mittagstisch in der Fabrik zu teuer kam. Als zweites Frühstück erhielten die Kinder ein Stück Brot mit Latwerg oder Wurstfett und zur Obstzeit statt dessen etwas Obst. Mittags gab es ein kurzes Gericht, meist Kartoffeln und ein Stück Brot, da die Hauptmahlzeit nach Rückkehr des Mannes zwischen 4 und 5 Uhr nachmittags eingenommen wurde. Sie bestand meistens aus Suppe, seltener aus Gemüse, und wöchentlich zwei bis dreimal Fleisch, meist jedesmal ungefähr ein halbes Pfund, Sonntags gab es regelmäßig Fleisch. Grüner Salat aus dem Garten ergänzte die Kost. Abends gab es in der Regel eine Tasse Kaffee, Brot mit Käse oder Wurstfett. Samstags fiel die Hauptmahlzeit aus, weil an diesem Tage die Frau in die Stadt geht, um die Einkäufe mit dem Mann zu machen. Zur Feier des Sonntags wurden zum Nachmittags-Kaffee einige Brötchen gegessen.

Aus Vorräten waren, wohl durch den Anbau im Garten, ein Fäßchen Sauerkraut, 70 Stück Lauchzwiebeln und 50 Stück Sellerieköpfe im Keller vorhanden. Kartoffeln wurden, wie es scheint, von Juni bis Dezember in etwas größeren Quantitäten gekauft, da der Posten von Januar bis Mai ganz ausfällt. Kohlen wurden offenbar, da der Posten Heizung und Beleuchtung in jedem Monat wiederkehrt, für den monatlichen Bedarf gekauft.

Einigemale ist der Posten »Essen im Kinderhort« verzeichnet – im Ganzen mit 6.11 Mark – woraus zu entnehmen ist, daß offenbar eines der jüngeren Kinder den Kinderhort besuchte und dort aß. Der Betrag steigt von Mai bis Dezember an, da in den September das Wochenbett fällt. Der Posten »Zehrung im Geschäft« ist mit etwa RM. 0.30 täglich angegeben, er verteilt sich aber, wie gesagt, auf zwei Mahlzeiten pro Tag, Frühstück und Mittagessen. Meist setzt sich dieser Posten aus Wurst oder Solberfleisch für 10 bis 15 Pfennige, Brot und einem Fläschchen Bier zusammen.

Der Prozentsatz der einzelnen Ausgaben für Nahrung im Vergleich zu den Gesamteinnahmen war der Folgende:

Gesamtausgaben für Nahrung 52,34 % sämtlicher Ausgaben überhaupt. Davon sind

a)	Ausgaben für Fleisch	6,09%
b)	Brot und Brötchen	14,10%
c)	Kartoffeln für	24.14 M. pro Jahr
d)	für Kaffee- und Kaffee-surrogate ungefähr	35.– pro Jahr
e)	für Fette incl. Käse und Brotbelag	5,80%
f)	für Eier und Milch	5,37%
g)	für Spirituosen	1,84%

Von speziellem Interesse sind noch folgende Zahlen:

Unter dem Posten Fleisch steht

Rindfleisch mit	40.08	M. Jahresbetrag
Diverses Fleisch (Pferde- und Kuh-Fleisch)	9.94	„ „
Wurst mit	19.90	„ „

Unter dem Posten Brot und Brötchen steht

Schwarzbrot mit	140.77	M. Jahresbetrag
Brötchen mit	21.25	„ „

Unter dem Posten Fette steht

Butter mit	8.41	M. Jahresbetrag
Fette und Schmalz mit	28.83	„ „
Käse mit	5.55	„ „

Das Essen im Kinderhort steht mit 6.11 Mark Jahresbetrag verzeichnet. Zehrung im Geschäft beträgt 8,27% der Gesamtausgaben überhaupt. Für Obst und Gemüse wird im Ganzen nur 20.– M. im Jahr ausgegeben.

Gesamtausgaben für Miete	14,50% sämtlicher Ausg. überhaupt
Gesamtausgaben für Kleidung, Schuhwerk u. Repar.	12,81% sämtlicher Ausg. überhaupt
Davon werden Kleidung mit	83,45 M. Jahresbetrag und
Schuhwerk mit	63.70 M. Jahresbetrag bestritten,
Gesamtausgaben für Heizung und Beleuchtung sowie Mobil.	6,66% sämtlicher Ausg. überhaupt
Für Reinlichkeit wurde	24.34 M. Jahresbetrag ausgegeben.

Die übrigen 13% gehen auf Anschaffungen, Erziehung, Freizeitgestaltung, Zigarren und Tabak usw.

Aus dem Jahre 1887 war noch eine Manufakturrechnung im Betrag von 10.– Mk. zu bezahlen, dessen Deckung in den Monaten Januar und Februar stattfand. Auch für den Umzug im Februar wurde ein kleiner Betrag von 15.– Mk. entliehen, der im Berichtsjahr nicht zurückbezahlt wurde. Von den 81 Pfund Brot im Februar waren am Ende des Jahres noch 12 Pfund zu bezahlen. Sonst waren während des Untersuchungsjahres keine Schulden vorhanden.

Zu den regulären Einnahmen kamen im Laufe des Jahres Zuwendungen von Wohltätigkeitsanstalten und von privater Seite. Sie erstreckten sich sowohl auf Kleidung, Spielsachen, Lebensmittel und Kohlen.

An Kleidung ist ebenso wie beim Mobiliar nur das Allernotwendigste vorhanden. Der Mann bekommt durch sein Geschäft die eigentlichen Arbeitskleider gestellt. Die Frau wäscht selbst und gab nur die von ihr gewaschene und gestärkte Weißwäsche des Mannes zum Bügeln. Für die Instandhaltung der Kleider war außerdem ein befreundetes Mädchen 36 Tage gegen Kost im Hause beschäftigt. Gerade bei der Kleidung waren die Geschenke von großem Wert. Ob diese Hilfen nur wegen der Schwangerschaft genommen wurden, ist nicht ersichtlich.

Die Kinder wurden alle 14 Tage in einem großen Zuber gebadet; für die Frau fiel das eigentliche Baden völlig weg, zum Besuch einer Badeanstalt fehlten die Mittel. Der Mann dagegen benutzte eine sehr gute Badeeinrichtung mit Dusche im Geschäft.

Der kleine Betrag für Bildungsausgaben – (es sind für Vergnügen 5.25 Mk. Jahresbetrag, für Schule 20.99 Mk. Jahresbetrag, für Vereine 13.80 Mk., für Zeitungen 7.30 Mk. und für Wirtshauszehrung und Tabak 45.26 Mk. angegeben) erstreckt sich auf folgendes: der eine Sohn geht in die katholische Josephschule mit einem Schulgeld von 14.– Mk. pro Jahr, die Tochter zahlt in der Annaschule kein Schulgeld. Das übrige sind Schulutensilien. Der General-Anzeiger wurde gehalten. Im Juni fand ein Besuch des Zoologischen Gartens mit den Kindern statt, im Dezember belastet der Weihnachtsbaum das Budget. Der Mann gehört einem Gesangverein an und macht hie und da Ausflüge in die nähere Umgebung mit ihm. Hie und da finden Sonntags-Spaziergänge mit der Familie statt. Der Posten Wirtshauszehrung und Tabak setzt sich in der Hauptsache aus dem Genuß von ein bis zwei Glas Bier während der regelmäßigen Vereinsstunden und aus dem Genuß von einigen Glas Bier am Samstagabend bei Erledigung der Einkäufe zusammen. Manchmal verzehren Mann und Frau auch bei dieser Gelegenheit einen Handkäse mit Brot oder ein Stückchen Wurst.

Die Ähnlichkeit dieses Arbeiterhaushalts mit dem vorangegangenen, über die ich später in der Zusammenfassung noch im einzelnen sprechen werde, wird nur insofern gebrochen, als es sich hier um einen in der Privatindustrie beschäftigten Arbeiter handelt. Die Existenz dieses Mannes ist mit der wechselnden Konjunktur dieses privaten Unternehmens verknüpft. Auch hier sehen wir eine Frau, die durch viele Schwangerschaften am Verdienen gehindert wird und eine Wohnweise, die von der üblichen Art der Untervermietung oder des Schlafgängertums abweicht.

Nachdem wir nun zwei Proletarierhaushaltungen, die ohne den Mitverdienst der Frau auskommen können oder müssen, untersucht haben, wenden wir uns einem Fabrikarbeiterhaushalt, in dem auch die Frau, trotz mehrerer Kinder, Fabrikarbeit, also außerhäusliche Erwerbsarbeit, leistet, zu.

Das Material ist einem 1887 in Schmollers Jahrbüchern erschienenen Aufsatz von H. *Mehner*[5], Über den Haushalt und die Lebenshaltung einer Leipziger Arbeiterfamilie, entnommen. Die Untersuchung scheint ungefähr (es ist nach dem Bericht des Bearbeiters nicht genau ersichtlich) in das Jahr 1884 zu fallen, also einige Jahre früher, als die behandelten Frankfurter Arbeiterhaushaltungen. Die Familie besteht aus Mann und Frau, zwei schulpflichtigen und einem vorschulpflichtigen Kind. Der Mann arbeitet in einer Fabrik, in einem Vorort von Leipzig, die tierische Abfälle (Knochen) zu Kunstdünger verarbeitet. Das spezielle Arbeitsgebiet, in dem er in dieser chemischen Fabrik beschäftigt ist, heißt die Knochenstampfe. Die Frau ist auch dort beschäftigt, sie hat die alten Knochen zu sortieren. Auch die Kinder versuchen durch kleine Gelegenheitsdienste Geld ins Haus zu schaffen. Die Wohnung nämlich liegt im Hintergebäude einer Schankwirtschaft mit Kegelei; dadurch hat der älteste Knabe Gelegenheit, an einigen Abenden durch Kegel-Aufsetzen einige Pfennige zu verdienen. Die Tochter sammelt in ihrer schulfreien Zeit im Sommer Kamillen, besorgt Gänge für die Schankwirtin und geht Ähren lesen.

Die Einnahmen der Familienmitglieder sind ungefähr die folgenden:

Der Normalverdienst des Mannes von 2.20 Mk. pro Tag wird durch Überstunden, Nachtschichten und Sonntagsarbeit in unregelmäßiger Weise erhöht. Überhaupt ist sowohl die Einteilung der Überstunden als auch die reguläre Arbeitszeit (z. B. im Sommer wegen schlechten

5 H. Mehner, Über den Haushalt und die Lebenshaltung einer Leipziger Arbeiterfamilie. Schmollers Jb. Bd. 11, 1887

Geschäftsganges) ganz in das Belieben des Unternehmers gestellt und dadurch schwer berechenbar. Der Mann selbst berechnet sich einen Gesamtlohn von 663.– Mk. pro Jahr.

Die Frau hat einen täglichen Verdienst von 1.20 Mk., d. h. von 7.20 Mk. pro Woche. Die jährliche Kegelgeldeinnahme wird auf ungefähr 5.– Mk. geschätzt. Da aber diese Dinge unregelmäßig und zudem die Frau nur immer zeitweise in der Fabrik arbeitet, um ihr Hauswesen nicht vollständig zu vernachlässigen, können wir eine ganz genaue Einnahme der übrigen Familienmitglieder nicht angeben. Es kann nur gesagt werden, daß, alles eingerechnet, die Familie eine Wocheneinnahme von 20 bis 22.– Mk. empfängt.

Das Arbeits- und Lebenspensum der Familie sieht ungefähr folgendermaßen aus:

Die Frau steht um 4 oder ½5 Uhr auf, mit ihr die beiden größeren Kinder. Sie macht zunächst Feuer an, um das erste Frühstück zu bereiten, dann kleidet sie sich und den kleinsten Jungen an. Der Mann steht eine halbe Stunde später auf, als die Frau. Vor dem Gange nach der Fabrik wird Kaffee getrunken (der wässerige Aufguß von wöchentlich ¼ Pfund Kaffee und einem Liter Gerste); der Kaffeegenuß kehrt täglich dreimal wieder. Der Mann verzehrt statt des Kaffees eine Mehlsuppe mit etwas Butter und Zucker. Die Hauptarbeit der Frau, ehe sie fortgeht, ist, die Nahrungsmittel für sich und den Mann und die Kinder für den Tag zurecht zu machen. Die Kinder bekommen Schwarzbrot mit Butter beschmiert mit, die Eltern nehmen ebenfalls geschmiertes Brot in die Fabrik mit, außerdem etwas gemahlenen Kaffee und etwas Wurst. Zum Frühstückskaffee gibt es übrigens weder Zucker noch Milch, Weißbrot wird nur Sonntags gegessen.

Nachdem die Eltern in die Fabrik gegangen sind, bringt die ältere Schwester auf dem Schulweg den kleinen vierjährigen Jungen in die Wohnung eines anderen Arbeiters, der nur ein Kind hat und dessen Frau daheim bleiben kann. Die Kosten dieser Aufsicht betragen wöchentlich 1.- Mk. Nach der Schule wird der Junge wieder abgeholt. Meistens essen die drei Kinder, wie erwähnt, mittags Brot und Butter, hie und da kocht das kleine Mädchen mittags Kartoffeln, manchmal wird ihnen auch von der Schankwirtin ein übrig gebliebenes Mittagessen geschenkt. Die mitgebrachte Mahlzeit wird von dem Ehepaar in der Fabrik in zweites Frühstück und Mittagessen geteilt. Käse und Wurst sind für 10 oder 15 Pfennige gekauft, nicht abgewogen, es entspricht meist ⅛ Pfund. Der mitgebrachte gemahlene Kaffee wird in einem von der Fabrik aufgestellten Kessel gekocht und gewärmt.

Dieser Kaffee ist unentbehrlich, denn »sonst brächten wir das Brot nicht hinunter«. Aber manchmal rutscht es auch mit Kaffee nicht, dann wird noch ein »Zubrot« in der Gestalt von Gurke oder gesalzenem Hering dazu gegessen. Manchmal trinkt der Mann zum Vesper Braunbier, hie und da wird ein Gläschen Schnaps getrunken. Die Beschaffenheit der Butter auf dem Brot ist so, daß die Frau sich oft vor ihr ekelt (wir werden später noch auf diese Butter zurückkommen). Die Frau sagte aber dem Bearbeiter: »Wir *müssen* aber das Brot in der Fabrik gestrichen essen, weil die Arbeiter gegenseitig ihre Lebenshaltung kritisieren.« Das Abendbrot nach Rückkehr des Ehepaares ist die warme Hauptmahlzeit, der Ersatz für das Mittagbrot. Sie besteht in der Hauptsache aus mit der Schale gekochten Kartoffeln, abwechselnd dazu einen Hering zu 10 Pfg., für 10 Pfg. Quark, geröstetes Salz (in der Pfanne braun gebratenes Mehl mit Talg und Salz). Einmal in der Woche gibt es statt Kartoffeln Graupen oder Reis und dazu ein halbes Pfd. Rindfleisch zu 30 Pfg. Dasselbe gibt es Sonntags, Gemüse ist äußerst selten, weil es zu viel Arbeit macht. Das Getränk ist für Sonnabend Abend und für Sonntags Bier, sonst Kaffee.

Die Butter, die von der Familie verbraucht wird, ist sogenannte »Faßbutter«, das Pfund zu 1.– Mark; da sie sehr leicht flüssig wird, scheint sie nach der Meinung des Bearbeiters statt Margarine ein Talgsurrogat, nämlich Cocosöl zu enthalten, sie ist so schlecht, daß es der Frau, wie er erwähnt, oft schwer fällt, sie zu essen.

Der Anteil der Schuhe bzw. des Leders an der Kleidung beläuft sich einschließlich aller Zutaten auf rund 14.50 Mk. pro Jahr für die ganze Familie.

Über die geistigen Bedürfnisse und das Vergnügen der Familie ist folgendes zu sagen: Eine Zeitung liest der Mann nur, wenn er einmal in eine Restauration geht. Die Kirche spielt noch ihre Rolle, der Mann geht manchmal in die lutherische Kirche, manchmal in das Bethaus einer Leipziger Sekte. Die Frau bedauert, daß sie nicht imstande ist, so oft, als sie möchte, die Kirche zu besuchen. Es sei für sie ein geistiger Genuß, »ich kann sagen, Kirche ist mein einziges Vergnügen«. Die Familie hält trotz der schweren Entbehrungen, welche ihnen ihr geringer Lohn auferlegt, auf Standesehre, und sie rechnet sich auch in der Fabrik zur besseren Gesellschaft. Obgleich sie weiß, daß ihnen ihr täglicher müheseliger Kampf niemals zu besseren Verhältnissen verhelfen kann, bleibt sie trotzdem ehrlich und äußert des öfteren, »wenn man nur nicht maust und hält sich reell«. Ebenso beurteilt die Frau ihren Hausstand nach dem Maßstab eines geordneten Familienlebens, welcher ihr nicht abhanden gekommen ist. Das beweisen Bemerkungen wie »man muß liederlich wirtschaften« und die oft wiederkehrenden Klagen über die unvermeidbare »polnische Wirtschaft«. Die Frau erklärt, daß sie nach einiger Zeit wieder zu Hause bleiben muß – möglichst im Winter, wegen der größeren Feuersgefahr – wenn der Hausstand nicht ganz zugrunde gehen soll. Sie ist sich aber klar darüber, daß die Familie dann wesentlich elender leben muß als bisher. Sie weiß auch, daß sie in ihrer früheren Wohnung, als sie nicht verdiente, die Miete eine Zeitlang schuldig bleiben mußten, der Grund, warum das Federbett ins Pfandhaus gewandert ist.

Außer der Bildung, die die Kinder in der Schule erhalten, kann keine weitere Anweisung gegeben werden. Aus Zeitmangel erfolgt Prügel oder Einsperrung auf Unarten. An Ostern hat die Frau an Schulbüchern für ungefähr 4.20 Mk. ausgegeben. Die wenige Zeit, die der Frau Sonntags bleibt, wird zu einem Ausflug oder einem Spaziergang verwandt. An Pfingsten war die Familie nach *Gohlis* gewandert, wo sie zwei Glas Bier getrunken hat. An einem anderen Sonntag haben sie Verwandte besucht.

Bei aller Ähnlichkeit, die dieser Arbeiterhaushalt mit den vorangegangenen hat, zeigt sich doch hier in einem wesentlichen Punkte eine Abweichung. Das Verdienst dieses Arbeiters ist sehr gering und keine private Wohltätigkeit noch Zwangsversicherung kommen ihm zu Hilfe. Das dadurch ausfallende Einkommen kann hier von der Frau, die nur drei Kinder hat, durch Erwerb ersetzt werden. Daraus ergeben sich für den Haushalt bestimmte Veränderungen, über die ich später in der Zusammenfassung noch genauer berichten werde.

Der Bearbeiter sagt in einem Überblick über die Lage der Fabrikarbeiter in der bezeichneten Leipziger Fabrik, daß ungefähr ein Drittel der Arbeiterschaft sich in der gleichen Einkommensklasse wie die untersuchte Familie befindet, ein weiteres Drittel stellt sich an Lohneinkommen besser und ein weiteres Drittel stellt sich durch den Anteil an einem Stückchen Land besser.

In der Fabrik, in der das Ehepaar arbeitet, ist ein Beamter, bei dem man Lebensmittel einkaufen kann. Da dieser Mann derselbe ist, der die Nachtschichten einteilt, sind die Arbeiter gewissermaßen gezwungen, bei ihm zu kaufen, obgleich er höhere Preise, als die Geschäfte, nimmt. Der Bearbeiter berichtet, daß nach Ablauf des Untersuchungsjahres das Ehepaar entlassen worden ist, weil es mit dem Beamten in Differenzen geraten war. Sie äußerten sich über den

Kleinhandel mit Lebensmitteln durch den Beamten folgendermaßen: »Wer den dritten Teil des Lohnes nicht draußen läßt, den schafft er sich vom Halse.«

Ein paar Momente, die das Verhältnis der Familienmitglieder zueinander beleuchten, sollen erwähnt werden. Für den Sonnabend Abend werden drei Groschenstückchen Wurst gekauft, die folgendermaßen verteilt werden: das erste bekommt der Mann, das zweite und dritte teilt die Frau mit den drei Kindern derart, daß noch ein Rest für das Frühstück des Mannes am Sonntag früh bleibt. Auch das mitgebrachte Essen in der Fabrik wird von der Frau für ihre Kinder verwendet. Heimlich packt sie etwas davon ein, »daß der Mann nichts merkt«, und abends erwartet sie ihr kleiner blauäugiger Junge schon am Tore und fragt, »Mutter, hast Du mir etwas mitgebracht?« Dann gibt sie ihm eine Spur Wurst oder einen Käseringel eines Quarkkäses. »Die Kinder müssen doch auch Liebe behalten zu einem.«

Am Sonntag muß die Frau womöglich noch mehr arbeiten als am Werktage, denn, was sich in der Woche an Arbeit aufgestapelt hat, muß da erledigt werden. »Einen Sonntag flicke ich, einen Sonntag wasch' ich. Vormittags renoviert man, da macht man ein bißchen Wirtschaft.« Sonntags wird übrigens sehr spät aufgestanden und schon um ½6 oder 6 Uhr zu nacht gegessen.

Die Wohnung, die die Familie bewohnt, kostet 72.– Mk. pro Jahr, d. h. 18.– Mk. pro Vierteljahr. Sie besteht aus einer Wohnstube, einer Kammer, einem Vorraum und einem »Stall« d. i. ein Vorratsraum für Holz und Kohlen. Die Wohnung ist im Erdgeschoß, in einem Hinterhaus. Es wird über Nässe und über Luftmangel geklagt, es ist nur ein Fenster vorhanden. Das Zimmer dient zugleich als Küche und Waschküche, die beiden ältesten Kinder fertigen darin ihre Schularbeiten an. Der Vorraum muß zum Wohnen dazugenommen werden, um namentlich im Sommer die Räume überhaupt erträglich zu machen. Die Einrichtung ist höchst mangelhaft. Sie entspricht noch nicht einmal der vom Bearbeiter angeführten »kompletten Küchen- und Wirtschaftseinrichtung für 50.– Mk.«, die man in einem Leipziger Geschäft bekommen kann. Manches ist aus der Wirtschaft des Vaters der Frau übernommen, manches ist aus den alten Knochen der Fabrik ausgelesen, die Kochlöffel dienen auch beim Essen, ebenso die Kochtöpfe als Speiseschüsseln. Das Mobiliar besteht aus einem Kleiderschrank, der alt gekauft worden ist, einer Truhe, einem kleinen ovalen Tisch, ebenfalls alt gekauft, einer Kommode vom Vater, einer Waschtischkommode vom Vater, 5 Stühlen, zwei Sesseln, einem Küchenschrank vom Vater und nochmals einen kleinen viereckigen Tisch, in einer Auktion gekauft.

Dazu kommen die Betten, drei im Ganzen, eins neu, eins alt gekauft, eins vom Vater. Zwei dieser Betten sind jetzt aufgestellt; in dem einen, welches 1½ schläfrig ist, schläft der ältere Knabe mit dem Mädchen von 11 Jahren, in dem anderen einschläfrigen schläft der Mann mit der Frau. Auf einem Strohsack zwischen den beiden Bettstellen, schläft der kleine Junge. Das Federbett für den Mann ist zur Zeit wegen eines Darlehens von 9.– Mk. auf dem Leihhause; deshalb ist auch die dritte Bettstelle im Augenblick nicht aufgeschlagen.

An der Wand finden sich eine verhältnismäßig große Anzahl von alten fleckigen Bildern. An dem Fenster des Wohnzimmers sind Blumenstöcke. Darunter eine hübsch gezogene Myrthe, welche die Frau mit liebender Sorgfalt pflegt. Ein Laubfrosch treibt in dem dunstigen Zimmer seine Jagd und kehrt zuweilen in sein trübes abgebrochenes Wasserglas am Fenster zurück.

Charakteristisch ist übrigens die Äußerung der Frau, als der Bearbeiter seine Verwunderung darüber ausspricht, daß der Verschlag im Keller statt von der Familie von der Wirtin eingenommen wird: »Wir entbehren ihn bis jetzt nicht, wir haben ja nichts hinein zu tun.«

Wie das Mobiliar, so ist auch die Kleidung und die Wäsche der Familie äußerst dürftig. Der Mann braucht bei seiner Arbeit ziemlich viel Kleidung, da der Knochenstaub sie sehr runiniert. Teils wird diese Kleidung beim Trödler gekauft, teils, wie die Sonntagskleidung, von einer Leipziger Firma, die Arbeiterkleidung herstellt. Ein solches Abzahlungsverfahren sieht folgendermaßen aus: Am 22. Mai 1881 wurde der Anzug für 51.– Mk. gekauft und 14.– Mk. anbezahlt. An jedem Zahlungstag geht der Arbeiter mit dem Buche nach dem Geschäft und zahlt 1 bis 2.– Mk. weiter, so daß am 9. Oktober ds. Js. die 51.– Mk. abgezahlt sind. Es zeigt sich übrigens an den Daten der Abzahlung die unregelmäßige Art der Lohnauszahlung, denn die Zwischenräume sind ganz verschieden und am Mietzahlungstage kann immer nur eine Mark statt zwei Mark abgezahlt werden. Der Bearbeiter hat den Anzug, der nur sehr wenig getragen ist, von seinem Schneider taxieren lassen und dessen Urteil lautete: »Der Anzug ist neu höchstens 30.– Mk. wert; fertig bekommt man solche schon für 30.– Mk., da der Stoff ganz ordinär ist.« Auch das Sonntagskleid der Frau stammt aus einer Altkleiderhandlung, die Kleidung der Kinder ist im Verhältnis zu der der Eltern recht gepflegt, da die Schule in dieser Beziehung einen starken Einfluß auf Ordnung und Reinlichkeit ausübt.

Der Hauptposten ist hier, wie überall, die Stiefelversorgung. Auch die Schuhe werden alt gekauft und vom Manne für die ganze Familie selbst geflickt. Der Mann sitzt von Zeit zu Zeit sonntags- und wochentags an den Abenden bis tief in die späte Nacht hinein bei Stiefelausbesserungen.

Die Strümpfe für die ganze Familie strickt die Frau aus Woll- oder Baumwollgarn. Nach drei bis vier Wochen werden sie angestrickt und nach weiteren drei bis vier Wochen nochmals. Nach 14 Tagen müssen sie natürlich gestopft werden. Manchmal ist auf das Paar Strümpfe noch 50 Pfg. Strickerlohn zu verwenden, denn die Frau ist nicht imstande, alles zu stricken, was für die Familie nötig ist, obgleich sie in jeder freien Minute sonntags und sogar in der Fabrik in der Mittagsstunde strickt. Die Hemden des Mannes werden aus gekauftem Stoff für Nählohn hergestellt. Alle übrige Wäsche, soweit sie nicht fertig gekauft wird, wird von der Mutter genäht und aus alten Resten geflickt. Noch ein Wort über die Kopfbedeckung der Familienmitglieder: der Mann besitzt zwei Hüte, einen für Sonntags und einen für Werktags, außerdem eine Wintermütze. Die Frau, die früher in bloßem Kopf ging, weil das in ihrer Vaterstadt so Sitte war, hat sich jetzt auf der Straße an ein wollenes Kopftuch gewöhnt. Die Tochter hat im Sommer einen alten Strohhut, ebenso wie der kleine Junge, und im Winter ein wollenes Tuch um den Hals, Handschuhe sind nicht bekannt, man steckt die Hände unter die Schürze. Ebenso tragen die weiblichen Mitglieder der Familie keine Hosen. Im Sommer gehen die Kinder barfuß.

Wir sehen uns nun die Verteilung der Ausgaben auf die Einnahmen im einzelnen an: Hier sind aber nicht, wie in den vorangegangenen Haushaltungen, die Prozentzahlen angegeben, sondern die wöchentlichen tatsächlichen Ausgaben angeführt. Die Nahrungsausgaben belaufen sich auf rund 13.– Mk. pro Woche, d. h. sie nehmen genau den ganzen Wochenlohn des Mannes, der 13.20 Mk. beträgt, in Anspruch. Alles übrige muß demnach durch Nachtschichten und Überstunden und durch die Frauenarbeit gedeckt werden.

Von den Nahrungsmittelausgaben stehen

Brot mit	3.52 M. an erster Stelle (32 Pfd.)
dann kommen Kartoffeln mit	1.17 „ „ zweiter „
Fette, einschl. Butter mit	6.72 „
Fleisch und Wurst mit	1.20 „

Kaffee und Gerste	0.50	„
Bier und Schnaps	1.60	„

Die Ausgaben für Miete sind, wie gesagt, 18.– Mk. pro ¼ Jahr, dafür legt die Arbeiterfamilie wöchentlich 1.50 Mk. zurück (im Durchschnitt ist nur 1.30 Mk. dafür nötig).

Für Kohle, Holz und Petroleum wird 2.30 Mk. ausgegeben, für Reinigung (Seife) 0.42 Mk.

Wenn man die bisherigen Ausgaben zusammenrechnet, so ergeben sich reichlich 17.– Mk. pro Woche für Nahrung, Wohnung, Heizung, Beleuchtung und Reinigung. Bei einem durchschnittlichen Wochenverdienst von 22.– Mk. bleiben also knapp 5.– Mk. für alles Übrige, d. h. Kleidung, Mobiliar, Krankheit (denn eine Versicherung besteht in dieser Zeit noch nicht), Kinderaufbewahrung, Bildung, Vergnügen und Steuer.

Typen proletarischer Haushaltungen zwischen 1880 und 1900
(Nach der Tabelle auf den Seiten 242–247)

Wenn wir nun zusammenfassen und uns fragen, ob diesen proletarischen Haushaltungen aus der Zeit zwischen 1880 und 1890 in deutschen Großstädten etwas Gemeinsames zu Grunde liegt, so kommen wir zu folgenden Resultaten: Diese Haushaltungen sehen sich einander, trotz der Verschiedenheit der Berufe, der Kinderzahl und der Städte, in denen die Menschen leben, außerordentlich ähnlich. Ich will versuchen das Eigentümliche, das sie alle aufweisen, herauszuarbeiten.

1.) Fast alle Arbeiter, die uns begegnet sind, stammen von Vätern ab, die Handwerker waren. Sie selbst sind zum Teil auch noch durch eine Lehre gegangen, mußten aber den Handwerkerberuf mit einem abhängigen Lohnarbeiter- oder Tagelöhnerberuf vertauschen.

2.) Die Unsicherheit begleitet das Leben des Arbeiters. Sobald Arbeitslosigkeit eintritt, erfolgt stets das gleiche stufenweise Herabsinken. Es fängt an mit den Mietrückständen, die zu Wohnungswechsel und Pfändung durch den Hauswirt führen; die Armenfürsorge greift ein. Wechselnde Berufe, Hilfsarbeiterstellungen leiten allmählich wieder in geordnete Stellungen über. Es erfolgt ein neuer Aufbau, dem nach einigen Jahren sehr oft wieder derselbe Abbau folgt.

3.) In den meisten Fällen werden mittellose Frauen geheiratet

(Arbeiterinnen, Hausangestellte). Viele Schwangerschaften machen es der Frau in zahlreichen Fällen unmöglich, zum Verdienst beizutragen. Viele der geborenen Kinder sterben wieder. Die Frauen sind durch die Schwangerschaft so geschwächt, daß sie meist auch später, wenn die Kinder groß sind, keinem geregelten Verdienst mehr nachgehen können.

4.) Selbst bei einer geordneten Stellung des Ehemannes ist die Bezahlungsart in den seltensten Fällen eine ganz regelmäßige. Kombinationen von Akkord- und Zeitlohn, von Normalarbeitszeit, Überstunden, Nacht- und Sonntagsarbeit, sowie teils 14tägige, 8tägige und monatliche Bezahlung haben zur Folge, daß der Arbeiter selten mit einer bestimmten Summe zu bestimmter Zeit rechnen kann. Dadurch sind zwischenzeitliche Schulden, obgleich sie im allgemeinen vermieden werden, häufig unabwendbar. Im Rahmen dieser Unregelmäßigkeiten in der Bezahlungsart sind die Arbeiterlöhne einander sehr ähnlich; sie variieren zwischen Mk. 1000.– und Mk. 1600.– pro Jahr.

5.) Ersparnisse werden kaum gemacht.

6.) Substanz und Fundierung des Haushalts sind kaum vorhanden; trotzdem gehören Anschaffungen zu den Unmöglichkeiten.

7.) Eine Verbesserung der Stellung ist in den wenigsten Fällen möglich; die Familien sind sich der Aussichtslosigkeit eines Aufstiegs meist bewußt.

8.) Eine häusliche Hilfe wird nicht gehalten; nur während der Wochenbetten kommt eine Hilfe, sehr oft durch Verwandtschaft oder Nachbarschaft, für den Haushalt in Betracht.

9.) Sozialversicherungen wurden in jener Zeit erst eingeführt, die Beitragszahlungen waren noch höchst ungeordnet. Zum Teil bestanden gar keine Versicherungen, zum Teil wurden sie vom Arbeitgeber getragen.

10.) Für die Arbeitszeit ist charakteristisch, daß sie sehr früh, meist um 7 Uhr, beginnt und des weiten Weges halber über Tisch, d. h. bis 4 oder 6 Uhr am Nachmittage ausgedehnt wurde.

11.) Die Wohnungen zeigen fast alle ein außerordentlich ärmliches, unhygienisches und unpraktisches Gepräge. Durchschnittlich bestehen sie aus ein bis zwei Zimmern und einer Küche oder einer Kochgelegenheit. Die Licht- und Lüftungsverhältnisse sind sehr schlecht. Der Abort ist meist für mehrere Familien gemeinsam auf der Treppe. Die Zimmer, meist jedenfalls die Küche, haben keine direkte Lüftung ins Freie. Dazu sind die Preise dieser Wohnungen außerordentlich hoch.

12.) Untervermietung, Schlafgänger und Kostgänger sollen den Verdienst erhöhen. Es ist aber ein sehr unsicherer Verdienst.

13.) Das Mobiliar dieser Wohnungen besteht nur aus dem Allernotwendigsten. Es ist zum Teil geerbt, zum Teil auf Abschlag erstanden, zum Teil gebraucht gekauft, zum Teil selbst gezimmert, zum Teil gemietet. Es finden sich stets sehr viel weniger Betten als Menschen in der Wohnung. Ein paar Bilder an der Wand, oder eine Schwarzwälder Uhr, oder einige Blumenstöcke finden sich fast in jeder Familie.

14.) Ob in der Küche gegessen wird, hängt von den Wohn-, den Licht- und den Heizverhältnissen ab.

15.) Ebenso mangelhaft wie das Mobiliar ist die Kleidung. Auch sie wird auf Abschlag bezahlt. Die Schuhe nehmen darunter den Hauptposten ein. Eine Nähmaschine ist selten vorhanden. Die Leibwäsche wird wöchentlich gewechselt, die Bettwäsche alle vier bis sechs Wochen. Daß die Frauen mit bloßem Kopf gehen, im Winter ein Kopftuch umnehmen, daß Handschuhe selten getragen werden, und daß die Kinder im Sommer barfuß gehen, war allgemein üblich.

16.) Die Kleidung wird oft durch Geschenke ergänzt. Neben Kohlen und Kartoffeln sind Kleidung und Wäsche die Hauptposten für die private Wohltätigkeit.

17.) Für die Lebensmittelversorgung ist charakteristisch, daß keinerlei Vorräte gekauft werden können. Auch bei Kohlen und Kartoffeln ist dies nicht möglich. Wenn der Mann des Mittags nicht zu Hause ist, verteuert sich das Essen durch die mitgenommene kalte Mahlzeit. Wurst wird nicht nach Gewicht sondern nach Preis gekauft. Es besteht also im Ganzen eine Verteuerung der Lebenshaltung in Bezug auf Kleidung, Mobiliar, (Abschlagszahlung) und Nahrung dadurch, daß von der Hand in den Mund gelebt wird und auswärts gegessen werden muß. Bei Fleisch handelt es sich in der Regel um billiges, zum Teil minderwertiges Fleisch. Unter dem Posten Fette ist Butter nur in kleinen Quantitäten und Ersatzstoffe und Schmalz in größeren Quantitäten.

18.) Bei der Einteilung der Lebensmittel kommt auf den Mann eine größere und bessere Portion als auf Frau und Kinder.

19.) Der Hauptposten, der auf Geistiges und auf Freizeitgestaltung geht, besteht aus den Ausgaben für die Schule der Kinder. Die sonstigen Vergnügungen erschöpfen sich in einem Sonntagsspaziergang mit der Familie, bei dem hie und da eingekehrt wird, in der Zugehörigkeit zu einem Verein und im Halten einer Zeitung. Die beiden letzteren Faktoren sind aber nur teilweise zu beobachten.

20.) Die Mitarbeit der Frau ist in allen den Fällen vorhanden, in denen der Verdienst des Mannes zum Lebensunterhalt nicht ausreicht und dauernde Schwangerschaften es nicht unmöglich machen. (Vergl. 13.) Trotzdem die Frau sich bewußt ist, daß ihr Haushalt darunter leidet, geht sie dem Verdienst nach, weil ihre Lebenshaltung ohne diesen Verdienst noch ärmlicher sein müßte, als sie es schon ohnehin ist. In allen Fällen, in denen eine außerhäusliche Mitarbeit der Frau besteht, zeigen sich folgende Symptome in den Haushaltungen:

a) Die Frau muß früh morgens, abends nach Rückkehr von der Arbeit und am Sonntag ihren Haushalt in Ordnung bringen. Sehr frühes Aufstehen, spätes zu Bett gehen und außerordentliche Anspannungen aller Kräfte sind für diese Leistungen erforderlich.

b) Kinder, die noch nicht in die Schule gehen, müssen meist einer Aufsicht übergeben werden, falls nicht eine Verwandte innerhalb der Familie dies übernehmen kann.

c) Mann und Frau nehmen das Essen mit, die Kinder kochen sich selbst oder essen auswärts, die Hauptmahlzeit findet am Abend statt. Es werden schnell kochbare Gerichte bevorzugt. Gemüse kann es z. B. selten geben, weil es zu lang aufhält.

d) Die beiden letzteren Umstände, d. h. b) und c) verteuern die Lebenshaltung in der gleichen Richtung, aber in noch höherem Maße, als wir sie schon beobachtet haben. Trotzdem lohnt sich der Verdienst der Frau, weil der Verdienst die Mehrkosten übersteigt.

21.) Über die Verteilung der Gesamtausgaben auf die Gesamteinnahmen und über die einzelnen Ausgabengruppen gibt die beigefügte Tabelle Aufschluß. Für die Struktur der Haushaltungen läßt sich daraus das folgende erkennen: Ganz allgemein läßt sich sagen, daß die Tabelle eine Bestätigung des sogenannten Engel'schen[6] Gesetzes ergibt, d. h. »daß, je ärmer eine Familie ist, ein desto größerer Anteil von den Gesamtausgaben zur Beschaffung von Nahrung aufgewandt werden muß.« Dabei wirkt eine große Kinderzahl genau so wie eine Einkommensverminderung. Fall 3, 4, 9, 11, 12 und 13 sind die schlechtsituiertesten Familien, bzw. diejenigen, in denen ein geringes Einkommen, eine große Kinderzahl oder beides zusammen vorhanden sind. In ihnen sind die Prozentzahlen für Nahrung am höchsten. Fall 13 weist dabei die größte Summe auf, wohl deshalb, weil hier die Frau als einzige von den 13 Ehefrauen regelmäßiger außerhäuslicher

6 Ernst Engel, Das Königreich Sachsen in statistischer und staatswirtschaftlicher Beziehung. Dresden 1853

Erwerbsarbeit nachgeht. Bei Fall 1 und 2, die ebenfalls zu den gering bezahlten und kinderreichen Familien gehören (Fall 1 ist außerdem durch unregelmäßige außerhäusliche Erwerbsarbeit der Frau als Putzfrau charakterisiert), verschiebt sich der Anteil der Nahrung dadurch, daß hier unverhältnismäßig teure Wohnungen im Hinblick auf Untervermietung genommen worden sind. Da sich die Untervermietung aber nicht als dauernde Einnahme erwiesen hat, muß die Nahrung erheblich eingeschränkt werden zu Gunsten der Wohnung. Die Fälle 5, 6, 7, 8 und 10 gehören zu den besser situierten Familien, bzw. zu denen, in denen weniger Kinder, gar keine oder zum Teil schon erwachsene Kinder vorhanden sind. In ihnen ist der prozentuale Anteil der Lebensmittelausgabe wesentlich geringer.

Die spezielle Untersuchung der einzelnen Lebensmittelgruppen zeigt den starken Anteil der Gruppen Brot, Kartoffeln und Kaffee bei allen schlecht bezahlten Familien, im Gegensatz zum Fleisch, das gegenüber diesen Gruppen eine untergeordnete Rolle spielt. Sobald sich die Einkommen verbessern, steigt der Anteil des Fleischkonsums, während die Ausgabe für Brot, Kartoffeln und Kaffee sinkt. Ebenso steigert sich mit höherem Einkommen der Butterkonsum im Verhältnis zum Verbrauch an minderwertigen Fetten. Der große Prozentsatz im Milchkonsum in allen zehn Basler Haushaltungen im Gegensatz zu den drei deutschen Haushaltungen mag auf die schweizerischen Verbrauchs-Üblichkeiten zurückzuführen sein. Wenn auch im Ganzen der geringe Anteil des Gemüsekonsums in Erstaunen setzt, so ist auch hier eine Steigerung des Verbrauchs bei höherem Einkommen zu bemerken. In zwei Fällen mag der geringe Verbrauch an Gemüse mit dem Anbau von Produkten im eigenen Gärtchen zu erklären sein.

Die Rubrik Wohnung bestätigt im großen und ganzen das Schwabe'sche Gesetz[7], »daß mit größerer Wohlhabenheit die auf Miete verwandten Prozente der Ausgaben abnehmen, und daß, je höher die soziale Stellung einer Familie ist, desto größer die für Wohnung verwandte Ausgabenquote ist«. Die Fälle 1, 2, 3, 4, 9, 11 und 12 sind Beweise für den ersten Teil des Satzes, während Fall 13 sich durch eine für die damaligen Verhältnisse außerordentlich billige Miete auszeichnet. Da wir aber überall die Ausgaben für Heizung und Beleuchtung den Ausgaben für Miete bis zu einem gewissen Grade hinzurechnen müssen, können wir auch hier, wie bei den andern Fällen, von einem

7 Hermann Schwabe, Die Resultate der Berliner Volkszählung vom 3. Dezember 1867. Berlin 1869

ziemlich großen Anteil der Wohnungsausgabe sprechen. Umgekehrt zeigen die sozial am höchsten gestellten Familien, die Fälle 6, 7, 8 und 10 die höchsten Ausgabenquoten für die Wohnung bei sonst gleichem Haushaltungsaufwand. Da aber drei dieser Haushaltungsvorstände Schneiderarbeit zu Hause verrichten, so ist hier vielleicht noch weniger an eine gehobene soziale Stellung als an die Notwendigkeit eine Schneiderwerkstatt zu haben, zu denken. Von den dreizehn Haushaltungen haben nur vier untervermietet, bzw. Schlaf- oder Kostgänger. In zwei Fällen wohnt eine Groß- bezw. Schwiegermutter, z. T. teilweise, bei der Familie. Daß diese Untervermietung in Fall 1 und 2 eine Fehlberechnung ist, haben wir schon erwähnt.

Die Rubrik Kleidung ist bei den besseren Einkommen höher als bei den geringen Einkommen. Bei Fall 4 ist sie besonders hoch; hier handelt es sich um die Familie mit 8 Kindern. Ebenso zeigt der Fall 13 einen besonders hohen Anteil der Kleidungsausgabe; hier ist die Frau Fabrikarbeiterin. Sie braucht selbst infolgedessen mehr Kleidung und kann zu Hause nicht so rationell wirtschaften. Auch Fall 5 zeigt eine hohe Pozentzahl, hier gehen vier Personen in die Fabrik; das erfordert Kleidung und Schuhe. Fall 7 bildet eine Ausnahme in dieser wie in mancher anderen Beziehung: Diese Familie ist nicht nur erst seit drei Jahren verheiratet, sondern hat außerdem einen außerordentlich wertvollen und gut fundierten Bestand an Kleidungs- und Wäschestücken; hier ist nicht viel zu ergänzen nötig. Im übrigen ist die klare Herausarbeitung des Kleidungspostens bei mehreren Fällen mit Schwierigkeiten verknüpft, da sich unter den dreizehn Haushaltungen drei Schneider, ein Schuster und vier Näherinnen befinden. Fall 1 und Fall 13 zeigen auffallend geringe Zahlen für Schuhe; das eine Mal ist es ein Schuster, das andere Mal besorgt der Mann alle Schuharbeiten selbst. Bei den Anschaffungen ist dasselbe zu beobachten wie bei der Kleidung: Bei den Familien mit geringem Einkommen kann so gut wie nichts dafür ausgegeben werden, bei den besser situierten, in der Tabelle die Fälle 6, 8, 10, steigt der Prozentsatz der für Anschaffungen zur Verfügung stehenden Ausgaben. Wieder macht Fall 7 eine Ausnahme, da hier durch die gut fundierte Einrichtung sich Neuanschaffungen erübrigen.

Ähnlich steht es mit der Rubrik Freizeit, für die die Familien mit besserem Einkommen, Fall 7, 8 und 10, höhere Prozentsätze ausgeben können, als die mit schlechtem Einkommen. Fall 2 mit relativ großem Freizeit- und Getränkekonsum erklärt sich aus der Rolle, die der Mann in seinem politischen Verein spielt, und aus der Tatsache eines

Streiks mit Streikzuschüssen, für die Ausgaben notwendig waren. Fall 6 mit außergewöhnlich niedriger Freizeitquote, trotz besserer Gesamtsituation, ist aus einer Verschiebung des Postens Freizeit zu Gunsten des Postens Diverses zu erklären. Und in diesem Posten Diverses ist im Wesentlichen die Ausgabe beim Todesfall des Kindes enthalten. Fall 7 zeichnet sich hier wieder durch hohe Getränke- und Freizeitausgaben aus. Fall 9, sonst mit allen Merkmalen einer sehr ärmlichen Haushaltung, fällt auf durch seinen großen Getränkeposten. Er erklärt sich durch den Kredit beim Weinhändler bzw. dadurch, daß Abzahlungen für gestundete Weinbeträge im Laufe des Jahres stattfanden. Die drei letzten Haushaltungen ergeben kein klares Bild der Freizeitgestaltung, weil in diesem Posten noch andere Ausgaben enthalten sind. Daß für Versicherung nur bei den besser bezahlten Familien etwas erübrigt werden kann, liegt auf der Hand. Die Fälle 7 und 10 haben die höchsten Zahlen; bei Fall 5 setzt die hohe Zahl für Versicherung in Erstaunen; sie erklärt sich wohl aus der Tatsache, daß vier erwachsene Personen den gleichen Beruf haben und damit den entsprechenden Berufskassen angehörig sind.

Typus des proletarischen städtischen Haushalts zwischen 1880 und 1900

Wenn wir nun zusammenfassen und, nachdem die wesentlichen Züge der analysierten Arbeiterhaushaltungen zwischen 1880 und 1890 herausgearbeitet worden sind, nach der typischen Struktur dieser Haushaltungen fragen, so ergibt sich folgendes: Verglichen mit dem Arbeiterhaushalt aus der Mitte des Jahrhunderts, zeigen diese Haushaltungen aus dem Ende des Jahrhunderts nur wenige neue Züge. Im großen und ganzen sind sie Weiterbildungen des um die Mitte des Jahrhunderts geformten Typus. Sie hatten sich in der Weise konsolidiert, daß sowohl die Wirtschaft sie in sich aufgenommen hatte, als auch sie sich der Wirtschaft angepaßt hatten.

Geblieben war die Ungesichertheit und Aussichtslosigkeit der Existenz. Geblieben waren ebenso die schlechten Wohnverhältnisse, der schlechte gesundheitliche und hygienische Zustand. Dagegen scheinen die Einkommensverhältnisse, verglichen mit der Jahrhundertmitte, schlechter geworden zu sein in dem Maße, als der damals noch zögernde Arbeiter jetzt zum selbstverständlichen und stark angebotenen Produktionsfaktor geworden war. Seine Arbeitskraft war – im Gegensatz zu früher – jetzt stärker begehrt als die der Frau.

Ebenso fällt, nachdem die Gewöhnung der Frau an die neue Form des städtischen proletarischen Haushalts fortgeschritten war, eine gewisse Rückkehr zur alten patriarchalischen Haushaltsformung und Familiengestaltung, soweit dies noch möglich ist, auf. Die Losgelöstheit von aller Tradition, die für die erste Stabilisierung der großstädtischen Proletarierhaushaltungen charakteristisch war, scheint einer beruhigteren und gebundeneren Daseinsform gewichen zu sein.

Wir werden also, um den Typus des proletarischen, großstädtischen Haushalts vom Ausgang des Jahrhunderts zu kennzeichnen, auf ähnliche Formulierungen zurückkommen, wie wir sie in der Mitte des Jahrhunderts umrissen haben.

Auf dem Hintergrund einer ungesicherten und aussichtslosen Existenz hebt sich ein Haushalt ab, der auf einem knappen Geldeinkommen, ohne Rückhalt durch Naturaleinkommen und eigenen Besitz beruht. Ansätze zu staatlicher Versicherung und privaten Hilfsmaßnahmen sind vorhanden. Das Einkommen in Verbindung mit der Kinderzahl ist die Voraussetzung für die Lebensweise der Familie. Verschiebungen von Einkommen und Kinderzahl ergeben Verschiebungen in der Ausgabenverteilung, gekennzeichnet durch das Engel'sche und das Schwabe'sche Gesetz in ihren verschiedenen Variationen. Innerhalb der durch Einkommen und Kinderzahl gezogenen Verteilungsgrenze sind die Funktionen der Warenbeschaffung (durch Kauf und Umwandlung noch nicht konsumreifer Güter in konsumreife Güter), der Haushaltverrichtungen und Kindererziehung in allen proletarischen Haushaltungen stark reduziert. Der Haushalt stellt im Wesentlichen nur noch eine Konsumwirtschaft und Schlafgemeinschaft dar, wobei der Konsum nicht immer im Hause vollzogen wird und der Schlaf auch noch haushaltfremde Menschen einbezieht. Die Konsumwirtschaft wird dadurch charakterisiert, daß Haushalt-Fonds und Vorräte überhaupt nicht vorhanden sind und sowohl der Konsum außerhalb des Hauses, als auch die Zubereitungsweise im Haus, verteuernd auf die Lebenshaltung wirken.

Diese Verteuerung tritt um so stärker hervor als das Geldeinkommen des Mannes durch die Mitarbeit von Frau und Kindern ergänzt wird.

Das Geldeinkommen wird außerdem durch Untervermietung und Kostgängerwesen ergänzt.

Typus der proletarischen städtischen Frau und der proletarischen städtischen Familie zwischen 1880 und 1900

Der so beschaffene Arbeiterhaushalt hat folgenden Typus der Frau herausgebildet:

Die verheiratete Proletarierfrau bewältigt eine doppelte Aufgabe. Einerseits bewältigt sie ihren kinderreichen zur Konsumwirtschaft und Schlafgemeinschaft zusammengeschrumpften Haushalt, indem sie sowohl organisatorische (Disposition über das Geldeinkommen) als auch körperliche Arbeit leistet. Andererseits leistet sie, soweit Kinderzahl und Gesundheit es erlauben, eine körperliche, teils häusliche, teils außerhäusliche Erwerbsarbeit. Diese Erwerbsarbeit tritt ergänzend zu dem Geldverdienst des Mannes und ist trotz der Mehrausgaben des Haushalts und der Kindererziehung lohnend.

Die Frau wird manchmal von Hilfen durch fremde Einzelpersonen oder Kollektiveinrichtungen, manchmal durch die Hilfe der Kinder und von Verwandten unterstützt. Trotz einer ärmlichen Wohnung und mancherlei gesundheitlicher und moralischer Schäden ist ein Familienzusammenhalt vorhanden. Der Maßstab eines geordneten Familienlebens ist den Frauen trotz ihrer Erwerbsarbeit nicht abhanden gekommen, sie lieben ihre Kinder, es werden sonntägliche Spaziergänge gemacht, die Kirche ist nicht ganz vergessen, und es wird als ganz selbstverständlich angesehen, daß der Mann, gegenüber den andern Familienmitgliedern, gewisse Vorrechte und Bevorzugungen genießt.

Neben die Familie aber tritt das proletarische Kollektivbewußtsein, das sich in der Zugehörigkeit beider Geschlechter zu Arbeiterorganisationen ausdrückt. Auch sonst tritt die Frau, namentlich die verdienende Frau, in zahlreiche Beziehungen zur Umwelt.

Zitate.

Auf Zitate und literarische Ergänzungen soll an dieser Stelle verzichtet werden, da den in der Mitte des Jahrhunderts gegebenen Proben kaum etwas Neues hinzuzufügen wäre. Die nackten Tatsachen der Arbeiterhaushaltungen selber sprechen die deutlichste Sprache. Nur die kleine Jubiläumsschrift eines bekannten Frankfurter Lebensmittelgeschäfts[8], sei hinzugefügt, weil in ihr treffend die Bedürfnisse der

8 50 Jahre Latscha; 1882 bis 1932. S. Anhang.

Arbeiterschaft nach solchen Läden in den siebziger und achtziger Jahren zum Ausdruck kommt.

6. Kapitel

Bürgerliche städtische Haushaltungen zwischen 1890 und 1910

Wir wenden uns nun wieder einem bürgerlichen Haushalt zu, um festzustellen, wie als Ergänzung zu den analysierten Proletarierhaushaltungen die bürgerlichen Haushaltungen um 1900 beschaffen waren. Es steht uns zuerst eine Bearbeitung von Dr. Erna *Meyer* zur Verfügung[1].

Es handelt sich um ein von einem höheren Justizbeamten eigenhändig geführtes Wirtschaftsbuch, das in außerordentlicher Exaktheit alle Einnahmen und Ausgaben, sowie in einem gesonderten Buch alle Ausgaben für Nahrungsmittel verzeichnet.

Die Familie bestand im Jahre 1880, als das Buch begann, aus dem Ehepaar und drei Kindern, zu denen sich bis 1890 noch zwei weitere Kinder gesellten. Seit 1886 lebte der Vater bis zu seinem Tode, seit 1892 die Schwester der Frau mit im Hause. Der Mann war damals Landrichter in einer norddeutschen Kleinstadt und seit 1875 verheiratet. Während der ganzen Berichtszeit wurden zwei Mädchen, Köchin und Stubenmädchen, zeitweise auch eine Amme, beschäftigt. Im Jahre 1888 siedelte der Mann im gleichen Beruf nach Berlin über, wo er später befördert und im Nebenberufe eine Hilfsrichterstellung am Reichsversicherungsamt erhielt.

Die Kräfteverteilung innerhalb der Familie war so, daß der Mann die Buchführung bzw. die Kalkulation des Haushalts übernommen hatte, während die eigentliche Haushaltführung der Frau oblag. Die Unterstützung einer Tochter kam erst seit 1902, also nur kurze Zeit, in Frage. Es ist noch zu erwähnen, daß der Mann vollständiger Antialkoholiker und von zarter Gesundheit, die sich im Laufe der Zeit verschlechterte, war.

Die Einnahmen der Familie gliedern sich nach zwei Gesichtspunkten: Erstens aus dem Einkommen, aus dem Gehalt des Mannes, und zwar aus dem Haupt- und dem Nebenberuf. Das eigentliche Gehalt stieg im Laufe der Berichtsperiode von Mk. 4.200.– pro Jahr auf Mk.

1 Dr. Erna Meyer, Der Haushalt eines höheren Beamten in den Jahren 1880 bis 1906, Schriften des Vereins für Sozialpolitik. München und Leipzig 1915.

7.500, worin das Wohnungsgeld mit eingerechnet ist. Dazu kamen die Nebeneinnahmen von 1892 ab mit ungefähr Mk. 1.000.– bis 1.200.– Mk. pro Jahr. Die Gesamteinnahmen aus dem Verdienst des Mannes betrugen demnach 1881 Mk. 4.300.– und stiegen bis 1904 auf Mk. 4.200.– und 1904 Mk. 8.700.– Die Zinsen des Vermögens, das durch Erbschaft sich noch vergrößerte, beliefen sich anfangs auf Mk. 5.900.–. Dazu kamen noch Zuschüsse von Verwandten, die aus Geschenken zu Geburtstagen, aus Beiträgen zur Haushaltführung, aus Reisebeihilfen und dergleichen bestanden. Wir haben es also im Ganzen mit Einnahmen zu tun, die im günstigen Fall die Gesamtsumme von Mk. 15.500.- erreichten, wobei durchschnittlich ungefähr die Hälfte des Gesamteinkommens auf Einnahmen aus dem Beruf zurückgehen. Demgegenüber stehen die Gesamtausgaben in Jahr für Jahr wechselnden Beträgen zwischen 7.231.– Mk. und 13.618.– Mk.

Bis 1888 werden größere Summen zwischen Mk. 1.500.– und Mk. 3.000.– jährlich gespart. Der Umzug nach Berlin bringt zum ersten Mal einen Fehlbetrag von Mk. 500.–. Hier beginnen auch die Zuschüsse der Verwandten. Die folgenden Jahre bringen wieder Überschüsse, bis dann die letzten Jahre, offenbar infolge Krankheit, Erholungsreisen, Studium der Söhne und Aufgabe der Hilfsrichterstellung, Fehlbeträge bis zu Mk. 1.700.– aufweisen. Wir wollen nun die Ausgaben im einzelnen betrachten.

Ehe wir auf die einzelnen Posten der Ausgabenverteilung eingehen, soll ein Wort über die Methode der Bedarfsdeckung und über den äußeren Rahmen des Lebens dieser Familie, nämlich ihre Wohnung und ihre Einrichtung, gesagt werden. Die Hausfrau hatte ein festes, durch Jahrzehnte hindurch beibehaltenes Schema, nach dem sie ihren Bedarf an Nahrungsmitteln deckte. Zweimal in der Woche ging sie auf den der Wohnung nahe gelegenen Wochenmarkt, auf dem sie meist bei denselben Leuten Fleisch, Schmalz, Eier, Käse, Obst und Gemüse für den Bedarf der ganzen Woche einkaufte. Die Hausfrau glaubte erstens auf dem Markt billiger als in den Läden zu kaufen, und zweitens durch die größere Auswahl vorteilhafter einzukaufen. Außerdem gestaltete sich der Einkauf in größeren Mengen viel günstiger als der Einkauf in kleinen Quantitäten in den Läden. Die sogenannten Kolonialwaren und alle die Dinge, deren Qualität ein für allemal bestimmt war, wurden alle drei bis vier Wochen, also auch vorratsmäßig im Konsumverein bestellt (Zucker, Mehl, Reis, Gewürze, Backobst, Kakao, Streichhölzer, Lichter und Seife). Aus Spezialgeschäften wurden nur Wurst und Schinken, Milch und Backwaren bezogen.

Gemüse und Obstkonserven lieferte das Warenhaus und zwar nur solche Konserven, die zur gegebenen Jahreszeit nicht in frischer Form auf dem Wochenmarkt zu haben waren. Die Butter wurde von außerhalb bezogen (aus Holstein). Solange die Familie in der Kleinstadt lebte, war ein kleiner Garten vorhanden, in dem Obst und Gemüse selbst produziert wurden. Der Garten lag direkt neben dem Haus. Alle Wohnungen der Familie, auch die in Berlin, bestanden in sieben Zimmern, die sich folgendermaßen verteilten: 1. Ein Schlafzimmer der Eltern, in dem auch immer das jüngste Kind zu schlafen pflegte; 2. und 3. Zwei Zimmer für die übrigen Kinder; 4. Ein Eßzimmer; 5. Ein Arbeitszimmer des Mannes; 6. Ein sogenannter Salon; 7. Ein Fremdenzimmer, in dem zuerst der Vater, dann die Schwester der Frau wohnten. Dazu kamen eine Küche, ein Zimmer für die Dienstmädchen und ein Badezimmer. Bei Tage dienten sämtliche Zimmer, mit Ausnahme des Schlafzimmers der Eltern und des Salons, zum Wohnen. Der Salon wurde nur, wenn der Besuch da war, benutzt. Die Wohnungen in der Kreisstadt und in Berlin lagen im obersten Stockwerk mehrstöckiger Häuser. In Berlin ging der Garten verloren, stattdessen war ein Balkon am Haus. Die Stadtgegend war in beiden Städten ähnlich, in der Kreisstadt das sogenannte »Geheimratsviertel«, in Berlin der »Westen«. Modernisierungen innerhalb der Wohnung waren außer Kanalisation und Badezimmer im Laufe der Jahre nur wenige zu finden, höchstens hellere und luftigere Zimmer, reichlichere Ausstattung durch Wandschränke, Kleiderkammer und Hängeboden.

Das Inventar der Wohnung ist seit 1890 ziemlich gleich geblieben. Es sah folgendermaßen aus (ich richte mich genau nach Dr. Erna Meyers Aufstellung):

1. Das eichene Eßzimmer mit einem Büffet, einem Anrichter, einem großen Eß- und einem kleinen Sofatisch, einem Sofa, einem Blumenständer und zwölf Stühlen.
2. Der Salon mit einem Plüschsofa, sechs dito Stühlen, einem Tisch, einem Damenschreibtisch, einem Stehspiegel, einem Glasspindchen, einem Klavier mit Notenständer.
3. Das Arbeitszimmer des Mannes mit einem Eichenschreibtisch und Aktenbock, dito Bücherschrank, dito sechs Stühlen, einem Sofa und zwei Lehnsesseln.
4. Das Schlafzimmer des Ehepaars mit zwei großen Betten, einem Kinderbett, einem Waschtisch mit Marmorplatte, zwei Nachttischchen, sechs Stühlen, einem Wäsche- und Kleiderschrank, einer Spiegelkommode, einer Nähmaschine mit Nähtisch.

5. Das Schlafzimmer der Kinder mit drei Betten, einem großen Tisch, sechs Rohrstühlen, einer Kommode, einem Schreibtisch, einem Waschständer und einem Kleiderschrank.

6. Das Wohnzimmer der Kinder mit einer Chaiselongue (auch zum Schlafen), einem Schreibtisch, einem großen Tisch, vier Stühlen und einem Schrank (ein Waschständer befand sich noch im Badezimmer).

7. Das Zimmer der Schwester der Frau mit einem Sofa (zum Schlafen), einer Spiegelkommode, einem kleinen Schrank, einem Tisch, vier Stühlen, einem zudeckbaren Waschtisch.

Im Korridor stand ein Spiegel, ein Garderobeständer und eine alte Truhe, sowie ein Kleiderschrank und ein Tisch für Lampen.

Das Zimmer der Dienstmädchen enthielt zwei Betten, einen Schrank, zwei Stühle und einen Tisch sowie einen Waschständer. Die Küche war mit zwei Geschirrschränken und einem Vorratsspind sowie einem Tisch und zwei Stühlen, nebst Brettern für Geschirr an der Wand, nur zum Kochen eingerichtet.

Im Eßzimmer, Salon und Arbeitszimmer des Mannes hingen Bilder an den Wänden, die fast ausschließlich geschenkt erhalten oder ererbt waren, ebenso eine große Steh- und eine Wanduhr. In den drei genannten Zimmern lag je ein großer Teppich, in den andern nur Strohmatten vor den Waschtischen. An allen Fenstern hingen Gardinen, in jedem Zimmer eine Gaskrone (erst seit 1898) oder eine Hängelampe. Aus besonderen Gründen soll erwähnt sein, daß 1890 bei der Geburt des jüngsten Kindes ein Soxhlet-Apparat angeschafft wurde, die Nähmaschine war ebenfalls seit 1890 im Hause, 1892 wurde neben der Kohlenfeuerung ein Gaskocher angeschafft, 1897 wurden die Kachelöfen, die schlecht heizten, durch einen eisernen Ofen ersetzt, 1899 ersetzte man, wie gesagt, die Petroleumlampe durch Gasglühlichteinrichtungen, 1901 wurde, der heranwachsenden Kinder wegen, ein Schlafsofa angeschafft, 1902 brauchte die Schwester der Frau, die Klavierunterricht erteilte, ein Klavier.

Wir geben jetzt, ehe wir die einzelnen Ausgaben besonders erläutern, einen Überblick über die Ausgabenverteilung.

An erster Stelle stehen die Ausgaben für Nahrungs- und Genußmittel mit 26,79 %

An zweiter Stelle stehen die Ausgaben für Wohnung und Haushalt mit 19,44 %

(Nach dem Durchschnitt der ganzen Berichtsperiode alles berechnet.)

An dritter Stelle stehen die Ausgaben für Kleidung, Wäsche und Instandsetzung mit 9,35 %
an vierter Stelle stehen die Ausgaben für Geschenke im weiteren Sinn mit 8,58 %
an fünfter Stelle stehen die Ausgaben für Reisen mit 7,48 %
an sechster Stelle stehen die Ausgaben für Ausbildung der Kinder mit 6,72 %
an siebenter Stelle stehen die Ausgaben für geistige und gesellige Bedürfnisse mit 5,31 %

Es folgen dann mit rund 3 % die Ausgaben für Heizung und Beleuchtung, staatliche Abgaben, Gesindelohn. Dann mit rund 2 % Gesundheits- und Körperpflege und Versicherungen. Sodann Straßenbahn und »Verschiedenes«.

Der Hauptbestandteil der Nahrungsmittel bildet der Fleischkonsum mit durchschnittlich 37 %, wovon 30,09 % auf Fleisch und 6,91 % auf Wurst gingen. Das Fleisch bildete den Hauptbestandteil des täglichen Mittagsbrotes, und es wurde zur Abendmahlzeit in der Form von Wurst oder Schinken aufs Brot gegessen. Am meisten wurde Rindfleisch konsumiert in seinen guten Sorten, in zweiter Linie folgte an Häufigkeit das Geflügel, von dem viele Hühner und Gänse gegessen wurden. Auch von Schweinefleisch wurden die guten Sorten gegessen und in der Form von geräuchertem Schinken für den Abend. An zweiter Stelle steht der Posten Backwaren mit 14,05 %. Davon sind Brot und Semmeln mit 11,38 % und Kuchen mit 2,67 % verzeichnet.

Dann folgen der Posten	Butter mit	10,15 %
„ „ „ „	Milch mit	7,92 %
„ „ „ „	Obst und Gemüse mit	5,30 %
„ „ „ „	Eier mit	3,86 %
„ „ „ „	Schmalz mit	2,88 %
„ „ „ „	Kaffee mit	2,05 %
„ „ „ „	Kartoffeln mit	1,34 %

Der Fischkonsum ist sehr gering, allerdings mit steigender Tendenz im Laufe der Jahre. Der Genuß geistiger Getränke fällt fast ganz aus, dagegen steht der Posten Zigarren mit 3,09 %. Im einzelnen ist zu den verschiedenen Lebensmittelposten noch das folgende zu sagen: Kartoffeln wurden in diesem Haushalt niemals als selbständiges Gericht, sondern nur als Beigabe zur Mittagsmahlzeit gegeben. Der Anteil von Gemüse und Obst stieg in der Großstadt beträchtlich, als der Garten für den eigenen Anbau weggefallen war. Die Kinder bekamen viele Jahre lang ausschließlich mit Milch gekochten Kakao zu trinken.

Die an zweiter Stelle stehende Prozentzahl für Wohnung bedeutete im einzelnen ein Anwachsen der Miete vom Jahre 1881 mit Mk. 700.– Jahresbetrag auf Mk. 2.403.– Jahresbetrag im Jahre 1906. Dazu kamen Beträge für Heizung und Beleuchtung, die ja in einer gewissen Beziehung zur Wohnung stehen, zwischen Mk. 104.– Jahresbetrag und Mk. 692.– Jahresbetrag[2]. Daß die Ausgaben für Inventaranschaffungen von Umständen wie Umzug nach Berlin, Geburt eines Kindes von wechselnder und mit den Jahren steigender Abnutzung des gegebenen Inventars und dergleichen abhängen, liegt auf der Hand. Hier wechseln die Beträge dauernd.

Ähnlich steht es mit den Ausgaben für Kleidung, bei denen es geradezu auffallend ist, wie auf Jahre großer Ausgaben Jahre mit kleinem Jahreskonsum folgen. Während die Ausgaben des Mannes an Kleidung denkbar bescheiden sind und eine sinkende Tendenz zeigen, was mit seiner zunehmenden Kränklichkeit zusammenhängt, begegnen wir bei der Frau seit dem Zeitpunkt der Übersiedlung nach Berlin einer sich steigernden Kleiderausgabe. Wir werden später noch einmal beim Posten Geselligkeit auf diese Dinge zurückkommen. Bei den Kindern zeigt sich trotz des Anwachsens der Familie eine sinkende Tendenz der Kleidungsausgaben, zum Teil hervorgerufen durch die Möglichkeit, die Anzüge älterer Geschwister durch die jüngeren aufzutragen, zum Teil auf dem Umstand beruhend, daß die älteren Söhne schon in jungen Jahren daran gewöhnt wurden, ihre Kleidung auf eigene Rechnung zu besorgen.

Über die ins Auge fallende große Ausgabe für Reisen, Geistiges und Freizeitgestaltung ist das Folgende zu sagen: Der Posten Geschenke umfaßt durchschnittlich eine jährliche Ausgabe von Mk. 600.–. Es sind in ihm neben recht kostspieligen Geburtstags- und Weihnachtsgeschenken, die oft wichtige Wirtschafts- und Wohnungsgegenstände umfassen, Spielsachen, sowie die Taschengelder für Frau und Kinder und Unterstützungen enthalten.

Seit 1891 wurde alljährlich mit den Kindern eine Sommerreise gemacht, seit der Mitte der neunziger Jahre verschlechterte sich der Gesundheitszustand des Mannes derart, daß die Eltern allein eine zweite Reise unternehmen mußten. Diese steigerten sich im Jahre 1904 zu einem vierteljährlichen Aufenthalt im Süden, so daß in diesem Jahf fast Mk. 3.600.–, d. h. 22 % der Gesamtjahresausgabe für Reisen ausgegeben wurde. Die Ausgaben für die Ausbildung der Kinder

2 S. oben Heizung und Beleuchtung.

stehen an sechster Stelle der Gesamtausgaben. Es sind wechselnde Höhen der Beträge, je nachdem die Lernmittel für das eine oder andere Kind steigen oder fallen. Höhepunkte sind z. B. die drei Immatrikulationen der Jahre 1895, 1899 und 1901 für die drei Söhne, sowie die Jahre ihrer Examina. Dabei studierten die Söhne aus Ersparnisgründen ausschließlich in Berlin und verbrauchten pro Semester durchschnittlich den geringen Betrag von Mk. 190.–. Sie blieben außerdem nur die Mindestzahl von Semestern auf der Universität.

Was ist unter der Ausgabe für geistige und gesellige Bedürfnisse, die an siebenter Stelle stehen, im einzelnen zu verstehen? Wir werden uns hier nochmals an die oben angeführten Beträge für Kleidung erinnern müssen. Denn die Kosten für Geselligkeit und Vergnügen stehen neben den Bildungsausgaben hier an erster Stelle.

Die Familie dieses höheren Beamten war aus Standes- und Berufsrücksichten gezwungen, einen bestimmten Verkehr zu pflegen. In der Kreisstadt in dem ersten Jahre ist denn auch die Ausgabe für Geselligkeit jährlich eine ungefähr gleichbleibende. Es wurden in jedem Winter für die Kollegen des Mannes eine große oder mehrere kleine Gesellschaften gegeben, sowie ein Damenkaffee als Erwiderung für die Einladungen bei den Frauen der Kollegen. Erst die Übersiedlung nach Berlin brachte sowohl mit dem Abschied von der Kreisstadt als mit dem Debut in der Großstadt größere Ausgaben für Gesellschaften. Dies zeigt sich auch in den vermehrten Ausgaben für Wein, Trinkgelder, Droschken. Andererseits bestand in Berlin im selbst geschaffenen Kreise weniger die unbedingte Notwendigkeit alles mitzumachen, was die Kleinstadt an Geselligkeit und Vergnügen bot. Neben der »Muß-Geselligkeit« bestand die Berliner Geselligkeit hauptsächlich im Verkehr mit nahen Verwandten und Freunden, auf die keine Repräsentationsrücksichten zu nehmen waren. So ist nach der Meinung der Frau die Steigerung ihrer Kleidungsausgaben mehr auf den Einfluß der großstädtischen Mode und der dauernden Modernisierungstendenzen zu setzen als auf Repräsentation. Wir sehen denn auch nach dem Anschwellen der Geselligkeitsausgaben im ersten Berliner Jahr wieder ein wesentliches Einschränken, bis in den letzten Jahren die heranwachsenden Kinder und eine schönere größere Wohnung wieder eine Steigerung dieser Beträge hervorruft. Am Schluß ist ein starker Rückgang durch die Krankheit des Mannes zu verzeichnen. In einer gewissen Beziehung zum Posten Geselligkeit steht der Posten Vergnügungen, der in der Kleinstadt, da nicht viel

Zerstreuungen vorhanden waren, zu Gunsten der Geselligkeit einschrumpfte, dafür aber in der Großstadt auf Kosten der Geselligkeit stieg. Außerdem wuchs er natürlich mit zunehmender Teilnahme der Kinder. Es sind die Ausgaben für Theater, Konzerte, Vorträge, für Ausflüge der Kinder, Eisbahn und sonstigen Sport. Da die Eltern weder Ausflüge machten, noch Restaurants besuchten, beschränkten sich diese Ausgaben lediglich auf die Kinder, die im Sommer jeden Abend im Zoologischen Garten ein Getränk zu sich nahmen.

Einen ähnlichen Vorgang wie bei den Vergnügungen beobachten wir bei der Ausgabe für die Zeitungen, die in der Kleinstadt größer war als in Berlin, denn es mußten in der Kleinstadt zwei Lokalblätter und eine Berliner Zeitschrift aus gesellschaftlichen und beruflichen Gründen gehalten werden. Nur die Hausfrau gehörte einem Verein, nämlich einem Gesangsverein an. Der Hausherr mußte aus beruflichen Gründen bestimmte Ausgaben für Bücher und Wissenschaft (Fachzeitschriften) machen, die zeitweise durch eigene wissenschaftliche Arbeiten zu einem Maximalbetrag von Mk. 170.– pro Jahr anwuchsen. Die jährlichen Beträge für die Post sind ungefähr konstant zwischen Mk. 40.– und 50.–. Über die gleichbleibende Ausgabe von Gehältern für zwei Mädchen, lediglich verändert durch die allgemeinen Lohnbedingungen, haben wir schon gesprochen. Da der Mann als Richter pensionsberechtigt war und zudem Privatvermögen hatte, wurde außer einer Aussteuerversicherung mit Mk. 300.– Jahresprämie für die Tochter keine sonstige Versicherung abgeschlossen. Eine allgemeine Witwenpensionsversicherung wurde nach einiger Zeit wieder aufgegeben. Die Steuerbeträge balancieren um Mk. 300.– bis Mk. 500.– pro Jahr. Die Ausgaben für Gesundheitspflege beziehen sich lediglich auf den Mann und sind sonst sehr niedrig.

Ein zweiter bürgerlicher Haushalt aus derselben Zeit, Anfang des 20. Jahrhunderts, soll uns noch über eine etwas anders gefärbte Spielart bürgerlicher Haushaltungen Aufschluß geben[3]:

Diesmal handelt es sich um die Analyse eines Haushalts, dessen zehnjähriges Haushaltungs-Budget, von 1896 bis 1906 der Berichterstatterin zur Bearbeitung übergeben wurde. Das Haushaltungsbuch ist von der Hausfrau mit außerordentlicher Genauigkeit geführt worden. Es ist die Familie eines zuerst selbständigen, später in

3 Henriette Fürth, Ein mittelbürgerliches Budget über einen zehnjährigen Zeitraum. Jena 1907.

beamteter Stellung befindlichen Kaufmanns. Die Frau, die als junges Mädchen die Schneiderei erlernt und betrieben hat, hat während der Berichtszeit den Beruf mit Erfolg wieder aufgenommen. Zu Beginn der Berichtsperiode sind sechs Kinder vorhanden, später kommt noch ein Zwillingspaar hinzu. In den beiden letzten Jahren scheiden erwachsene Kinder aus der Familie aus. In den ersten Jahren sind zwei Hausangestellte vorhanden, in den späteren Jahren, trotz der Geburt der Zwillinge, nur ein Mädchen. Die Familie lebte während der ganzen Berichtszeit in Frankfurt a. Main.

Die Einnahmen der Familien gliedern sich in folgender Weise, und zwar sind hier, um die charakteristische Struktur dieses Haushaltes hervorzuheben, die letzten vier Jahre der Berichtsperiode, in denen die Verdienste mehrerer Familienmitglieder in Frage stehen, als grundlegend angenommen worden:

	1901/02 M	1902/03 M	1903/04 M	1904/05 M
Gehalt des Mannes	4200,00	4700,00	4700,00	5000,00
Verdienst der Frau	849,85	630,56	167,95	1369,62
„ d. ältest. Sohnes	1515,00	1640,00	1750,00	1860,00
„ d. ältest. Tochter	1287,05	1470,00	1500,00	445,00
„ d. zweiten Tochter	—	561,15	1089,97	455,00
„ d. dritten Tochter	—	—	—	323,70
Nebenbeschäftigung des Mannes	96,00	249,22	29,50	323,38
Zinsen	1000,00	1000,00	720,00	600,00
Entnahmen aus Spareinlagen	1000,00	1000,00	1000,00	1400,00
Sonstiges (Geschenk d. Eltern)	—	—	—	200,00
	9947,90	11250,93	10957,42	11976,70

Dementsprechend die Ausgaben der Familie in folgender Verteilung:

	1901/02 M	1902/03 M	1903/04 M	1904/05 M
I. Eßwaren	3268,50	3332,59	3155,25	3259,55
II. Häusliche Bedürfnisse	1375,63	1430,46	1479,87	1665,54
III. Sonstige Ausgaben	4904,91	6853,04	5981,85	7724,53
Summe	9549,04	11616,09	10616,97	12649,62

Zu dieser Tabelle ist das folgende zu sagen: Durch unglückliche Umstände mußte der Hausherr sein bis dahin gutgehendes Manufakturwarengeschäft im Jahre 1900 aufgeben und eine kaufmännische feste Anstellung stattdessen aufnehmen, so daß sein Gehalt einem Beamtengehalt ähnlich wurde. Aus denselben Gründen entschloß sich die Frau ihrerseits den Verdienst zu ergänzen und eine Schneiderwerkstatt in ihrem Hause aufzumachen. Ihr Verdienst wird allmählich erheblich, mit Ausnahme des Jahres 1903 bis 1904, in dem schwere Krankheit des Mannes und die damit zusammenhängende Pflege sie zur Verminderung ihrer Tätigkeit zwingen. Von den erwachsenen Kindern sind alle vier in kaufmännischen Berufen beschäftigt und geben, wie die Tabelle zeigt, wesentliche Beträge an den Haushalt ab. Erst die Heirat der ältesten Tochter, die aber auch als verheiratete Frau ihren Beruf beibehält, hat einen Ausfall des Mitverdienstes zur Folge. Das Vermögen ist nur klein; das Zinseinkommen macht ungefähr nur ⅛ bis ⅑ des Gesamteinkommens aus, weitere Zuschüsse fallen nicht sehr ins Gewicht. Die Einnahmen und Ausgaben halten sich ungefähr die Waage; Ersparnisse werden kaum gemacht, dagegen für besondere Zwecke Spareinlagen erhoben. Pensionsberechtigung besteht nicht.

Die Prozentzahlen der Ausgaben erfolgen am Schluß, nach der Analyse der Einzelausgaben. Die Ausgaben im *einzelnen* sehen folgendermaßen aus: Die Familie bewohnt im dritten Stock eines Etagenhauses in mittlerer Gegend eine schöne Sieben-Zimmerwohnung mit Badezimmer. Sie kostet, nominell genommen, Mk. 1500.– Miete pro Jahr. Da aber ursprünglich ein Zimmer der Wohnung als Büro des Mannes, späterhin zwei bis drei Zimmer als Geschäftsräume der Frau deklariert wurden, beläuft sich der eigentliche Betrag für die Miete auf rund Mk. 1000.–. Die Räume sind alle behaglich ausgestattet, der Besitzstand datiert vom Beginn der Eheschließung her. Die Küche ist wohl eingerichtet, reichlich Wäsche und Silber sind vorhanden. Im Laufe der Berichtszeit mußten die Salongarnitur, verschiedene Betten und die Polstermöbel des Speisezimmers einmal aufgearbeitet werden. Die Einteilung der Zimmer ist folgendermaßen:

1. Schlafzimmer der Eltern (2 Betten, Waschtisch, Nachtschränke, Chaiselongue, Spiegelschrank, Stühle);
2. Schlafzimmer der erwachsenen Töchter (3 Betten, Waschtisch, Kleiderschrank, Schneidertisch, 2 Nähmaschinen, Stühle, Nachtschränke);
3. kleineres Schlafzimmer der zwei ältesten Söhne (2 Betten, Schrank, Waschtisch, Arbeitstisch und Bücherbrett);
4. Schlafzimmer der drei jüngeren Kinder (2 Bettchen, 1 großes Bett, Schrank, Waschtisch, Nachtschrank, Stühle);

5. Badezimmer (2 Schränke, Bügelbrett etc., dient auch noch als Nähzimmer, daher noch ein Schneidertisch etc.);
6. Salon mit üblichem Mobiliar (6 Sessel, Vertiko, Bücherschrank, kleiner Tisch) dient gleichzeitig als Empfangszimmer für die Schneiderei;
7. Anprobezimmer, mit einem während der Berichtszeit angeschafften Schrank zur Aufbewahrung der fertigen oder halbfertigen Kleider (er wurde alt gekauft und kostete 120 M.) und ein drehbarer Stehspiegel, der gleichfalls während der Berichtszeit für 100 M. angeschafft wurde. Einige Sessel und ein Tisch vervollständigen das Mobiliar;
8. ein großes Speisezimmer in Eichenholz (Büffet, Kredenz, Ausziehtisch, Sofa mit Spiegel, 8 Stühle, 4 Sessel).

Für Ernährung werden durchschnittlich zwischen Mk. 2427.– und Mk. 3151.– pro Jahr ausgegeben, d. i. durchschnittlich Mk. 0,90 pro Tag und Kopf. Das Auf und Ab des Ernährungs-Budgets wird durch folgende Umstände charakterisiert: In dem Jahr, in dem das Schulgeld sich mindert und der älteste Sohn Geld zu verdienen beginnt, steigt das Ernährungs-Budget, zur Zeit der Geburt der Zwillinge und der vorübergehenden Aufnahme eines zweiten Mädchens sinken die Ausgaben für Ernährung; späterhin, als die Zwillinge heranwachsen und wiederum nur ein Mädchen vorhanden ist, muß gleichfalls an der Ernährung gespart werden. Dies geschieht in der Regel durch Einschränkung des Fleischkonsums, bzw. durch Qualitätsverschlechterung und Quantitätsverminderung. Gleichzeitig erfolgt eine Nahrungsverschiebung, d. h. Rückgang im Fleischverbrauch und Verstärkung des Milch- und Eierverbrauchs. Ebenso ein Rückgang des Butterverbrauchs und Steigerung des Bedarfs an Obst und an Gelée. Die vielköpfige Familie war in manchen Monaten der Berichtsperiode hart an der Grenze der Unterernährung.

Die Ausgaben für Beleuchtung und Heizung zeigen im allgemeinen eine steigende Tendenz, für Beleuchtung zwischen Mk. 82.– und Mk. 156.– pro Jahr, für Heizung durchschnittlich Mk. 157.– pro Jahr. Holz und Kohlen werden im Keller als Vorräte aufbewahrt.

Die Posten Tagelöhne, d. h. die Ausgaben für Putzfrauen, Flickerinnen und Näherinnen korrerspondieren mit den Dienstbotenlöhnen, je nachdem ein oder zwei Mädchen gehalten werden. Sie sind, ebenso wie die Heizungs- und Beleuchtungsausgaben, zum großen Teil Geschäftsspesen. Die Summe beträgt ungefähr Mk. 163.– pro Jahr. Für Löhne wurden, als 2 Hausangestellte im Haus waren, Mk.

525.– pro Jahr ausgegeben, in den späteren Jahren ungefähr Mk. 25.– bis Mk. 30.– pro Monat. Dazu kamen erhebliche Geschenke zu Weihnachten und zu anderen Gelegenheiten, ungefähr Mk. 50.– pro Mädchen, und die Zahlung der Invalidenrente.

An Wäsche und Kleidung wurden durchschnittlich Mk. 149.75 pro Jahr ausgegeben; es ist allerdings hier hinzuzufügen, daß der Beruf der Hausfrau erhebliche Ermäßigungen gestattet und daß, namentlich den Kindern, durch Eltern und Großeltern Geschenke an Kleidung und Stoffen gemacht wurden. Dabei waren alle Familienmitglieder, ihrer Berufsgattung entsprechend, (kaufmännische Berufe und Schneiderin) gut angezogen. Den höchsten Prozentsatz für Kleidungsausgaben nimmt der Mann mit 18,2% ein, dann folgt die Frau mit 15,7%.

Für Arzt und Apotheke stellt sich die Ausgabe auf ungefähr Mk. 165.– pro Jahr, einschließlich des Wochenbetts. Da eine Pensionsberechtigung nicht besteht, ist der Hausherr mit Mk. 35.000.– in einer Lebensversicherung, mit Mk. 10.000.– in einer Unfallversicherung, mit Mk. 18.000.– in einer Mobiliarversicherung und in einer Diebstahlsversicherung; dies bedeutet einen Betrag von annähernd Mk. 1000.– pro Jahr für Versicherungszwecke. Eine sorgfältige Körperpflege lassen die Eltern den Kindern angedeihen. Die Frau sagt, »das Geistige kommt von selbst, wenn nur ein gesunder Körper da ist.« Die Bäder, der Zahnarzt, Schwimm- und Turnstunden werden in Anspruch genommen.

An Anschaffungen kommen namentlich der Ersatz von Haus- und Küchengeräten, von Glas und Porzellan, von Merceriewaren – neben den Ausgaben für Kleidung und Wäsche – und die Ausgaben für die Ausstattung der heiratenden Tochter in Frage.

Der Posten Wäsche beträgt durchschnittlich Mk. 287.– pro Jahr, da die Hausfrau durch das Ansteigen ihrer beruflichen Tätigkeit und zur Entlastung des Dienstmädchens den größten Teil der Haushaltswäsche auswärts waschen läßt. Die Mehrausgabe, die der Frau infolge ihrer Berufsarbeit im Haushalt entsteht, berechnet sie im ganzen mit ungefähr Mk. 600.–.

Die Freizeitgestaltung der Familie und die Bildungsausgaben werden durch folgendes charakterisiert: Der anstrengende Beruf der beiden Ehegatten macht mehrere Erholungsreisen und Wiederherstellungskuren des Paares notwendig. Für die zehnjährige Periode werden ungefähr Mk. 4000.– dafür eingestellt. Dazu kommen die Ausgaben für die gesundheitliche Förderung der Kinder, von der wir schon gesprochen haben, sowie die in dieselbe Rubrik fallenden Spaziergänge und

Ausflüge. Geschenke und Beiträge für »milde Zwecke« erklären sich im wesentlichen aus der Unterstützung hilfsbedürftiger Verwandter und aus obligatorischen Verpflichtungen bei Verlobungen, Hochzeiten, Jubiläen und Geburtstagen. Ein ziemlich erheblicher Posten für Porto erklärt sich aus der Geschäftstätigkeit. Drei Räder wurden gleichfalls zu Geschäftszwecken angeschafft. Während also die vorhergehenden Posten der Freizeitgestaltung als notwendige Attribute der Lebensführung dieser Familie anzusprechen sind, kann als wirklicher Luxuskonsum nur das folgende gebucht werden: Der Konsum alkoholischer Getränke mit ungefähr Mk.114.– pro Jahr, Ausgaben für Bücher, Zeitungen und Zeitschriften (auch dies zum Teil für Geschäftszwecke nötig) mit ungefähr Mk. 550.– pro Jahr und Beiträge für Theater und Konzerte mit ungefähr Mk. 300.– pro Jahr. Die erwachsenen und verdienenden Kinder bezahlen ihre Vergnügungen selbst.

Außer Familienfesten werden keine eigentlichen Gesellschaften und Einladungen gegeben. Aber an bestimmten Wochentagen ist die Familie für Freunde des Hauses nach dem Abendbrot zu Hause. Sommer und Winter werden an Sonntagen Wanderungen unternommen. Die Frau sagt dazu:

> »Wir kehren bei unseren Märschen sehr oft gar nicht ein. Bei so vielen würde der Spaß sonst auch zu teuer! Wir nehmen genügend Mundvorräte im Rucksack mit und sind dann bei unseren Mahlzeiten draußen im Freien mindestens so vergnügt, als wenn wir unser Geld ins Wirtshaus trügen. Manchmal ist so ein Spaziergang in Wochen die einzige Gelegenheit zu einer gemütlichen Aussprache mit dem einen oder anderen der Kinder. Oder wir ziehen unter fröhlichem Gesang dahin und dünken uns die Könige der Welt.«

Der Posten für Schulgeld und für Schulbücher, sowie Privatstunden und Musikalien erreicht die Summe von ungefähr Mk. 700.– pro Jahr; allerdings ist die Steuer in der Rubrik Schulgeld mit eingeschlossen. Für Trambahn werden im Ganzen ungefähr Mk. 60.– pro Jahr ausgegeben. Die Familie gehört einem Verein für Bildungsbestrebungen an, der Vortragskurse veranstaltet, der Mann ist Mitglied eines liberalen politischen Vereins. Die Bibliotheken und Lesehallen der Stadt werden von ihm des öfteren besucht.

Der Übersichtlichkeit wegen seien noch die Prozentzahlen der einzelnen Ausgabenposten angegeben, – immer im Verhältnis gesetzt zu den Gesamtausgaben.

Miete	10,8 %
Ernährung	33 %
Darunter der Posten Fleisch an erster, der Posten Milch an zweiter, die Posten Brot und Butter je an dritter Stelle.	
Beleuchtung und Heizung	2,5 %
Gehälter und Löhne über	5 %
Wäsche und Kleidung	14,36 %
Arzt und Apotheke	1,6 %
Versicherungen	10 %
Wäsche	2,8 %
Reisen	4,15 %
Porto	0,6 %
Sport	0,24 %
Bücher und Zeitungen	0,37 %
Theater und Konzerte	0,28 %

Standort der bürgerlichen städtischen Haushaltungen zwischen 1890 und 1910

Ehe wir nun diese beiden bürgerlichen großstädtischen Haushaltungen um 1900 mit den zuletzt analysierten bürgerlichen Haushaltungen von 1875 und den gleichzeitigen großstädtischen Proletarier-Haushaltungen vergleichen, wollen wir noch kurz einige Hauptmerkmale dieser Haushaltungen herausarbeiten.

Die erste Analyse, des Haushalts eines höheren Justizbeamten, zeigt eine sehr deutliche Form großbürgerlicher Haushaltungen, wie sie bis in unsere Tage hinein zahlreich auftritt. Es ist der Haushalt eines höheren pensionsberechtigten Beamten mit mehreren Kindern, dessen Einkommen zu gleichen Teilen aus dem Gehalt und den Zinsen eines ererbten Vermögens besteht. Durch dieses Vermögen, durch seine Größe und den Rückhalt, den es bietet, war ein hoher Lebensstandard für diese Familie gegeben, der durch die Anforderungen des Berufs des Hausherrn und die damit verbundene Repräsentation ergänzt wurde. Daß eine auf hohem Niveau stehende Lebenshaltung vorhanden war, geht außerdem aus der Tatsache hervor, daß zu dem an sich beträchtlichen Einkommen noch außergewöhnliche Zuschüsse und Geschenke von Verwandten gegeben und angenommen wurden. Dieses hohe Niveau der Lebensweise drückt sich am stärksten in der überall zu Tage tretenden guten Qualität und soliden Fundierung des Lebenszuschnittes aus. Das zeigt sich im Essen, das Qualität überall bevorzugt. Die guten Fleischsorten, Geflügel, viel Butter, viel Obst und Gemüse, viel Kakao für die Kinder, wenig Kartoffeln usw. sind Symptome. Es zeigt sich in der Wohnung, die einen Salon aufweist, im Studium der drei Söhne, in den Reisen, den Geschenken und der Geselligkeit.

Dabei ist aber bemerkenswert, daß nirgends in diesem Haushalt eine Übertreibung zu finden ist, daß im Gegenteil trotz oder bei aller Qualität viel Überlegung und durchgeführte Sparsamkeit ins Auge fallen. Der Einkauf wird außerordentlich rationell gestaltet, sieben Zimmer bei fünf Kindern sind nicht üppig, die Einrichtung ist einfach, in der Kleidung wird sparsam gewirtschaftet, die Söhne beeilen sich mit ihrem Studium, die Geselligkeit geht nicht über das normale Maß hinaus, niemand hat besondere Liebhabereien oder Marotten.

Und es ist weiterhin bemerkenswert, daß trotz der außerordentlich guten Qualität des Essens die Nahrungsmittel im Vergleich zu den übrigen Ausgaben einen sehr geringen Prozentsatz ausmachen.

Auf dem Hintergrund eines derart vermögenden und qualitativ hochwertigen Haushaltes steht eine Familie mit folgender Kräfteverteilung: Der Mann hat eine anstrengende und ihn ganz ausfüllende Berufstätigkeit; für den Haushalt hat er die Buchführung und die Kalkulation übernommen. Der Hausfrau war in vollem Umfang die Führung des Haushalts und die Kindererziehung anvertraut. Zwei Mädchen und zeitweilig eine Amme standen ihr dabei zur Seite. Ihre Tätigkeit war eine teils disponierende, teils tätig im Haushalt mit angreifende. Daß dies der Fall war, geht daraus hervor, daß z. B. im Jahre 1890, in dem die Hausfrau der Geburt des jüngsten Kindes wegen nicht wie gewöhnlich mithelfen konnte, die Ausgaben für den Haushalt zum Teil aus diesem Grunde außergewöhnlich hoch waren. Wir hören aber außerdem von dieser Frau, daß sie den Einkauf genau regulierte, daß sie selbst auf den Markt ging und in einer persönlichen Beziehung zu den Händlern gestanden hat. Die Hausangestellten, die namentlich in der Großstadt ohne besondere Schulung und Erfahrung engagiert worden sind, wurden von der Frau angelernt. Im übrigen dürfte die Frau neben der Leitung des Haushalts mit der Erziehung ihrer fünf Kinder und ihren Gattinnenpflichten ausgefüllt gewesen sein. Die letzteren umfaßten die Pflichten der Repräsentation und die Fürsorge für den später viel kränkelnden Mann, namentlich auch seine Begleitung auf Erholungsreisen.

Die Struktur des Haushalts selbst war bis auf wenige Ausnahmen durch eine reine Konsumwirtschaft gekennzeichnet. Die Ausnahmen bilden das kleine Gärtchen in der Kreisstadt mit eigenem Anbau einiger Obst- und Gemüsesorten, sowie einige wenige Herstellungen halbfertiger Güter im Hause. Kleine Näharbeiten wurden zu Hause besorgt, es ist anzunehmen, obgleich es nicht ausdrücklich verzeichnet steht, daß zu Hause gebacken, eingemacht und wohl auch gewaschen wurde. Es ist aber andererseits eine weitgehende Vorliebe für den Kauf fertiger Waren zu beobachten, da vom Warenhaus, von Obstkonserven und von verschiedenen Schneidern und Schneiderinnen außerhalb des Hauses berichtet wird. Daß im kleinen Maßstab Vorräte gekauft wurden (Butter, Konsumverein, Wochenmarkt), geht auf Rentabilitätsgründe zurück. Es ist anzunehmen, daß eine derart auf billigen Einkauf gerichtete Hausfrau auch Kartoffeln und Kohlen für den Winter, von denen wir nichts erfahren, im großen angeschafft hat. Im übrigen sind größere Anschaffungen kaum gemacht worden, da der Haushalt bei der Eheschießung gut fundiert und vorsorglich ausgestattet war.

Wir wollen, wenn wir nun den Typus dieses großbürgerlichen, großstädtischen Haushalts um 1900 herausarbeiten, ihn sogleich in Beziehung setzen zu dem ebenfalls großbürgerlichen Darmstädter Haushalt von 1875. Beide Haushaltungen beruhen auf größerem Beamteneinkommen und größerem Vermögen, und beide nennen mehrere Kinder ihr eigen. Es scheint aber, daß der Darmstädter Haushalt, obgleich hier die Umrechnung von Gulden in Mark nicht zur Verfügung steht, ein weit größeres Einkommen zu verzehren hatte, als der Berliner Haushalt. Nicht nur die üppige Lebensweise und Freizeitgestaltung, sondern auch die Tatsache, daß im Laufe der Jahrzehnte größere Ersparnisse gemacht worden sind, beweisen dies.

Obgleich beide Haushaltungen bis auf wenige Ausnahmen reine Konsumwirtschaften darstellen und eine ähnliche gesellschaftliche Lagerung aufweisen, so scheint doch gerade in diesem Moment der Einkommensgröße ein Hauptunterschied zu liegen. Während man bei der Darmstädter Hausfrau den Eindruck hat, daß sie wirklich nur die Leitung ihres großen Haushaltes und ihrer großen Familie inne hatte, daß sie im übrigen aber eine verwöhnte Gesellschaftsdame war, tritt uns die Berliner Beamtenfrau, neben ihren gesellschaftlichen Funktionen, mit allerlei notwendigen hauswirtschaftlichen Funktionen belastet, entgegen. Der Zwang, gute Qualität und den aus Herkommen und Beruf des Mannes sich ergebenden Lebensstandard mit sparsamer Wirtschaftsführung zu verbinden, hat sie zu einem sehr durchdachten Wirtschaftsplan und einer scharfen Durchdringung aller ihrer hauswirtschaftlichen Pflichten geführt.

Wir sehen also hier zwar eine Frau in einer ähnlichen Situation, die eine zusammengeschrumpfte Konsumtionswirtschaft teils organisierend, teils selbst angreifend bewältigt, die mehrere Kinder erzieht und die Repräsentationspflichten für den Mann und seine Stellung übernimmt, die aber darüber hinaus durch engere Einkommensgrenzen gezwungen, sich einer neuen Frauenideologie zu nähern beginnt. Das differenzierte Lebensniveau dieser Familie in Verbindung mit begrenztem Einkommen bewirkte, daß diese Frau durch die eben genannten drei Funktionen voll ausgefüllt war; für ein Wirken außerhalb ihres Hauses hatte sie keine Zeit. Insofern gleicht sie der durch häusliche Funktionen voll ausgefüllten Frau der alten Produktionswirtschaft des 18. Jahrhunderts und der gleichfalls durch häusliche Aufgaben beschäftigten, aber schon einer Konsumtionswirtschaft angehörenden Frau aus der zweiten Hälfte des 19. Jahrhunderts. In einem Augenblick aber, in dem der außerhäusliche Apparat und die Industrie – z. T. eine Folge der neuen Berufsarbeit der Frau – technisch und wirtschaftlich (Wohnung, Fertigfabrikat usw.) die Konsumtion wesentlich erleichterten, während gleichzeitig Einkommen und Kinderzahl, im Verhältnis zu den achtziger Jahren, zu geringerer finanzieller Belastung führten, wurden die starken ethischen und hausfraulichen Kräfte der Frau für eine neue Haushaltgestaltung fruchtbar. Sie erkannte, daß nicht mehr die Gesetze der alten Vorratswirtschaft und des alten Produktionsbetriebes zu gelten haben, sondern daß sich die Hausfrau in eine neue Beziehung zwischen ihrer zusammengeschrumpften Konsumtionswirtschaft und dem vergrößerten außerhäuslichen Produktionsapparat zu setzen hat.

Es war also um die Wende des Jahrhunderts in den bürgerlichen städtischen Haushaltungen ein Punkt erreicht, in dem, durch die allgemeine ökonomische Entwicklung beeinflußt, derart differenzierte Lebensansprüche und, trotz Konsumwirtschaft, ein derart kompliziertes Funktionsgefüge im Haushalt bestanden, daß sie bei beschränkter Gelddecke nur unter voller Einsetzung der Frau bewältigt werden konnten. Wir haben demnach zwar eine durchaus veränderte Realsituation der Frau, nämlich die Konsumtionswirtschaft im Haushalt an Stelle der früheren Produktionswirtschaft; aber bei knappem Einkommen oder, was dasselbe bedeutet, bei großer Kinderzahl, fiel der Wirkraum der Frau wieder mit ihrer Realsituation zusammen. Und es begann sich im Stadium dieser neuen Anpassung von Wirkraum und Realsituation, beeinflußt durch die Lehren der Frauenbewegung, durch neue Frauenbildungsbestrebungen und durch die Anschauungen einer jungen Männergeneration, eine veränderte Frauenideologie zu bilden, die von der traditionellen älteren Ideologie grundverschieden war. Diese Ideologie versuchte, die Bedürfnisse des Haushalts, d. h. der Konsumtion, mit dem außerhäuslichen Produktionsapparat in Einklang zu bringen und – an Stelle der Kenntnis des Produktionsprozesses und der Materialsparsamkeit von früher – das Wissen um die Gebrauchsfähigkeit der Güter für den Konsum und die Geldeinteilung und Geldsparsamkeit zu setzen. In den Bemühungen dieser voll beschäftigten, aber zu äußerster Sparsamkeit gezwungenen bürgerlichen Frau aus dem Beginn des 20. Jahrhunderts sind die einen Wurzeln der Haushaltrationalisierung zu finden, die uns späterhin noch ausführlicher interessieren werden.

Die zweite Analyse, auf der Grundlage eines mittelbürgerlichen Budgets, die uns in das erste Jahrzehnt des 20. Jahrhunderts hineinführt, stellt sich, trotz vieler Ähnlichkeiten mit dem Haushalt des höheren Justizbeamten – große Kinderzahl, gleichartiger Wohnungstyp, solide vorsorgliche Fundierung des Haushalts –, doch noch wesentlich von einer anderen Seite dar:

1.) Hier kann der Hausherr nicht auf Pension rechnen und muß daher einen großen Teil seines Einkommens, 10 %, auf Versicherungen ausgeben.

2.) Die Situation eines Kaufmanns und einer Schneiderin ist nicht so gesellschaftlich gebunden und Verpflichtungen ausgesetzt wie die eines höheren Beamten. Dem entspricht ein anderes Ausbildungsniveau der Kinder; die drei Söhne des Beamten studieren, die drei ältesten Kinder der Frankfurter Familie befinden sich, nach Absolvierung einer kaufmännischen Lehre, in kaufmännischen Stellungen.

3.) Die Gelddecke dieser Familie ist nicht nur absolut, sondern auch durch die noch größere Kinderzahl wesentlich knapper als bei der Berliner Familie. Es findet sich infolgedessen das Engel'sche Gesetz voll bestätigt, während die Bestätigung des Schwabe'schen Gesetzes zum Teil auch der unter 2) geschilderten tieferen sozialen Rangstellung entspricht.

4) Aus den drei bisher geschilderten Umständen, Pensionslosigkeit des Mannes, mittelbürgerliche soziale Stellung, knappe Gelddecke und große Kinderzahl, erklären sich der Mitverdienst der Ehefrau und

der erwachsenen Kinder. Der Erwerb der Frau ist so erheblich, daß sein Ausfall während einer schweren Erkrankung des Mannes sehr spürbar ist. Die Wirkungen dieser Mitarbeit der Frau auf den Haushalt sind die folgenden:

a) Ein Teil der Wohnung dient der Frau als Arbeits- und Geschäftsräume; eines der Zimmer ist zugleich Schlafzimmer einer Tochter und Anprobierzimmer.

b) Die Berufsarbeit zwingt die Frau bei ihrer großen Kinderzahl mehr Personal und Hilfskräfte zu beschäftigen, als ohne Beruf nötig wäre.

c) Aus dem gleichen Grunde wird ein großer Teil der Wäsche aus dem Hause gegeben, und der Verschleiß an Wäsche bzw. ihr Ersatz ist dadurch relativ groß. Die Bestätigung des Engel'schen Gesetzes – verhältnismäßig hohe Lebensmittelausgaben – wird auch auf den Umstand der Berufsarbeit der Frau zurückzuführen sein, die Einkauf und Zubereitung weitgehend dem Mädchen überlassen muß.

d) Der anstrengende Beruf der Frau macht Erholungsreisen und Entspannungen in häufigerem Grade nötig, als bei den Nur-Hausfrauen.

Wir sehen also hier zum ersten Male einen bürgerlichen Haushalt vor uns, in dem die Frau erwerbstätig ist. Und obgleich wir es hier mit einer Erwerbsarbeit zu tun haben, die sich im Hause abspielt und die Frau nicht außerhalb des Hauses führt, sehen wir sofort unmittelbare Folgeerscheinungen für den Haushalt. Sie lassen sich zusammenfassen unter drei Hauptgesichtspunkten:

Die Wohnung wird in Mitleidenschaft gezogen; es verengt sich der Raum. Es werden weitere Funktionen aus dem Haushalt ausgegliedert, Funktionen, die trotz der stabilisierten Konsumwirtschaft, noch immer dem Haushalt zugehörig waren. Der Haushalt verteuert sich; trotzdem aber ist die Berufsarbeit der Frau lohnend.

Hier liegen nun die weiteren Wurzeln der Rationalisierung im Haushalt: Neben der Geldersparnis, der sich diese berufstätige Frau, ebenso wie die voll im Haushalt tätige Beamtenfrau, befleißigt, denn sonst würde sie nicht mit solcher Energie 10 Jahre hindurch ein Haushaltungsbuch führen, muß sie sich, eben wegen dieser Berufsarbeit, um Raum-, Zeit- und Kraftersparnis im Haushalt bemühen. Es entsteht auch hier, von der Seite der berufstätigen verheirateten, bürgerlichen Frau her eine neue Ideologie, die sich zum Ziel setzt, mit neuen Methoden der Haushaltsführung die vierfache Aufgabe der

Berufsarbeit, der Haushaltserfordernisse, der Kindererziehung und der Gattinnenpflichten zu verbinden. Wirkraum und Realsituation – jetzt der erweiterte Wirkraum, der den funktionsverarmten Haushalt mit Erwerbsarbeit der Frau vereinigt – fallen wiederum zusammen und bahnen eine neue, nun nicht mehr allein vom Manne her bestimmte Ideologie an.

Wir werfen nun einen Blick auf die proletarischen Haushaltungen um 1890 und versuchen Unterschiede und Parallelen zwischen einem proletarischen und einem bürgerlichen Haushalt um die Jahrhundertwende herauszuarbeiten. Und zwar soll, um die Tendenzen der Entwicklung im 20. Jahrhundert bloßzulegen, zwischen dem Berliner und dem Frankfurter bürgerlichen Haushalt als Vergleichsmaterial ein Unterschied gemacht werden.

Natürlich beruht die tiefe Kluft zwischen allen bürgerlichen und allen proletarischen Haushaltungen in der Verschiedenheit des Einkommens und der Verschiedenheit der Herkunft der Familienmitglieder. Darüber hinaus aber bildet, was die Berliner Familie angeht, der Sicherheits- bzw. Unsicherheitsfaktor das Hauptunterschiedsmoment. Das Einkommen des großstädtischen Richters ist nicht nur sicher, sondern auch pensionsberechtigt; dazu kommt ein erheblicher Rückhalt durch Vermögen. Es ist also nicht nur die Höhe des Einkommens (wir wollen hier von der Kinderzahl absehen, da ja auch die Richterfamilie die große Zahl von fünf Kindern aufweist), sondern eben diese Sicherheit, verbunden mit Aufstiegschance und dauernder Einkommensverbesserung, die dem großbürgerlichen Haushalt die solide und ruhige Grundlage gibt.

Da die beiden Faktoren, Höhe des Einkommens und Sicherheit, der Beamtenfrau erlauben ganz für ihren Haushalt zur Verfügung zu sein, hat sie im Gegensatz zum Arbeiterhaushalt die Möglichkeit, billiger und rationeller einzukaufen. Die erwerbstätige und mit knappsten Mitteln rechnende Arbeiterfrau kann z. B. nicht zweimal in der Woche auf den Markt gehen und für längere Zeit bei billigster Quelle einkaufen, sondern sie muß von der Hand in den Mund, also unter teueren Bedingungen, leben. Die Belastung der erwerbstätigen Arbeiterfrau, die Berufsarbeit, Haushalt und Kindererziehung bewältigen muß, stellt in körperlicher Beziehung viel größere Ansprüche an die Proletarierfrau als an die großbürgerliche Frau, die keinem Beruf nachgeht. Für sie ist die außerhäusliche Produktionsapparatur, die der bürgerlichen Frau fast den gesamten Pflichtenkreis entzieht, in der Tat die unbedingt notwendige Voraussetzung ihrer mit knappstem unregelmäßigem Einkommen rechnenden und erwerbstätigen Existenz. Eine Delikateßhandlung z. B., in der es roh gehacktes Fleisch, wie wir gehört haben, zum Fertigessen zu kaufen gab, war für die Mehrzahl der bürgerlichen Frauen damals ein Luxus, während sie für den Arbeiterhaushalt eine Notwendigkeit bedeutete. Es hängt gleichfalls mit Einkommen und Sicherheit zusammen, daß der bürgerliche Haushalt eine ganz andere Fundierung, schon von der Eheschließung an, aufweist, als der proletarische Haushalt. Darum werden im bürgerlichen Haushalt größere Anschaffungen im Laufe der Jahre kaum nötig, und wenn sie geschehen, sind es meist Reparaturen oder Luxusanschaffungen. Dagegen sind Anschaffungen im proletarischen Haushalt, obgleich sie meist dringend notwendig sind, große Katastrophen; sie werden tunlichst vermieden, und eine Fundierung des Haushalts wird dadurch ein Ding der Unmöglichkeit.

Innerhalb der zusammengeschrumpften Konsumtionswirtschaft, die im bürgerlichen wie im proletarischen Haushalt ungefähr gleich ist, zeigen sich in der Ausgabenverteilung der beiden Haushaltungen im Einzelnen große Unterschiede. Es sind dies dieselben Unterschiede, wie wir sie schon in kleinerem Maßstabe bei den verschiedenen Einkommenshöhen der analysierten dreizehn Proletarierhaushaltungen gesehen haben, nur daß jetzt bei einem Einkommen von Mk. 15.000.– und der damit zusammenhängenden sozialen Rangordnung noch ganz andere Unterschiede sich ergeben.

Bei dem Verhältnis der Gesamteinnahmen zu den einzelnen Posten der Gesamtausgaben zeigt sich vor allen Dingen beim bürgerlichen Haushalt der geringe Prozentsatz der Nahrungsmittel im Vergleich mit den anderen Ausgaben. Es ist dies dieselbe, als Engel'sches Gesetz bekannte Tendenz, die wir schon bei unseren Arbeiterhaushaltungen beobachtet haben. Ebenso steht es mit der Kleidung, deren prozentuale Ausgaben beim Berliner Haushalt ebenfalls kleiner ist als der Durchschnitt bei den Arbeiterhaushaltungen. Dagegen scheinen die Ausgaben für Wohnungsaufwand hier weniger nach dem Schwabe'schen Gesetz (die Berliner Wohnungspreise und zeitliche Unterschiede spielen hier natürlich eine große Rolle) als nach seiner Abwandlung durch Gerloff[4], »je höher die soziale Stellung einer Familie ist, desto höher ist bei im übrigen gleichen Haushaltungsaufwand, die für Woh-

4 Wilhelm Gerloff, Wirtschaftsführung und Haushaltsaufwand Deutscher Volksschullehrer, Archiv f. Sozialpolitik, XXX, 1910.

nung verwandte Ausgabenquote«, zuzutreffen. Dagegen kann man mit Sicherheit sagen, daß die Ausgaben für Ausbildung der Kinder, Reisen und Geschenke in außerordentlich hohem Maße die der Arbeiter übersteigen. Weniger groß ist die Ausgabe für geistige und gesellige Bedürfnisse, obgleich sie natürlich auch hier noch über dem Arbeiterhaushalt steht. In den geringen Aufwendungen für Versicherung und Körperpflege, verglichen mit den Arbeiterhaushaltungen, zeigt sich die Pensionsberechtigung des Beamten. Der Posten Gesindelohn findet sich bei den Arbeitern überhaupt nicht. Man kann also zusammenfassend sagen, daß die größere Einnahme des Beamten im Wesentlichen auf die Ausgestaltung eines behaglicheren und genußreicheren Lebens, dargestellt durch Reisen und Geschenke, verwendet wurde, während alle übrigen Bedürfnisse nur die dem größeren Einkommen proportionale Steigerung erfuhren. Was die Lebensmittelausgaben im einzelnen betrifft, so ist auch hier dieselbe Tendenz zu beobachten, wie sie schon die Analyse der Arbeiterhaushaltungen gezeigt hat. Der Beamtenhaushalt mit großem Einkommen hat einen sehr hohen Fleischkonsum, was nicht nur in dem größeren Mengenkonsum, sondern in der Bevorzugung teuerer Sorten liegen mag. Dagegen tritt der Brotkonsum, der Kaffeeverbrauch und der Kartoffelverbrauch außerordentlich zurück. Dafür ist der Anteil der Butter (geringer Anteil von Schmalz), Obst und Gemüse und Milch sehr groß. Daß der Getränkekonsum bei der Beamtenfamilie so sehr gering ist, geht nicht nur auf die Antialkohol-Bestrebung des Mannes zurück, sondern mag auch in der Tatsache begründet sein, daß diese großbürgerliche Familie andere Formen der Geselligkeit pflegte und außerhäuslichen Verzehr in Gastwirtschaften und Restaurants, wie es die Arbeiterfamilie hie und da tut, nicht bevorzugte.

Anders als der Berliner bürgerliche Haushalt verhält sich der Frankfurter bürgerliche Haushalt zum Arbeiterhaushalt. Zwar ist auch hier das Einkommen relativ hoch, denn welcher Arbeiter verdiente Mk. 10.000.– pro Jahr? Auch ist hier, wie im Berliner Haushalt, ein wohlgeordneter und reichhaltiger Fond vorhanden. Aber der Faktor der Sicherheit fehlt vollständig, eine Pension ist nicht vorhanden. Mann und Frau sind der Konjunktur ausgesetzt. Die Ehefrau verdient, und wenn sie auch im eigenen Hause arbeiten kann, bedeutet ihre Erwerbsarbeit immerhin eine starke Absorbierung ihrer körperlichen und geistigen Kräfte. Aus allen diesen Gründen findet hier schon eine starke Angleichung des bürgerlichen Haushaltes an die Struktur des proletarischen Haushaltes statt: Die Wohnung wird nicht nur zum Wohnen, sondern auch zur Arbeitsstätte mitbenützt; der außerhäusliche Produktionsapparat ist für diese berufstätige Frau nicht Luxus, sondern Notwendigkeit. Sie überläßt weite Funktionen ihres Haushaltes dieser Apparatur und nimmt die Verteuerung in Kauf. Zwar steht ihr Personal zur Verfügung, und hier liegt ein großer Unterschied zum Arbeiterhaushalt. Aber dieser Unterschied ist nicht nur finanziell und sozial bedingt, sondern hängt auch mit dem Stand der Technik zusammen, die damals, in den Anfangszeiten der Rationalisierung, für die berufstätige Frau nur Menschenkraft, nicht Maschinenkraft bereit hatte. Ebenso liegen in der Einkommensverteilung bei diesem bürgerlichen Haushalt, der die ungewöhnlich große Zahl von 8 Kindern aufweist, starke Annäherungsmomente zum proletarischen Haushalt. Trotz weitgehender sozialer Unterschiede, namentlich was Reisen und Bildungsausgaben anbetrifft, finden sich das Engel'sche und das Schwabe'sche Gesetz bestätigt und die relativ großen Ausgaben für Versicherung und Ärzte, in Angleichung an proletarische Haushaltungen, erklärt.

Typus des bürgerlichen städtischen Haushalts nach 1900

Zusammenfassend wäre über den Typus der bürgerlichen großstädtischen Haushaltungen im ersten Jahrzehnt des 20. Jahrhunderts das folgende zu sagen: Von einer veränderten Struktur der Haushaltungen, verglichen mit dem Typus von 1875, ist nicht zu sprechen. Die Entwicklung ist in der vor 50 Jahren angebahnten Weise vorwärtsgeschritten und hat den Typus der vorwiegenden Konsumtionswirtschaft geschaffen, dem produktive Prozesse überhaupt nicht mehr und nur noch einige Verarbeitungsprozesse eigen sind. Ein Strukturwandel läßt sich nur insofern ahnen, als in der Parallelentwicklung von Technik einerseits und Frauenideologie andererseits (s. unten Typus der bürgerlichen Frau) Ansätze vorhanden sind, die auch noch diese letzten Verarbeitungsprozesse aus dem Haushalt entfernen wollen. Das Ziel der reinen Konsumtionswirtschaft steht in nebelhaften Umrissen im Hintergrund.

Typus der bürgerlichen städtischen Frau nach 1900

Stärker als der bürgerliche Haushalt ist die bürgerliche Frau aus dem ersten Jahrzehnt des 20. Jahrhunderts, in Verfolg des Anpassungsbemühens ihres Wirkraums an ihre Realsituation, einem Typenwandel unterworfen. Die Disproportionalität zwischen Realsituation und Wirkraum beginnt sich zu Gunsten einer neuen Ideologie, die nicht mehr allein vom Manne, sondern wesentlich auch von der Frau geprägt wird, aufzulösen.

Treibender Faktor dieses Typenwandels ist nicht nur die von früher her bekannte Funktionsverarmung im Haushalt und die Aufnahmefähigkeit der wachsenden Industriewirtschaft, sondern auch die um 1900 spürbar gewordene knappere Verdienstmöglichkeit in Verbindung mit sehr differenzierten Ansprüchen und teueren Preisen.

In diesem Anpassungsprozeß zwischen Wirkraum und Realsituation lassen sich zwei Linien unterscheiden: Der eine Weg führt zu einem neuen, den Gesetzen der Konsumtionswirtschaft unterworfenen Wirkraum im Haushalt – es entsteht der Typus der durch Haushaltführung, Kindererziehung und Gattinnenpflichten voll ausgefüllten, planmäßig wirtschaftenden bürgerlichen Hausfrau. Der andere Weg führt zu einem neuen, durch die Berufsarbeit der Frau geprägten Wirkraum, einer Berufsarbeit, die den Pflichtenkreis der Frau um häusliche oder außerhäusliche Erwerbstätigkeit erweitert. Es entsteht der Typus der bürgerlichen Frau, die neben ihren Aufgaben der Haushaltung, der Kindererziehung und der Gattinnenpflichten den Anforderungen eines Berufes genügen muß.

In beiden Wegen, die, wie gesagt, erst zögernd und langsam von der bürgerlichen Frau beschritten werden, liegen die Ansätze zu der Rationalisierung der Hauswirtschaft. Beide Typen der bürgerlichen Frau nähern sich stark dem Typus der bürgerlichen Frau um 1930, und sie sind von den Frauentypen des 18. und 19. Jahrhunderts grundverschieden. Gleichzeitig aber nähern sich diese neuen bürgerlichen Frauentypen und der bürgerliche Haushalt, den sie umzuformen beginnen, in vielen Punkten der Gestalt der proletarischen Frau und des proletarischen Haushaltes, wie wir sie in den letzten 50 Jahren kennen gelernt haben.

Davon soll im Schlußwort noch die Rede sein.

Typus der bürgerlichen städtischen Familie nach 1900

Die beginnende Kongruenz von Realsituation und Wirkraum der Frau blieb nicht ohne Wirkung auf das Familienleben. Zwar hat sich vorerst die Tendenz zur Kleinfamilie noch verstärkt, da die knappen Geldmittel die Lasten einer großen Kinderzahl nicht erlaubten und der planmäßig geführte Haushalt zwar die Hausfrau, nicht aber die Kinder, auszufüllen vermochte. (Die analysierten beiden bürgerlichen Haushaltungen mit großer Kinderzahl bilden dafür im negativen Sinne eine Bestätigung). Wohl aber war die Kompensation der Frau für die Berufsarbeit des Mannes, die seit der ersten Hälfte des 19. Jahrhunderts einen erheblichen Bruch bekommen hatte, von neuem auf dem Wege sich zu stärken. Auf der einen Seite sah der Mann, wie aus »der nie rastenden Hausfrau« früherer Tage die denkende Hausfrau geworden war, die mit neuer Schulung und neuem Interesse, mit Selbstvertrauen statt mit Minderwertigkeitsgefühlen die Domäne ihres Haushalts bewältigte. Es begann die Zeit, in der sich beide Gatten miteinander bemühten, die Dinge des Haushalts geschickt und planmäßig anzupacken. Auf der anderen Seite entsteht die Zusammenarbeit aller Familienmitglieder, die gemeinsam zum Lebensunterhalt beitragen. Die Stellung der erwerbstätigen Frau in der Familie ist nicht nur durch die Steigerung ihres eigenen Selbstbewußtseins, sondern auch durch die Steigerung ihres Ansehens in den Augen des Mannes und der Kinder eine gefestigte und gesicherte. Die erwachsenen Kinder bleiben in der Familie, sie liefern ihren Verdienst ab und helfen die gemeinsamen Sorgen tragen. Es scheint demnach, daß eine solche Erwerbs- und Konsumgenossenschaft aller Familienmitglieder, statt zu einer Lockerung der Familienbande, eher zu einer Festigung des Familienzusammenhangs führt.

Auch davon soll im Schlußwort und namentlich im zweiten Teil der Arbeit, die der letztvergangenen Zeit gewidmet ist, die Rede sein[5].

Schlußbetrachtung

Wir fragen uns nach dem Ergebnis der Arbeit, bzw. nach dem Ergebnis des ersten Teiles dieser Arbeit. Als ich 1930 den Standort unserer großstädtischen Haushaltungen betrachtete, hatte – um ein Wort Le Corbusiers zu gebrauchen – »die Wohnmaschine« an Ausdehnung zugenommen, und die Zeit schien nicht mehr ferne, in der, wie ein anderer moderner Architekt[6] sich ausdrückte, »das Beefsteak in der Schublade läge«, wenn man mittags von der Arbeit nach Hause käme.

5 Einige Zitate finden sich im Anhang.

6 Ernst May, Vortrag über »Neues Bauen« 1931. Vgl. Ernst May und Fritz Wichert (Hrsg.), Das neue Frankfurt. Int. Zeitschrift für die Probleme kultureller Neugestaltung. 1926ff.

Die Gegenwartsanalysen von Haushaltungen aus den Jahren 1931 bis 1933 zeigten wiederum, daß man des Abends, um Licht zu sparen, um die Petroleumlampe herumsaß, daß die Zentralwaschküchen und die Kindergärten leer standen, daß die Arbeitslosigkeit alle Familienmitglieder erfaßt hatte und ein neues Element, die Erwerbslosenküchen, in die Haushaltführung eingezogen war.

Diese auffallenden Widersprüche gaben zu der Frage nach den Entwicklungslinien der Haushaltführung überhaupt, nach der Tendenz dieser Entwicklung und ob man aus ihr Schlüsse für die Gegenwart und für die Zukunft ziehen könne, Anlaß.

Wir wollen versuchen, die nach dem bisherigen Verlauf der Untersuchung sichtbar gewordenen Entwicklungslinien zu zeigen und die Fäden aufzuspüren, die von diesen Entwicklungslinien in die Gegenwart hineinführen.

Innerhalb der bürgerlichen städtischen Hauswirtschaft geht eine im wesentlichen gradlinige Entwicklung von der Produktionswirtschaft zur Konsumtionswirtschaft. Die Haupteinbrüche fallen in die Mitte des 19. Jahrhunderts und in das erste Viertel des 20. Jahrhunderts. Der Einbruch um 1850 läßt die Frau als eine nur passiv von dem Strukturwandel ergriffene in einer Ideologie und in einem Wirkraum zurück, die der alten Produktionswirtschaft entsprachen. Der Einbruch zu Beginn des 20. Jahrhunderts (von dem nur Ansätze im vorliegenden ersten Teil der Arbeit gezeigt werden) stellt die Frau aktiv in einen neuen, der veränderten Konsumwirtschaft angepaßten Wirkraum; daher ist dieser Einbruch wesentlich von der neuen Ideologie der Frau her bestimmt. Für die Gradlinigkeit der Entwicklung spricht, daß der bürgerliche Haushalt auf dem Lande, wenn auch in viel langsamerem Tempo, dem gleichen Wandel unterworfen ist.

Im Zusammenhang mit dem Prozeß vom produktiven zum konsumtiven Haushalt steht der Wandel der Großfamilie zur Kleinfamilie. In der gleichen Wechselwirkung steht die Entwicklung der Wohnweise (im Gegensatz zum beruflichen Wirken, das in der »City« verblieb), die sich in immer weiteren Kreisen – vom Stadtinnern zum Villenviertel, vom Villenviertel zur Siedlung, von der Siedlung zur Stadtrandsiedlung – vom Stadtkern entfernte.

Der langsame Anpassungsprozeß des Wirkraums der Frau an ihre Realsituation, d. h. an ihre veränderte Konsumtionswirtschaft, und die damit zusammenhängenden Unterschiede in den Frauen- und Männerideologien trugen Konfliktstoffe in das Familienleben. Sie sind gegen Ende des 19. Jahrhunderts von erheblicher Tragweite und beginnen sich im ersten Viertel des 20. Jahrhunderts, unter dem Einfluß des Abschlusses dieses Anpassungsprozesses aufzulösen.

Im Gegensatz zum bürgerlichen Haushalt ist der proletarische städtische Haushalt gleich im Beginn seines Entstehens eine Konsumtionswirtschaft. Die proletarische Frau wird sofort aktiv in denselben Produktionsprozeß eingeschaltet, der ihre Konsumtionswirtschaft geschaffen hat. Realsituation und Wirkraum fallen bei ihr zusammen. Von einer Entwicklungslinie kann kaum gesprochen werden; da sich die Voraussetzungen des Haushalts nicht ändern, ist auch von einem Typenwandel des Haushalts, der Frau und der Familie wenig bemerkbar.

Die Strukturlinien der bürgerlichen städtischen und der proletarischen städtischen Hauswirtschaft lassen folgende Parallelentwicklung erkennen:

Als im ersten Viertel des 20. Jahrhunderts bestimmte Voraussetzungen – Funktionsverarmung im Haushalt, Aufnahmefähigkeit der industriellen Wirtschaft, knapper Männerverdienst, differenzierte Ansprüche und steigende Preise – zur Erwerbstätigkeit der verheirateten Frau, d. h. zu einem neuen Wirkraum der bürgerlichen Frau, führten, begannen für den bürgerlichen Haushalt dieselben Folgeerscheinungen Platz zu ergreifen, wie für den proletarischen Haushalt 50 Jahre früher. Es ist angedeutet worden, wie diese Wirkungen zuerst bei der Wohnung, bei weiterer Funktionsausgliederung aus dem Haushalt und bei der Verteuerung der Lebenshaltung spürbar sind.

Es wird die Aufgabe des zweiten Teils dieser Arbeit sein, zu zeigen, wie im Fortschreiten der gleichen Voraussetzungen sich die dem proletarischen Haushalt ähnlichen Folgeerscheinungen ergeben. Als nämlich nach dem Weltkriege zu den früheren Gründen noch die dem bürgerlichen Haushalt bisher eigentümlichen Faktoren der Sicherheit und der fundierten Substanz fortfielen, war der Übergang zur reinen Konsumtionswirtschaft unerläßlich. Und zwar zeigte diese bürgerliche Konsumwirtschaft dieselben Züge wie der proletarische Haushalt, der starken Verminderung aller Haushaltverrichtungen und der Aufgaben der Kindererziehung, sowie der Teilung der häuslichen Gemeinschaft mit haushaltfremden Elementen (Untervermietung). Die Parallelität der beiden Haushaltungen erstreckt sich ebenso auf das Was als auf das Wie des Einkaufs.

Was im ausgehenden 19. Jahrhundert für die proletarische Familie die Arbeiterschutzgesetzgebung, die Sozialversicherung, der Wohnungsbau, die Volkskindergärten usw. als Erleichterung ihres Loses bedeuteten, wurde in der gleichen Weise dreißig Jahre später der bürgerlichen Familie zuteil. Dabei hatte sie aber von der proletarischen Familie den großen Vorteil voraus, daß die Technik sich ihrer in hohem Maße annahm und Haushalterleichterungen schuf, die nun beiden berufstätigen Frauentypen eine rationelle Wirtschaftsführung ermöglichte.

Wie für die Arbeiterfamilie in der Mitte des 19. Jahrhunderts an Stelle des häuslichen Herdes neue Interessengebiete treten, die durch die Arbeit, das Wirtshaus und das proletarische Kollektivbewußtsein charakterisiert werden, geben die neuen Fernkontakte der bürgerlichen Frau neue Bewußtseinsinhalte: Neben dem Haus stehen Beruf und Sport im Mittelpunkt des Daseins.

Es muß dem zweiten Teil meiner Arbeit vorbehalten bleiben, diese Dinge ausführlicher zu beleuchten und die Rückwirkungen auf das Familienleben einzuschalten, namentlich aber auch die Gründe für den Umschlag dieser Geschehnisse in den Krisenjahren aufzudecken und – gemäß den bisherigen Entwicklungslinien – Tendenz und Richtung des Gestaltwandels in der Gegenwart aufzuzeigen. Dabei wäre durchaus die Möglichkeit gegeben, aus der Tatsache, daß der Prozeß der Strukturangleichung des bürgerlichen an den proletarischen Haushalt das erste Drittel des 20. Jahrhunderts ausfüllt, zu wichtigen Endgliedern in der Kette Haushalt, Frau und Familie – nämlich zum Staate und den politischen Veränderungen unserer Zeit – vorzudringen.

(Die Erhebung des Kaiserl. Stat. Amtes von 1909 wird erst im zweiten Teile berücksichtigt werden.)

Es wird ebenso zu meiner Aufgabe gehören, festzustellen, warum unter ähnlichen Voraussetzungen und ähnlichen Folgeerscheinungen *trotzdem* gewichtige und immer wiederkehrende Unterschiede zwischen einem bürgerlichen und einem proletarischen Haushalt bleiben – eine Frage, die sich überhaupt erst im 20. Jahrhundert erheben konnte, als nämlich die starren typischen Attribute bürgerlicher Haushaltungen ins Wanken gerieten.

Für den Augenblick genügt es, als Ergebnis des ersten Teils dieser Arbeit festzuhalten, daß eine einigermaßen gradlinige Entwicklung von der Produktion zur Konsumtion im Haushalt bis ungefähr 1930 läuft, daß der Anpassungsprozeß der Frau an diese Entwicklung und der gleich laufende Anpassungsprozeß der Familie nicht gradlinig, sondern unregelmäßig und für die Proletarierfrau anders als für die bürgerliche Frau geschah, und daß die Struktur des bürgerlichen

Haushaltes unter ähnlichen Voraussetzungen eine der Struktur des proletarischen Haushaltes ähnliche – wenn auch zeitlich ganz getrennte – Form annahm.

Dokumentarischer Anhang

Beispiele und Zitate zum 1. Kapitel

Im Folgenden sollen einige Beispiele aus der zeitgenössischen Literatur zwischen 1760 und 1830 angeführt werden. In ihnen tritt uns nicht nur der Niederschlag des soeben aus den Haushaltungsbüchern entwickelten Haushalttypus, Frauentypus und Familientypus jener Zeit entgegen, sondern aus diesen Büchern, teils von Männern geschrieben, teils von Frauen *für* einen Mann oder im Hinblick auf einen Mann geschrieben, tritt uns gleichzeitig das Männerideal, das gleichbedeutend war mit dem Frauenideal der Zeit in Bezug auf Frau und Familie entgegen.

Zuerst ein Zitat aus den »Patriotischen Phantasien« von Justus Möser von 1768[1]:

»Der Himmel weiß, daß ich es nie verlangt habe, allein meine Selige stand alle Morgen um fünf Uhr auf, und ehe es sechs schlug, war das ganze Haus aufgeräumt, jedes Kind angezogen und bei der Arbeit, das Gesinde in seinem Beruf, und des Winters an manchem Morgen oft schon mehr Garn gesponnen, als jetzt in manchen Haushaltungen binnen einem ganzen Jahr gewonnen wird. Das Frühstück ward nur beiläufig eingenommen; jedes nahm das Seinige in die Hand und arbeitete seinen Gang fort. Mein Tisch war zu rechter Zeit gedeckt und mit zwei guten Gerichten, welche sie selbst mit Wahl und Reinlichkeit simpel, aber gut zubereitet hatte, besetzt.

Käse und Butter, Äpfel, Birnen und Pflaumen, frisch oder trocken, waren von ihrer Zubereitung. Kam ein guter Freund zu uns, so wurden einige Gläser mit Eingemachtem aufgesetzt, und sie verstand alle Künste, so dazu gehörten, ohne es eben mit einer Menge von Zucker verschwenderisch zu zwingen; was nicht davon genossen wurde, blieb in dem sorgfältig bewahrten Glase. Ihre Pickels übertrafen alles, was ich jemals gegessen habe; und ich weiß nicht, wie sie den Essig so unvergleichlich machen konnte. Sie machte alle Jahre ein Bitteres für den Magen, wogegen Dr. Hills und Soughtons Tropfen Nichts sind. Ihren Hollundersaft kochte sie selbst und in keinem Nonnenkloster fand man besseres Krausemünzenwasser als das ihrige. In unserm ganzen Ehestande hat Keines aus dem Hause dem Apotheker einen Groschen gebracht, und wenn sie etwas Lächerliches nennen wollte, so war es ein Kräutertee aus der Apotheke. Auf jedes Stück Holz, das ins Feuer kam, hatte sie Acht. Nie ward ein großes Feuer gemacht, ohne mehrere Absichten auf einmal zu erfüllen. Sie wußte, wieviel Stunden das Gesinde von einem Pfund Tran brennen mußte. Ihre Lichter zog sie selbst und wußte des Morgens an den Enden genau, ob Jedes sich zu rechter Zeit des Abends niedergelegt hatte. Das Bier ward im Hause gebraut, das Malz selbst gemacht und der Hopfen daheim besser gezogen, als er von Braunschweig eingeführt wird. Der Schlüssel zum Keller kam nicht aus

1 Justus Möser, Ausgewählte Patriotische Phantasien. Leipzig o. J.

ihrer Tasche. Sie wußte genau, wie lange ein Faß laufen und wieviel ein Brot wiegen mußte. Butter und Speck gab sie selbst aus und ohne geizig zu sein, bemerkte sie das Gesinde so genau, daß nichts davon verbracht werden konnte. Ebenso machte sie es mit der Milch. Sie kannte jedes Huhn, das legte, und fütterte nach der Jahreszeit so, daß kein Korn zu viel oder zu wenig gegeben wurde. Das Holz kaufte sie zu rechter Jahreszeit und ließ die Mägde des Winters alle Tage zwei Stunden sägen, um sie bei einer heilsamen Bewegung zu bewahren. Im Sommer ward des Abends nie warm gegessen. Die warmen Suppen erschienen ihr eine lächerliche Erfindung der Franzosen; und bei dem kalten Essen konnte das Geschirr auch mit kaltem Wasser gewaschen werden. Man brauchte alsdann kein Feuer und an Winterabenden ward bei dem letzten Feuer im Ofen gekocht. Was in der Dämmerung geschehen konnte, geschah nicht bei Lichte und die Arbeit ward darnach abgepaßt. Ihre schmutzige Wäsche untersuchte sie alle Sonnabende und hing solche des Winters einige Tage auf Leinen, damit sie nicht zu feucht weggelegt und stockig werden möchte. Wenn die Bettücher in der Mitte zu sehr abgenutzt schienen, schnitt sie solche los und kehrte die Außenseite gegen die Mitte. Auch die Hemden wußte sie auf eine ähnliche Art umzukehren und die Strümpfe zwei bis drei Mal anzuknütten. Alles, was sie und ihre Kinder trugen, ward im Hause gemacht, und sie verstand sich auch sehr gut auf einen Mannschlafrock. Sie konnte ihn in einem Tage mit eigener Hand fertig machen. Im Stopfen ging ihr keine Frau vor: alle Jahre wurden einige Stücken Linnen in der Haushaltung gemacht und einige greis zugekauft, welche sie hernach zusammen bleichen ließ. Sie bückete solches selbst und bewahrte es so viel wie möglich vor der gewaltsamen Behandlung des Bleichers. Das Garn zu einem Stücke mußte von einer Hand und von einer Art Flachs gesponnen sein. Von dem Besten ward gezwirnt, und keine Nadel oder Nähnadel konnte verloren gehen, weil nicht ausgefegt werden durfte, ohne daß sie zugegen war.

Ihr Garten war zu rechter Zeit und mit selbstgezogenem Samen bestellt. Im Frühjahr erholte sie sich in demselben von der langen Winterarbeit, indem sie säte und jätete. Die Früchte lachten dem Auge entgegen, ob sie gleich kaum den halben Dünger gebrauchte, den ihre Nachbarn, ohne Verstand untergruben. Da sie allem Unkraut zeitig widerstand, so hatte sie nicht die halbe Arbeit. Alles, was sie pflanzte, geriet recht wunderbarlich und ihr Vieh gab bei kluger Fütterung bessere und mehr Milch, als andere mit doppeltem Futter erhalten konnten. Keine Feder wurde verloren und kein Brocken fiel auf die Erde.

Das Bewußtsein ihrer guten Eigenschaften gab ihr einen ganz vortrefflichen Anstand. Alles, was bei Tische mit Appetit gegessen wurde, war die schmeichelhafteste Lobrede für sie. Das Tischzeug konnte nicht bewundert werden, ohne daß nicht der Ruhm davon auf sie fiel. Ihre emsigen, reinlichen und muntern Kinder verkündigten der Mutter Lob vor allen Augen; und die Ordnung im Hause, die Fertigkeit, womit Alles von statten ging, und die Zufriedenheit, womit sie Vieles ohne Beschwerde geben konnte, erheiterten ihren Blick dergestalt, daß alle Gäste davon entzückt wurden. Keiner Frau ist mehr geschmeichelt und keiner weniger Schmeichelhaftes gesagt worden. Ihr Blick breitete Lust und Zufriedenheit über alles aus und ich kann es nicht genug sagen, wie artig sie jede Gesellschaft mit in den Plan ihrer Arbeiten ziehen konnte. In der Dämmerung schälten wir Äpfel mit ihr, oder pflückten Hopfen, und wer sein ihm zugeteiltes Werk zuerst fertig hatte, bekam von ihr einen Kuß. Man glaubte es, oder nicht, der eine hielt den Zwirn, der andere wickelte ihn auf, der dritte las Erbsen oder andere Samen aus, der vierte machte Dochte zu Lichtern und ich glaube, wir hätten ihr zu Gefallen gern mitgesponnen, wenn wir es verstanden hätten. »Spinnen«, sagte sie uns oft, »gibt allezeit warme Füße und würde sehr gut gegen die Hypochondrie sein.« Wenn wir unsere Arbeit gut gemacht hatten, setzten wir uns, je nachdem die Jahreszeit war, an das Darrenfeuer und tranken ein Glas Septemberbier, welches damals noch nicht so schwach gebraut wurde, daß es in dem ersten Monat sauer werden mußte, oder wir taten uns sonst mit Plaudern etwas zu Gute.

Nach ihrem Tode – ach ich kann ohne Tränen nicht daran denken – fand ich die Brautwagen für unsere vier Töchter fertig; und wie ich alles, was sie während unserm sechzehnjährigen Ehestande in der Haushaltung erzeugt hatte, überschlug, belief es sich höher als das Geld, was sie in aller Zeit von mir empfangen hatte. So vieles hatte sie durch Fleiß, Ordnung und Haushaltung gewonnen.«

Ein weiteres Beispiel aus den »Briefen an Lina« von Sophie von la Roche[2]: »Nun will ich dir den Entwurf sagen, welchen ich für dich, meine Beste! machte, der aber allein für dich und deines gleichen taugt. Der Kreis, den wir durchzulaufen haben, ist in den Schranken unseres Hauses abgezeichnet. In diesem will ich mit dir einige Tage verbringen, und folgende Ordnung halten – Schlafzimmer – Wohnzimmer – Küche – Speisekammer – Eßzimmer – Visitenzimmer – Geräthkammer.«

»Ich will hier nur im Vorbeygehen hinzusetzen, daß einfarbige Kleider, oder die in zwey Farben spielen, für wenig reiche Personen die vorteilhaftesten sind, weil sie nie aus der Mode kommen, und man ihnen mit einem neuen Anzug Band auch ein erneutes Ansehen geben kann; – ja weil auch eine mittelmäßige Gestalt dadurch geziert wird.«

»Nun ein Wort von der Hauskleidung. Diese soll von dauerhaftem Zeug, und den man reinlich halten kann, gewählt seyn. (Nichts ist häßlicher, als eine außer ihrem Haus schön und nett gekleidete Person, die man den Abend oder Tage drauf schmutzig oder unordentlich antrifft.)«

»Wir sind nun, meine Lina! in dem Wohnzimmer. Laß gleich die freundliche Miene und den Ton, mit welchem du den guten Morgen giebst, eine sanfte Freude um dich verbreiten: deine Tante, dein Bruder werden die Heiterkeit des Tags um so mehr fühlen. Sey ihnen freudig gehorsam; Beyde werden dich gutes lehren. Deine Folgsamkeit und Liebe macht sie glücklich – das erste, weil

2 Sophie von LaRoche, Briefe an Lina. Speyer 1785. Hier der 3., 4. und 6 Brief.

es ihrem Herzen die Versicherung giebt, daß du in Erlernung des Guten den Grund zu deinem Glück legst: und dann ist es süß, von denen, die wir lieben, geliebt zu seyn. Schätze in dir die Würde, zu einem Vorbild der Tugend und Liebenswürdigkeit für deines Bruders Töchter erzogen zu werden, so wie es jede älteste Schwester von den jüngern ist.

O Lina! was für ein schönes Loos, mit fünfzehn Jahren alles dieses zu seyn! wie freudig must du deine Arbeit vornehmen? – du hilfst deinem Bruder sparen, nützest dir selbst, und dienst auch dem Gesinde zum Beyspiel. – Dieses hat man zum Arbeiten im Hause, dazu müssen sie mit Ernst angehalten werden. Aber wie schön ist es, wenn eine Tochter mit ihrem Fleiß und mit ihrer Geschicklichkeit voran geht? – du bist von einem Stande, meine Lina! wo es Ehre macht, alle häuslichen Arbeiten zu verstehen, die in dem Zirkel der Familie von einem Gelehrten unseres Vaterlandes vorkommen – von der Reinigung der Fußböden, des Küchengeschirrs, und des Weißzeugs an, bis auf Flor- und Spitzenwäsche, so daß die Tochter die Mägde in der rauhesten Arbeit anweisen, und dann die feineste selbst vornehmen, und dadurch vieles nützen kann. Denn der wahre verdienstvolle Vorzug zwischen dir und deiner Magd soll nicht darinn bestehen, daß du befehlen und eine Dienerin zahlen kannst, sondern, daß du mehr weißt, die größere und vielfältigere Pflichten deines Standes genau erfüllst, und dieß, was sie nach der Klasse, in welche Gott sie setzte, wissen muß, auch zu schätzen und zu belohnen verstehst. Dann gewiß, meine Liebe! in einem sichern Verstand genommen, ist eine mit Menschenliebe behandelte Magd glücklicher als ihre Frau, weil sie eine vorgeschriebene und eingeschränkte Art von Pflichten hat, und ohne alle andere Sorge und Verantwortung lebt: hingegen wird die Beschäftigung der Frau eben dadurch verdienstvoller und edler, weil sie mehr Kräfte des Geists im Nachsinnen, mehr Tugenden der Seele braucht, um ihre Pflichten zu erfüllen, die immer einen doppelten Werth in Nützlichkeit – der Eigenschaft einer Gehülfin, und in Annehmlichkeit – der Tugend einer Gesellschafterin – haben müssen. Wenn die Mägde die niedere Hausarbeit unter der Oberaufsicht einer Tochter versehen, so kann diese in Verfertigung und Unterhaltung des Weißzeugs, der Kleidungsstücke und Putzsachen vielen Nutzen schaffen, und wird sich Ruhm erwerben. Ich wünschte, daß du dabey gewesen wärest, wie einmal fünf recht vornehme Herrn in das Zimmer einer Hofrathsfrau kamen, und die Mutter mit zwey Töchtern fanden, als die erste ein Stück neue Leinwand zuschnitte, eine Tochter sich ein Kleid nähte, und die zweite in Mösers ›Patriotischen Phantasien‹ gerad die Stücke des häuslichen Verdienstes einer Frau laß. Diese Herrn, welche vorher schon einige Achtung für den Geist der Mutter hatten, wurden nun mit Ehrfurcht durchdrungen, und behielten sie ihr ganzes Leben für diese Frau.«

Schließlich ein Zitat aus den Erinnerungen von Luise Otto-Peters[3]:

3 Luise Otto-Peters, Erinnerungen aus der Vergangenheit. Leipzig 1876. Hier Kap. 1

»Die Hauswirtschaften bildeten so zu sagen viel größere Complexe als jetzt. Nicht allein jeder Handwerker, auch jeder Kaufmann und Apotheker hatten ihre Gesellen, Gehilfen, Lehrlinge mit in Wohnung und Kost, jeder Rechtsanwalt seine Schreiber usw.«

»Es sah zur Zeit unserer Großmütter und Mütter gewaltig anders aus in Haus und Stadt und nun gar auf dem Lande, wie jetzt. Fast alle, auch die einfachsten Bedürfnisse einer Haushaltung mußte man erst in dieser sich selbst bereiten. Die Wäsche ward im Hause gewaschen, Brod und Kuchen selbst gebacken, alle Vorräthe für den Winter, Früchte vom einfachsten Dörren an bis zum compliciertesten Gelée, Fleisch in den verschiedensten Zubereitungen, Butter und Eier. – Alles ward durch eigene Hausarbeit für den Hausverbrauch bereitet und aufbewahrt, wobei das Letztere oft gerade so viel Mühe machte wie das Erstere. Ja, auch Seife ward im Hause selbst gesotten und Lichte wurden gegossen – Talglichte – lange Zeit hindurch der Hauptbeleuchtungsgegenstand, auf den wir später zurückkommen, da die Wandlungen, welche die künstliche Beleuchtung erfahren, so interessant sind, daß wir ihnen ein eigenes Kapitel widmen.

Auch die Gastfreundschaft war eine andere, als die jetzige und es wurden andere Anforderungen an sie gestellt. Freilich ging es da viel einfacher zu als jetzt, man war genügsamer in Beziehung auf manche Delicatessen, die eben in Rücksicht auf den Transport viel schwerer zu beschaffen waren, genügsamer in Beziehung auf die Service, auf das Vielerlei des Geschirrs usw., welches jetzt z. B. zu dem einfachsten Abendbrot erforderlich. Aber man lebte damals eben viel mehr im Hause, wie außer demselben, indeß jetzt das umgekehrte Verhältniß fast das herrschende geworden! Man suchte sonst sein Vergnügen eben nur im Hause, nicht in der Restauration – eine Dame hätte im Winter nie eine solche betreten! War man einmal gastfrei, so sah man nicht nur eingeladene große Gesellschaften bei sich, sondern man empfing wer kam und setzte vor ›was das Haus vermag‹; man kam weder der Form, noch des Essens willen zusammen, sondern zur gemüthlichen Unterhaltung und da es oft wennn auch in einfacher Weise geschah, so machte das schließlich in einer Haushaltung mehr Arbeit und Kosten als jetzt die paar lucullischen Gastmähler, die eine vermögende Familie giebt und wozu oft Alles nur im Hotel bestellt wird und der Hausfrau jede Mühe erspart ist. Und dann erstreckte sich die damalige Gastfreundschaft auch nicht nur auf Besuche für den Abend oder Tag – man hatte so manchen für Tag und Nacht und zwar auf Wochen, Monate. Das Reisen war theuer und beschwerlich, wer da einmal kam von fernen Freunden und Verwandten kam gleich auf längere Zeit – Studenten pilgerten bekanntlich zu Fuß ›die Vetternstraße‹, um die Ferien billig hinzubringen, für jede Dame galt es einen ungeheuren Entschluß, wenn sie in einem Gasthaus einkehrte, sie zog darum jede Familie vor, wenn sie sich auf einer Reise befand, die länger als einen Tag währte – und so fehlte es nie an Gästen, am wenigsten in solchen Familien, von deren Gastfreiheit man überzeugt war.

Am Anschaulichsten kann man schildern, was man im Elternhaus selbst erfahren und ich denke, so ungefähr wie bei uns ging es in den meisten Familien des Mittelstandes zu, wo das Haupt, der Ernährer derselben, das Nöthige dazu verdiente und gewissenhaft verwendete. Mein Vater besaß ein eignes Haus in Meißen und einen Weinberg in der Nähe, war – wie es nach römischen Muster hieß – ›Senator‹ und Gerichtsdirector, später, nach neueren Einrichtungen, allein das letztere, da es eben in Sachsen noch Patrimonialgerichte gab. – Die Eltern, vier Töchter, eine Schwester der Mutter, zwei Schreiber und ein Dienstmädchen, bildeten einen Durchschnittshausstand von neun Personen, der bei einer großen Wohnung parterre und erste Etage eines Eckhauses von 14 Fenstern und ein paar Zimmern des dritten Stockes, schon ein ziemlich respectabler und eben dadurch noch mehr, als er selten ohne auswärtigen Besuch war. Eine Kammer des Erdgeschosses hieß garnicht anders als die ›Studentenkammer‹, weil sie nur für junge Leute bestimmt war, da gab es Neffen usw., die sich darin niederließen, wenn sie Ferien oder in anderen Verhältnissen keine Stelle hatten; dann gab es wieder Nichten, die zu halben oder ganzen Jahren in unserer Familie sich vervollkommnen oder unterhalten sollten und die unsere Mädchenzimmer mit theilten, dann wieder Freundinnen von Mutter oder Tante, die gern einmal einige Wochen sorgenfrei zubringen wollten – Verwandte und Freunde, die aus wahrer Freundschaft kamen und aufgenommen wurden oder um die schöne Gegend zu genießen, für welche dann besondere Gastzimmer bereit waren. Natürlich vermehrte dies die Hausarbeit nicht wenig – aber alle weiblichen Hände mußten mit zugreifen und es ging, da eben die Mutter selbst das allerbeste Beispiel gab. Vom frühen Morgen an war sie in der Wirtschaft thätig und dabei doch jeden Augenblick bereit, am Morgen kurze Besuche und Abend Gäste zu empfangen – auch im Sommer, auf der Sommerwohnung, dem Weinberg, auch wenn wir nicht ganz da wohnten, sondern nur nachmittags hinausgingen. Gab es im Winter erst Thee und Backwerk, dann, am gedeckten Tisch eines anderen Zimmers, kalte Küche und Wein, so auch im Sommer, nur vorher schäumende Milch mit Backwerk und Obst. Man nahm eben was im Hause war – aber ein Blick auf diese Vorräthe erscheint mir jetzt fast märchenhaft!

In großen Kellern lagerten ganze Kufen vom Rhein mit den besten Sorten gefüllt, daneben friedlich der sonst so verrufene Meißner in veredelter Gestalt. Stückgefäße von allen Größen und Werthen und ganze Dutzende gefüllter Flaschen – den Weinkeller besorgte der Vater selbst. Daneben ein anderer Keller, wo auf besonderen Gestellen viele Scheffel Äpfel wohlgeordnet lagen, darunter die Kartoffeln, dann zwei riesenhafte Pökelfässer, wohlgefüllt mit Rind- und Schweinefleisch, das dann später, theilweis in den eignen Räucherkammern auf den Boden durch Holzrauch in den Essen, mit vielen Würsten noch eine zweite Zubereitung erhielt. In Gewölben des Erdgeschosses Buttertöpfe von allen Größen wohlgefüllt zum Kochen für den Winter, Fässer und Krüge mit Gurken und Gemüsen, ganze Horten voll gebacknes Obst, Eier in Stellagen mit Löchern zierlich aufgestellt, andere vom Juli und August in irdnen Töpfen und Kalk wohl verwahrt – ein Erträgnis der eigenen Hühnerzucht – und dann, je nach der Jahreszeit, Wild vom kleinsten bis zum größten, Geflügel usw. Auch die Materialwaaren wurden im Ganzen gekauft – Zucker und Kaffee mindestens nach ¼ und ½ Centnern und so Alles. Da wirthschaftete es sich wohl hübsch und wenn Besuch kam, brauchte man nur aus Keller und Speisekammer zu holen, was gebraucht ward – allein alles dies vorzubereiten und zu erhalten erforderte doch keine geringe Mühe.«

Nun einige Beispiele von mehr symptomatischem Wert, die gleichsam indirekt zu den gleichen Ergebnissen führen. Aus dem pädagogischen Roman der Zeit »Lienhard und Gertrud«[4]:

»Diese Frau hatte nach alter Großmutterart ihre kurzen Sprüche, mit denen sie gemeiniglich im Augenblick den rechten Weg fand, wo andere Leute, die sonst sich viel geschickter glaubten als sie, bei Stunden und Tagen plauderten, ob sie links oder rechts wollten.
Die vorzüglichsten Sprüche aber waren:
Zu Allem schweigen, was Einem nichts angeht.
Von dem den Mund nicht auftun, was man nicht wohl versteht.
Bei Seite gehen, wo man zu laut oder zu leise redet.
Das wohl zu lernen, was man wohl brauchen kann.
Mit Kopf und Herz immer am rechten Orte und nie an gar vielen sein, aber immer bei sich selber.

Denen, so man schuldig ist, und denen, die man liebt, mit Leib und Seele zu dienen.

Solche kleine Sprüche waren dieser Frau der Leitfaden zu einer häuslichen und bürgerlichen Weisheit, über die sich Bücher schreiben ließen, wenn es möglich wäre, ihre Weisheit zu besitzen, und doch Bücher schreiben zu können.

Des Rudi's Kinder waren jetzt fast alle Tage bei ihr, und lernten täglich immer mehr, auf sich selber und auf alles, was um sie her war, Achtung geben und Sorge tragen. Bei ihrem Spinnen und Nähen lehrte sie die guten Kinder auch noch zählen und rechnen. Zählen und Rechnen ist der Grund aller Ordnung im Kopfe – das war eine der Meinungen, die Gertrud am eifrigsten behauptete, und die in ihre Erziehung einen großen Einfluß hatten. Ihre Methode war diese: Sie ließ die Kinder während des Spinnens und Nähens ihre Fäden und Nadelstiche hinter sich und für sich (rück- und vorwärts) zählen, und mit ungleichen Zahlen überspringen, zusetzen und abziehen.«

Rudi: »Es hat mir hundertmal die Augen übertrieben, wenn sie das Betbuch oder die neue Erklärung der Offenbarung in die Hand nahm, und die Kinder nicht gewaschen und gekämmt waren; und ich selber alle Tage in die Küche mußte, das Feuer auf dem

4 Johann Heinrich Pestalozzi, Lienhardt und Gertrud. 1.–4. Teil. Berlin-Leipzig 1781–87

Herde zu schürgen, wenn ich nicht gefahren wollte, daß sie mir mit ihrer Vergeßlichkeit noch das Haus anzünde.

Gertrud: Wenn man es mit den Büchern recht macht, so müssen einer Frau die Bücher sein wie der Sonntagsrock und die Arbeit wie die Werktagsjupee.

Rudi: Ich muß über mein Elend jetzt selber lachen. Sie hatte eben diese Sonntagsjupee alle Tage an, und erzog die Kinder, als wenn Beten und Lesen Alles wäre, für das man auf der Welt lebt.

Gertrud: Damit macht man just, daß sie das Beten und Lesen dann wieder vergessen, wenn sie es recht nöthig hätten.«

Aus Schillers Glocke[5]:

»Da strömet herbei die unendliche Gabe,
Es füllt sich der Speicher mit köstlicher Habe,
die Räume wachsen, es dehnt sich das Haus.
Und drinnen waltet
die züchtige Hausfrau,
Die Mutter der Kinder,
Und herrschet weise,
Im häuslichen Kreise
Und lehret die Mädchen
Und wehret den Knaben,
Und reget ohn' Ende
Die fleißigen Hände,
Und mehrt den Gewinn
Mit ordnendem Sinn;
Und füllet mit Schätzen die duftenden Laden
Und dreht um die schnurrende Spindel den Faden,
Und sammelt im reinlich geglätteten Schrein
Die schimmernde Wolle, den schneeigten Lein,
Und füget zum Guten den Glanz und den Schimmer
Und ruhet nimmer.«

Noch einmal Pestalozzi[6]:

»Ein Frauenbild, aber nicht zu allgemeiner Anwendung:

Leser, ich möchte dir dennoch ein Bild suchen von dieser Frau, damit sie dir lebhaft vor Augen schwebe, und ihr stilles Thun dir immer unvergeßlich bleibe. Es ist viel, was ich sagen will; aber ich scheue mich nicht, es zu sagen.

So geht die Sonne Gottes von Morgen bis am Abend ihre Bahn. Dein Auge bemerkt keinen ihrer Schritte, und dein Ohr hoeret ihren Hauf nicht; aber bei ihrem Untergange weißt du, daß sie wieder aufstehen und fortwirken werde, die Erde zu waermen, bis ihre Fruechte reif sind.

5 Friedrich Schiller, Das Lied von der Glocke. 1799
6 a.a.O.

Leser, es ist viel, was ich sage; aber ich scheue mich nicht, es zu sagen.

Dieses Bild der großen Mutter, die ueber die Erde wandelt, ist das Bild der Gertrud und eines jeden Weibes, das seine Wohnstube zum Heiligthum Gottes erhebt, und ob Mann und Kindern den Himmel verdient.«

Aus Goethes »Hermann und Dorothea«[7]:

»Dienen lerne bei Zeiten das Weib nach ihrer Bestimmung;
Denn durch Dienen allein gelangt sie endlich zum Herrschen,
Zu der verdienten Gewalt, die doch ihr im Hause gehöret.
Dienet die Schwester dem Bruder doch früh, sie dienet den Eltern,
Und ihr Leben ist immer ein ewiges Gehen und Kommen,
Oder ein Heben und Tragen, bereiten und Schaffen für Andre.
Wohl ihr, wenn sie daran sich gewöhnt, daß kein Weg ihr zu sauer
Wird und die Stunden der Nacht ihr sind wie die Stunden des Tages,
Daß ihr niemals die Arbeit zu klein und die Nadel zu fein dünkt,
Daß sie sich ganz vergißt und leben mag nur in Andern!«

Henry Fielding in seiner »Amelia«[8] (1751), als er sie bei der Zubereitung der Abendmahlzeit in der Küche schildert:

»Und wenn ich eine kühne Wahrheit aussprechen darf, so zweifle ich, ob es möglich wäre, dieses schöne Geschöpf in einem reizenderen Lichte zu sehen, als indem sie ihrem Gatten das Abendessen richtete, während ihre kleinen Kinder um sie herum spielten.«

Fast ebenso in Goethes »Leiden des jungen Werthers«[9]:

»Als ich in die Tür trat, fiel mir das reizendste Schauspiel in die Augen, das ich je gesehen habe. In dem Vorsaale wimmelten sechs Kinder, von elf zu zwei Jahren, um ein Mädchen von schöner Gestalt, mittlerer Größe, die ein simples weißes Kleid, mit blaßroten Schleifen, an Arm und Brust anhatte. Sie hielt ein schwarzes Brot und schnitt ihren Kleinen rings herum jedem sein Stück nach Proportion ihres Alters und Appetits ab, gab's jedem mit solcher Freundlichkeit, und jedes rufte so ungekünstelt sein: Danke! indem es mit den kleinen Händchen lang in die Höhe gereicht hatte, eh' es noch abgeschnitten war, und nun mit seinem Abendbrote vergnügt wegsprang.«

Über Oliver Goldsmiths »Pfarrer von Wakefield« (1766) schreibt Schücking[10]:

»Der Nachdruck liegt auf der gemütlichen Atmosphäre. Eine Gemeinschaft hat eingesetzt, die fast alle Lebensgebiete durchdringt. Man sitzt in der Gartenlaube und trinkt Tee in Hagedorn und Gaisblatt, man nimmt das Essen an einem Tisch im Felde ein, macht kleine Spaziergänge und füttert Amsel und Rotkehlchen, man veranstaltet kindliche Spiele mit den zu Besuch kommen-

7 1798. Hier der 7. Gesang
8 zit. nach Levin Schücking, Die Familie im Puritanismus. Leipzig und Berlin 1929
9 Goethe, Die Leiden des jungen Werther (1774). Hier 1. Buch
10 Levin Schücking, a.a.O., S. 211ff.

den Nachbarn, an denen sich die Mütter beteiligen, während die Väter zusehen; man veranstaltet kleine Hausmusiken, Tänze und Guitarrenvorträge, liest Gedichte vor und beteiligt sich an Literaturgesprächen. Die Kinder sind freundlich und liebevoll untereinander, und als Bruder Moses zum Markt geht, bemühen sich seine Schwestern erst um seine Kleidung, Hut und Haar und flechten ihm ein breites schwarzes Band in den Zopf. Schließlich läßt sich die ganze Familie zusammen auf ein Bild malen, die Pfarrersfrau als Venus, die zwei Kleinen als Cupidos, Olivia als Amazone auf einem Blumenhügel, Sophie als Schäferin und der Squire als Alexander der Große zu Olivias, der Amazone Füßen. Die Gemeinsamkeit erstreckt sich sogar bis auf den Meinungsaustausch über die Heiratsaussichten der Töchter, die wie die Chancen eines Pferdeverkaufs im Schoß der Familie erörtert werden. Der Pfarrer Primrose selbst spricht von den Seinen als einer kleinen Republik, und in der Tat kennt er keine diktatorischen Gelüste, weder gegenüber seiner Frau Deborah, deren recht erhebliche Schwächen ihm reichlich durch ihre hauswirtschaftlichen Tugenden aufgewogen werden, noch gegenüber den Kindern, deren Freiheit niemand verkümmert. Als seine ungehorsame Tochter ins Unglück gerät, da wird kein hartes Wort gegen sie laut, sondern sein Verhalten spricht nur von Liebe. Alle schließen sich im Unglück nur um so enger aneinander. Solange es nur von außen kommt, in Vermögensverlust und dergleichen besteht, nimmt es dem Pfarrer nichts von dem Frohsinn (cheerfulness) den wir als eine der größten Tugenden seit Jahrhunderten preisen hören. (s. S. 25, 68). Letzten Endes läuft schließlich ja auch die Moral dieses Werkes auf das Lob der Mäßigkeit hinaus; die eigentlichen Feinde des Menschen zeigt es, sind die unbeherrschten Leidenschaften. Kindheit, Kindlichkeit und die einfachen Genüsse des Lebens dagegen sind sein schönster Inhalt. Den Hintergrund dazu aber gibt – wonach sich alle zurücksehnen, wenn sie in der Fremde sind – das ländliche Strohdach, der zärtlich geliebte Kamin, die weißgekalkte Wohnküche und jene Gartenlaube ab, die schon in Miltons »Verlorenem Paradies« nicht fehlt und die in Deutschland allmählich ein besonderes Symbol des Familienlebens wird, mit dem zusammen erst sie aus der Gesellschaft verschwindet.«

»In der ›Early Victorian‹, der Frühbiedermeierzeit, beginnt der Geist des Familienlebens so mächtig zu werden, daß er mehr oder weniger jeder künstlerischen Produktion auf die eine oder andere Weise seinen Stempel aufprägt! Denn für das Bürgertum ist die Familie allmählich eine Art von Heiligtum geworden, das man in Wort und Bild zu feiern strebt. Ja, das Verhältnis zu ihr ist recht eigentlich dasjenige, was die Biedermeierzeit charakterisiert. Deshalb sagt mit Recht jemand in Thackerays kulturhistorischem Roman ›The Newcomes‹: Goldsmiths ›Pfarrer von Wakefield‹ ist niemals so beliebt gewesen wie im gegenwärtigen Zeitalter, d. h. in den dreißiger Jahren. Ihren literarischen Höhepunkt hat diese Bewegung in den Werken von Charles Dickens gefunden, die das Glück der Familie als Heilung für alle Unbilden des Lebens darstellen. Sinnbildlich für sie wird auch der Kultus, den man mit dem Kinde treibt, nicht dem unglücklichen Kinde des

Proletariats dieser Zeit, das man in Fabriken und bei gewerblicher Arbeit frühzeitig zu Tode quält, sondern einem, das die sentimentalen Überlieferungen des 18. Jahrhunderts fortsetzt. Man malt Bilder, die z. B. Shakespeare als spielenden Knaben, oder die Jungfrau Maria als kleines Mädchen im Schoße der Familie darstellen (Rosetti), und wenn man das Aufwachsen der Großen vergangener Jahrhunderte literarisch darzustellen hat, wie etwa das Miltons, so kann es nicht ohne die Zeichnung einer seelenvollen Hausidylle geschehen (Masson). Zur selben Zeit schon zwingt aber der Wandel der sozialen Verhältnisse Millionen Menschen zu einer Gestaltung ihres Daseins, für die das bürgerliche Familienideal schlechthin utopisch erscheint. Indeß der wachsende Drang nach individueller Freiheit läßt die Utopie auch nicht einmal mehr als eine schöne erscheinen. Das von Anfang an in der Familie vorhandene Element der Engherzigkeit und Rückständigkeit mit ihren verwaschenen Vorstellungen von Ehrbarkeit und Sittlichkeit werden vom modernen Menschen in steigendem Maße als Hemmschuh und Kette empfunden. Nichts ist jedoch merkwürdiger oder zeigt stärker die soziologische Abhängigkeit der Literatur von einer bestimmten Geschmacksträgerschicht, als wie spät solche revolutionären Gedanken in Hinsicht auf die Familie ihren Niederschlag in der schönen Literatur finden. Schon 1835 geht ja Robert Owen mit wahren Keulenschlägen auf die herrschenden Ehe- und Familienideale los, aber mehrere Generationen vergehen noch, bis Samuel Butler, der Jüngere, mit einer Erzählung wie ›The Way of all Flesh‹ Beachtung findet, die mit aller Sentimentalität in Hinsicht auf diese Lebensform aufräumt.«

In Deutschland finden wir dieselbe Parallele: Die »Luise« und die »Idyllen« von Voß, zwischen 1795 und 1812 als Niederschlag des Pfarrer von Wakefield erschienen, blieben bis in die vierziger Jahre des 19. Jahrhunderts hinein das Idealbild ländlicher bürgerlicher Familien, noch zu einer Zeit, als sich die städtische bürgerliche Familie unter dem Einfluß der von Schücking gestreiften industriellen Entwicklung stark zu transformieren begann. Ehe ich in den folgenden Haushaltanalysen diesen Strukturwandel beleuchte, möchte ich nur noch im bisherigen Zusammenhang darauf hinweisen, daß die neuzeitliche Romanliteratur treffende Schilderungen der bürgerlichen Haushaltungen, der Frauentypen und der Familientypen aus dem ersten Viertel des 19. Jahrhunderts enthält: Unter vielen anderen »Soll und Haben« von Gustav Freytag, »Jettchen Gebert« von Georg Hermann und die »Buddenbrooks« von Thomas Mann.

Wieder sollen einige Beispiele aus der zeitgenössischen und aus der Memorienliteratur Ergänzungen und Belege für die ökonomischen Umwälzungen, den Typenwandel des Haushalts und der Frau und den Gestaltwandel der Familie bringen. Zuerst statt vieler Belege einige Stellen aus einem Bericht einer Frankfurter Jubiläumsfirma im Jahre 1932[1]:

»Im Jahre 1825 gründete Ed. Lejeune ein kaufmännisches Geschäft unter seinem Namen. Es wurde mit einer Hasenhaarschneiderei begonnen, die infolge der damaligen Zylinderhutmode bald in Blüte kam. Ed. Lejeune besorgte den Einkauf der Felle in Rußland persönlich und besuchte regelmäßig die Leipziger Messe. 1830 errichtete er eine Filiale in Paris und hatte dort als Vorsitzender einer Handelsvereinigung großen Einfluß.

Durch den Bezug der für den Versand der Haasenhaare benötigten Kistenbretter kam Ed. Lejeune darauf, die besseren Bretter heraus zu sortieren und an die hiesigen und auswärtigen Schreiner zu verkaufen. Dies war der Beginn der Holzhandlung. Etwa 1828 gelangte er durch seine Handelsbeziehungen in Verbindung mit der damals als ganz neues Heizmaterial gebrauchten Kohle und verwendete sie für seine Heizöfen. Ihm gebührt das Verdienst, als Erster Kohlen in größeren Mengen in Frankfurt a./M. und in Süddeutschland eingeführt zu haben, denn schon 1833 wurden von der Firma Ed. Lejeune Kohlen in eigenen 4 Kähnen, denen er die Namen seiner Kinder gab, nach Frankfurt a./M. verfrachtet. Lange Zeit unterhielt die Firma eigene Niederlassungen in Ruhrort und dem Umschlagsplatz Kostheim. In Verbindung mit den Buderuswerken konstruierte und verkaufte er bis dahin noch ganz unbekannte Kohlenöfen. Um sich auch im Nutzholzhandel unabhängig zu erhalten, kaufte er bedeutende Waldungen in der Kronacher Gegend und errichtete große Sägewerke, deren Erzeugnisse über das Frankfurter Lager an die Firma Krupp, Essen, abgesetzt wurden.«

Aus den Erinnerungen von Elise Averdieck[2]:

»Ein Weib soll nichts gründlich lernen, als den Hausstand und allenfalls deutsche Sprache, Naturgeschichte und Geographie oberflächlich, und fremde Sprachen gar nicht!!!

Du hast keine hohe Idee von der Bestimmung des Weibes, der du so sprichst. Das Haus ist ihr Wirkungskreis, das ist gewiß, aber dürfen die Weiber nichts erkennen als Hausstand, um gute Hausfrauen zu werden? das ist ja, als ob ein Mensch nichts als die Bibel studieren dürfte, um guter Christ zu sein. Das sei ferne. Ein jeder Mensch, er sei Mann oder Weib, lerne so viel und so lange er kann, zuviel lernt man nie. Natürlich muß jeder dabei seine Bestimmung im Auge behalten, und ebenso toll wäre es, wenn einer Pastor werden wollte und hauptsächlich Medizin studierte, als wenn ein Mädchen, anstatt des Mittags in

1 Sonderabdruck aus dem Dezemberheft des Bürgerausschusses, »Chronik der Jubiläumsfirmen 1932«.

2 Elise Averdieck, Lebenserinnerungen. Hamburg 1908

der Küche zu helfen, Sprachen lernen wollte, aber es läßt sich ja vernünftig vereinen. Beim Hausstande bleiben manchen Mädchen freie Stunden übrig, ist es da nicht besser, daß sie Geschichte usw. studiert, als daß sie aus dem Fenster sieht und nichts tut. Kleine Mädchen laß lernen so viel sie können, und wenn sie Lust, Zeit und Geld dazu haben, in Gottes Namen Lateinisch. Lerne sie nur dabei ihre Bestimmung ehren und lieben. Hüte sie vor leidenschaftlicher Liebhaberei an Wissenschaften, und das, was sie gelernt haben, wird ihnen nicht schaden. Das Weib hat eine schöne herrliche Bestimmung (Siehe Würde der Frauen von Schiller), und die ist nicht allein den Haustand zu führen. Das Weib soll den Mann fesseln, soll ihn die Sorgen vergessen machen, soll ihm der liebste Umgang sein, das kann sie nicht allein durch Hausstandführen und deutsche Sprache. Sie fesselt ihn durch ersteres vielleicht bei Tisch, und wenns hoch kommt, beim Kaffee, aber dann hat er genug vom Hausstand und dessen Erzählungen, dann geht er aus und sucht sich bessere Unterhaltung, und die arme Frau sitzt mit ihrem studierten Hausstand allein. – Aber so sind die Männer, sie verlangen viel und erfüllen wenig. –

Was willst Du Weibertyrann denn eigentlich? Laß einmal hören, willst du wirklich nur eine Frau, um deinen Hausstand zu führen? Da nimm dir eine Haushälterin, die du bezahlst! Dazu ist eine Gattin doch zu gut, nur eine etwas besondere Magd zu sein – nein, Freund, das geht nicht. Oder suchst du ein zweites Ich, das deine Freuden und Leiden teilt, das Gedanken und Gefühle mit dir austauscht, das dich versteht! Dazu paßt doch keine, die nur den Hausstand kennt, da du am liebsten Rousseau und Byron studierst. Sollte es dir nicht Freude machen, eine Stelle, die dich vorzüglich hinreißt, deiner Frau vorzulesen? Das Übersetzen ist doch lange das nicht, und wenn auch, kannst du verlangen, daß eine, die von Kindheit an nur den Hausstand studiert, sich für dergleichen interessiert? Freilich, du wünschst, die Mädchen sollen etwas Poesie lernen –, sind denn aber alle Männer wie du? Der eine interessiert sich für Geschichte, der andere für Geographie, usw. usw., der Kaufmann muß bald Engländer, bald Franzosen bewirten –, was hilft denn deren Frauen die Poesie? Oder sollen alle Mädchen für Dich erzogen werden? Du kannst ja doch nur eine heiraten! – Wenn ich nun auch auf die Mädchen komme, die nicht verheiratet werden, so wird wohl jeder einsehen, daß jedem Mädchen, welches nicht begütert ist, Wissenschaften not sind, um sich durchs Leben zu helfen. Denn zu Haushälterinnen qualifizieren sich auch Mädchen aus den niederen, wenigstens mittleren Klassen, und wenn alle unverheirateten Mädchen Haushälterinnen werden sollten, so könnte man am Ende – die Schweine damit füttern.

Und sollen die Frauen zur Hilfe bei Erziehung und Hausstand (beides vereinigt) zum ersten Unterricht der kleinen Kinder und zu Gesellschafterinnen denn Männer nehmen?

Warum haben ferner die Männer ein Vorrecht, mehr lernen zu dürfen als die Frauen? Oder tadelst du einen jungen Mann, der Kaufmann werden will, und zu seiner anderweitigen Vervollkommnung Universitäten bereist, oder einen Kanzlisten, der den Rousseau, den Goethe oder sonstige Poeten studiert?

Du bist ein wahrer Despot, wenn du selbst aus deiner Sphäre trittst, und dies den armen Weibern, die in keiner Hinsicht so frei sind wie ihr, verbieten willst. Ich möchte dir wohl raten, einmal Schillers ›Würde der Frauen‹ recht zu studieren.«

»Sofort stand es bei mir fest: Du darfst nicht länger müssig im Elternhaus bleiben, du mußt hinaus, und dir dein Brot verdienen. Schwester Hannchen bekleidete schon eine Stelle als Erzieherin in einem vornehmen Haus in Dänemark.

Die Pastorin Klaucke war uns bekannt und nahm mich gern auf.

Der Sommer im schönen Pastorat brachte mir viel Freude und Kraft, und zum Herbst 1829 übernahm ich einen Platz als Gesellschafterin und Pflegerin der alten 76jährigen Frau Schmilinsky, Schwiegermutter von Onkel Franz, die bei ihrer Tochter, einer lieben Freundin unseres Hauses, Frau Apotheker Grund, auf dem Fischmarkt wohnte. Ich bekam jährlich 300 Salär, für die damalige Zeit sehr viel; hatte wenig und meinen damaligen Kräften angemessene Arbeit, genoß viel Liebe und verlebte dort zwei fröhliche Jahre.«
Und an anderer Stelle:

»Das Leben im lieben Elternhaus muß zu Ende sein, ich muß selbst für mich sorgen. Die jüngeren Geschwister sind zu Hause, also konnte ich entbehrt werden.«

Aus einer alten Chronik meiner mütterlichen Familie[3]

»Einmal ging die Tochter einer Nachbarin, eine Frau Ziegler, mit einem Päckchen an unserem Hause vorbei. Meine Mutter, die auf ihrem Hockerle, (ein Stuhl ohne Lehne, wie ein Bauerntischchen) vor der Türe saß, ich auf einem Schemel daneben, sprach die junge Frau an und frug sie, wohin sie gehe. Die junge Frau wurde etwas verlegen und gestand bedrückt, sie sei im Begriff zu einer alten Frau zu gehen, die für wenig Geld Strümpfe anstricke. Sie selbst habe zwei kleine Kinder und kein Dienstmädchen. Bis sie gekocht, rein gemacht, gewaschen und die Kinder versorgt habe, da käme sie nicht ans stricken. Und jetzt sei so viel zusammengekommen. Aber meine Mutter machte ein strenges Gesicht und fand die Sache gar nicht harmlos. Sie fand jede Frau, auch die beschäftigste, habe freie Zeit, um ein Strickzeug in die Hand zu nehmen, abends, wenn die Kinder schliefen, an Sonn- und Feiertagen. Sie fand, eine solche Handlung sei ein erster Schritt auf einer abschüssigen Bahn. Zuerst würden die Strümpfe nur angestrickt, dann kämen auch andere Dinge an die Reihe; da gäbe es kein Vorwärtskommen, wenn die Frau in gesunden Tagen anfange, Dinge verlohnen zu lassen, die sie selbst besorgen könne und die nur im Krankheitsfalle (entschuldbar) durch bezahlte Hände gemacht werden dürften. Sie solle nur wieder heimgehen und sich nie wieder so was einfallen lassen. Frau Ziegler, der jetzt erst klar wurde, daß sie am Anfang

3 Clara Geißmar, Erinnerungen, Erster Abschnitt 1811–1859. Privatdruck 1913.

einer Verbrecherlaufbahn gestanden, gelobte Besserung. Meine Mutter nahm ihr das Päckchen ab und versprach der Reuigen, für diesmal die Strümpfe anzustricken.«

Ein weiteres Zitat aus den Erinnerungen von Luise Otto-Peters[4]. Jetzt stellt sie dem Haushalt ihrer Eltern »Das Haus der Gegenwart« entgegen:

»Blicken wir jetzt in das Haus der Gegenwart, zumal in das desselben Mittelstandes, wie wir in ein solches – in mein Elternhaus – in der Vergangenheit blickten, in das Haus z.B. von Kaufleuten, die nicht zu den reichen Beamten, die nicht zu den ersten zählen, von Gelehrten, Ärzten, Juristen, Offizieren, Künstlern usw.

Da finden wir überall einen gewissen Comfort und Schimmer – eine, meist niedliche, aber bequem eingerichtete Küche mit Wasserleitung, bequeme Feuerungsanlagen und Beleuchtungsapparate, sonst aber fast gar keine Wirtschafts- und Vorratsräume, weil man dieselben nicht nötig hat; man bezieht die meisten Lebensbedürfnisse gleich fertig aus den verschiedenen Geschäften, läßt die Wäsche außerhalb des Hauses waschen, hat nicht die unzähligen Scheuertage usw. der früheren Zeit.

Man hält auch keine Vorräte mehr und kann auch keine halten, weder an Wäsche noch an Lebensmitteln, schon weil der Raum dazu fehlt, denn bei den immer höher hinaufgehenden Mieten, muß man sich damit beschränken und nun vollends in den großstädtischen Mietkasernen fehlt es ganz an geeigneten Räumen zu dergleichen. Ohne Luft und Licht, ohne Schutz im Sommer vor der Hitze, im Winter vor Frost und Kälte müßten ja doch alle Vorräte zu Grunde gehen – und da man wie gesagt alles und jedes sich jeden Tag fix und fertig, fast zu denselben Preisen holen kann, statt es sich erst mühsam selbst bereiten, so wäre es ganz unwirtschaftlich – und am meisten unvolkswirtschaftlich dies noch zu tun.

Aber daher kommt es auch, daß die Gastfreiheit der früheren Zeit fast ganz verschwunden ist. Nicht allein, daß es selbst bei größeren Wohnungen oft an einem Gastzimmer fehlt und daher seltner Besuch übernachtet, sondern auch jene gemütliche Gastlichkeit ist dahin, wo Bekannte und Freunde »ohne Umstände« und ohne förmliche Einladung sich in der Familie einstellten und behalten wurden. Nur in den allerwenigsten Familien hat man in diesem Sinn noch das frühere schöne Familienleben und die Ausübung dieser Art von Gastfreiheit und Geselligkeit beibehalten; in den meisten ist man aber nicht auf solche Gäste eingerichtet. Sonst trug man da eben auf »was das Haus vermochte«, man hatte Vorräte und öffnete gern die gefüllte Speisekammer, wenn ein lieber Besuch zum Abend erschien – jetzt, wo man es zwar eigentlich bequemer hat und alles, was man nur wünscht im nächsten Laden kann holen lassen, berechnet die Hausfrau vielmehr die Unkosten eines solchen Abends – zumal bei den jetzt immer sich steigernden Ansprüchen – und findet sich bei ihren Bekannten durch ein paar eingeladene Gesellschaften ab. Außer diesen

4 Luise Otto-Peters, Erinnerungen aus der Vergangenheit. Leipzig 1876, S. 144ff.

Gesellschaften von möglichst forcierter Großartigkeit sehen solche Familien dann keinen Menschen bei sich – der Gemahl bringt seine Abende, gleich den meisten Herren, lieber in einer Restauration zu, wo ihn ja auch die Auswahl der Speisen und Getränke zu Gebote steht, die Gemahlin besucht Conzerte oder Theater und andere Gesellschaften im Winter und wenn sie einmal unter den Kindern zu Hause ist, erschrickt sie, wenn ein Besuch gegen Abend kommt, der möglicherweise bleiben könnte und noch mehr, wenn der Gemahl unerwartet einen Gast zum Mittag mitbringt – ja, es ist bereits dahin gekommen, daß auch solche Ehepaare, welche die Kosten nicht zu berechnen brauchen, es bequemer finden mit ihren Bekannten in einer Restauration selbst im Winter zusammenzukommen, als in der eignen Wohnung.–

Im Sommer aber reist man oder geht in eine Sommerfrische mindestens auf einige Wochen – schon lautet die Frage im Frühling nicht mehr: »Verreisen Sie diesen Sommer?« sondern vielmehr gleich: »Wohin gehen Sie diesen Sommer?« Die Gärten am Hause, die man selbst bepflanzte, die Sommerwohnungen in den nächsten Dörfern der Wohnstadt: sie sind teils gar nicht mehr zu haben, teils gewähren sie Niemand mehr Befriedigung. Man sucht Erholung und Naturgenuß nur in der Ferne – man geht auch gesund in ein Bad, einen Kurort, man reist – und geht die Reise nicht gleich hunderte von Meilen weit in die Schweiz, nach Italien, Schweden, an das Meer – so verlohnt es sich nicht der Mühe davon zu sprechen, so ist man »nur ein bischen fort gewesen« – und so tut und redet Alt und Jung, Männer und Frauen und schon die Kinder sind unglücklich, wenn ihre erste Schularbeit nach den Ferien nicht die Beschreibung einer Ferienreise sein kann.

Ich will diese einfachen Tatsachen hier nicht kritisieren – ich will nur die einzige Frage daran knüpfen: was hat denn nun jetzt die Frau des gern erwähnten Mittelstandes zu tun, wenn sie sich trotz all dieser Erleichterungen in der Hauswirtschaft doch ein Dienstmädchen hält, das die Küche und Zimmer und Wege besorgt? Zumal die junge Frau, die all ihre Wäsche und Sachen in Ordnung hat. Ist sie nicht ein Luxusartikel für den Mann? hat sie Kinder, dann freilich mehrt sich ihre Arbeit – aber meist auch ihre Dienerschaft durch ein Kindermädchen oder eine Amme – und damit der Luxus für den Mann! Und dann währt es nicht lange, dann nimmt ihr schon der Kindergarten, den die Vergangenheit auch nicht kannte, einen großen Teil ihrer Mutterpflichten ab, die Nähmaschine einen Teil ihrer Näharbeit.

Was tut denn jetzt eine Hausfrau, die durch keine kleinen Kinder in Anspruch genommen wird? Wenn sie aufsteht, findet sie so gut wie der Gemahl das Frühstück fertig und nimmt es mit ihm ein – ist er dann an seine Berufsarbeit gegangen, führte sie ihn aus dem Hause oder nur in sein Zimmer, so sieht die Hausfrau vielleicht einmal nach und zu wie das Dienstmädchen Zimmer und Küche in Ordnung bringt, bespricht mit ihm das Mittagessen und gibt noch einige Aufträge. Dann beschäftigt sie sich mit ihrer Toilette, besonders mit dem Aufbau der Frisur aus fremden Menschenhaaren und verschiednen Surrogaten, die dem Gemahl ein Gegenstand des Ekels und

Ärgers sind – dennoch tut sie, als geschähe es aus Liebe zu ihm, daß sie ihr Haupt möglichst verunstaltet, bald mühsam aufbaut, bald wieder so zurecht macht, als wäre es tagelang nicht von Kamm und Bürste berührt worden, wenn gerade die Laune der Mode dies als »elegant« bezeichnet. Dann geht sie aus, um einige unnötige Geschäftsgänge, vielleicht einen Besuch zu machen. Kurz vor Tische kommt sie heim einen Blick in die Küche zu werfen und am gedeckten Tisch im Speisezimmer den Gemahl zu erwarten. Darauf folgt ein Stündchen Mittagsruhe mit einem Journal in der Hand, nachher zündet sie die vom Dienstmädchen bereitgestellte Wiener Kaffeemaschine an und der Gemahl muß ihr versichern, daß der von ihrer Hand bereitete Kaffee am Besten schmecke – dann geht er wieder seinem Berufe nach – und dann sieht sich das Paar vielleicht vor Nacht nicht wieder, wenn der Gemahl gleich aus seinem Contor, Bureau usw. in seinen Klub, eine Versammlung oder um es burschikos zu bezeichnen, in »seine Stammkneipe« geht. Und sie! sie näht und stickt ein wenig, geht spazieren, läuft in der Stadt umher, indem sie sich selbst und Andern glauben macht, sie »besorge« dabei etwas – oft geht sie zu einem Kaffee, Tee, in ein Conzert, in's Theater – und wo dies die Verhältnisse nicht erlauben, so speist das Paar vielleicht zum Abend zu Hause, dann geht er in ein Bierlokal, wo ihm Bier und Cigarre besser schmeckt als zuhause, und die Frau geht vielleicht mit – aus Langeweile, vielleicht aus Liebe zu dem Gemahl, um in seiner Gesellschaft zu sein oder aus kluger Berechnung, weil sie hofft, ihr Gemahl geleite sie dann früher heim und trinke in ihrer Gegenwart ein paar Tröpfchen weniger – sie hält das für ihre Plicht und überwindet aus diesem Pflichtgefühl den natürlichen Abscheu, den jede an bessere Lebensformen gewöhnte Frau vor der Existenz in einer durch Tabakrauch und allen möglichen Gerüchen von Speisen, geistigen Getränken, Stiefelwichse und Ausdünstungen aller Art, wie vor der ganzen Ungeniertheit solchen Wirtshauslebens empfindet. Oder wenn die Frau daheim bleibt und der Gemahl ihr Zeit läßt bis Mitternacht oder länger auf ihn zu warten – was hat sie da weiter zu tun, als ein wenig zu musizieren oder zu lesen, zu sticken – und all dies zweck- und ziellos, nur – um sich die Zeit zu vertreiben!

Die Zeit zu vertreiben! Dieses edelste Gut, das mit jeder Minute unersetzlich verloren geht!– Und was denkt denn eine solche Frau, die sich allein und auf ein Hauswesen angewiesen sieht, darin es so wenig zu tun gibt? Ist ihr Herz von Liebe erfüllt, dann stellt sie wohl Vergleiche an, wie sie sich vor der Hochzeit die Ehe dachte, wo sie meinte, der Gemahl werde dann mindestens jeden Abend an ihrer Seite sein und die Zeit dahin schwinden wie im bräutlichen Zusammensein unter Kosen und Küssen und trautem Austausch der Erzählungen des Erlebten! Dann fühlt sie sich enttäuscht und niedergedrückt, daß es nicht so ist und daß es dem Gemahl wo anders besser gefällt, als daheim an ihrer Seite – dann kommt wohl auch das Gespenst der Eifersucht! Es kommt mit jeder späteren Stunde etwas wie Angst, daß er noch nicht heimkehrt, Besorgnis, daß ihm das Sitzen und Trinken in der ungesunden Restaurationsluft schädlich, Ärger wohl auch über das so vergeudete Geld, das besser, edler verwendet werden könnte – so steigert sich die Aufregung, sie lauscht auf den still gewordenen Straßen auf jeden Tritt – und endlich wenn er kommt – muß sie ihn ja noch mit holdem Lächeln willkommen heißen, sonst begrüßt er sie mürrisch und spottet über »Gardinenpredigten«, wie schon seine Wirtshausbrüder im Voraus mit ihm darüber gespottet.

Ist die Gattin bereits ein solches Leben gewöhnt, ist sie abgestumpft dagegen und sitzt sie mit einer Handarbeit allein mit ihren Gedanken, so sind dieselben bei der oberflächlichen auch sehr oberflächlicher Natur. Sie mustert ihre Einrichtung, ihre Toilette, sie denkt über Änderungen daran nach, sie denkt an das, was sie bei den Andern gesehen und wie sie es sich auch erschaffen kann – und indem sie sich in diesen Nichtigkeiten verliert, unnütze Ausgaben projektiert und über deren Erreichbarkeit sich sorgt, bildet sie sich noch ein, damit die Pflichten einer trefflichen Hausfrau zu erfüllen. So ist es noch in den besseren Ehen – wir wollen nicht fragen, wie es in den schlimmeren ist. Fühlt sich die Frau von ihrem Gatten vernachlässigt – mit Recht oder Unrecht – und vielleicht nur, weil sie ein Ideal von Liebe in ihrem Herzen trägt, das nicht das seine ist und weil sie eben nichts weiter zu denken und zu tun hat, als wie sie durch ihre »Weiblichkeit«, durch ihre Hingebung, ihre Reize beglücke – wie man ihr ja gesagt hat, daß allein dieses Beglücken der Zweck des ganzen Frauendaseins sei und wie dies Bewußtsein ebenso beglücken zu können auch allein selbst glücklich mache und Befriedigung gewähre –: dann wundere man sich nur nicht und verdamme nicht, wenn die Frau, die ihr Dasein öde und zwecklos findet, weil sie ein solches Glück vergeblich von dem Gatten forderte und erträumte, es nun von einem Andern hinnimmt, der es ihr bietet, oder wenn sie es doch als Triumph, gleichsam als Genugtuung empfindet, wenn ihr von andern Seiten geschmeichelt, gehuldigt wird, wenn sie daran ein Interesse findet. Es ist ein Zeitvertreib für die Eitelkeit, es ist die Sehnsucht nach Herzensbefriedigung – beide entstanden und genährt durch Mangel an andern geistigen Lebensinhalt, an Arbeit und Berufspflichten – eine Frau muß schon tief sinken, in Leidenschaft und scham- und würdeloser Haltung sich verlieren, ehe sie den Ehebruch begeht, den das Gesetz als solchen erkennt, aber jene Gefahren der Kokette- rie, des Interesses, der Liebelei mit andern Männern liegen nahe, so lange man den Satz aufrecht erhält: daß ein Weib nur da sei zu lieben und geliebt zu werden und so lange man sie ohne andern Beruf ihren Sehnen und Träumereien auf edlerer Stufe, auf niederer ihrer Sucht zu gefallen und sich angenehm zu unterhalten, überläßt.«

Zwei Proben aus der Zeit der beginnenden Frauenbewegung. Zuerst Hedwig Dohm[5]:

»Ist nicht das Hausfrauentum unserer Tage eine Karikatur des früheren? Denn die Hausfrauen, die nicht mehr spinnen und weben, brauen, backen und pflanzen, spielen mit der Küche, den Kindern und dem Leben.«

5 Hedwig Dohm, Der Frauen Natur und Recht. Berlin 1876

Aus der Eröffnungsrede von Helene Lange bei den »Realkursen für Frauen« im Oktober 1889[6]:

»Die Eröffnung der Kurse fand programmäßig am 10. Oktober 1889 in der Aula der Charlottenschule in Anwesenheit der Kaiserin Friedrich statt. Meine Eröffnungsansprache wies in erster Linie hin auf die inneren, geistigen Gründe, die zur Errichtung der Kurse geführt hatten, ausgehend von dem, was ich als das Verhängnis unserer Zeit für mein Geschlecht empfand: geistigen Müßiggang.

Es hat Zeiten gegeben, wo er nicht in der Weise wie heute gerade in die feinste Lebenstätigkeit der Frau zersetzend eingegriffen. Denn die Aufgabe der Frau liegt immer da, wo die Not des Tages liegt. Wenn die Verhältnisse es erfordern, so rührt sie nur »ohn« Ende die fleißigen Hände, wehrt sie damit die Not von den Ihren ab, so ist diese Aufgabe in der Welt erfüllt; sie hat Liebe gegeben und anderen gedient.

Aber so liegen die Dinge heute nicht. Unzählige fleißige Hände sind überflüssig geworden durch Räder und Federn; das Leben, das sich bei uns mehr oder weniger im stillen Hause abspann, treibt jetzt draußen in mächtig pulsenden Fluten und brandet hinein in jede Häuslichkeit. Und ob die Frau auch selbst nicht hinaus braucht ins Leben, sie muß es verstehen lernen, schon um der Ihrigen willen, die ihr anvertraut sind, um sie für das Leben zu erziehen...

Die Entwicklung des werdenden Geschlechts liegt in unserer Hand. Auf uns zum großen Teil kommt es an, ob es seine Aufgabe recht erfassen, ob es in das komplizierte Getriebe der Zeit hineintreten wird mit der inneren Unabhängigkeit des Charakters, oder ob es, abhängig in Leben und Gesinnung, den Fortschritt der Zeit aufhalten soll.

Kurz, unsere Aufgabe ist, in der Gegenwart nicht nur der äußeren Not des Tages zu steuern, wie es die engen Verhältnisse früherer Zeiten verlangten, unsere Aufgabe ist heute vor allen Dingen, Menschen zu erziehen, die innerlich und äußerlich wohlgerüstet in den Kampf der Tage eintreten können. Darum genügt heute nicht was früheren Jahrhunderten vielleicht genügen mußte, bloße äußere Geschäftigkeit in Küche und Haus.

Und wie verhält sich unsere Zeit dem allen gegenüber? In ängstlichem Mißverstehen der neuen Aufgabe, die den Frauen gestellt ist, wehrt sie das Verlangen derer, die ihre Aufgabe richtig erfaßt haben, nach Wissen ab und nimmt Partei für den tändelnden Dilettantismus, mit dem so viel Frauen leider schon gelernt haben, die Leere ihrer Tage auszufüllen. Es gilt für weiblich, mit einem sehr zweifelhaften Kunstkultus, mit überflüssigen Nadelarbeiten, mit Gesellschaftgehen und Toilettemachen seine Tage zu verbringen; für unweiblich, nach ernster Geistesarbeit zu verlangen. Man glaubt dadurch das Haus, die Familie gefährdet. Mit Recht haben Frauen dem gegenüber betont, daß es die Frivolität der Müßigen ist, die keine höheren Interessen haben und ihre

6 Helene Lange, Lebenserinnerungen, Berlin 1921, S. 177ff.

Zeit mit gesellschaftlichen Genüssen vertändeln, welche das Haus zerstört, nicht die Sehnsucht nach echter Bildung; mit Recht betont, daß die Frau, welche wirklich erst einmal Interesse an den höheren Fragen des Lebens gewonnen hat, eifriger als je darauf bedacht ist, die Heiligkeit des Hauses zu wahren; mit Recht betont, daß die Frau, die gründlich zu denken, und geistig zu arbeiten gelernt hat, auch am besten imstande ist, ihren Haushalt weise und systematisch zu ordnen; daß ihr erweiterter Gesichtskreis nicht so völlig von Kleinigkeiten verdunkelt werden kann, als der unserer sogenannten »guten Hausfrauen«. Und dennoch erzieht man die Mädchen bei uns in unzähligen Fällen zu geschäftigem Müßiggang, der sie wenig geeignet macht, ihre Aufgabe als Mütter und Erzieherinnen später zu erfüllen. Sie leben, ohne für etwas zu leben: ohne bestimmte Zeiteinteilung, ohne Zweck, ohne Nutzen, kann man da erwarten, daß sie plötzlich beim Eintritt in die Ehe durch Instinkt den Eifer, den Fleiß, die Übersicht und die Verfügungsfähigkeit erlangen werden, deren die Hausfrau so dringend bedarf und von deren Vorhandensein oft das Wohl und Wehe der ganzen Familie abhängt? Sollte nicht der Mangel an all diesen Eigenschaften, über den so häufig geklagt wird, zusammenhängen mit dem Mangel einer straffen, geistigen Disziplin bei unseren Mädchen?«

Und nun noch ein Beispiel aus der Memoirenliteratur, das, im Gegensatz zu den bisherigen Zitaten, das harmonische Familienleben bürgerlicher Kreise zwischen 1850 und 1880 schildert (gleichzeitig auch den Weg von der tätigen Hausfrau zur Haushaltrationalisierung andeutet, über die später noch zu sprechen sein wird[7]:

»Seliger als sie sich nun fühlte, hätte die junge Mutter auch in der früheren vornehmen Amtswohnung nicht sein können. Dicht nebenan der Mann, unablässig fleißig und doch, wenn sie in sein Zimmer trat, gern bereit, die Feder wegzulegen und sich durch ein paar Worte mit ihr zu erfrischen oder sich von den wunderbaren Fortschritten des »Annakindes« berichten zu lassen. Und jeden Abend, wenn er seine anstrengende Tagesarbeit vollbracht hatte, saßen sie beisammen, plauderten und freuten sich einander. Das Kind mußte um diese Zeit zur Ruhe gebracht sein, den Feierabend der Eltern und ihr gemeinsames Essen sollte es, wenn irgend möglich, nicht stören. Im ersten Winter waren es die historischen Dramen von Shakespeare, die sie gemeinsam genossen. Auch mittags gab es eine regelmäßige Arbeitspause; wenn die verschneiten Bleichwege nicht verlockten zum Spazierengehen und doch das Bedürfnis nach körperlicher Bewegung vorhanden war, so wurden Federbälle und Raketten herbeigeholt und Volant geschlagen. Pauline war geschmeidig und behend in all ihren Bewegungen, und die beiden brachten es in dieser Kunst zu solcher Fertigkeit, daß sie mit drei Bällen zugleich schlagen konnten, und es ein Spaß war anzusehen, wie die gefiederten Bällchen durch die Luft flogen.«

7 Agnes Sapper, Frau Pauline Brater. München 1908

»Eine Enttäuschung nach der anderen trug Frau Brater tapfer mit ihrem Mann und hatte dabei doch selbst gar schwere Jahre. Einen halben Winter lang litt sie an peinlicher Augenentzündung und mußte nach damaliger Methode der Augenärzte wochenlang im halbdunklen Zimmer fast untätig sitzen. Auch verschlimmerte sich ihr Kopfleiden durch die unzähligen schlechten Nächte. Aber trotz alledem griff keine Verstimmung, keine Verbitterung Platz. Die Außenwelt vermag nicht viel gegen ein Paar, das sich glücklich fühlt durch die gegenseitige Liebe. Nur nicht trennen durfte man sie, jedem einzelnen wurde die Last schwer, sie konnte nur gemeinsam getragen werden. Von Erlangen aus schreibt Pauline ihrem Mann: ›Ich habe eine wahre Todesangst, daß Du nach meiner Heimkehr bald verreisen mußt.‹«

»Es mögen wohl die meisten deutschen Hausfrauen sparen, aber vielleicht wenige so durchgehend, wie sie es tat. Wer Frau Braters System in ihrem kleinen Miniaturhaushalt beobachtete, der konnte im Punkte praktischer Einteilung gewiß immer noch etwas dazu lernen. So z. B. die Ausnützung der Wärme. Wärmeverlust konnte sie nicht mit ansehen. Hatte sie einen Topf voll Milch abgekocht, so war ihr der Gedanke ärgerlich, daß nun die Wärme dieser achtziggradigen Milch nutzlos verloren gehen sollte. Also wurde dieser Topf mit Milch schnell in eine Schüssel mit kaltem Wasser gestellt und der Moment abgepaßt, da die Temperatur der Milch sich mit der des Wassers ausgeglichen hatte, und in diesem, ohne jeglichen Verbrauch von Brennmaterial erwärmten Wasser wurde das Frühstücksgeschirr aufgewaschen. Die Befriedigung lag dann nicht sowohl in dem ersparten Pfennig, als in dem schön durchgeführten Prinzip der rationellen Wärmeverwertung.

Es hat wohl keine Wohnung gegeben, in der, wenn Frau Brater darin gelebt hatte, die Öfen nachher noch ebenso aussahen wie vorher. Irgend etwas Unzweckmäßiges konnte sie da nicht dulden. Rauch und Ruß durften nicht vorkommen, ihre Öfen mußten, ohne geputzt zu werden, den Winter durch aushalten, ebensowenig durfte aber die Wärme zu rasch abgehen, sie wollte nicht ›den Weltenraum heizen‹. Auch eine gute Backröhre ließ sie sich in jeder Wohnung einrichten. So war denn auch ein begabter Häfner das Ideal, nach dem sie immer strebte, und oft genug sagte sie, es solle niemand Häfner werden dürfen, der eben nicht Physiker studiert hat! Hatte sie nun so einen Handwerksmann, der eben nicht Physiker war berufen, so wich sie ihm nicht von der Seite und wollte er zuerst mit einem kühlen ›ich weiß schon‹ oder ›so macht man's immer‹ nach gewohnter Schablone arbeiten, so wußte sie ihn in so eifriger und netter Weise für ihr Ideal zu interessieren und entschuldigte dabei ihre verständigen Wünsche auf so bescheidene Weise als eine bloße Liebhaberei von ihr, die er eben berücksichtigen möchte, daß jeder schließlich darauf einging und ihren Angaben folgte. Alle Handwerksleute hatten gerne mit ihr zu tun und es zeigte sich oft, wie anziehend eine originelle Persönlichkeit auf Leute jeder Gesellschaftsklasse wirkt.

Wie die Wärme, so sparte Frau Brater auch andere Kräfte. Besah man sich genau ihre nette, in musterhafter Ordnung gehaltene Wohnung, so bemerkte man, daß ihre Schränke an den vorderen Füßchen kleine Holzklötzchen unterlegt hatten. Warum? Weil dadurch die Schranktüren von selbst die Neigung hatten zuzufallen und es somit nicht nötig war, sie immer mit dem Schlüssel zuzuschließen, was ihr als eine unzweckmäßige Zeit- und Kraftverschwendung erschien.«

Beispiele und Zitate zum 3. Kapitel

Die Bestätigung und Ergänzung des Dargestellten durch Auszüge aus wirtschaftsgeschichtlichen, politischen und literarischen Werken älterer und moderner Autoren zeigen die Etappen der gleichen Entwicklung in England und in Deutschland und richten zugleich den Hauptnachdruck auf die Tatsache der Erwerbsarbeit der verheirateten und der unverheirateten Frau in beiden Ländern.

Zuerst die Schilderung des deutschen, in England lebenden Zeitgenossen, Friedrich Engels[1]. Dann fast das gleiche Bild in einem modernen Buch, in dessen Mittelpunkt die Fabrikarbeit der verheirateten Frau steht[2]:

Friedrich Engels:

»Vor der Einführung der Maschinen geschah die Verspinnung und Verwebung der Rohstoffe im Hause des Arbeiters. Frau und Töchter spannen das Garn, das der Mann verwebte oder das sie verkauften, wenn der Familienvater nicht selbst es verarbeitete. Diese Weberfamilien lebten meist auf dem Lande, in der Nähe der Städte, und konnten mit ihrem Lohn ganz gut auskommen, da der heimische Markt noch für die Nachfrage nach Stoffen entscheidend, ja fast der einzige Markt war, und die mit der Eroberung fremder Märkte mit der Ausdehnung des Handels später hereinbrechende Übermacht der Konkurrenz noch nicht fühlbar auf den Arbeitslohn drückte. Dazu kam eine dauernde Steigerung der Nachfrage im heimischen Markt, die mit der langsamen Vermehrung der Bevölkerung Schritt hielt und also sämtliche Arbeiter beschäftigte und dann die Unmöglichkeit einer heftigen Konkurrenz der Arbeiter gegeneinander, die aus der ländlichen Vereinzelung ihrer Wohungen entstand. So kam es, daß der Weber meist im Stande war, etwas zurückzulegen und sich ein kleines Grundstück zu pachten, das er in seinen Mußestunden – und deren hatte er so viele als er wollte, da er weben konnte wann und wie lange er Lust verspürte – bearbeitete. Freilich war er ein schlechter Bauer und betrieb seine Ackerwirtschaft nachlässig und ohne viel reelen Ertrag; aber er war doch wenigstens kein Proletarier, er hatte, wie die Engländer sagen, einen Pfahl in den Boden seines Vaterlandes eingeschlagen, er war ansässig und stand um eine Stufe höher in der Gesellschaft, als der jetzige englische Arbeiter.

Auf diese Weise vegetierten die Arbeiter in einer ganz behaglichen Existenz und führten ein rechtschaffenes und geruhiges Leben in aller Gottseligkeit und

1 Friedrich Engels, Die Lage der arbeitenden Klassen in England. Leipzig 1845
2 Rose Otto, Über Fabrikarbeit verheirateter Frauen. Stuttgart/Berlin 1910.

Ehrbarkeit, ihre materielle Stellung war bei weitem besser als die ihrer Nachfolger; sie brauchten sich nicht zu überarbeiten, sie machten nicht mehr, als sie Lust hatten und verdienten doch was sie brauchten, sie hatten Muße für gesunde Arbeit in ihrem Garten oder Felde, eine Arbeit, die ihnen selbst schon Erholung war, und konnten außerdem noch an den Erholungen und Spielen ihrer Nachbarn Theil nehmen, und alle diese Spiele, Kegel, Ballspiele usw. trugen zur Erhaltung der Gesundheit und zur Kräftigung ihres Körpers bei. Sie waren meist starke wohlgebaute Leute, in deren Körperbildung wenig oder gar kein Unterschied von ihren bäurischen Nachbarn zu entdecken war. Ihre Kinder wuchsen in der freien Landluft auf, und wenn sie ihren Eltern bei der Arbeit helfen konnten, so kam dies doch nur dann und wann vor, und von einer acht- oder zwölfstündigen Arbeitszeit war keine Rede.

Was der moralische und intellektuelle Charakter dieser Klasse war, läßt sich errathen. Abgeschlossen von den Städten, in die sie nie hineinkamen, da das Garn und Gewebe an reisende Agenten gegen Auszahlung des Lohnes abgeliefert wurde; so abgeschlossen, daß alte Leute, die ganz in der Nähe von Städten wohnten, doch nie hingingen, bis sie endlich durch die Maschinen ihres Erwerbes beraubt und gezwungen wurden, in den Städten sich nach Arbeit umzusehen, standen sie auf der moralischen und intellektuellen Stufe der Landleute, mit denen sie ohnehin noch durch ihre kleine Pachtung meistens unmittelbar verknüpft waren. Sie sahen ihren Squire – den bedeutendsten Grundherrn der Gegend – für ihren natürlichen Vorgesetzten an, sie frugen ihn um Rat – legten ihm ihre kleinen Zwiste zur Entscheidung vor, und gaben ihm alle Ehre, die dies patriarchalische Verhältnis mit sich brachte. Sie waren »respektable« Leute und gute Familienväter, lebten moralisch, weil sie keine Veranlassung hatten, unmoralisch zu sein, da keine Schenken und liederliche Häuser in der Nähe waren, und weil der Wirth bei dem sie dann und wann ihren Durst löschten, auch ein respektabler Mann und meist ein großer Pächter war, der auf gutes Bier, gute Ordnung und frühen Feierabend hielt. Sie hatten ihre Kinder den Tag über im Hause bei sich und erzogen sie in Gehorsam und der Gottesfurcht, das patriarchalische Familienverhältnis blieb ungestört solange die Kinder noch nicht selbst verheiratet waren; die jungen Leute wuchsen in idyllischer Einfalt und Vertraulichkeit mit ihren Gespielen heran, bis sie heiratheten und wenn auch geschlechtlicher Verkehr vor der Ehe fast durchgängig vorkam, geschah dies doch nur, wo die moralische Verpflichtung zur Ehe von beiden Seiten anerkannt war, und die nachfolgende Heirat brachte alles wieder ins Gleiche. Kurz, die damaligen englischen Industriearbeiter lebten und dachten auf dieselbe Weise, wie man es in Deutschland noch hier und da findet, in Abgeschlossenheit und Zurückgezogenheit, ohne geistige Tätigkeit und ohne gewaltsame Schwankungen in ihrer Lebenslage. Sie konnten selten lesen und noch viel weniger schreiben, gingen regelmäßig in die Kirche, politisierten nicht, konspirierten nicht, dachten nicht, ergötzten sich an körperlichen Übungen, hörten die Bibel mit angestammter Andacht vorlesen, und vertrugen sich bei ihrer anspruchslosen Demut mit den angesehenen

Klassen der Gesellschaft ganz vortrefflich. Dafür waren sie aber auch geistig tot, lebten nur für ihre kleinlichen Privatinteressen, für ihren Webstuhl und ihr Gärtchen, und wußten nichts von der gewaltigen Bewegung, die draußen durch die Menschheit ging. Sie fühlten sich behaglich in ihrem stillen Pflanzenleben, und wären ohne die industrielle Revolution nie herausgetreten aus dieser allerdings sehr romantisch-gemütlichen, aber doch eines Menschen unwürdigen Existenz. Sie waren eben keine Menschen, sondern bloß arbeitende Maschinen im Dienst der wenigen Aristokraten, die bis dahin die Geschichte geleitet hatten; die industrielle Revolution hat auch nur die Konsequenz hiervon durchgesetzt, indem sie die Arbeiter vollends zu bloßen Maschinen machte und ihnen den letzten Rest selbständiger Tätigkeit unter den Händen wegnahm, sie aber eben dadurch zum Denken und zur Forderung einer menschlichen Stellung antrieb. Wie in Frankreich die Politik, so war es in England die Industrie und die Bewegung der bürgerlichen Gesellschaft überhaupt, die die letzten in der Apathie gegen allgemein menschliche Interessen versunkene Klassen in den Strudel der Geschichte hineinriß. –

Die erste Erfindung, die in der bisherigen Lage der englischen Arbeiter eine durchgreifende Veränderung hervorbrachte, war die Jenny des Webers James Hargreaves zu Standhill bei Blackburn in Nord-Lancashire (1764). Diese Maschine war der rohe Anfang der späteren Mule und wurde mit der Hand in Bewegung gesetzt, hatte aber statt einer Spindel, wie das gewöhnliche Handspinnrad, deren sechzehn bis achtzehn, die von einem einzigen Arbeiter getrieben wurden. Hierdurch wurde es möglich, bedeutend mehr Garn zu liefern als bisher; während früher, wo ein Weber immer drei Spinnerinnen beschäftigt hielt, nie genug Garn dagewesen war, und der Weber oft auf Garn hatte warten müssen, war jetzt mehr Garn da als von den vorhandenen Arbeitern verwebt werden konnte. Die Nachfrage nach gewebten Zeugen, die ohnehin im Zuwachs war, stieg noch mehr durch den billigen Preis dieser Zeuge, der aus den durch die neue Maschine erniedrigten Produktionskosten des Garns folgte; es waren mehr Weber nöthig und der Weblohn stieg. Jetzt, da der Weber mehr an seinem Stuhl verdienen konnte, ließ er seine Ackerbaubeschäftigung allmählich fallen und legte sich ganz aufs Weben.

Um diese Zeit konnte eine Familie von vier Erwachsenen und zwei Kindern, die zum Spulen angehalten wurden, bei täglich zehnstündiger Arbeit vier Pfund Sterling – achtundzwanzig Thaler Preußisch Courant – in der Woche verdienen, und oft noch mehr, wenn das Geschäft gut ging und die Arbeit drängte; es kam oft genug vor, daß ein einzelner Weber an seinem Stuhl wöchentlich zwei Pfund verdiente. Nach und nach verschwand so die Klasse der ackerbauenden Weber ganz und löste sich in die neu entstehende Klasse der bloßen Weber auf, die allein vom Arbeitslohn lebten, gar keinen Besitz, nicht einmal den Scheinbesitz einer Pachtung hatten und somit Proletarier (Working men) wurden. Hierzu kam noch, daß auch das alte Verhältnis des Spinners zum Weber aufgehoben wurde. Bisher war, soweit dies anging, unter einem Dach das Garn gesponnen und verwoben worden. Jetzt, wo die Jenny ebenso gut wie der Webstuhl eine kräftige Hand erforderte, fingen auch Männer an zu spinnen, und ganze Familien lebten von ihr allein, während Andre wiederum das jetzt veraltete und überflügelte Spinnrad bei Seite stellen, und wenn ihnen die Mittel zum Ankauf einer Jenny fehlten, allein von dem Webstuhl des Familienvaters leben mußten. Hiermit fing die in der späteren Industrie so unendlich ausgebildete Teilung der Arbeit beim Weben und Spinnen an.

Während sich schon mit der ersten noch sehr unvollkommenen Maschine das industrielle Proletariat sich entwickelte, gab dieselbe Maschine Anlaß zur Entstehung auch des Ackerbauproletariats. Bisher hatte es eine große Menge kleiner Grundeigentümer gegeben, die Yeomen genannt wurden und die in derselben Stille und Gedankenlosigkeit hinvegetiert hatten, wie ihre Nachbarn, die ackerbauenden Weber. Sie bebauten ihr Fleckchen Land ganz in der alten nachlässigen Weise ihrer Väter und widersetzten sich jeder Neuerung mit der Hartnäckigkeit, die solchen durch eine Reihe von Generationen stabil gebliebenen Gewohnheitsmenschen eigentümlich ist. Unter ihnen gab es auch viele kleine Pächter, aber nicht Pächter im heutigen Sinne des Wortes, sondern Leute, die entweder durch vertragsmäßige Erbpacht oder kraft alter Sitte ihr Fleckchen Land von ihren Vätern und Großvätern überkommen und darauf bisher so fest gesessen hatten, als ob es ihnen eigenthümlich gehöre. Jetzt wurden, da sich die Industriearbeiter vom Ackerbau zurückzogen, eine Menge Grundstücke frei, und auf ihnen nistete sich die neue Klasse der großen Pächter ein, die fünfzig, hundert, zweihundert und mehr Morgen zusammen in Pacht nahmen, tenants-at-will waren, d.h. Pächter, deren Pacht jedes Jahre gekündigt werden konnte, und die nun durch besseren Ackerbau und großartigere Wirthschaft den Ertrag der Grundstücke zu steigern wußten. Sie konnten ihre Produkte wohlfeiler verkaufen als der kleine Yeoman, und diesem blieb nun, da sein Grundstück ihn nicht mehr ernährte, nichts übrig, als es zu verkaufen und entweder eine Jenny oder einen Webstuhl anzuschaffen, oder sich als Taglöhner, Ackerbauproletarier, bei dem großen Pächter zu verdingen. Seine angestammte Trägheit und die nachlässige Art der Bebauung seines Grundstücks, die er von seinen Vorfahren überkommen hatte und über die er sich nicht erheben konnte, ließen ihm nichts anderes übrig, als er in die Notwendigkeit versetzt wurde, gegen Leute zu konkurrieren, die ihre Pacht nach vernünftigeren Prinzipien und mit allen Vortheilen betrieben, die eine große Wirthschaft und die Anlage von Kapitalien in der Verbesserung betrieben, die eine große Wirtschaft und die Anlage von Kapitalien in der Verbesserung des Bodens in die Hand geben.

Die Bewegung der Industrie blieb indeß hierbei nicht stehn. Einzelne Kapitalisten fingen an, Jenny's in großen Gebäuden aufzustellen und durch Wasserkraft zu treiben, wodurch die in den Stand gesetzt wurden, die Arbeiterzahl zu verringern und ihr Garn wohlfeiler zu verkaufen, als die einzelnen Spinner, die bloß mit der Hand die Maschine bewegten. Es fielen fortwährend Verbesserungen der Jenny vor, so daß jeden Augenblick eine

Maschine veraltet war und verändert oder gar bei Seite geworfen werden mußte; und wenn der Kapitalist durch Anwendung der Wasserkraft selbst mit älteren Maschinen noch bestehen konnte, so war dies dem einzelnen Spinner auf die Dauer unmöglich. Und wenn schon hierin der Anfang des Fabriksystems lag, so erhielt dies durch die Spinning-Throstle, die Richard Arkwright, ein Barbier aus Preston in Nord-Lancashire 1767 erfand, eine neue Ausdehnung. Diese Maschinen, im Deutschen gewöhnlich Kettenstuhl genannt, ist neben der Dampfmaschine die wichtigste mechanische Erfindung des 18. Jahrhunderts. Sie ist von vornherein auf eine mechanische Triebkraft errechnet und auf ganz neuen Prinzipien basiert. Durch die Vereinigung der Eigenthümlichkeiten der Jenny und des Kettenstuhls brachte Samuel Cromptom aus Firwood (Lancashire) 1785 die Mule zu Stande, und da Arkwright um dieselbe Zeit die Kardir- und Vorspinnmaschinen erfand, so war hierdurch für das Spinnen der Baumwolle das Fabriksystem zum alleinherrschenden geworden. Allmählich fing man an, diese Maschinen durch einige unbedeutende Veränderungen auf das Spinnen der Wolle und später (im ersten Jahrzehnt dieses Jahrhunderts) auch des Flachses anwendbar zu machen, und dadurch auch hier die Handarbeit zu verdrängen. Aber auch hierbei blieb es nicht; in den letzten Jahren des vorigen Jahrhunderts hatte Dr. Cartwright, ein Landpfarrer, den mechanischen Webstuhl erfunden und gegen 1804 so weit gebracht, daß er erfolgreich gegen die Handweber konkurrieren konnte; und alle diese Maschinen erhielten doppelte Wichtigkeit durch James Watt's Dampfmaschine, die um 1764 erfunden und seit 1785 zur Betreibung von Spinnmaschinen angewandt worden war.«

»Fassen wir die eine Thatsache, daß die Maschinerie die Arbeit des erwachsenen männlichen Arbeiters mehr und mehr verdrängt, etwas näher ins Auge. Die Arbeit an den Maschinen, sowohl beim Spinnen als beim Weben, besteht hauptsächlich im Zusammenknüpfen gebrochener Fäden, da sonst die Maschine alles thut; diese Arbeit erfordert keine Kraft, aber größere Gelenkigkeit der Finger. Männer sind dazu also nicht nur unnöthig, sondern wegen der stärkern Muskel- und Knochenentwicklung ihrer Hände sogar weniger geeignet als Weiber und Kinder, und so natürlicher Weise fast ganz von dieser Art Arbeit verdrängt. Je mehr also die Thätigkeit der Arme, die Kraftanstrengung durch Einführung von Maschinen auf die Wasser- oder Dampfkraft geworfen wird, desto weniger Männer brauchen beschäftigt zu werden – und da Weiber und Kinder ohnehin billiger sind, wie gesagt, in diesen Arbeitszweigen besser als Männer arbeiten, so werden sie beschäftigt. In den Spinnereien findet man bei den Throstles nur Weiber und Mädchen, bei den Mules einen Spinner, einen erwachsnen Mann, (der bei den Selfactors wegfällt) und mehrere Piecer zum Anknüpfen der Fäden, meist Kinder oder Weiber, zuweilen junge Männer von 18–20 Jahren, hie und da einen alten brotlos gewordnen Spinner. Bei den mechanischen Webstühlen arbeiten meist Weiber von 15–20 Jahren und drüber, auch einige Männer, die aber selten über ihr einundzwanzigstes Jahr bei dieser Beschäftigung bleiben. An den Vorspinnmaschinen findet man ebenfalls nur Weiber, allenfalls einige Männer zum Schärfen und Reinigen der Kardirmaschinen. Außer allen diesen beschäftigen die Fabriken eine Anzahl Kinder zum Abnehmen und Aufsetzen der Spulen (doffers) und einige erwachsne Männer als Aufseher in den Zimmern, einen Mechaniker und einen Maschinisten für die Dampfmaschine, auch wohl Schreiner, Portier etc. Die eigentliche Arbeit aber wird von Weibern und Kindern gethan. Die Fabrikanten leugnen auch dies, und haben im vorigen Jahr bedeutende Tabellen veröffentlicht, welche beweisen sollten, daß die Maschinen die Männer nicht verdrängten. Aus diesen Tabellen geht hervor, daß von allen Fabrikarbeitern etwas über die Hälfte (52 %) weiblichen und 48 % männlichen Geschlechts, und daß von diesen Arbeitern mehr als die Hälfte über 18 Jahre alt waren. Soweit ganz gut. Die Herren Fabrikanten hüteten sich aber wohl, uns zu sagen, wie viele der Erwachsnen männlichen und wie viele weiblichen Geschlechts waren. Das ist aber eben der Punkt. Ohnehin haben sie offenbar Mechaniker, Schreiner und alle erwachsnen Männer, die irgendwie mit ihren Fabriken im Zusammenhange standen, vielleicht gar Schreiber etc. mitgezählt, und doch haben sie nicht den Muth, den ganzen Thatbestand auszusprechen. Diese Angaben wimmeln überhaupt von Falschheiten und verdrehten, schiefen Auffassungen, Durchschnittsberechnungen, die für den Unkundigen viel, für den Kundigen nichts beweisen, von Verheimlichungen gerade der wichtigsten Punkte, und beweisen nur die selbsttüchtige Verblendung und Unredlichkeit dieser Fabrikanten. Wir wollen der Rede, mit der Lord Ashley am 15. März 1844 im Unterhause die Zehnstunden Motion machte, einige Angaben über das Verhältnis der Alter und Geschlechter entnehmen, die von den Fabrikanten, deren Data sich ohnehin nur auf einen Theil der englischen Fabrikindustrie beziehn, nicht widerlegt worden sind. Von den 410560 Fabrikarbeitern des britischen Reichs (1839) waren 192887, also beinahe die Hälfte unter 18 Jahren und 242296 weiblichen Geschlechts, von denen 112192 unter 18 Jahren waren. Sonach bleiben 80695 männliche Arbeiter unter 18 Jahren und 96569 männliche erwachsne Arbeiter oder 23 %, also kein volles Viertel der ganzen Zahl. In den Baumwollfabriken waren 56¼, in den Wollenfabriken 69⅟₁, Seidenfabriken 70½ Prozent sämtlicher Arbeiter weiblichen Geschlechts. Diese Zahlen reichen hin, um die Verdrängung männlicher erwachsner Arbeiter nachzuweisen. Man braucht aber nur in die erste beste Fabrik zu gehn, um dies bestätigt zu sehn. Daraus folgt nun nothwendig jene Umkehrung der bestehenden sozialen Ordnung, die eben, weil sie eine gezwungene ist, für die Arbeiter die verderblichen Folgen hat. Die Arbeit der Weiber löst vor allen Dingen die Familie gänzlich auf; denn wenn die Frau den Tag über 12–13 Stunden in der Fabrik zubringt, und der Mann ebendaselbst, oder an einem andern Orte arbeitet, was soll da aus den Kindern werden? Sie wachsen wild auf wie Unkraut, sie werden zum Verwahren ausgemietet für 1 oder 1½ Schilling die Woche, und welch eine Behandlung ihnen da wird, läßt sich denken. Daher vermehren sich auch in den Fabrikdistrikten die Unglücksfälle, denen kleine Kinder wegen Mangel an Aufsicht zum Opfer fallen auf eine schreckenerregende Weise. Die Liste der Todtenschaubeamten von Manchester hatten (laut Bericht des Fact. Inq. Comm., Rept. of Dr. Hawkins, p. 3) in 9 Monaten 69 durch Verbrennung, 56 durch Ertrinken, 23 durch Fallen, 77 durch andere Unglücksfälle Getödtete, also im Ganzen 225 Unglücksfälle aufzuweisen, während in dem nicht fabrizierenden Liverpool während 12 Monaten nur 146 tödtliche Unglücksfälle vorkamen. Die Unglücksfälle in den Kohlengruben sind bei den Städten ausgeschlossen, und es ist zu bedenken, daß der Coroner von Manchester keine Autorität in Salford hat, so daß die Bevölkerung der beiden Distrikte ziemlich gleich ist. – Der Manchester Guardian berichtet fast in jeder Nummer von einer oder mehreren Verbrennungen. Daß die allgemeine Sterblichkeit kleiner Kinder ebenfalls durch die Arbeit der Mütter gesteigert wird, versteht sich von selbst, und ist durch Thatsachen außer allen Zweifel gesetzt. Die Frauen kommen oft schon 3–4 Tage nach der Niederkunft wieder in die Fabrik und lassen ihren Säugling natürlich zurück; in den Freistunden müssen sie eilig nach Hause laufen, um das Kind zu stillen und nebenbei selbst etwas zu genießen – was das für eine Stillung sein muß, ist klar. Lord Ashley gibt die Aussagen einiger Arbeiterinnen: M. H., 20 Jahre alt, hat 2 Kinder, das jüngste ein Säugling, das von dem andern, etwas ältern, verwahrt wird – sie geht morgens bald nach 5 Uhr in die Fabrik und kommt um 8 Uhr abends zurück; den Tag über fließt die Milch aus ihrer Brust, daß ihr die Kleider triefen.–

H. W. hat 3 Kinder, geht um 5 Uhr Montags von Hause und kommt erst Sonnabend Abends um 7 Uhr wieder – hat dann so viel für ihre Kinder zu besorgen, daß sie vor 3 Uhr Morgens nicht zu Bett gehen kann. Oft förmlich bis auf die Haut vom Regen durchnäßt, und genöthigt, in dieser Lage zu arbeiten. »Meine Brüste haben mir die schrecklichsten Schmerzen gemacht, und ich bin triefend naß von Milch gewesen.« Die Anwendung von narkotischen Arzneien, um die Kinder ruhig zu halten, wird durch dieses infame System nur begünstigt, und ist wirklich in den Fabrikdistrikten auf einen hohen Grad der Verbreitung gestiegen; Dr. Johns, Oberregistrator des Manchester Distrikts, ist der Meinung, daß diese Sitte die Hauptursache der häufigen Todesfälle durch Krämpfe sei.

Die Beschäftigung der Frau in der Fabrik löst die Familie nothwendig gänzlich auf, und diese Auflösung hat in dem heutigen Zustande der Gesellschaft, der auf der Familie beruht, die demoralisierendsten Folgen, sowohl für die Eheleute wie für die Kinder. Eine Mutter, die nicht die Zeit hat sich um ihr Kind zu bekümmern, ihm während der ersten Jahre, die gewöhnlichsten Liebesdienste zu erweisen, eine Mutter, die ihr Kind kaum zu sehn bekommt, kann diesem Kind keine Mutter sein, sie muß nothwendig gleichgültig dagegen werden, es ohne Liebe, ohne Fürsorge behandeln, wie ein ganz fremdes Kind; und Kinder, die in solchen Verhältnissen aufgewachsen, sind später für die Familie gänzlich verdorben, können nie in der Familie, die sie selber stiften, sich heimisch fühlen, weil sie nur ein isolirtes Leben kennen gelernt haben, und müssen deshalb zur ohnehin schon allgemeinen Untergrabung der Familie bei den Arbeitern beitragen. Eine ähnliche Auflösung der Familie wird durch die Arbeit der Kinder herbeigeführt. Wenn diese so weit sind, daß sie mehr verdienen, als ihren Eltern die Beköstigung zu stehen bekommt, so fangen sie an, den Eltern ein Gewisses für Kost und Logis zu geben und den Rest für sich selbst zu verbrauchen. Dies geschieht oft schon mit dem 14. und 15. Jahr (Power, Rept. on Leeds, passim. Tufnell, Rept. on Manchester p. 17 etc. im Fabrikbericht). Mit einem Wort, die Kinder emanzipieren sich und betrachten das elterliche Haus als ein Kosthaus, das sie auch oft genug, wenn es ihnen gefällt, mit einem andern vertauschen.

In vielen Fällen wird die Familie durch das Arbeiten der Frau nicht ganz aufgelöst, sondern auf den Kopf gestellt. Die Frau ernährt die Familie, der Mann sitzt zu Hause, verwahrt die Kinder, kehrt die Stuben und kocht. Dieser Fall kommt sehr, sehr häufig vor, in Manchester allein ließe sich manches hundert solcher Männer, die zu häuslichen Arbeiten verdammt sind, zusammenbringen. Man kann sich denken, welche gerechte Entrüstung diese thatsächliche Kastration bei den Arbeitern hervorruft, und welche Umkehrung aller Verhältnisse der Familie, während doch die übrigen gesellschaftlichen Verhältnisse dieselben bleiben, dadurch entsteht. Mir liegt ein Brief eines englischen Arbeiters, Robert Founder, Barons Buildings, Woodhouse Moor-Side, in Leeds (die Bourgeoisie mag ihn da aufsuchen, um ihretwillen gebe ich die genau Adresse), vor, den dieser an Oastler richtete, und dessen Naivität ich nur halb wiedergeben kann; die Orthographie läßt sich allenfalls, der Yorkshirer Dialekt aber gar nicht im Deutschen nachmachen. Er erzählt darin, wie ein andrer Arbeiter seiner Bekanntschaft einmal auf einer Wanderung, um Arbeit zu suchen, in St. Helens in Lancashire einen alten Freund getroffen habe.

»Nun, Herr, er fand ihn, und als er zu seiner Baracke kam, was war es, denkt Ihr, nun ein feuchter niedriger Keller, die Beschreibung, die er von den Möbeln gab, war wie folgt – 2 Alte stühle, 1 runder dreibeiniger Tisch, 1 Kiste Kein bett aber ein Hauffen Altes Stro in einem Eck mit ein paar schnuttzige bet Tücher oben drauf und 2 Stücke Holtz an das Kamien Und als mein Arme freund herein ging da sas der arme jak Am feuer auff das Holz und Was that Er denkt Ihr? Er sas und stoppfte seiner frau ire strümpfe mit der Stopf Natel und sobalt Er Sein alten Freund an der Tür Posten Sahe, Versugte er es zu Verbergen Aver Joe so Heist Mein bekannter Hatte es Dog geseen und Sachte jack Zum Teuffel was magst Du doch wo Ist Deine frau waß ist Daß diene Arbeit der Arme jack Schämde sig Und sagde nein Ig weiß daß Ist nig Mein arbbeid abber mein arme Ffrau Is in der fabrikk sie mus Um ½6 ur gen Und Arbeid biß 8 uhr abentz und Sieh ist so Ab Daß sie Nigtz Duhn Can Wen si nag Hauße Kommd so Mus ig alles Führ Ir Duhn Waß ich Can Den ig hab Kein arBeid und Kein Gehapd Zeid Meer alz 3 Jar Und Ig krich Mein Leeben Kein meer, und Dan Weinette Er ein Dike Trehne nein Joe Sagte er Es ist arbeid Gnucht vor mannsLeut da Kanst er Hunder Fundt Auff der straße Finden Altz arbeid aber Ig hätte nig Geglaubed Das du Oderr Sonst jemandt mir Geseen Hett Das ig Meiner frau Ire strümpffe Stopde, Den es ist Schlechte arbeid Aber

Sieh Can bei Na nig Meer auff Ihre füse St ig Bin Bange Sie wirt Ganzs Kranck Und Dan weis Ih nig Was sol Auß unz Werden Den sieh Ist schoon Lange Der man Im hauß Gewcßen, Und ig Die frau es Ist Schlime Arbeid joe Und weinde Biterlig Und Sagte es Ist nig Imer soo Geweßen Nein Jack Sagte Joe Und wen du Hast Kein arbeid Gehabt al Die zeid Wie hast du dir Am leben Erhalden ig wil dir Sagen Joe So gud alz Es gink Aber es gink schlecht Gnucht du Weist alz ig Heiratete Da Hate ig arbeid Gnucht Und du Weist ig Wahr Nicht Faul nein Daß warest du Nigt. und Wihr Haten ein Gutes Meblirtes Hauß Und Mary Braugte nicht zu arbeidn ig Konte Vor untz beiden Arbeidn aber Jetztd ist Die verKerte weld Mary Muß arbeidn Und ig Mus Hirbleibben Die kinder ferwaren Und Keren und Wasschen Baken Und fliken Den wen Die arme frau Nag hauße Komd am Abent Dan Ist Sieh müde Und Kaput du Weist joe Daß Ist Hard vor einem Der Anders Gewond wahr joe Sagte. Ja junge Et is Hard Und Dan flienk Jack Wider ahn Zu weinen Und Er Wolde er Hete ni GeHeirad Und were Ni Geboren aber Er hete nig Gedagd Altz er Die Mary Heiratten Das es Im So Ergeen werde. ig Hab offt Gnugt Drüber GeHeult Sagde Der jack nun herr altz joe Daß Hörete Sagde Er Mich Das Er Hätte Verflugd Und verDamd Die Fabriken Und die Fabrikandn und Die Regirung Mit allen flügen Die Er von jugent Auff in der Fabrikk Gelernd Hate.«

Rose *Otto*: »Vor der Anwendung der Maschinnen war Hausindustrie über das ganze Land zerstreut gewesen. Ein Spinnrad war in jeder Hütte, ein Webstuhl in jedem Dorf zu finden, Tausenden von Familien gab so die Textilindustrie Beschäftigung. *Defoe* erzählt z. B., daß im östlichen und mittleren Teil von Norfolk keine Hand, die arbeiten wollte, unbeschäftigt blieb, daß sogar Kinder von 3–5 Jahren durch Hilfeleistungen beim Spinnen und Weben ihr Brot verdienen konnten. Die Städte in Somersetshire, Wiltshire, Dorsetshire, Gloucester waren von einer großen Anzahl von Dörfern, Weilern, zerstreuten Häusern umgeben, in denen überall das Spinnen für die Manufakturmeister, die in den größeren Städten saßen, betrieben wurde. Diese Meister sandten wöchentlich ihre Diener und Pferde aus, um Wolle den Leuten zu liefern und das gesponnene Garn abzuholen. Bei Halifax waren die Hügel dicht besäet mit Häusern, in denen alles für die Tuchmanufaktur beschäftigt war. Kein Müßiggänger, kein Bettler war da zu sehen. In den größeren Häusern wohnten Manufakturmeister, die 3–4 Webstühle aufgestellt hatten, und Männer, Frauen und Kinder bei sich beschäftigten, selten aber mehr als 8–10 Leute. Im allgemeinen jedoch betrieb jeder seine gewerbliche Tätigkeit unter seinem eignen Dache. Die Frauen halfen nach Besorgen der Häuslichkeit beim Spinnen oder Wollekrempeln, doch trat die Produktion von Verkaufsgütern zurück hinter der Tätigkeit der Frau als Hausfrau und Mutter. Die Bedürfnisse des Haushalts bestimmten, was der gewerblichen Arbeit von seiten der Frau an Zeit gegeben wurde. Das Leben verfloß eintönig. Es gab kein Auf und Nieder in Arbeit oder Löhnen. Die kleine Landwirtschaft, die fast immer betrieben wurde, sicherte die Nahrung. Und was von der gewerblichen Produktion nicht dem eigenen Gebrauch diente, wurde an Kaufleute abgesetzt, die den heimischen Markt, der hauptsächlich in Betracht kam, vollständig übersahen, und sich nicht auf waghalsige Spekulationen einließen. Eine Anschauung, wie glatt sich der Umsatz in den Textilprodukten vollzog, gibt *Defoe* in seiner Beschreibung eines Markttages zu Leeds. Zweimal in der Woche ist da Markt. Und der Tuchmarkt hat nicht seinesgleichen in der Welt, sagt er. Früh am Morgen kommen die Tuchhändler mit ihrem Tuch. Meist haben sie nur ein Stück. Um 6 oder 7 Uhr läutet die Marktglocke, und in wenigen Minuten sind die in der Straße aufgestellten Bretter mit Tuch bedeckt. Dann kommen die Kaufleute, Geschäftsführer, überhaupt Käufer aller Art. In wenigen Worten wird der Preis festgesetzt. Nach Verlauf von etwa einer Stunde ist alles vorüber. Die Geschäfte sind abgeschlossen. Die Käufer veschwinden. Bald ist kein Stück Tuch mehr auf dem Markt zu sehen. Durch diesen schnellen Umsatz sind die Tuchhändler fortwährend mit Geld versehen, ihre Arbeitsleute werden pünktlich bezahlt und eine gewaltige Summe zirkuliert jede Woche im Lande.

Bei solchen Verhältnissen konnten die Familien friedlich dahinleben. Beobachtern späterer Gesellschaftszustände erschien diese Zeit als eine Idylle. Arbeit und Erholung wechselten sich ab. Die Kinder wuchsen unter den Augen der Eltern heran. Die Frauen waren auf den häuslichen Herd beschränkt. In das Familienleben waren noch keine zersetzenden Einflüsse gedrungen.

Englands Entwicklung zu einem Weltreich sollte schließlich auch diese bescheidenen Existenzen in ein anderes Leben hineinreißen. Verbesserung der Verkehrsstraßen in der zweiten Hälfte des 18. Jahrhunderts ermöglichte einen ausgedehnten Umsatz im Inlande. Erweiterter Kolonialbesitz schuf Absatzgebiete im Auslande. Die Versorgung der neuen Märkte forderte schnellere Produktion von Gütern. Die Erfindungen kamen den vorwärtsstrebenden Kaufleuten zu Hilfe. 1764 erfand *Hargreaves* die Jenny, durch die statt einer Spindel 16–18 von einem Arbeiter in Bewegung gesetzt wurden. Der Kettenstuhl, die Mule machten das Spinnen vollständig zu einem Maschinenbetrieb. Das Spinnrad wurde beiseite gestellt. Unternehmende Männer begannen systematisch die neue Technik auszunutzen. Anfangs wurden in Wohnungen aller Art, in Hintergebäuden, in Schuppen die Maschinen aufgestellt. Dann begann man große Gebäude in wasserreichen Gegenden – man brauchte das Wasser als treibende Kraft – zu errichten. Durch hohen Lohn suchte man Arbeiter heranzulocken, denn die an ihre häusliche Industrie gewöhnten Familien weigerten sich anfangs, sich in diese Kasernen einpferchen zu lassen. Aber die technischen Umwälzungen ließen ihnen bald keine Wahl mehr. Die Erfindung des mechanischen Webstuhls revolutionierte auch die Weberei. Die Dampfmaschinen, die seit 1785 in der Spinnerei angewendet wurden, ermöglichten den fabrikmäßigen Betrieb auch in Städten, wo mehr Arbeitskräfte vorhanden waren. Überall entstanden nun die Fabriken. Die Leiter derselben entstammten fast alle dem Arbeiterstande. Roh und ungebildet wie sie waren, nur von dem einen Interesse des Geldverdienens beherrscht, kannten sie keine Rücksicht gegenüber den ihrer Botmäßigkeit unterstellten Menschen. Die

Betriebsmittel waren teuer, immer neue Erfindungen drohten soeben angekaufte Maschinen unrentabel zu machen. Je mehr Kapitalien sich der neuen Industrie zuwendeten, um so schneller galt es zu amortisieren, um sich gegenüber der immer stärker werdenden Konkurrenz behaupten zu können. Ohne jede Schutzvorrichtung wurden die Maschinen eng gedrängt aufgestellt. Sie durch die billigsten Hände bedienen zu lassen, sie so lange wie möglich täglich im Gange zu halten, war das Hauptstreben. Je größer das an einem Tage erzielte Produktenquantum war, desto mehr wurde der Unternehmer für sein Risiko entschädigt. So verlängerte man den Arbeitstag zu 14, 16, ja bis zu 20, 21 Stunden. Machtlos stand die arbeitende Bevölkerung diesen Verhältnissen gegenüber. Mit der Maschine konnten die Handarbeiter nicht konkurrieren. Der Lohn für eine Arbeit, der eine Massenproduktion entgegenstand, sank rapide. Auf den vierten bis fünften Teil des früheren Betrages sahen die Handweber der Baumwollindustrie ihre Löhne in der Zeit von 1797 (oder 1800) bis 1824 herabgesetzt.

Dieses Sinken des Einkommens brach den Widerstand gegen die Fabriken. Hätten sich im Anfang der neuen Epoche die Unternehmer Arbeitskräfte in den Armenkindern der Kirchspiele verschaffen müssen, so boten sich schließlich, je schärfer sich der Fabrikbetrieb ausbildete, Scharen von Arbeitssuchenden an. Die ihrer Existenzmittel fast ganz beraubten Hausindustriellen konkurrierten in der Suche nach Beschäftigung mit den vom Lande in die Städte hereinströmenden kleinen Bauern, die sich ohne die gewerbliche Tätigkeit auf ihren kleinen Stellen nicht mehr halten konnten. Dazu kam die irische Einwanderung, denn »der Irländer hatte daheim nichts zu verlieren«, hoffte aber in England in der Industrie viel zu gewinnen. Das Wachstum der industriellen Städte zeigt deutlich, wie sehr sich die Bevölkerung in den Aussicht auf Arbeit gewährenden Plätzen zusammendrängte.

1773	hatte	Manchester	27000	Einwohner
1801	„	„	35000	„
1841	„	„	553000	„
1801	„	Leeds	53000	„
1841	„	„	152000	„
1801	„	Bradford	30000	„
1841	„	„	105000	„
1801	„	Halifax	63000	„
1841	„	„	131000	„
1801	„	Rochdale	40000	„
1841	„	„	85000	„

Diesen veränderten wirtschaftlichen Verhältnisse hielten die alten Sitten und Anschauungen nicht stand. Nach der tiefgewurzelten Überzeugung aller war der richtige Platz für die Frau das Haus. Aber die Not trieb sie heraus (ebenso die Kinder). Die Fabrik hatte ihr die Erwerbsquelle im Hause geraubt. Zugleich war durch die Massenproduktion von gewebten und gesponnenen Verbrauchsartikeln ein Teil der produktiven Arbeit der Hausfrau unrentabel gemacht. Sie konnte jetzt billiger kaufen als herstellen. Reichten die Einnahmen des Mannes nicht zur Beschaffung der Lebensnotdurft, so mußte sich die Frau nach einer neuen Arbeit umsehen. Sie trat auf den Arbeitsmarkt und wurde die Konkurrentin des Mannes. In den ersten drei Dezennien des 19. Jahrhunderts mußten die Männer scharenweise den Frauen weichen. Den starken Prozentsatz der weiblichen Arbeiter in den Textilfabriken zeigen folgende Zahlen:

In den Baumwollfabriken in Lancashire und Cheshire: auf 100 männliche kommen 103 weibliche Arbeiter.

In den Baumwollfabriken in Schottland: auf 100 männliche kommen 209 weibliche Arbeiter.

In den Flachsfabriken in Dundee und an der Ostküste von Schottland: auf 100 männliche kommen 290 weibliche Arbeiter.«

Über Zahl, Lohn und über die Arbeit der verheirateten Frauen in der Fabrik

»Die Bedürfnisse der Industrie kamen den arbeitssuchenden Frauen und Kindern entgegen. Die Maschinen, die in den ersten Jahrzehnten noch klein, primitiv, nicht schnell gehend waren, beanspruchten zur Bedienung nur wenig körperliche und geistige Kräfte. Die Hauptarbeit an den Spinn- und Webmaschinen bestand im Zusammenknüpfen gebrochener Fäden. Diese Arbeit erforderte weniger Kraft als größere Gelenkigkeit der Finger. So genügte Frauen- und Kinderarbeit. Und dann – sie war billiger und bequemer. Die Frau war wirtschaftlich und moralisch zu schwach, um Widerstand gegen Ausbeutung zu leisten. Sie war unterwürfiger als der Mann. Sie nahm jede Arbeit auf sich, arbeitete an Plätzen, wo kein Mann, ja kein Bursche je Arbeit auf sich genommen hätte. ›Eine große Majorität der bei Nacht und am Tage lange beschäftigten Personen sind weiblichen Geschlechts, deren Arbeit ist billiger und sie werden leichter dazu bewogen, sich strenger körperlicher Anstrengung zu unterziehen‹, sagt 1844 der Fabrikinspektor *Saunders*. Lord Ashley führt in seiner Rede am 15. März 1844 im Unterhaus die Aussage eines Fabrikanten an, daß er an seinen Maschinenwebstühlen ausschließlich Frauen, und zwar mit Vorliebe verheiratete Frauen, deren Familien auf ihren Erwerb angewiesen seien, beschäftigte. Denn diese Frauen seien achtsamer, lenksamer als die unverheirateten. Sie wären zu der äußersten Anstrengung gezwungen, um sich den notwendigen Lebensunterhalt zu beschaffen. Die Männer der Frauen saßen dann oft arbeitslos zu Hause und besorgten so gut es ging, die Wirtschaft. Es war die Umkehrung aller Verhältnisse.«

Es ist keine Statistik über die Anzahl der in der ersten Hälfte des 19. Jahrhunderts beschäftigten verheirateten Frauen vorhanden. Sehr selten ist eine flüchtige Angabe in den Inspektorenbereichen oder Parlamentsdebatten gemacht. So kann man nur den recht hohen Prozentsatz der Frauen überhaupt in der Industrie feststellen. Aus der allgemeinen wirtschaftlichen Lage der arbeitenden Bevölkerung und aus den Klagen, die späterhin losbrechen, kann man wohl den Schluß ziehen, daß eine beträchtliche Anzahl verheirateter Frauen außerhalb ihrer Häuslichkeit gewerblich tätig gewesen ist.

Einige wenige Zahlen mögen illustrieren, in welcher Weise die Beschäftigung von Frauen in Fabriken um sich gegriffen hatte.

1835	waren in der Baumwollindustrie von den Arbeitern Frauen	65¼%
	In der Kammgarnindustrie	69½%
	In der Seidenindustrie	70½%
	In der Flachsindustrie	70½%

Anfang der vierziger Jahre sind in den Schraubenfabriken 80–90% aller Beschäftigten Frauen. In Staffordshire waren in den Hauptetablissements mehr als ein Drittel der Frauen über 21 Jahre alt. Mr. Horner, Fabrikinspektor der Baumwolldistrikte, fand in 9 Fabriken mehr als 50% Frauen unter den Arbeitern, von denen fast 70% über 18 Jahre und 27½% verheiratete Frauen waren. Was gewannen nun diese Frauen durch ihre Arbeit? Ein Bericht aus dem Jahre 1843 gibt als Löhne von 7 Familienmüttern an: 4 sh 6 d und 5 sh 6 d die Woche. Mr. Horner nennt als Verdienst einer Weberin 11 sh 6 d wöchentlich. Die Betreffende war Mutter zweier Kinder. In dem Report über die Seidenindustrie aus dem Jahre 1832 stehen einzelne Angaben von Fabrikanten. Als Durchschnittslohn für Frauen gibt ein Fabrikant 5 sh die Woche an. Ein anderer aus Westengland nennt 8–9 sh die Woche. In demselben Bericht steht die Aussage eines Birminghamer Bronze- und Lampenfabrikanten. Er gibt den Frauen, den Old Hands, 8–9 sh die Woche. Ein Glasgower Unternehmer gibt an: Frauenlöhne am Webstuhl betragen im Durchschnitt 8 sh (die Woche). Gute Weberinnen können 8–9 sh verdienen, bei 69 Stunden Arbeit in der Woche. Ein Handweber nennt 1834 als Verdienst seiner Frau, die in einer Baumwollfabrik arbeitet, 5 sh.

Wie wenig oft von diesem Verdienst als Bargeld in die Haushaltskasse kam, lassen einige, wenn auch sehr dürftige Angaben vermuten. Lord Ashley führt in einer Rede im Unterhaus folgende Einnahmen und Ausgaben einer Familie an: Die Familie besteht aus 5 Personen. Mutter und 2 Kinder arbeiten 12 Stunden täglich in einer Fabrik. Die Mutter verdient 10 sh die Woche, die beiden Kinder zusammen 7 sh. Der Vater ist arbeitslos. Also wöchentliche Einnahme 17 sh. Davon gehen ab für Waschen, denn die Mutter fand nicht die Zeit, es selber zu besorgen, 2 sh die Woche. Einen Schilling die Woche bekommt eine Frau, welche den Mann in der Besorgung des Haushalts unterstützt. Einen Schilling die Woche kostet das Senden des Essens in die Fabrik. Dann rechnet Ashley noch einen Schilling die Woche, verursacht durch das weniger sparsame Kochen des Mannes, denn seiner Ansicht nach kann kein Mann beim Kochen so ökonomisch vorgehen wie eine Frau. Also gehen 5 sh von der Einnahme ab. Eine Arbeiterin in der Birminghamer Knopffabrikation verdient 9–10 sh die Woche. Der Mann ist außer Arbeit. Die Beaufsichtigung des Kindes kostet 2 sh 6 d die Woche, Wäsche, aber nicht Nahrung mit inbegriffen. Die Ausgaben, die durch die Abwesenheit der Mutter von der Häuslichkeit verursacht werden, verschlingen ein gut Teil des Verdienstes.

Unter welchen Bedingungen war nun diese karge Summe erworben? »Es ist harte Arbeit, von 7 sh die Woche und dabei 1 sh 6 d Wohungsmiete die Woche zu leben«, sagt eine Kohlenarbeiterin vor der Untersuchungskommission aus. Und ob Kohlenarbeiterin oder Fabrikarbeiterin, es war ebenso harte Arbeit, die paar Schilling erst zu erwerben.

In den ersten Jahrzehnten des 19. Jahrhunderts war in Textilfabriken wie in anderen Industrien, wie schon oben erwähnt, 14–16-, ja, 17stündige Arbeit keine Seltenheit. 12- bis 13stündige die Regel bis in die vierziger Jahre hinein. Nachtarbeit war nichts Außergewöhnliches. Der Fabrikinspektor *Horner* berichtet 1843: »Viele der weiblichen Arbeiter arbeiten 13, einige 14, einige 19 Stunden den Tag. Einige sind beständig bei der Arbeit von 6 Uhr morgens bis 12 Uhr nachts, davon gehen nur 2 Stunden für Mahlzeiten und Ruhe ab. Dann sind da andere, die nach einem Tage harter Plackerei nur 6 Stunden Zeit haben, um heimzugehen, auszuruhen und wieder zurück zur Fabrik zu sein.« Aus Wind und Wetter kommen sie dann in die heißen, engen Räume. 70° F. war die durchschnittliche Temperatur in Baumwollfabriken. Man behauptete, das Garn würde verderben, wenn es nicht in einer bestimmten, heißen Atmosphäre behandelt würde. Für Ventilation, Wasserableitung, Reinlichkeit war selten gesorgt. Staub und Dunst erfüllten die Luft. Es surrten unablässig die Maschinen, und unablässig mußten die Arbeiter, die Sklaven der mechanischen Kraft, sie bedienen. Lord *Ashley* gibt an, daß bei Bedienung der Mules, je nach dem Garn, das gesponnen wurde, ein Weg von 8–20, ja bis 37 Meilen zurückgelegt wurde. Dazu kam noch die Anstrengung, den Körper über die Maschine zu beugen – oft in einem rechten Winkel – und wieder aufzurichten. Ein Oldhamer Arbeitgeber maß die zurückgelegte Entfernung auf 20 Meilen. 22 Manchester Arbeiter gaben 20 Meilen als die geringste Entfernung an. Von gegnerischer Seite wurde allerdings behauptet, daß es ausgeschlossen wäre, 37 Meilen am Tag zurückzulegen, und der Weg wurde auf 8 Meilen von ihr bemessen.

Häusliches Leben

Die Arbeit wurde unterschiedslos von allen verrichtet. Auf Geschlecht, Alter, physische Konstitution wurde nicht die geringste Rücksicht genommen. Schwangere Frauen arbeiteten bis kurz vor ihrer Entbindung und waren 3, 4, spätestens 10 Tage nach der Niederkunft wieder zur Stelle. Sie hätten sonst ihren Dienst verloren. Die lange Abwesenheit von den Säuglingen verursachte ihnen dann unerträgliche Schmerzen in der Brust. Die Milch lief ihnen den ganzen Tag aus den Brüsten, sodaß die Kleider durchnäßt wurden. So tagaus, tagein zu unaufhörlicher Arbeit verdammt, konnte die Mutter ihren Kindern oder überhaupt ihrem Zuhause gar nicht die erforderliche Sorgfalt zukommen lassen. Die kleinen Kinder wurden alten Frauen in Obhut gegeben, die ihnen, um sie am Schreien zu hindern, Opium einflößten, oder sie wurden von etwas älteren Geschwistern, die selbst noch der Aufsicht bedurften, gehütet. Der Mann fand beim Heimkommen keine Mahlzeit, keine Behaglichkeit. Müde und abgehetzt wie die Frauen waren, konnten sie, auch wenn sie gewollt hätten, keine Häuslichkeit schaffen, in der ein Ausruhen möglich gewesen wäre. Hatten sie doch mit Besorgen des Allernotwendigsten so viel zu tun, daß sie sozusagen Tag und Nacht arbeiteten. Lord Ashley erzählt von einer Fabrikarbeiterin, daß sie ihr Zuhause am Montag verließe, am Sonnabend um 7 Uhr abends heimkehre, und dann habe sie so viel für ihre drei Kinder zu tun, daß sie nicht vor 3 Uhr morgens ins Bett käme. Nach Darstellung eines anderen Parlamentsmitgliedes sieht der Tag einer in einer Fabrik arbeitenden Mutter folgendermaßen aus: ½ Stunde für Anziehen und Stillen des Kindes und Hintragen zur Pflegerin, 1 Stunde für die Haushaltspflichten vor der Fabrikarbeit, ½ Stunde für den Weg zur Fabrik, dann 12 Stunden Arbeit, ½ Stunden für Mahlzeiten, ½ Stunde für die Heimkehr, ½ Stunden für Haushaltspflichten. Im ganzen 17½ Stunden Arbeit. Es bleiben nur 6½ Stunden für Erholung und Schlaf.

Viele Frauen hatten aber weder die physische noch die moralische Kraft, sich nach einem Tage anstrengender Fabrikarbeit noch um das Wohl und Wehe ihrer Familien zu kümmern. Sie hatten es auch nie gelernt. Von Jugend auf in der Fabrik tätig, hatten sie keine Gelegenheit, sich die zur Führung eines Haushalts nötigen Kenntnisse anzueignen. Sie konnten sehr oft nicht kochen, nicht haushalten mit dem mühsam erworbenen Gelde. Viele konnten nicht einmal nähen. Von 13 verheirateten Frauen in einer Fabrik konnte z. B. nur eine ihrem Manne ein Hemd nähen, und nur vier verstanden eins auszubessern. Viele ließen ihr Hauswesen verkommen, die Kinder in Unwissenheit und Zuchtlosigkeit heranwachsen. Von einem Familienleben konnte unter diesen Umständen nicht die Rede sein. Der Mann, der ein Fabrikmädchen heiratet, hat als Heim nur den Bierladen, heißt es in einem Bericht der Children's Employment Commission. Das Zuhause, kalt, öde, schmutzig, war nur Schlafstelle. Hastig und achtlos wurde die schlechteste Nahrung gekocht und verschlungen. Die Männer entflohen dem häuslichen Elend in das Wirtshaus, und sehr oft folgten ihre Frauen ihnen nach. »Haben wir die Arbeit, so wollen wir auch das Vergnügen haben«, lautete die Parole. Teilweise waren die Frauen ganz verwildert, tranken, rauchten, fluchten und waren Anstifter und Führer der jungen Männer bei jedem Tumult in den Fabrikdistrikten, nach der Aussage eines Polizeiinspektors in Manchester.

Die Überlastung der Frau, der Trägerin des künftigen Geschlechts, der Zerfall des Familienlebens, die damit verbundene Verwilderung, Verrohung, die ungenügende Pflege der jungen Generation machten sich aber allmählich bemerkbar auf die Gesamtheit. Ärzte wiesen auf den Verfall der Rasse hin, auf den verkümmerten Wuchs, auf das frühe Altern, auf die große Sterblichkeit in den Fabrikbezirken. Wenige werden unter den Fabrikarbeitern der Verunstaltung entgehen, sagt ein Arzt zu Bolton 1844. Bei den Frauen entstanden durch das lange Stehen in den Fabriken Verbildungen des Beckens. Ärzt bezeugten, daß Fabrikarbeiterinnen schwerer gebären als andere Frauen, und daß Fehlgeburten und all die Übelstände, die aus mißhandelter Schwangerschaft entspringen, wie Krampfadern, Geschwüre, bei ihnen häufig seinen. Ashley führt das Zeugnis eines Arztes in Leeds an: »Die Fabrikarbeit bringt höchst beklagenswerte Wirkungen bei den Frauen hervor, besonders wenn sie in gesegneten Umständen sind. Es ist oft die schmerzliche Pflicht des Geburtshelfers, das Leben des Kindes zu zerstören bei den Frauen, die lange Stunden in den Fabriken gearbeitet haben.« Ein Lancashirer Arzt berichtet: »Die Wirkungen der lang fortgesetzten Fabrikarbeit kommen besonders nach der Geburt eines Kindes zum Vorschein. Die Neugeborenen sind unter Durchschnittsgröße, haben ein verkümmertes, verschrumpftes Aussehen.« Diese Kinder, dann schlecht genährt, schlecht bekleidet, Kälte, Schmutz, jeder Vernachlässigung ausgesetzt, starben in erschreckender Weise dahin. *Gaskell* führt in seinem Buche über die Fabrikbevölkerung an, daß in Manchester von 100 Kindern 45 unter dem Alter von 5 Jahren starben, das ist über 20% über den Durchschnitt. Ein Arzt in Bury, Dr. Fletscher, berichtet 1847 unter anderem, daß er bei einer Untersuchung der Gesundheitsverhältnisse in den verschiedenen Teilen der Stadt folgende Resultate erhalten habe: Unter den Fabrikarbeitern kommen auf 100 Todesfälle 61 Kinder unter 2 Jahren, bei den andern arbeitenden Klassen in demselben Bezirk kommen auf 100 Todesfälle weniger als 33 Kinder unter 2 Jahren. Er meint, daß diese Ergebnisse schlagend die Wirkungen des herrschenden Systems illustrierten, besonders die unvermeidliche Vernachlässigung der Kinder durch die in den Fabriken beschäftigten Mütter. In dem Bericht der Fabrik-Kommission vom Jahr 1834 war festgestellt, daß in einem Jahr in Manchester auf 1000 Todesfälle 424 Kinder unter 2 Jahren kamen. In Liverpool kamen auf 1000 Todesfälle 362 Kinder, in London auf 1000 Todesfälle 308 Kinder unter 2 Jahren. Eine Tabelle aus dem Jahre 1845 weist folgende Zahlen für die Städte der Baumwollindustrie auf.

Im Jahre 1845 kamen auf 100 Geburten Todesfälle von Kindern unter 2 Monaten in

Nottingham	8,6
Ashton	7,9
Norwich	7,4
Preston	7,3
Burg	7,3
Rochdale	7,2
Todmorden	7,2
Blackburn	6,8
Chowley	6,4

Der allgemeine Durchschnitt in England war zur selben Zeit 6,2%. Die Ärzte betonten immer in allen Berichten, daß die unglückselige, außerhäusliche Tätigkeit der Mutter schuld sei an der hohen Kindersterblichkeit.

Neben dem psychischen Verfall der moralische und intellektuelle. »Diebstahl, Betrug und alle Verbrechen, die gegen das Eigentum gerichtet sind, und welche aus einem zur Gewohnheit gewordenen Mangel an sittlichem Zwang entstehen, haben sich bedeutend vermehrt mit der Vermehrung von Handel und Gewerbe und der daraus folgenden Konzentration der Bevölkerung in großen Städten«, heißt es in einer Schrift aus dem Jahre 1823. 1827 war in acht Manufakturdistrikten das Durchschnittsverhältnis von Verbrechen zu Bevölkerung von 1:840 – in acht ländlichen Distrikten wie 1:1042. Bei einem Vergleich von 13 ländlichen und 13 industriellen Grafschaften sind für Vergehen verhaftet worden unter 601 Männern eine Frau in den ländlichen Grafschaften, in den industriellen und kommerziellen Grafschaften unter 388 Männern eine Frau. *Engels* führt die Steigerung der Verhaftung für Kriminalvergehen an, 1805 4605 Verhaftungen, 1842 31309 Verhaftungen. 1842 konnten von jedem Hundert Verbrechern durchschnittlich 32,35 nicht lesen und schreiben. An Ashton und der Iyne waren vor 80 Jahren die Heiratszertifikate von 44 Männern und 25 Frauen unter je 100 unterzeichnet, jetzt nur noch von 12 Männern und 8 Frauen, wird im Jahre 1844 im Unterhaus angeführt. Bei der unablässigen Arbeit versank der Intellekt in träge Passivität, die roheren Teile der Natur entwickelten sich stark, heißt es bei *Kay*. Weder moralische noch intellektuelle, noch organische Kraft ist vorhanden, um den Begierden Widerstand zu leisten. Geschlechtliche Ausschweifungen und Alkoholgenuß sind die Erholungen des übermüdeten Körpers. Das Fabriksystem zerriß die Bande, welche unter allen anderen Umständen eine Mutter an ihr Kind fesselt. »Und wenn Mutterliebe so beeinflußt wird, so kann es auch nicht wundernehmen«, führt *Gaskell* 1836 aus, »daß die Beziehungen zwischen Mann und Frau verkehrt werden. Die Reinheit der Ehe wird oft mißachtet, und eine gewohnheitsmäßige Gleichgültigkeit gegen sexuelle Rechte hat sich entwickelt, welche nur noch dazu beiträgt, das häusliche Leben zu zerstören.«

»Ähnlich wie in England wird auch in Deutschland mit der industriellen Entwicklung des Landes die Fabrikarbeit verheirateter Frauen ein Faktor, der die Aufmerksamkeit der Sozialpolitiker erregte. Vor dem Aufkommen der Großindustrie waren in den ärmeren Schichten Spinnerei und Weberei die uralten gewerblichen Beschäftigungen, bei denen die ganze Familie beteiligt war. *Viebahn* berichtete z. B. in seiner Statistik des Zollvereins, wie die Wollspinnerei noch zu Anfang des Jahrhunderts viele Tausende fleißige Hände beschäftigte, teils als Füllarbeit, teils ausschließlich. Auf dieser durch das ganze Land verbreiteten Handarbeit, welche die zu Feld- und Wald-, Bau- und Grubenarbeit nicht verwendbaren Tage und Stunden ausfüllte, beruhten die Großgewerbe unserer Väter; in jedem Hause, namentlich in jeder Gesindestube drehten sich Handspindeln oder Spinnrad. Mädchen und Weiber wurden meistens nach ihren Leistungen im Spinnen geschätzt, wenn es auch nicht üblich war, diese millionenfache Arbeit anders, wie nach den hergebrachten, hauptsächlich durch die Materialwerte bestimmten niedrigen Garnpreisen zu bezahlen. Die Zeit der Hausfrau war mit Regelung der Produktion und Konsumtion im Hause reichlich ausgefüllt. Um 1838–1840, teilweise auch erst von 1850–1855, ja von 1861 an, beginnt in Deutschland die Wirkung der dem Handwerk, und man kann wohl hinzusetzen, auch der der gewinnbringenden Hausfrauentätigkeit feindlichen Faktoren. Veränderte, verbesserte Verkehrsformen und -mittel hatten in diesen Jahrzehnten auch Deutschland in die Weltwirtschaft hineingezogen. Die veränderten Absatzverhältnisse erzwangen andere Produktionsweisen. Die neue Technik, die von England herüberkam, und bisher nur langsam Fuß gefaßt hatte, fand allmählich schneller Verbreitung. *Dieterici* nennt die Zahl der Dampfmaschinen ein Zeichen für den Stand der Fabrikationen. 1849 waren in Preußen 1864 Dampfmaschinen gezählt mit 67149 Pferdekraft, 1855 4085 mit 161744 Pferdekraft. Von 1837–1855 war eine Steigerung der Maschinen von 100:966 und in den Pferdekräften von 100:2153, »welches einen ganz außerordentlichen Aufschwung in Fabrikation und Industrie bekundet«. – In Schlesien war es in den vierziger und fünfziger Jahren so weit, daß eine ganze Spinnerfamilie bei allem Fleiß, wenn sie fast Tag und Nacht am Spinnrad saß, nicht über 2 Sgr. täglichen Erwerbes kam. In den sechziger Jahren heißt es aus Niederschlesien: Man spricht wohl davon, daß eine fleißige Spinnerin noch einen Verdienst von 1 Sgr. pro Tag erzielen könnte, doch würde in der Tat 6 Pfg. Tagesverdienst wohl schwerlich erreicht.

Bald werden die Kinder nirgends mehr diese brotlose Kunst erlernen, und die Spinnräder auf dem Dachboden verstauben. Das Maschinenflachsgarn hat das Handgarn vollständig aus dem Felde geschlagen. Der Übergang von althergebrachten Gebräuchen zu neuen Erwerbsformen rief unter den betroffenen Volksschichten allgemeinen Notstand hervor. 1848 heißt es in einem statistischen Bericht »die Arbeiterfrage oder die Besserstellung der Verhältnisse der zahlreichsten Klasse der Staatsangehörigen beschäftigt jetzt überall, neben der Verfassungsfrage, fast ausschließlich die Gemüter«.

1864 wird aus Schweidnitz mitgeteilt »Die Fabriken bieten Gelegenheit, Mann und Frau einer Familie zu beschäftigen«. In Streichgarnspinnereien, besonders wo sie größerer Fabrikation ist, arbeiten auch Kinder, Mädchen und Frauen, lautete eine Nachricht aus dem Anfang der fünfziger Jahre. Wieviel Frauen diese neue Art des Verdienstes aufsuchten, ist für die sechziger Jahre nicht festzustellen. Daß er tatsächlich in einigem Umfang geschehen sein muß, läßt sich wohl aus der wirtschaftlichen Lage der Arbeiterfamilien ableiten, denn wie *Schmoller*[1] einmal ausführte, in je ungünstigerer Lage der Arbeiter ist, um so mehr wird er geneigt sein, Frau und Kinder auch mit zur Fabrikarbeit heranzuziehen. Er steigert dadurch sein Einkommen jedenfalls für den Augenblick. Auch aus zerstreuten Zeitungsnotizen der sechziger und siebziger Jahre, aus der Gegenbewegung, die wie später ausgeführt werden soll, in Kreisen der Arbeiterschaft wie in den anderen Gesellschaftsklassen entstand, kann man

1 Gustav Schmoller, Zur Geschichte der deutschen Kleingewerbe im 19. Jahrhundert. Halle 1870

wohl auf eine ausgedehntere Beteiligung der Ehefrau an der Fabrikarbeit schließen. Auch brauchte die Industrie Arbeitskräfte. Die Handelskammerberichte aus den sechziger Jahren betonen vielfach die dauernde Nachfrage nach Arbeitern. Da das Gesetz die Fabriken in der Beschäftigung jugendlicher Arbeiter beschränkte, wird man zum Ersatz im stärkeren Maße Frauenhände herbeigezogen haben, um die leichte Arbeit nicht von höher gelohnten Männern ausführen zu lassen. Denn erhielten männliche Arbeiter, wie schon oben erwähnt, in einer Fabrik in Wüstegiersdorf in Schlesien 3⅓–2⅙ Tlr., so erhielten die Weberinnen z. B. 2⅔23–1⅚ Tlr. In einer Tannhauser Fabrik verdienten Weberinnen, Andreherinnen, Zettlerinnen 2⅔–1⅚ Tlr., männliche Handweber 3⅓–2½ Tlr. Unter den Ursachen »des Kränkelns der industriellen Arbeiter«, d. h. ihrer materiellen Lage, nennt auch schon *Reden* die »immer mehr sich ausbreitende Gewohnheit, männliche Arbeiter durch Frauen und Kinder zu ersetzen – und die Art des häuslichen Lebens der Arbeiter, welches sich allmählich so zu gestalten pflegt, daß der Begriff der Familie auf sie kaum mehr anwendbar erscheint«. Etwas Licht auf die Familienverhältnisse werfen doch einige Bemerkungen in der preußischen Statistik vom Jahre 1852 über Kleinkinderbewahranstalten. »Traurig und höchst beklagenswert ist das Los der kleinen Kinder aus den niedrigen Volksklassen, dem sie bei Entfernung der Eltern nach Broterwerb ausgesetzt sind.« Es ist ähnlich wie einst in England, Schlafpulver werden gegeben, die Kleinen werden eingesperrt oder von kaum älteren Geschwistern gehütet. Erst von 1834 an hatten die Anstalten für Kinder Fortgang gefunden, 6–26 Bewahranstalten sollen von dieser Zeit an jährlich neu hinzugetreten sein und zwar besonders in Regierungsbezirken mit volkreichen Städten oder mit starker Fabrikation. So wies der Regierungsbezirk Düsseldorf die höchste Zahl der Anstalten auf (85), dort war »das Bedürfnis dergleichen zum Wohle der Kinder für die vielen Fabrikarbeiter zu errichten, mehr als irgendwo vorhanden«. Von hundert Kindern bis zum vollendeten 5. Lebensjahr waren im Bezirk Düsseldorf 3,78 % in Bewahranstalten beaufsichtigt, die höchste Zahl im preußischen Staat, wenn man von Berlin mit 7,41 % absieht, das mit seinen Großstadtverhältnissen wohl nicht mit den anderen Städten in eine Linie zu stellen ist. Dann kommt der Regierungsbezirk Aachen mit 3,05 %. In der Zeitschrift wird noch erwähnt, daß die Bewahranstalten nur als eine Aushilfe für solche Kinder notwendig seien, deren Eltern aus Armut wegen ihrer täglichen Beschäftigung außer dem Hause genötigt seien, dieselben ohne Aufsicht zu lassen. In der Arbeiterpresse stößt man gelegentlich auf bittere Bemerkungen über die von den Müttern vernachlässigten Kinder. »Man kann sich nichts Traurigeres denken, was mehr der menschlichen Natur zuwider wäre, als wenn eine Mutter, statt bei ihrem Kind zu sein, es einer sog. Krippe übergeben muß, um nur zuweilen zum Säugen zu erscheinen und im übrigen zu einer Zeit in einem dumpfen Fabriklokal zu arbeiten, wo ihre eigene Gesundheit schon um des Kindes willen der aufmerksamsten Pflege bedürftig ist.« Aus dem Wiesental im Schwarzwald wird berichtet, daß die Fabrikanten Kleinkinderschulen, Kinderspital, Kleinkinderaufsichtsanstalten, gegründet hätten. Aber wo steckt die gepriesene Humanität, heißt es weiter, wenn sich die Frauen oft bis zum Tage ihrer Niederkunft für wenige Kreuzer plagen müssen, um die Familie besser durchzuschlagen, ihren Kindern die mütterliche Sorgfalt entziehen, usw. Das Organ der sozialdemokratischen Arbeiterpartei, der »Volksstaat«, bezeichnet einmal sogar die Errichtung von Kleinkinderbewahranstalten wie in Hamburg, wo das teure Leben Frauen und Mädchen zur Fabrikarbeit trieben als eine Schande für die Zivilisation.

Kurz zusammengefaßt sind die Gründe, die die verheirateten Frauen in die Fabriken getrieben haben mögen: Ruin der häuslichen gewerblichen Tätigkeit, ungenügende Einnahmen der Männer, die immer stärker werdende Nachfrage der Industrie nach billigeren Arbeitskräften. Dazu kam die wachsende Konzentrierung der großen Massen in den Städten, sodaß die früher vielfach übliche Nebenbeschäftigung auf dem Felde wegfiel, Scheuer- Putz und Wascharbeiten wurden schlechter bezahlt und boten unregelmäßigen Verdienst. Die Kriegsjahre, die die Männer in Anspruch nahmen, mögen das Ihrige dazu beigetragen haben, regelmäßige Arbeit der Ehefrau notwendig zu machen. Das bedeutete für die Hausfrauen und Mütter mindestens eine 12–14stündige Abwesenheit vom Hause. Als Mittel der täglichen Beschäftigung eines Fabrikarbeiters gibt *Jacobi* 11–12 Stunden an nach Abzug der Pausen. Aber in manchen Tuchfabriken, Wollspinnereien waren die Arbeiter nicht unter 12–13 Stunden, ja teils bis 16 Stunden beschäftigt. Von einer Wollspinnerei berichtet er, daß die weiblichen Arbeiter an den Tag und Nacht arbeitenden Maschinen abwechselnd 16 Stunden beschäftigt wurden, je von früh 6 Uhr bis abends 10 Uhr, von abends 10 Uhr bis 2 Uhr nachmittags, von 2 Uhr nachmittags bis 6 Uhr früh. »Mögen nun auch gewöhnlich bei dem äußersten Übermaß der Arbeitsausnutzung die Verrichtungen an und für sich nur in geringerer Kraftanstrengung, namentlich in Beaufsichtigung der Maschinen und in leichteren Hilfeleistungen bei denselben bestanden haben, so behielt doch der Mensch in der Tat keine Minute des Tages mehr übrig.« Bei einer solchen Anspannung wird der Mensch zum Arbeitstier, setzt Jacobi hinzu.

Nun noch ein Zitat, das für den Unterschied zwischen handwerklich-patriarchalischer Bindung und der Selbständigkeit des Fabrikarbeiters charakteristisch ist, und die Anfänge der Gewerkschaftsbildung beleuchtet[2].

Im Jahre 1832 faßte die gesetzgebende Versammlung der freien Reichsstadt Frankfurt den Beschluß, daß die Anordnung vom Jahre 1820, nach der die Gesellen aller Handwerke bei ihren Meistern zu wohnen hatten, möglichst schnell und streng durchgeführt werden sollte (eine Ausnahme bilden nur die Bauprofessionisten). Der Geselle war also noch völlig der Familie des Meisters eingegliedert. Seine Existenz verknüpfte sich unauflöslich mit der Haushaltung des Meisters. Seine Bedürfnisse fanden dort ihre Befriedigung. Mit besonderen persönlichen Ansprüchen durfte der Geselle nicht hervortreten, ebensowenig wie der Sohn oder die Tochter des Meisters. Er führte gleichzeitig noch

2 Paul Kampffmeyer, Vom Zunftgesellen zum freien Arbeiter. Berlin 1924

keine wirthschaftliche Sonderexistenz. Eine wesentliche Seite seines menschlichen Daseins blieb noch völlig unentwickelt – die eigenmächtige Ausgestaltung seiner materiellen Bedürfniswelt. Und das ist gerade das hervorragendste Stück der menschlichen Existenz. In den Schreiberartikeln vom Jahre 1803, die noch weit in unser Jahrhundert hinein in Kraft waren, wurden den Gesellen bei Strafe des Abschiedes eingeschärft, daß sie vom Meister keine andere Kost als die ihnen gebotene verlangten. Die Sorge für die tausend kleinen Bedürfnisse des Tages focht den Gesellen nicht an. Von wenigen Feierstunden abgesehen, lebte er sich nur in der beschränkten Häuslichkeit des Meisters aus. Sein Selbst konnte nicht bei der allgemeinen Bevormundung, die ihm vom Meister zu Theil wurde, erstarken.

Die Schule zur Selbständigkeit, die heute jeder siebzehnjährige Arbeiter in der eigenmächtigen Befriedigung seiner Bedürfnisse durchzumachen hat, fehlte dem zünftigen Gesellen noch vollständig. Selbst aus der Wanderschaft mündete er immer wieder in eine Häuslichkeit ein. Er wurde das Haus nie recht los. In der Herberge wachten über ihn die Augen des Herbergvaters und der Herbergsmutter. Ihr haftete ein familienhafter Zug an. Da der Herr Meister und die Frau Meisterin den Gesellen so ganz in ihre Obhut nahmen, so fühlte sich dieser vollständig von Beiden abhängig. Er ordnete sich wie das Hauskind dem Meister und der Meisterin gehorsam unter. Respektvoll singt der deutsche Zunftgesell vom Herrn Meister und der Frau Meisterin. Beide stehen über ihm wie ein gestrenges Elternpaar. Unerschüttert war in der Familie noch die Autorität des Vaters. Aus den Biographien unseres Altvorderen treten uns massenhaft Züge von väterlicher Härte und Strenge entgegen. Der Vater war der Herr Vater, und die Kinder redeten ihn demuthvoll mit Sie an. Der Geselle wie der Lehrling waren aber Familienmitglieder. Sie standen in dem gleichen Verhältnis zum Familienvater wie der Sohn zu diesem. Der Meister (4), bemerkt schon der feinsinnige konservative Kulturhistoriker Riehl, redete den ehemaligen Lehrling, und mochte es derselbe zu noch so hohen Würden und Ehren gebracht haben, seine Lebtage mit »Er« an, während dieser ihm mit respektvollem »Ihr« erwiderte. Gegen die Autorität des Meisters erhob sich der Fürwitz der Gesellen in den seltensten Fällen. Ein wirklicher, in die Tiefe gehender sozialer Gegensatz zwischen Meister und Geselle konnte in dem Schoße der Familie nicht emporwachsen. Die Familie hatte einen gewissen kommunistischen Grundcharakter. Sie kennt eine gewisse Gleichheit in der Bedürfnisbefriedigung der Familienmitglieder. Das unbedingte Haupt der Familie ist selbstverständlich der Meister. Er vertritt die Familie nach außenhin und er darf auch eigentlich nur im Staat und in der Gesellschaft das Wort führen. Eine staatliche Gleichstellung von Meister und Geselle, so meinten die Leipziger Zunftmeister (5), würde eine vollständige Zerbröckelung des sozialen Lebensgebäudes herbeiführen.« Die Haus- und Familienväter »würden nicht nur um ihre Stellung in Gemeinde und im Staat, sondern um ihr ganzes Ansehen im eigenen Hause, um ihre Geltung nach außen und innen gebracht. Diese Meister bekundeten in ihrem Widerstande gegen die politische Gleichstellung einen feinen sozialen Instinkt. Diese Gleichstellung mußte in der Tat auf den ganzen Aufbau der Familie zurückwirken. Und daher traten die Zunftmeister mit Leidenschaft für den Gedanken ein, daß bei den politischen Wahlen nur die Hausväter berechtigt sein sollten, denn die Gesellen können ja anderenfalls den Meistern »Gesetze vorschreiben«. Dem Gesellen mußte die Autorität des Familienvaters auf alle Fälle erhalten bleiben. Bezeichnender Weise werden in Frankfurt im Jahre 1848 gerade die Bauhandwerker, die schon aus der Häuslichkeit der Meister ausgeschieden waren, in eine starke Lohnbewegung hineingezogen und dann die Bäcker, deren Meister sich durch bestimmte Vorrechte in einer sehr günstigen sozialen Position befanden.

Es ist eine sehr bemerkenswerte soziale Tatsache, daß zur Zeit der bürgerlichen Revolution ganze Klassen von Gesellen Frankfurts noch in den Haushaltungen ihrer Meister wohnten. Heinrich Meidinger zählt in seiner Schrift »Zur Statistik Frankfurts« 2696 Gewerbtreibende mit Werkstätten und 300 nichtzünftige auf (6). Es wohnten im Hause ihrer Meister und Fabrikherrn 2838 Gesellen, 653 Lehrlinge und 474 Knechte und Arbeiter. Das sind 3965 Köpfe. An Schläfern zählt Meidinger 3214 Köpfe. Unter »Schläfern« verstand er unverheiratete Knechte, Gesellen, Handlanger usw., die den Tag über aus Arbeiten, und des Abends bloß zum Schlafen in Herbergen und andere Miethhäuser gehen, wo sie oft zu mehreren in einem Bette schlafen. »Man denke sich, daß sich unter diesen Schläfern besonders viele Handelshilfsarbeiter (Auslaufer, Kutscher, Packer, etc.) und Bauhandwerker befanden, und man kann sich einen ungefähren Begriff davon bilden, wenn wenige zünftige Handwerkergesellen außerhalb der Häuslichkeit des Meisters wohnten. Von den Bauhandwerkern lagen viele hier in Logis. Die Geschworenen des Mauerhandwerks »sollen« – wie es in einer Polizeiverordnung vom 5. Mai 1847 (7) heißt – »die Wanderbücher der abreisenden Gesellen nur gegen Bescheinigung des Logisgebers, daß er befriedigt sei, ausfertigen und abgeben und zwar bei eigener Haftung für das rückständige Schlafgeld.« Von den Schneidern wissen wir sicher, daß sie vielfach unter dem wachsamen Auge des Herrn Meisters schliefen. Diese Schneidergesellen brachte das große Jahr 1848 auch eine Freiheit (8). Vom 1. August an wurde die polizeiliche Verordnung aufgehoben, daß die hier in Arbeit stehenden Schneidergesellen, die nicht im Hause des Meisters wohnen, nur auf der Herberge und in besonders conzessionierten Schlafstellen logieren dürfen. Dagegen mußten die zugereisten Schneider auf der Herberge logieren. In den »Artikeln und Ordnung für Gesellen des Schuhmacherhandwerks« aus dem Jahre 1807 wird den Gesellen Frankfurts ebenfalls das Schlafen außer dem Hause verboten. Nicht zum mindesten galten im Jahre 1848 die Herzenswünsche der Gesellen ihrer Befreiung aus den Banden der Häuslichkeit des Zunftmeisters. Und wenn man nur ungefähr ahnt, wie schwer die Häuslichkeit des Meisters auf der ganzen sozialen Leistung des Zunftgesellen lastete, dann wird nimmermehr das uns heute so seltsam erscheinende »Promemoria« (9) der demokratischen Gesellen Wiesbadens belächeln, die – man staune – die revolutionäre Forderung aussprachen:

die Meister sollen gehalten sein, entweder bis Mitternacht die Haustüre offen zu lassen, oder jedem Gesellen einen Hausschlüssel zu verabfolgen. Der Kampf um den Hausschlüssel ist gleichsam die erste Phase des sozialen Krieges zwischen den Meistern und den Arbeitern gewesen. Der Besitz des Hausschlüssels ist eine Machtfrage, das muß auch heute mancher noch zu seinem Schrecken erfahren. In dem Kampf der Gesellen um den Hausschlüssel prägt sich das Ringen dieser nach Selbständigkeit recht plastisch aus. Nur der Geselle, der sich ein wirkliches Selbst errungen hatte, konnte einen prinzipiellen Klassenkampf gegen die Meisterschaft führen. Er mußte aus der Häuslichkeit des Meisters ausscheiden, um seine eigenen Rechte ausbilden zu können.

Beispiele und Zitate zum 4. Kapitel

Zuerst wieder eine Probe aus den Erinnerungen von Luise Otto-Peters[1], die uns schon früher von der Verarmung häuslicher Funktionen ein treffliches Bild gegeben hat:

»Da hat man denn in solcher Wohnung etwa ein Speisezimmer, einen Salon, ein Zimmer für den Hausherrn und ein Wohn- oder Arbeitszimmer, vielleicht eine Kinderstube und die nöthigen Schlafräume, alles wie gesagt theils elegant, bequem und wirklich comfortabel – theils aber nur auf den Schein berechnet und in den Einrichtungen auffällig contrastierend – in den einen Piècen zur Schau getragenen Prunks und Versuche mit den neuesten Moden Schritt zu halten, in den andern Ärmlichkeit, und ein ängstliches Sichbehelfen, wie es die frühere Zeit nicht kannte.«

»Die Gesellschaften sind unter dem Namen von »Abfütterungen« längst verspottet, aber dennoch in gewissen Kreisen an der Tagesordnung, mögen sie nun den Damen allein oder beiden Geschlechtern gelten. Da sucht man sich dann oft durch die Zahl und Wahl der Genüsse und Gänge zu überbieten und macht sich auch dies oft noch so bequem, daß man gleich das ganze Diner oder Souper außerhalb des Hauses bestellt oder bringen läßt.«

Aus Gottfried Sempers[2] Schriften, die zwischen 1850 und 1890 auf den Geschmack der Generation von großem Einfluß gewesen sind:

»Jahrzehntelang blieb das Hausgerät noch plump und glatt; Armut an Stoffen und Formen, an Verzierungen, die ein künstlerisches Auge schafft, eine geschulte Hand durchführt, Armut nicht nur an Schmuck, sondern auch an schmückenden Techniken charakterisiert den Anfang der zweiten Hälfte des 19. Jahrhunderts; ein Menschenalter ist seitdem vorübergegangen und – machtvoll und glänzend erscheinen die Leistungen der europäischen Industrie

1 Luise Otto-Peters, a.a.O.

2 Gottfried Semper, Wissenschaft, Industrie und Kunst, Vorschläge zur Anregung nationalen Kunstgefühls. Braunschweig 1852

auf den Weltausstellungen als Wirkung einer gewaltigen Idee, der kunstgewerblichen Bewegung der Gegenwart:«

»Wie der Frühling in der Natur überall lebenspendend seinen Einzug hält, nach und nach den Winter mit seiner Starrheit und Öde besiegt, so zeigt sich beim Einzug der Kunst im Hause gleiches Leben, dieselbe Vielseitigkeit. Die Erde wird durchwühlt, und was Priamus entzückte, muß (!) heute zur Veredlung unserer Geräte das Muster bilden; des Agamemnon Schatz beeinflußt des Börsianers Schmuck — usw.« »Reicht das Geld nicht hin zum Erwerb von Echtem, so schafft die Industrie Surrogate; sowohl für die Stoffe als das Verfahren. Kann sich der Reiche ein Original anschaffen, so ist es dem Minderbemittelten möglich, eine galvanische Copie zu erwerben; was der Eine in Marmor, besitzt der Andere in Gips; das Ölbild des bedeutendsten Meisters im Prunksaal des Fürsten schmückt als Ölfarbendruck die Zimmerwand des Arbeiterheims. Auf diese Weise wirkt die Kunst, wirkt das Schöne überall als erziehendes Element. Ist auch die Mode die erste Veranlassung des Erwerbes und gibt der bloße Besitz Befriedigung, bald kommt die Erkenntnis, der Genuß und mit diesem der Einfluß auf Geist und Gemüt.«

Aus den »Fliegenden Blättern« von 1889[3]:

»Gedankensplitter: Bei einer Karrière kommt es oft nicht darauf an, *was* man *kann*, sondern *wen* man *kennt*.«

»Scherzfrage: Was ist Emanzipation? – Wenn Keiner kommt.«

Aus Ibsens Nora[4]:

NORA. Wir sind jetzt acht Jahre verheiratet. Fällt es Dir nicht auf, daß wir – Du und ich, Mann und Frau – heute zum ersten Mal ein ernstes Gespräch miteinander führen.

HELMER. Ein ernstes Gespräch, – was heißt das?

NORA. Acht ganze Jahre – und länger noch, – vom ersten Tage unserer Bekanntschaft an haben wir nie ein ernstes Wort über ernste Dinge gewechselt.

HELMER. Hätte ich Dich etwas beständig einweihen sollen in Widerwärtigkeiten, die Du doch nicht mit mir hättest teilen können?

NORA. Ich spreche nicht von Widerwärtigkeiten. Ich sage nur, daß wir niemals ernst beieinandergesessen haben, um etwas gründlich zu überlegen.

HELMER. Aber liebste Nora, das wäre doch nichts für Dich gewesen.

NORA. Da sind wir bei der Sache. Du hast mich nie verstanden. – Ihr habt viel an mir gesündigt, Torvald. Zuerst Papa, dann Du.

HELMER. Was? Wir beide –? Wir beide, die wir Dich über alles in der Welt geliebt haben?

NORA (schüttelt den Kopf.) Ihr habt mich nie geliebt. Euch machte es nur Spaß, in mich verliebt zu sein.

HELMER. Aber, Nora, was sind das für Worte!

3 Band CX. Nr. 2788–2813.

4 Henrik Ibsen, Nora oder Ein Puppenheim (1879)

NORA. Ja, es ist so, Torvald. Als ich zu Hause war bei Papa, teilte er mir all seine Ansichten mit, und so hatte ich dieselben Ansichten. War ich aber einmal anderer Meinung, dann verheimlichte ich das; denn es wäre ihm nicht recht gewesen. Er nannte mich sein Puppenkind, und spielte mit mir, wie ich mit meinen Puppen spielte. Dann kam ich zu Dir ins Haus –

HELMER. Was für einen Ausdruck gebrauchst Du da von unserer Ehe?

NORA (unbeirrt.) Ich meine, dann ging ich aus Papas Händen in Deine über. Du richtest alles nach Deinem Geschmack ein, und so bekam ich denselben Geschmack wie Du; aber ich tat nur so: ich weiß es nicht mehr recht – vielleicht war es auch beides: bald so und bald so. Wenn ich jetzt zurückblicke, so ist mir, als hätte ich hier wie ein Bettler gelebt, – nur von der Hand in den Mund. Ich lebte davon, daß ich Dir Kunststücke vormachte, Torvald. Aber Du wolltest es ja so haben. Du und Papa, Ihr habt Euch schwer an mir versündigt. Ihr seid schuld daran, daß nichts aus mir geworden ist.

HELMER. Wie lächerlich und wie undankbar, Nora! Bist Du hier nicht glücklich gewesen?

NORA. Nein. Das bin ich nie gewesen. Ich habe es geglaubt, aber ich bin es nie gewesen.

HELMER. Nicht – nicht glücklich?

NORA. Nein, – nur lustig. Und Du warst immer so lieb zu mir. Aber unser Heim ist nichts anders als eine Spielstube gewesen. Hier bin ich Deine Puppen*frau* gewesen, wie ich zu Hause Papas Puppen*kind* war. Und die Kinder, die waren wiederum meine Puppen. Wenn Du mich nahmst und mit mir spieltest, so machte mir das gerade solchen Spaß, wie es den Kindern Spaß machte, wenn ich sie nahm und mit ihnen spielte. Das ist unsere Ehe gewesen, Torvald.

HELMER. Etwas Wahres liegt in Deinen Worten, – so übertrieben und überspannt sie auch sind. Aber von jetzt an soll es anders werden. Die Tage des Spiels sind vorüber; jetzt kommt die Zeit der Erziehung.

NORA. Wessen Erziehung? Meine oder die der Kinder?

HELMER. Sowohl Deine wie die der Kinder, meine geliebte Nora.

NORA. Ach, Torvald, Du bist nicht der Mann, mich zu einer richtigen Frau für Dich zu erziehen.

HELMER. Und das sagst Du so?

NORA. Und ich, – bin ich denn für die Aufgabe gerüstet, die Kinder zu erziehen?

HELMER. Nora!

NORA. Hast Du vorhin nicht selbst gesagt, – Du dürftest mir diese Aufgabe nicht anvertrauen?

HELMER. Im Moment der Erregung! Wie kannst Du darauf etwas geben?

NORA. Doch. Du hattest sehr recht. Ich bin der Aufgabe nicht gewachsen.

Da ist eine andere Aufgabe, die ich zuvor lösen muß. Ich muß trachten, mich selbst zu erziehen. Und Du bist nicht der Mann, mir dabei zu helfen. Das muß ich allein vollbringen. Und darum verlasse ich Dich jetzt.«

Nun noch ein Beispiel, das gleichsam zwischen den verschiedenen Strukturen steht, und sowohl den einen wie den andern Frauentypus treffend schildert[5]:

»Weber senior wird als besoldeter Stadtrat nach Berlin berufen und beginnt bald danach auch seine parlamentarische Laufbahn als nationalliberaler Abgeordneter. Zeitweilig bekleidet er ein Landtags- und ein Reichstagsmandat. Die Familie bezieht zunächst eine Mietswohnung, dann bald eine hübsche kleine Villa mit einem einen Morgen großen Garten draußen in Charlottenburg, Leibnizstraße 19, am Rande der Stadt. Dort sind die Kinder der Großstadt entzogen. Sie wachsen fast wie auf dem Lande auf, in Sonne und Freiheit. Der Garten mit dem liebevoll und wichtig gepflegten Obst und Gemüse, mit Hühnern und Katzen ist eine Quelle der Freude. Die Familie wächst, und das vom Kreislauf der Großstadt und der Politik durchpulste Leben wird nun schnell ein breiter, rasch fließender Strom, in dem nur durch äußerste Willensanspannung Stunden der Sammlung zu erhaschen sind. Helene findet es zunehmend schwerer, dem Manne ihre eignen geistigen und religiösen Interessen nahe zu bringen – denn sie sind ihm im Grunde kein Lebensbedürfnis, und das Weltleben, Amt, Politik, Gesellligkeit fordern ihn für sich. Er hat nun den ganzen Tag Sitzungen, macht Wahlreisen, reist in den Ferien viel allein und später mit den Kindern und erwartet von seiner Häuslichkeit, als deren selbstverständlicher Mittelpunkt er sich fühlt, das Glück der Liebe, aber auch Komfort und Bedienung. Helene hat ein überreiches Tagewerk. Immer liegt ein »Kleines« in der Wiege, und ihre Körperkraft scheint mit jeder neuen Aufgabe zu wachsen. Sie läßt sich die Pflege der Säuglinge von niemand abnehmen und überwacht übergewissenhaft auch die Entwicklung der Schulkinder. Dabei versteht sie es nicht, schwere Arbeit auf die Schultern der Dienstboten zu schieben, dazu fehlt ihr organisatorisches Geschick, aber auch die Absicht: »Ich kann nicht andere für mich arbeiten lassen.« Als junge Frau wäscht sie früh morgens um 6 Uhr schon die Windeln der Kinder, und bis ins hohe Alter belädt sie sich mit häuslicher Arbeit jeder Art – man findet sie sogar auf dem Hausdach, wenn etwa der Schnee die Rinnen verstopft hat. Sie kann alles, beherrscht jede Verrichtung – ihre Glieder regen sich mit Lust und anmutiger Kraft, gesteigertes Lebensgefühl belohnt das weibliche Tun; besonders schön ist ihr weitausschreitender Gang. Doch zu Hause geht sie nicht, sondern springt – treppauf, treppab, um Mann und Kinder zu bedienen – Maria und Martha in einem. Draußen in der Stadt springt sie auf die im Galopp vorbeisausende Pferdebahn und wieder hinunter – damit die Pferde nicht ihretwegen die schwere Mühe des Anziehens haben.«

5 Max Weber, Ein Lebensbild von Marianne Weber. Tübingen 1926

»Bald ist der Knabe schwer gefährdet. Er erkrankt an einseitiger Meningitis, die jahrelang Neigung zu Krämpfen und Kongestionen hinterläßt. ›Jedem leichten Genießen war ein Ende gemacht, mir dafür aber auch die tiefinnerste Freudigkeit gegeben, meinen Mutterpflichten mit Hintansetzung alles andern genügen zu wollen.‹ Die junge Mutter trägt nun immer Sorge um das Kind, sie verläßt nie das Haus, ohne zu sagen, wo sie zu finden sei. Ihre ohnehin ungewöhnliche Gewissenhaftigkeit steigert sich durch die mehrjährige Sorge um den Erstling zu grenzenloser Aufopferung auch für alle späteren Kinder. Sie kann nie mehr verstehen, daß Mütter ihre kleinen Kinder länger als stundenweise am Tag oder gar Nachts fremden Händen anvertrauen; Reisen der Eltern ohne sie gilt ihr als leichtfertiges ›Gott-Versuchen‹. Trotzdem werden ihr zwei Kinder entrissen – schicksalshafte Ereignisse, wie wir bald sehen werden.«

»Solche Art zwangloser Gastfreundschaft ist – wie gesagt – Helene Bedürfnis, sie erfüllt damit eine ihr wichtige Aufgabe. Sofern jedoch der vergrößerte Lebensrahmen auch die Pflicht zu repräsentativen ›Gesellschaften‹ älterer Würdenträger vergrößert, bei denen die lange Folge der Speisen und Getränke wohlbedacht und nach Standessitte verabfolgt werden muß, bringt er neue Belastung, die sie noch weniger als sonst zu sich selbst kommen läßt: ›Wenn man doch nur *einmal* das Gefühl hätte mit seinem Tagwerk halbwegs fertig zu sein und auch mal nur so ein bißchen, ohne anderen zu schaden, für sich selbst mit Ruhe lesen, schreiben, treiben könnte! Aber es reicht noch immer nicht für's nötigste –.‹ Und dann: Ist es recht für derartigen Luxus – Herrenessen mit erlesenen Weinen – Geld auszugeben, wenn man nicht mindestens das Gleiche für die Darbenden bereit halten kann? Aber davon mit ihrem Mann zu reden, hätte sie sich nicht getraut, und wozu es sie treibt, ist ja auch wirklich unmöglich. Er beginnt ohnehin ihren zunehmenden Drang, Andern reichlich von ihrem Wohlstand abzugeben, für eine Verstiegenheit zu halten, die er Idas Einfluß zuschreibt. Deshalb kommt ihm auch gar nicht der Gedanke, Helene etwa an der Verfügung über ihr eignes Vermögen zu beteiligen, vielmehr beherrscht ihn das typische Bedürfnis der Ehemänner jener Zeit, die Verwendung des Familieneinkommens allein zu bestimmen und Frau und Kinder im Dunkeln zu lassen, wie hoch es sich beläuft. Das patriarchale Machtbedürfnis jener Generation verschanzt sich in der Überzeugung, daß Frauen von Geldsachen ja doch nichts verstehen, und daß es auch nicht zu ihrem »Wesen« gehört, sich damit zu befassen. So verfügt denn Helene, gemäß der Tradition dieser Kreise, in ihrem fünften Lebensjahrzehnt weder über ein festes Haushaltsgeld noch über ein Sondergeld für ihre persönlichen Bedürfnisse. Sie muß vielmehr mit ihren Ausgabebüchern, die niemals genau stimmen wollen, in der Hand, von Fall zu Fall für den Haushalt und sich selbst erbitten, untersteht also ständiger Kontrolle und – ebenfalls durchaus typisch bei diesem Verfahren – häufiger Kritik und Verwunderung des Mannes über den großen Verbrauch, dessen Unvermeidlichkeit er ja doch nicht beurteilen kann. Sie empfindet diesen Zustand, seit aus ihrem eigenen

Vermögen mehr als die Hälfte des Familieneinkommens fließt, als zunehmend widerspruchsvoll und lastend.

Vielleicht wäre noch alles zum Besseren gewendet, wenn Helene rechtzeitig die Festigkeit gefunden hätte, es auf einen Kampf ankommen zu lassen und einfach eine andere Ordnung der Dinge zu erzwingen. Aber dafür ist die sonst so heroische Frau zu weich – was sie sich selbst später vorwarf – handelt es sich doch um ihr Eigeninteresse. – Überdies ist sie auch damals noch nicht von der Vorstellung ihrer Gott gewollten Unterordnung und Nachgiebigkeit befreit. So verbirgt sie zwar nicht, daß sie unter dem Zustand leidet, aber dies läßt der Mann an sich abgleiten – denn er hält es für familienväterliche Pflicht, das Vermögen zusammenzuhalten und die ungeschäftliche und allzu schenkselige Frau zu bevormunden. Er ist nun einmal nicht charitativ veranlagt und hat gegenüber dem eignen – durchaus nicht unbescheidenen – Aufwand eines wohlhabenden Mannes das gute Gewissen seiner Klasse.«

»Aber Marianne ist atypisch veranlagt und rebelliert innerlich gegen dies überlieferte Mädchenschicksal. Die kleinen häuslichen Pflichten in einem Kreise, der ihrer Hilfe im Grunde nicht bedarf, erscheinen ihr unwichtig, ihr mangelt die Gabe des Zugreifens; dienendes Helfen kostet sie Überwindung, das harmonische, aber ereignislose ländliche Dasein, in dem die Männer dem Geschäft, die Frauen ganz Haus und Kindern gehören, bietet weder dem strebsamen Geist noch ihrem Lebenshunger Nahrung. Da sind keine Gegenstände zur Entfaltung ihrer Eigenkraft. Sie fühlt ihr pulsendes Leben zum Stillstand verurteilt. Die Tage strömen nicht, sie schleichen. Sie langweilt sich einfach halb krank, ist tief unglücklich und hat dabei ein schlechtes Gewissen. Die Familie spürt ihr Fremdsein mit wachsendem Unbehagen, hätte gern geholfen, aber wie? Das Mädchen entspricht leider so gar nicht dem heilig gehaltenen Ideal von Weiblichkeit, dem die Männer anhängen, das alle Frauen dieses Kreises prägt, und offenbar hat die Institutszeit, mit ihrer straff geregelten Arbeit und reichen Anregung, sie auch noch für das Landleben verdorben! Was nun? Ein Beruf? Das ist ja doch nicht nötig. Ein Beruf für die Frau hat nur Sinn, wenn man arm ist und auf Heiratsaussichten verzichten muß. Karl Webers Enkelin braucht und darf kein Geld verdienen, was hätte ›die Welt‹ dazu gedacht! Das Mädchen selbst ist auch ratlos. Lehrerin werden, wie die immer überlasteten Tanten oder gar Krankenpflegerin? Nein, das verlockt nicht und ist ja kein Muß. Studieren? Man hört von fern, daß einige energische Frauen in der Schweiz Medizin studieren. Das ist indessen alles ungewöhnlich, und sie schaudert auch vor den Anforderungen dieses Berufs. Sie ist zwar tapfer, aber nervös und nicht heroisch veranlagt.«

Nun noch einmal Luise Otto-Peters[6]:

»Hat nun aber jetzt eine Hausfrau, Gattin, Mutter kaum die Hälfte der Arbeiten zu übernehmen, welche ihren Vorgängerinnen oblagen, so kann man

6 Luise Otto-Peters, a.a.O.

denken, daß sie auch nicht mehr ›Gehilfinnen‹ bedarf, wie jene sie gern und dankend um sich sahen: Schwestern, Tanten und Basen, Mütter und Schwiegermütter, erwachsene Töchter – und ist es überhaupt für den Mann ein Luxus geworden, sich zu verheirathen und eine Frau zu ernähren, so wird so Mancher auf diesen Luxus verzichten – am wenigsten aber kann ihm zugemuthet werden, sein Haus auch andern weiblichen Wesen zu öffnen, damit sie sich darin ›nützlich machen‹, wie dies früher geschah, – denn es findet sich eben nichts für sie zu tun. Und wohin nun mit diesen Allen, die sonst das Haus beschäftigte: den erwachsenen Töchtern, den Unverheiratheten – deren Zahl um so mehr wächst, als die Männer sehen, wie kostspielig es ist, verheirathet zu sein – den Wittwen? Diese Frage ist als sogenannte *›Frauenfrage‹* mit in das Programm der Gegenwart gesetzt worden, ganz dicht neben *die sociale Frage*«.

Nun drei Proben aus den Anfängen der Frauenbewegung, Hedwig *Heyl*[7], Helene *Lange*[8] und noch einmal Luise Otto-Peters[9].

Luise Otto-Peters:

»So auch in anderer Beziehung. Es fehlte überall an Lehrern, es fehlte an Beamten bei der Post und den Telegraphen, bei letztern sogar so sehr, daß man ganze Telegraphenämter einstweilen einzog (die städtischen in Berlin z. B.) – vergeblich erboten sich die Frauenvereine Mädchen, welche fähig waren dies Amt zu versehen und bis zur Prüfung von ihnen dazu vorbereitet, dazu zu stellen, vergeblich wies man auf die große Zahl von Lehrerinnen hin, welche Stellen suchten –: man ließ die betreffenden lieber unbesetzt, als daß man sie den Frauen übertragen hätte – es schien man fürchtete die daraus entstehenden weiteren Consequenzen. So finden und fanden wir überall bis auf wenige Ausnahmen den *Widerstand* der Männer gegen den Eintritt weiblicher Elemente, in die von ihnen in den letzten Jahrhunderten – nicht etwa von je her – usurpierten Wirkungs- und Erwerbskreise – nur, wenn es gar nicht mehr anders geht und wo sie trotz allen Widerstandes sich ihren Platz erkämpft, wird er ihnen gelassen, aber fast auf jedem Gebiet unter gewissen einschränkenden Bedingungen, wie man sie keinen Mann stellen, und keiner sich ihnen unterwerfen würde.

Von dem niedrigsten Fabrikarbeiter angefangen bis zum wissenschaftlichen Lehrberuf und alles was dazwischen liegt mit eingerechnet, hält man an dem Grundsatz fest, daß die *Frauen geringer zu bezahlen seien* als die Männer, und gewöhnlich haben es jene nur den Principien des Sparsystems zu danken, wenn sie zu einem Erwerbsgebiet Zutritt finden, das bisher die Männer als das Ihrige betrachteten. Überall geschieht es noch, daß man entschieden bei vollständig gleicher Leistung von Frau und Mann oft aber auch noch, wenn die erstere die letztere übertrifft, dieser noch gerne unterordnet und das selbstverständlich findet. Überall noch dominiert das männliche Element und wenn man herum-

7 Hedwig Heyl, Aus meinem Leben. Berlin 1925
8 Helene Lange, a.a.O.
9 Luise Otto-Peters, a.a.O.

fragt selbst unter denen, welche sich dem Anschein geben, auf der Seite der nach höheren Bildungs- und Berufszielen strebenden Frauen zu stehen, so wird man bis auf einige wenige Ausnahme immer die Bemerkung machen, daß sie doch zu ihrem eignen Beruf den Frauen die Befähigung absprechen, oder, wenn dies nicht geht, sie darin doch niederzuhalten suchen. So wird der Arzt die Frau eher zu allen andern befähigt halten, als zur Ausübung der ärztlichen Praxis und doch müßte gerade er sich sagen, daß, da die männlichen und weiblichen Körper eine teilweis verschiedene Organisation mit verschiedenen Funktionen haben und der weibliche Körper sogar ein paar mehr hat als der männliche, in gar vielen Verhältnissen eine Frau denselben und seine Empfindungen und Leiden *besser* versehen müßte, da es sich eben um Vorgänge handelt, die ein Mann gar nicht empfinden und darum nicht richtig beurtheilen *kann* – wie wir ja auch verlangen, daß Frauen nur Frauen und Kinder, Männer nur Männer und Kinder behandeln sollen. So suchen selbst die Lehrer immer den Lehrerinnen gegenüber ihre Männerwürde geltend zu machen, so hat man an allen öffentlichen, selbst Töchter-Schulen, nur Direktoren, statt, wie doch viel richtiger wäre, entweder nur oder daneben eine Direktorin und so ist es erst ganz neuerdings dahingekommen, auch den Lehrerinnen Pension zuzusprechen und hier und da bei besonderen Schulcommissionen ihnen mit eine Stimme zu geben. So zweifelt der Kaufmann – trotzdem, daß in dieser Sphäre hundertmal vorgekommen ist, daß sogar nur eine Wittwe, die allein durch die *Erfahrung* ohne alle *Vorbereitung* das Geschäftsleben kennen gelernt, das von ihrem Mann vielleicht heruntergebracht übernommene Geschäft wieder zu neuem Flor gehoben hat – doch daran daß eine Frau im Handel und in größeren Geschäften dasselbe zu lernen und zu leisten vermöge wie der Mann – und so geht es fort durch alle Stände und Branchen, je in seinem eignen hält der Mann die Collegenschaft der Frau für unangemessen, will ihr nur eine untergeordnete zugestehen, auch wenn er sie für jeden andern männlichen Wirkungskreis bald für diesen, bald für jenen geeignet erklärt. Bei dieser Gelegenheit geschieht es denn natürlich, daß von irgend einer Seite her nun jeder einzelne Beruf einmal als für die Frau passend erklärt wird und so wäre es am Ende zu *jeder*! So bleibt denn die Frage eine offene und muß es um so mehr bleiben, als bei den allerwenigsten Fächern, selbst in denen nicht, in welchen die Frau dem Manne bereits Concurrenz macht, beiden Geschlechtern die gleiche Vorbereitungszeit gegönnt ward, noch ihnen die gleichen Lern- und Bildungsmittel geboten werden. Erst in den letzten Decennien hat man Fortbildungsschulen höheren wie geringeren Grades für Mädchen gegründet. Handels- und Gewerbeschulen, Zeichnen- und Ökonomieschulen usw. Private und Vereine sind damit vorangegangen, und, nachdem sie erst Jahrelang Widerspruch, Widerstand erfahren, folgen Staat und Gemeinde mit diesen Einrichtungen nach – wo wird es auf allen Gebieten gehen! Die so für ihr Geschlecht wirkenden Vereine haben eben nur die Aufgabe, Pioniere zu sein, gewissermaßen Versuchstationen im Interesse der Frauenfrage zu errichten –: was da sich bewährt, muß dann später endlich doch der Staat, die Gemeinde je nach freiwilliger Einsicht oder gezwungen von den Verhältnissen ebenfalls gründen und einführen. Bis jetzt fehlt fast noch Alles für Mädchen was den jungen Männern von dieser Seite geboten wird, mühevoll unter tausend Kämpfen, auf beschwerlichen Umwegen nur können sie irgend ein Bildungs- und Erwerbsziel erreichen. Man sagt die Kunst stände den Frauen ganz in gleicher Weise offen und von Rechtswegen sollte es so sein, da gerade die Kunst dem weiblichen Wesen unbestreitbar näher verwandt ist als dem männlichen – aber eigentlich ist es nur die Schauspielkunst in der die Bildungsmittel gleich sind und da ist es denn auch allbekannt, daß es gegenwärtig mehr große und treffliche Schauspielerinnen gibt als Schauspieler, mag dies auch mit darin seinen Grund haben, daß dem männlichen Genie noch alle andern Bahnen des Erfolges zu ruhmwürdiger Leistung sich öffnen, den Frauen vorzugsweise nur diese – so entkräftet dies nicht unsre Behauptung, sondern läßt es um so wünschenswerther erscheinen, daß ihnen vergönnt werde, auch auf andern Kunstgebieten den gleichen Wettkampf zu versuchen. Wenn auch in der Musik, z. B. in den Conservatorien die Bildungsmittel ziemlich gleiche sind, so ist es doch dann im Leben und seiner Praxis auch hier nicht der Fall – brauchen wir doch nur daran zu erinnern, daß ein Damenorchester erst von Schweden her und als eine ganz abnorme Erscheinung zu uns gekommen ist. Auch die Kunstschulen, Akademien und Malerateliers, zu welchen die Frauen ja Zutritt haben, öffnen sich ihnen überall doch gewissermaßen nur unter erschwerenden Umständen, noch mehr ist dies bei der Bildhauerei der Fall und selbst der Schriftstellerin tritt noch das Vorurtheil hemmend entgegen, wenn auch nicht mehr in dem Maße wie früher.«

Helene Lange:

Aber, wie erwähnt, die Theorie kam von anderer Seite an mich heran. Die Frauenbewegung hatte bis dahin die Männer der geistigen Oberschicht ziemlich kalt gelassen. Sie griff noch nicht weit in die Sphäre hinein, und die untergeordneten Posten konnte man schließlich den Frauen gönnen. Männer wie Hermann Grimm meinten ja sogar noch viel später, sich die Frauenbewegung »mit einem kräftigen Achselzucken vom Leibe halten« zu können. Wenn beim Erscheinen von John Stuart Mills »Subjection of women« in der Tat einmal von den Männern der höheren Berufe blank gezogen wurde, so war das, weil hier ein Mann ihrer eigenen Schicht, dessen staatswissenschaftliche Theorien auch die deutsche Wissenschaft beschäftigten, für die Frauen eintrat und ihre Sache durch Argumente stützte, die doch schließlich einmal bedenklich werden konnten.

Natürlich las man das Buch, das zum erstenmal in Deutschland eine Erörterung der Frauenfrage auf prinzipieller Grundlage erzwang, mit Begierde. Der Grundgedanke, daß die gesetzliche Untersuchung des einen Geschlechts unter das andere nicht nur an und für sich ein Unrecht, sondern auch eines der wesentlichsten Hindernisse für den Aufstieg der Menschheit sei, daß an die Stelle dieses Prinzips das der wirtschaftlichen, rechtlichen und politischen Gleichberechtigung gesetzt werde müsse, war an sich so einleuchtend, wie die Forderung, daß alle Bildungsgänge und Berufe, die bis dahin einseitig den Männern vorbehalten waren, auch den Frauen geöffnet werden müßten. Aber bei all den Ausführungen die darauf hinausliefen, daß Frauen die als männlich bezeichnete Sphäre ebensogut, ja unter Umständen vielleicht einmal besser ausfüllen könnten als der Durchschnittsmann, daß die Frau auf Grund ihres Menschentums befreit werden und zu den männlichen Wirkungssphären zugelassen werden müsse, fehlte mir das Zwingende, das Primäre. Das lag für mich nur in dem Gedanken, daß es vieles gab, das nur Frauen, das Männer nicht oder nicht so gut ausführen konnten, daß die Gleichberechtigung also nicht verlangt werden müsse, um die Gleichheit, sondern um der Ungleichheit der Geschlechter willen, daß die einseitig männliche Kultur durch eine weibliche ergänzt werden müsse. Doch war das noch mehr Gefühl als klare Argumentation. Daß das Ziel der Frauenbewegung die volle kulturelle Ausprägung an die unbeschränkte soziale Auswirkung der weiblichen Persönlichkeit sei, würde ich damals noch nicht so formuliert haben; dennoch lebte es so im Untergrund nicht nur meines Bewußtseins, sondern in dem so mancher Frau, die sich mit diesen Problemen überhaupt beschäftigten.

Die minderwertigen Argumente, mit denen Stuart Mill von der geistigen Männerschaft in Deutschland abgetan werden sollte, riefen zunächst eine kräftige Abwehr von Hedwig Dohm hervor, deren Bücher »Jesuitismus im Hausstand«, »Die wissenschaftliche Emanzipation der Frau« und »Das Stimmrecht der Frauen« ich trotz meiner ganz anderen prinzipiellen Einstellung mit unleugbarem Vergnügen las. Die Schriften wurden, wie sie selbst in der erst in den neunziger Jahren erschienenen zweiten Auflage sagt, (Der Frauen Natur und Recht, Berlin, Friedrich Stahn), »von der Presse entweder völlig ignoriert oder kurz und höhnisch abgefertigt«. Das würde bei der glänzenden Art, wie sie die Gegner der Frauenbewegung zur Strecke bringt, unbegreiflich erscheinen, wenn man sich nicht klar macht, daß sie einerseits die Professoren und Pastoren, andererseits die Hausfrauen gegen sich aufgebracht hatte. Für die ersteren statuierte sie ein Exempel an dem Münchener Anatomen Bischoff, der die damals üblichen fadenscheinigen Gründe gegen das Medizinstudium der Frauen mit besonderer Arroganz und Oberflächlichkeit vorgebracht hatte. Den Hausfrauen aber spielte sie gar übel mit, indem sie das Hausfrauentum ihrer Tage als eine Karikatur des früheren bezeichnete, und den Hausfrauen, die nicht mehr spinnen und weben, brauen, backen und pflanzen, vorwarf, sie spielten mit der Küche, den Kindern und dem Leben. Daß unter all diesen Übertreibungen ein gut Stück Wahrheit steckte, das anzuerkennen konnte man von den Opfern selbst kaum verlangen. Auch die Respektlosigkeit und Selbstsicherheit, mit der Hedwig Dohm ihre geistige Feder gegen die Männer führte, war vielen noch ganz »in der Furcht des Herrn« erzogenen Frauen zu ungewohnt. Und noch das Eintreten für das Frauenstimmrecht! in Deutschland! in den siebziger Jahren! Ein ärgerer Anachronismus war allerdings nicht mehr denkbar. – Mir selbst fehlte vor allem, wie bei Mill, das Positive. Die

Kritik war glänzend, aber nicht produktiv. Nicht darauf kam es an, zu zeigen, daß der Gegner unrecht hatte, sondern darauf, – ich gebe es etwa in der Form, wie ich es damals empfand – nachzuweisen, daß die einseitige Männerwirtschaft in der Welt ebenso gewirkt habe und wirken müsse, wie die Mutterlosigkeit in der Familie.

Jedenfalls erbaute sich mir gerade aus Stuart Mill und Hedwig Dohm die Überzeugung von der fundamentalen Verschiedenheit beider Geschlechter und die Notwendigkeit, die Forderungen der Frauenbewegung danach einzustellen, mit solcher Sicherheit, daß sie mich zeitweise zu fast reaktionären Folgerungen drängte. Wenn ich später die rein intellektuellen und die sozialen Interessen als die beiden verschiedenen Mittelpunkte bezeichnet habe (Intellektuelle Grenzlinien zwischen Mann und Frau. W. Moeser, Berlin 1897), um die das geistige Leben der Geschlechter kreist, so waren es damals die Stichworte Abstraktion und sittlicher Idealismus, mit denen ich die Eigenart der Geschlechter zu decken suchte, und die ich bis zur Einseitigkeit zugrunde legte. So ergab sich eine so schroffe Gegensätzlichkeit, daß ich meinte, auch die Gymnasialbildung für die Frauen ablehnen zu müssen, – in seltsamen Widerspruch mit meinen eigenen Studien, in die ich inzwischen auch die Mathematik einbezogen hatte. Besonders das Examen pro facultate docendi erschien mir als unvereinbar mit der Grundanlage der Frau; die Abneigung dagegen schrieb sich zweifellos aus den Erfahrungen her, die ich mit akademisch gebildeten Lehrern gemacht hatte; wenn es die Männer schon als Lehrer schädigte, wie mußte es erst auf die Frauen wirken, deren Wesen die philologische Haarspalterei so fern lag. Erst im Laufe der achtziger Jahre bildete sich mir langsam die Überzeugung, daß die Grundanlage der Geschlechter durch gleichartige Vorbildung nicht verschoben werden könne, und daß sie für viele Berufe und Wirkenskreise, die die Frau umgestalten und mit ihrer Besonderheit erfüllen müsse, Vorbedingung sei. Diese Überzeugung wurde mir gerade durch meine Schultätigkeit vermittelt; sie wurde um so fester, je mehr ich erkannte, auf welchen Abwegen sich die deutsche Mädchenbildung befand und wie nötig auch den Mädchen die Zucht einer erhöhten intellektuellen Bildung tat, die ernsthafte Ansprüche stellte und als Korrektiv der einseitigen literarisch-ästhetischen Bildung dienen konnte, die die offizielle Mädchenschulpädagogik zum Programm erhoben hatte. Daß ich nun erst auf dem rechten Wege war, davon konnte mich der Widerspruch überzeugen, der alsbald einsetzte. Vor dieser Kampfzeit aber noch etwas von der Schularbeit, die meine Überzeugung gezeitigt hatte. Die bildet den Beginn meiner eigentlichen Arbeitszeit, für die meine ersten Berliner Jahre, wenn sie auch Arbeit genug brachten, doch nur als Vorbereitung erscheinen.

Für manche Frauen ist die Erkenntnis der Zweck- und Inhaltlosigkeit ihres Lebens der erste Schritt zu dem Entschluß, ihrem Leben einen Inhalt zu schaffen. Sie gehen mit Ernst daran, zunächst aus sich selbst etwas zu machen. Aber auf Schritt und Tritt stoßen sie auf Hindernisse; überall fehlen ihnen die Hilfswissenschaften, die dem Manne die Schule schon gegeben: sie sind außer

Stande ein wissenschaftliches Buch mit Kritik zu lesen. Diejenigen, die gar nicht wünschen, daß sie dazu imstande seien, machen sich wohl die Tragweite dieser Zustände nicht klar. Für die Frau, die nur Spielzeug sein soll, liegt allerdings keine Gefahr vor; wohl aber für die Frau, die erziehen soll, für die Kinder, die ihr anvertraut werden. Gehört sie dem geistig leitenden, den sogenannten gebildeten Ständen an, so hört sie täglich um sich her Probleme erörtern, zu denen ihr der Schlüssel fehlt. Argumenten, die der Mann mit Leichtigkeit widerlegt, weil man ihn logisch denken gelernt hat, steht sie hilflos gegenüber. So wird ihre Weltanschauung bestimmt durch Personen und Bücher, die der Zufall ihr entgegenwirft, und die Erfahrung lehrt, daß die Halbgebildete mit besonderer Vorliebe die Zersetzungsprodukte der modernen Literatur in sich aufnimmt, deren Skepsis ihr imponiert. Wie schwer und spät ringt sie alle diese Widersprüche und Unklarheiten nieder, wenn sie, wie wir alle, lediglich auf den Weg der Autodidaxie verwiesen ist. Welche Mühe auf diesem Wege, welche Enttäuschungen, welche geistige Not! Diese geistige Not nachzuempfinden vermag niemand, der nicht unseres Geschlechts ist. Wenn sie aber einmal selbst ans Herz gegriffen, der setzt sein Leben daran, um sie von anderen abzuwehren!...

So traten wir denn in die Arbeit ein. »Zum ersten Male, kann man wohl sagen, in der Bildungsgeschichte des 19. Jahrhunderts wurde in dieser Anstalt mit dem Aesthetisieren in der höheren Mädchenbildung tatsächlich gebrochen, zum ersten Mal der praktische Versuch gemacht, die Frauenbildung der oberen Stände mit einem gesunden Realismus zu durchdringen.«

Im Vordergrund standen Mathematik und Naturwissenschaften mit wöchentlich 8 Stunden, daneben traten Latein mit wöchentlich 4 Stunden, Geschichte und – gleichfalls ein ganz neuer Versuch in der Entwicklung des Mädchenschulwesens – die Elemente der Nationalökonomie mit gleichfalls 4 Wochenstunden, während Deutsch, Französisch und Englisch mit zusammen 7 Wochenstunden den Kursus ergänzten. Die Gesamtdauer der Kurse war zunächst auf 2 Jahre berechnet. Die Teilnahme an Einzelkursen war gestattet. Die Methoden legten im weitgehenden Maße Gewicht auf die häusliche Arbeit der Schülerinnen, entsprechend ihre größeren Reife und ihrem selbständigen Interesse an ihrer Fortbildung. Diese Methode hat sich vorzüglich bewährt und es ermöglicht, mit einer verhältnismäßig kleinen Stundenzahl relativ viel zu erreichen. Die Stunden mußten auf den Nachmittag verlegt werden, da man nur dann die Lehrkräfte und die Räume zur Verfügung hatte, und da man auch auf die Beteiligung von Lehrerinnen als Schülerinnen der Kurse Rücksicht nehmen wollte.

Hedwig Heyl:

Als meine kleinen Knaben vier und drei Jahre waren und ihre Glieder recht lebhaft zu regen begannen, suchte und fand ich eine gebildete Kraft durch Vermittlung meiner Freundin Henriette Schrader, geb. Breymann, die im zweiten Jahr meiner Ehe nach Berlin gekommen war und den Direktor der

Anhalter Bahn, Karl Schrader, geheiratet hatte. In steter Verbindung mit ihr waren mir die Fröbelschen Erziehungsprinzipien immer klarer geworden, und ich hatte sie vom ersten Tag der Geburt an befolgt. Ich war aber sehr gebunden und unruhig, wenn ich das Haus verließ und sehnte mich, auch die Jugend auf dem Hofe besser erziehen zu können. So kam Adelheid Ulmann mit 18 Jahren in meine Haus – und ist nach 52 Jahren noch darin die geliebte Freundin der ganzen Familie. – Sie war die Tochter einer vornehmen, tüchtigen und guten Mutter – und hatte schon auf dem Lande in einer kinderreichen Familie ihre ersten Sporen verdient, nach einer harten Jugend und einer abgeschlossenen Kindergartenbildung. –

Morgens aber versammelte sich die kleine Schar der Kinder in meinem Gartensaal mit meinen Kleinen – und es entstand der erste Kindergarten.

Fröbelsche Ideen hatten meine ganze Jugend durchzogen, besonders, weil sie mir ein Programm für die Frau und Mutter zu geben schienen. »Wie die Welten harmonisch ihren Gang gehen, weil die Gesetze der Expansion und Kontraktion gleichmäßig wirken, so wird auch nur dann Frieden in der Brust und im Leben der Menschen, wenn Natur und Geistesgesetze friedlich sich verschmelzen. Wenn der Mensch bis zu einem gewissen Grade seinem Ich lebt, die individuellen Anlagen zur schönsten Entfaltung bringen kann und zu gleicher Zeit lernt, diese für andere zu benutzen, wenn mithin die hieraus wirkende Kraft und die, welche sich in Beschränkung unseres Selbst mächtig zeigt, gleichmäßig wirken und schaffen.«

Fröbel zeigte der Frau den Boden, auf dem sie des Mannes Gehilfin würde, bei der Arbeit der Menschheit, er wollte ihr das Feld ihrer Wissenschaft, ihrer Kunst eröffnen, um ihre geistige Mütterlichkeit zu entwickeln. Er zeigte, wie keine Wissenschaft, keine Kunst der Frau verschlossen bleiben soll, da sie ja alle als Erzeugnisse von Menschen dazu dienen, ihn zu verstehen, und wie kein Studium der Frau unweiblich sein kann, sobald es zum tieferen liebevolleren Verständnis des Nächsten führt. Alle Bildung und Intelligenz muß in den Dienst der Liebe gestellt werden, die das Herz und die Seele entflammt – sobald Kind, Mann oder Nebenmensch sie braucht. – Er schaute ein neues schönes Glück für die Frau und das Kind – für alle, und rief der Menschheit zu: »Kommt, laßt uns unseren Kindern leben.«

Es hat der Ausbildung bedurft, um sich auch die praktischen Wege von ihm zu eigen zu machen – die durch die Schaffung einer großen Kinderstube dann praktisch verwertet wurden. Henriette Schrader half in einem um sie gescharten Kreis, uns junge Mütter in pädagogischer Beziehung weiter zu bilden und uns dabei die Zusammenhänge des Lebens zu weisen. – Es war eine äußerst angeregte, aus bekannten Berliner Persönlichkeiten bestehende Vereinigung, die zeitlebens untereinander Beziehungen behielten und die dann mit Frau Schrader an der Spitze den Verein für Volkserziehung gründete, dessen erste Schöpfung das Pestalozzi-Fröbelhaus wurde. Der Kindergarten aus dem Hause meines Schwiegervaters wurde der erste Baustein dazu. Unsere Kinderstube und auch meine junge Freundin profitierten sehr von dieser Vertiefung und führten unwillkürlich zu der Erweiterung unserer erzieherischen Kenntnisse. Das Haus und der Garten, der Tummelplatz unserer Knaben, regte diese früh zur Selbständigkeit an, unsere stete Sorge war, sie selbständig und hilfreich zu machen. So halfen sie ihre Zimmer ordnen, Spielsachen, Blumen und Tiere pflegen, ihre Stiefel zu reinigen – und auch als die Schule in ihre Rechte trat, blieben ihnen häusliche Pflichten. Natürlich war dies alles nur unter liebevoller Anregung zu erreichen, niemals durch Forderungen unsererseits.

In Charlottenburg lebte, von der Königinwitwe Elisabeth gegründet, der Elisabethverein, ein Verein für Wöchnerinnen, zu dem ich lebhaft aufgefordert wurde und aus Lokalpatriotismus ihm beitrat. Man wollte mich gleich in den Vorstand wählen – aber als ich den Tendenzen nähertrat, entspann sich eine lebhafte Debatte über die Pflege unehelicher Mütter und Kinder. Diese sollten unter allen Umständen von jeder Fürsorge ausgeschlossen werden. Ich kam mir vor wie im Mittelalter. Früher war ich im tiefsten Herzen für die Ehe eingenommen – aber mein mütterliches Herz war trotzdem tief jedem Kinde zugewandt – und es konnte keinen Unterschied machen – mein Gerechtigkeitsgefühl bäumte sich auf gegen ein Strafmaß, das die pflegebedürftige Mutter traf. Die älteren leitenden Damen sahen die junge Mutter höchstverwundert an, aber diese lehnte es ab – solche engherzige Tendenzen mit zu vertreten – obgleich sie versprach, Suppen zu kochen. Mein dritter Sohn kam in die Welt und naturgemäß drängten sich die Fragen der Säuglingspflege in den Vordergrund. – Angeregt durch den Elisabethverein kümmerte ich mich um die Wöchnerinnen der Fabrikarbeiter mit Rat und Tat. Verpflegte sie, beriet sie bei Wochenbesuchen, regte die Selbststillung an – versah sie mit den damals neu aufkommenden Nährmitteln oder schenkte ihnen die Einrichtung zum Päppeln. In der Sorge, daß sie vielleicht doch manches vergessen könnten, schrieb ich meine eigenen Erfahrungen für sie auf – und veranlaßte sie, mich mit den Kindern öfters zu besuchen. Die Sterblichkeit der Säuglinge ging merklich zurück – so daß meine kleine »Säuglingspflege« öfter von Ärzten und Hebammen erbeten wurde. – Das Interesse, in hygienischer Beziehung alles zu tun, was von seiten der Arbeitgeber möglich war, hatte meinen Mann und mich geleitet, die Augen für alle erreichbaren Verbesserungen im Betrieb offen zu halten und zu sorgen und wir waren die ersten, als Professor Lassar in einer Hygieneausstellung die Modelle für Brausebäder zeigte, die diese Einrichtung sofort trafen. Lange hatte uns die Sorge belastet, daß der farbstaubreiche Betrieb die Haut der Leute verstopfte und so wurde die Badeanstalt in großer Schnelligkeit eröfffnet, als erste in Deutschland, zu viel verwendetem Muster. – Nicht so leicht konnten wir die Leute zum Baden gewöhnen – »aber Herr Kommerzienrat, meine Frau kennt mir ja dann gar nicht mehr«, war eine der köstlichen Antworten eines Arbeiters. Es dauerte aber nicht lange, bis ich die Frauen mittags beim Essentragen anregte, doch die Gelegenheit zu einem Bade selbst zu benutzen – und mit der Zeit ließ der Widerstand nach, weil die Ersparnis an Wäsche ihnen am einleuchtendsten war. – Es schien uns immer mehr notwendig, die Psyche der Leute viel zu studieren und zu berücksichtigen. – Dazu gehört aber wirkliche Menschenliebe. Da viele Polen in der Fabrik beschäftigt wurden, die sehr intelligent waren, diese in Schlafstellen lagen und erst abends warmes Essen bekamen, und während der Arbeitszeit sich an Schnaps und Stullen hielten – richtete ich eine Mittagsmahlzeit ein, mit kräftiger Hausmannskost. – Zuerst gingen viele schon aus Neugierde hin, dann ließ der Besuch nach – der Grund war die Güte des Essens – »wenn ich nicht mal mehr mein Vesper essen kann – dann ist das Essen zu schwer« hieß es. Es mußte also in Suppe, Fleisch und Gemüse zerlegt werden – da fand es Anklang. – Ich hatte beobachtet, daß die Leute an dem Ufer des Kanals vor dem Grundstück ihre Mahlzeiten einnahmen, was mir durch die Nähe des mehr oder weniger stagnierenden Wassers sehr unhygienisch erschien. Wir bestimmten einen Streifen Land vor dem Eingang in den Betrieb, versahen ihn mit Tischen und Bänken, und hielten ihn zur Verfügung bei der Mittagsmahlzeit. In einigen Tagen saß nur je auf einer Bank ein Pärchen, die gegenüberstehenden Bänke waren leer. – Nach Erforschung der Ursache wurde festgestellt, daß die Frauen eine gegenseitige Kontrolle durch das Gegenüber ablehnten – man wollte sich nicht in den Kochtopf schauen lassen. Als wir die Bänke nur an einer Seite stehen ließen, waren sie alle besetzt. –

Meine geliebte Freundin Schrader verfolgte unsere Tätigkeit mit dem Gefühl, einen Teil ihrer und Fröbels Ideale bei uns verwirklicht zu sehen – und erzählte der Kronprinzessin, mit der sie durch die Philantropin Frau Schwabe bekannt wurde, davon.

Im Frühjahr besuchte mich die Kronprinzessin Viktoria zum ersten Male. In unserem Fabrikunternehmen hatte ich aus Anlaß der Feier seines 50jährigen Bestehens die Mittel zu einer Erziehungsanstalt für die Kinder unserer Arbeiter erhalten und angewendet. Meine Gedanken beschäftigten sich mit der praktischen Ausgestaltung und Entwicklung, nachdem der Kindergarten erledigt war, der Fröbelschen Beschäftigungen für das schulpflichtige Alter. Die Stumpfheit der Arbeiter dem Leben gegenüber, die Unerzogenheit ihrer manuellen Fähigkeiten hatten in mir die Überzeugung gefestigt, daß die Erziehung in der Lernschule eine Lücke ließ, die durch häusliche Erziehung oder ihre Ergänzung auszugleichen wäre. Hatten Fröbels Anregungen die Grundlage zu Entwicklung der im Menschen schlummernden Kräfte geschaffen, so mußte es eine Fortentwicklung im schulpflichtigen Alter geben. Obgleich von anderer Seite einige Anstrengungen für Einführung einer Knabenarbeit im Pappen und Tischlern gegeben waren und auch Schweden eine Anregung auf diesem Gebiet gab, ging ich doch von volkswirtschaftlichen Gesichtspunkten aus. Die erziehlichen Aufgaben müssen die produktiven Arbeiten durchdringen, aber es darf kein Material verbraucht, ein Arbeitsergebnis geliefert werden, das nicht im Volkshaushalt seine vollwertige Ausnutzung erfährt. Die Mittel und Wege fand ich in quellender Fülle.

Die Neuheit meiner Aufgabe und Arbeit hatte die Anteilnahme der Kronprinzessin geweckt; so kam sie denn selbst und erfreute sich sichtlich an Haus, Einrichtung und persönlicher Leitung. Daran schlossen sich lange

Unterhaltungen, und als sie mich verließ, hatte ich das Gefühl, eine alte Bekannte gefunden zu haben, deren Herz der Menschenerlösung entgegenschlug. – Menschenerlösung durch das Glück durchgeistigster Arbeit. –

Häufig lenkten sich nun die Ausfahrten der hohen Frau unserem Heime am Salz-Ufer in Charlottenburg zu. Manchmal brachte sie den Jungen Lekkerbissen – Traubenrosinen und dergleichen – und zuweilen fand ich sie im Herrenhause, dessen Tür meistens offen stand, weil der Verkehr von Hausherrn, Hausfrau und Kindern sehr lebhaft mit Garten, Fabrik, Hof und Anstalt war und es weit von der Straße hinter dem großen Garten lag. Einmal war sie zu Fuß gekommen mit den Prinzessinnen, die die Flucht der Zimmer durchliefen und riefen: »Oh, Mother, is not that cosy?« Aber die Besuche blieben nicht einseitig. Ich wurde öfter in das Berliner Schloß, in der ersten Zeit mehr nach dem Potsdamer Neuen Palais geladen, dieser wunderschönen Stätte, in der fürstliche Großartigkeit mit geschaffener Gemütlichkeit sich paarte. Diese Gemütlichkeit war ganz und gar den Gaben der Kronprinzessin zu danken, da sie stets, wo sie auch war, Schönheit mit Zweckmäßigkeit verband und eine ihr eigene Note in die Räume brachte. Sie war von Kind auf gewöhnt und vor sorgfältigen Eltern dazu erzogen, ihr Augenmerk auf hygienische Lebensbedingungen für Familie und Volk zu lenken. Einmal erzählte sie mir selbst, daß man, als sie 1858 als Neuvermählte das königliche Schloß betrat, von einem Klempner eine Zinkbadewanne für sie geborgt hätte, weil es im Schloß kein Badezimmer gab.

Das Leben und Wirken der Königin Viktoria mußte natürlich auf unsere Kronprinzessin der Frauenfrage gegenüber die entscheidensten Überzeugungen bringen. Sie sah in dem geliebten und von ihrem Volk verehrten, weiblichen Souverän die Möglichkeit verwirklicht – die weiblichen Fähigkeiten zum Nutzen des Ganzen ersprießlich wirken zu sehen. So erwartete sie im allgemeinen vom weiblichen Geschlecht, bei gehöriger Vorbildung, eine Blüte, die in Deutschland noch schlief. Es war natürlich, wenn sie zuerst aus England die sie sicher verstehenden Hilfskräfte bezog, oder sie zur Vorbildung hinschickte. Das schöne Porträt von Miß Archer im Viktoria-Studienhaus, dessen Verwaltung ich mit besonderer Vorliebe angehöre – zeigt in feinen Zügen die erste Direktorin des Viktoria-Lyzeums, das die Kronprinzessin zur Fortbildung deutscher Frauen gegründet. Die Erziehung als Mutter und verständnisvolle Erzieherin trieb sie dazu, sich mit Pestalozzi und Fröbel zu beschäftigen, die ihr meine geliebte Lehrerin Schrader nahe brachte.

Die volkerzieherischen Gedanken in meinem Fabrik-Jugendheim brachten es mit sich, daß nun auch die kleinen Mädchen der Arbeiter in die Anstalt wollten. Ein Gartenhaus wurde mit dem von Knaben reparierten Hausrat ausgestattet, und darin der hauswirtschaftliche Unterricht von mir selbst erteilt. Die Kronprinzessin saß zuweilen auch auf einem Holzstuhl dabei und hörte liebevoll gefesselt zu. Schließlich meinte sie: »Ach, liebe Frau Heyl, die Arbeiterkinder bekommen ja eine bessere hauswirtschaftliche Bildung als unsere Töchter, wollen Sie sich diese Frage nicht ernstlich überlegen und an Ausbildung von Lehrerinnen denken?«

Ich versprach darüber nachzudenken, besonders da auch Frau Schrader, die Angliederung einer Kochschule an das Pestalozzi-Fröbelhaus schon länger erwog, die nötigen Lehrkräfte dafür aber nicht aufbringen konnte. Der Verein übertrug mir die Einrichtung der Schule und Ausbildung von Lehrkräften. Natürlich brauchte ich Zeit dazu. Anfänge dieses Unterrichts in England und Frankreich prüfte ich augenscheinlich, wie auch solche in Deutschland, besonders in Berlin. Für mein Ziel, in bestimmter Zeit schulmäßig die Grundlagen für ein hauswirtschaftliches Können und Wissen zu legen, auf dem die Schülerin selbständig weiterbauen könnte, fand ich kein Vorbild; im Gegenteil schienen sich durch Nachmacherei die Fehler von Generation zu Generation fortzuerben, und sowohl chemische und physiologische, wie auch hygienische Gesetze, die seit der Mitte des Jahrhunderts von der Wissenschaft errungen, schienen vollständig außer acht zu bleiben, oder nur gelegentlich durch Vorträge, getrennt von der Praxis, gelehrt zu werden.

Das Fröbelsche Prinzip der Vermittlung der Gegensätze, der allseitigen Behandlung des Stoffes lockte mich zu seiner Ergründung.

Die vorbereitenden Arbeiten, die Ausarbeitungen für die Lehrpläne meiner Schülerinnen und die mit ihnen ausgeprobten Kochvorschriften erregten in hohem Maße das Interesse der Kronprinzessin und brachte uns ihre Anerkennung. Mein Haushalt wurde unter rührender Duldung meines Gatten für den Unterricht umgestellt, Köchin und Küchenmädchen entfernt, morgens praktisch mit Schülerinnen aus besten Familien gekocht, dann die Küche gereinigt, und am Nachmittag theoretisch die Praxis vertieft, bis eine Sicherheit auch im Lehren durch Übung im Mädchenheim erreicht war. Als aus privaten Mitteln die Kochschule des Pestalozzi-Fröbelhauses eingerichtet wurde, in der jeder Überfluß ferngehalten, dagegen alle Geräte in zehnfacher Zahl vorhanden waren, begann nach Jahr und Tag der erste Lehrgang. Das hohe Paar bat mich der eben erwachsenen Prinzessin Viktoria Unterricht zu geben, was ich in der Voraussicht starker Anziehungskraft unter der Bedingung zusagte, daß die Lehrstunden in der neuen Kochschule stattfänden. Natürlich schien mir wichtig, bei der Prinzessin zugleich ein volkswirtschaftliches Interesse zu entwickeln. So zeigte ich ihr beispielsweise die Reisbereitung im Volke, im gehobenen Bürgerstand, in der Luxusküche, mit Berechnung von Zeit, Arbeit und Geld, bewog sie unter anderem ihren Abscheu beim Fischeschlachten als Anregung für ein gutes Beispiel der nach ihr lernenden Schülerinnen zu überwinden. Häufig nahm sie die fertigen Gerichte mit nach Hause, und ich erntete von Vater und Mutter gelegentlich das Lob dafür.

Das erste Lehrbuch machte mir viel Kopfzerbrechen – sollte es doch nur Rezepte enthalten, die jede in sich festgelegte Lektion zu weiterer Übung forderte.

Ich ließ sie für die Schülerinnen zunächst vervielfältigen, dann aber jedes Heft für sich drucken, und da die Hefte oft verloren gingen, binden. Dies alles hatte ich auf eigene Kosten bewerkstelligt. Eine ungeheure Nachfrage nach den gebundenen Vorschriften setzte seitens der Mütter ein – und ich war sehr unschlüssig, ein zweites Mal ein Buch herauszugeben, das in keiner Weise ein Buch war, – Inhaltsverzeichnis und der erklärende Text fehlten, weil in der Schule mündlich ergänzt. – Da führte mir mein Gatte einen Jugendfreund zu, den Verleger Carl Habel und ich besprach meine Nöte mit ihm. Falls er das Buch verlegen würde, müßte ich natürlich den ergänzenden Text einfügen – was mir ja auch mein Gewissen sagte. Innerlich beherrschte ich durch den Unterricht der Lehrerinnen durchaus das Pensum, denn ich hatte mich mit großer Mühe, mit Hilfe vieler Literatur und Rat von Ärzten und Chemikern in die Materie vertieft und das große Material so verdichtet und vereinfacht, daß es meine Schülerinnen nicht überwältigte. – Ich machte mich an die große Arbeit inmitten täglicher Aufgaben und dringender Pflichten und vollendete das erste »Abc der Küche« in Jahresfrist. Der Erfolg war über alle Erwartungen groß. – In fast allen großen Städten entstanden Kochschulen, weil das Fundament im Abc sicher und brauchbar war. Aber auch für die Kinderkochschule schrieb ich ein Lehrbuch für die Hand der Lehrerin und ein Kochbuch für die Kinder, denn die Idee, daß man unbedingt jedes Mädchen mit einem gewissen praktischen Können neben Wissen auszustatten hätte, war mir zu einem festen Glaubenssatz geworden. Sah ich doch täglich die Unzulänglichkeit der Volksfrau – und mit Betrübnis die Fabrikmädchen ohne eine Ahnung von Hauswirtschaft ein Leben beginnen, das die Volksfamilie einfach unglücklich machen mußte, wenn sie sie so unvorbereitet gründeten. –

In Berlin hatte sich seit 1866, wo sie die ersten Volksküchen gründete, Lina Morgenstern um Volksnahrung und Hauswirtschaft verdient gemacht. In dem ersten Hausfrauenverein wurde auch eine Kochschule gegründet, die ich studierte. Es war anzuerkennen, daß diese Frau durchaus die Fühlung für die Frauenaufgaben im Haushalt hatte – aber obgleich sie von früh bis spät an der Arbeit war – konnte sie die Materie, die sie bedrängte, nicht bewältigen – auch hatte sie keine Lehrkräfte gebildet oder zur Verfügung, die es ermöglichten, eine größere Anzahl von Frauen in dazu verfügbarer Zeit mit den Elementen zu versehen, die eigene Arbeit darauf aufbauen konnten. Im Letteverein wurde in riesigen Kesseln gekocht und viele Kostgängerinnen waren zu befriedigen – dagegen blieb die Unterweisung für die häusliche Küche einer Familie zurück – später hat sich der Letteverein unter der Einwirkung seiner Protektorin gründlich umgestellt.

Es stellten sich neuralgische Kopfschmerzen zu Zeiten ein, die die Ärzte vergebens bekämpften. Ich hatte meinen Körper sehr unter der Kontrolle, und er ist meinem inneren Gebote immer gefolgt – deshalb verordnete ich mir Gartenarbeit und widmete mich von früh bis spät der Gärtnerei, besonders in den Treibhäusern, kaum daß ich die Mahlzeiten im Haus wahrnahm. Innerhalb zweier Wochen waren meine Schmerzen geheilt – aber ich mit einer Fülle von Ideen beschwert, die erst in der Aussprache mit meinem Mann Gestalt gewannen. Er war so dankbar für meine Genesung, daß er jedes Opfer bereit war zu bringen. Ich anwortete ihm, daß die Gärtnerei in der Erziehung der Frau eine Stelle gewinnen müßte, denn die Gewöhnung der Pflege eines lebenden Organismus würde der rechten Mütterlichkeit die Wege weisen – außerdem halte ich die Gärtnerei für eine Sache, die spezifisch weiblichen Sinn und Geschicklichkeit verlange – und den Erzieherinnen, Kindergärtnerinnen, jungen Mädchen und Frauen ein Maß von Erfahrungen vermitteln könne, die bis dahin nur einzeln ermöglicht wurde. Auch sei die ästhetische Seite, so schwer die Arbeit sein könne, nicht zu unterschätzen. Ich möchte eine Gartenschule für Frauen gründen, denn mir war auch widerwärtig, meine Gewächshäuser allein für unseren Luxus zu verwenden und ihnen und dem Garten keine Nützlichkeit für alle abzugewinnen. Bereitwillig wurden die bis dahin für Angestellte reservierten Räume zur Unterbringung von Schülerinnen eingerichtet. Ich arbeitete meinen Plan aus, der den Unterricht zwischen dem Obergärtner und mir teilte – denn es war mir klar, daß der Widerwille gegen grobe Arbeit nur durch mein persönliches Beispiel gehoben werden würde, hatte ich doch dieselben Schwierigkeiten bei dem Reinigen der Küche zu überwinden. –

Die Schülerinnen stellten sich bald ein – auch befreundete Ärzte schickten nervöse oder hysterische Frauen zur Gartenarbeit. Überarbeitete Klavierlehrerinnen erhofften einen Jungbrunnen. Mit der vollen Menschenfreundlichkeit meines Herzens hätte ich allen helfen mögen – der Humor tat sein Bestes, aber ich hatte doch nicht mit der Ungeduld meiner Schülerinnen gerechnet, und mit den vielen Schwierigkeiten, die durch ihre körperliche Verfassung nur zu erklären waren. – Die meisten hatten sich auch nicht klar gemacht, daß eine Gymnastik, die die Gärtnerei fordert, erst geübt werden muß, damit der Körper sie mit Geschick in der Gärtnerei anwendet. Man dachte an Blumen und Poesie und fand Prosa und stramme Tätigkeit, obgleich durch die theoretischen Stunden, die Blumenbinderei und Vergeistigung der Ideen, die im geselligen Kreise vor sich gingen, – z. B. durch Lesen von Goethes Metamorphose der Pflanzen – diese Härte abgemildert wurde.

Beispiele und Zitate zum 5. Kapitel[1]

Aus einer angesehenen Landwirtsfamilie aus der Rheinpfalz stammend, hatte Jakob Latscha im Jahre 1877 in Essen gemeinsam mit einem Teilhaber die Firma Latscha & Dörnberg gegründet und schon in diesem Jahr Filialen in Essen eröffnet. Er überließ das Unternehmen aber nach einigen Jahren seinem Teilhaber und eröffnete am 1. Dezember 1882 Langestraße Ecke Allerheiligenstraße sein erstes Geschäft in Frankfurt a. Main, dem schon 3–4 Wochen später die erste Filiale in dem Hause Baugraben 16 folgte. Es war ein schwerer Anfang in Frankfurt für das unbekannte junge Geschäft. Die Bevölkerung war

1 50 Jahre Latscha 1882 bis 1932.

gewöhnt, bei ihren Lieferanten »anschreiben« und sich die Ware auch in kleinsten Mengen zusenden zu lassen. Kein Wunder, daß ein Geschäft, welches ab Laden und nur gegen bar verkaufte, im Anfang wenige Freunde fand. Aber die billigen Preise lenkten doch rasch die Aufmerksamkeit derjenigen Kreise auf die neue Firma, die mit jedem Pfennig rechnen mußten. Es hat damals nicht an Unkenrufen gefehlt, die dem Unternehmen ein baldiges Ende voraussagten. Aber die soliden Geschäftsprinzipien, die einfache, billige Organisation, dazu die Möglichkeit, die Lieferanten bar zu bezahlen, erwiesen sich als festes Fundament, auf dem sich solide weiterbauen ließ. So entwickelte sich, ohne fremde Hilfe, in ruhigem steten Aufbau ein Unternehmen von stattlicher Größe.

Beispiele und Zitate zum 6. Kapitel

Hedwig Heyl[1]:

Die Geschichte der Frauenbewegung berichtet:

»Die Frauen fingen an, noch eine andere Bestimmung als die »bloß eine gute Hausfrau zu sein« in sich zu fühlen, die sie nicht ohne Beimischung von Geringschätzigkeit beigelegt bekamen. Ja, waren sie denn gute Hausfrauen? und waren sie fähig, andere Berufe neben dem hauswirtschaftlichen und Mutterberuf auf sich zu nehmen mit einer so minimalen Vorbildung? – Wer sich mit volkswirtschaftlichen Fragen vertraut gemacht hatte, konnte bei der Schätzung des Standes der hauswirtschaftlichen Bildung nur feststellen, daß das Nationalvermögen in den Haushaltungen aller Schichten aus Mangel an Wissen, aus Mangel an Schulung – in gutem Glauben buchstäblich durch die Finger lief. – Meine Überredung, die Anregungen und auch die persönlichen Unterrichtsstunden für die angehenden Lehrerinnen führten mich oft in das Pestalozzi-Fröbelhaus, dessen hauswirtschaftlicher Teil mir als Vorsitzende unterstellt war – und das in seiner Kochschule, durch den Eifer der Lehrerinnen, sich eines ausgezeichneten Rufes erfreute. –«

Lili Braun[2]:

»Neben der großen Zahl der Industriearbeiterinnen ist nun aber noch eine kleine Gruppe erwerbsthätiger Frauen entstanden, die, wenn auch in sehr gemilderter Form, ähnliche Leiden zu ertragen hat wie die Proletarierin. Ihr gehören diejenigen Frauen an, die, sei es als Buchhalterinnen, als Lehrerinnen, als Schriftstellerinnen, sei es als Gelehrte, Ärztinnen, Malerinnen, Schauspielerinnen usw. in bürgerlichen Berufen stehen. Ihre Zahl fällt freilich gegenüber den Millionen wenig ins Gewicht: In Deutschland sind es gegen 190000, in Österreich 61000, in Frankreich 220000, in England 269000, in den Vereinigten Staaten 480000 Frauen, die in den genannten Berufen stehen.

1 Hedwig Heyl, a.a.O.

2 Lili Braun, Frauenarbeit und Hauswirtschaft. Berlin 1901.

Charakteristisch aber ist es, daß ein großer Prozentsatz von ihnen schon jetzt, wo sich die bürgerliche Berufsthätigkeit der Frauen im ersten Anfangsstadium befindet, verheirathet ist; 15 pCt. sind es in Deutschland, 36 pCt. in Österreich, 8 pCt. in den Vereinigten Staaten. Daraus folgt, daß die Entwickelung auch hier die Arbeit verheiratheter Frauen begünstigt und befördert. Die Gründe dafür liegen nahe genug: Mit den wachsenden Ansprüchen haben die Einnahmen des Mittelstandes nicht gleichen Schritt gehalten; die Ehe, die in den bürgerlichen Kreisen noch wesentlich als Versorgung betrachtet wird, ist für die zunehmende Zahl unbemittelter Mädchen immer unerreichbarer geworden. Dazu kommt, daß ein berechtigter Drang nach Freiheit und Selbständigkeit sich in ihnen entwickelt und seine Befriedigung durch die Eröffnung der Universitäten und vieler neuer Frauenberufe ermöglicht wurde. Treten diese erwerbsthätigen Mädchen in die Ehe, so ist heute schon, oft gerade wie bei der Arbeiterin, ihre Arbeitskraft ihre werthvollste Mitgift. Andererseits möchten sie aber auch aus inneren Gründen, aus Liebe und Begeisterung für ihren Beruf, aus der treibenden Kraft ihres nach Bethätigung ringenden Talents heraus ihrer Arbeit treu bleiben. Aber selbst in dem ehelichen Leben der Bourgeoisie kommt es zuweilen vor, daß die Frau beginnen muß, mit zu erwerben, weil der Verdienst des Mannes nicht ausreicht. Wer aber heute bei den übertriebenen Anforderungen, die an die geistigen Arbeiter gestellt werden, und den jämmerlichen Entschädigungen für lange Arbeit, die sie sich nur zu häufig gefallen lassen müssen, den Kampf um die Existenz in bürgerlichen Berufen aufnimmt, der muß seine ganze Kraft dafür einsetzen können. Der Konflikt zwischen den häuslichen und den Berufspflichten, der im weiblichen Proletariat deutlich zu Tage tritt, besteht auch in der bürgerlichen Frauenwelt; eine Malerin kann nicht in der Küche stehen, eine Schriftstellerin kann nicht jeden Augenblick aufspringen und sehen, ob die Suppe anbrennt; keine einzige Frau, die es ernst nimmt mit ihrer Wissenschaft oder Kunst, die mit dem gefährlichen Feind ihres Geschlechts, dem Dilettantismus, gründlich aufräumen will, hat genug Verständnis, genug Zeit und Interesse, um eine wirklich gute Haufrau zu sein. Führt ihr Beruf sie aus dem Hause fort, so sind ihre Kinder, falls sie kein Kindermädchen bezahlen kann, ebenso unbeaufsichtigt wie die Kinder der Proletarierin. Arbeitet sie zu Haus, so muß sie, wenn sie Tüchtiges leisten will, wenigstens einige Tagesstunden volle Ruhe haben. Toben die Kinder um sie her, muß sie die Küche versorgen, so ist eine Erwerbsarbeit nur durch Überanstrengung möglich, die sich früher oder später an Geist und Körper rächt. Hat die geistige Arbeiterin ein Dienstmädchen, so ist sie auch noch nicht entlastet, denn nur in seltenen Fällen verstehen jene einfache Mädchen die Haushaltung so vollkommen, daß die Hausfrau überflüssig würde. Sie muß vielmehr noch die Lehrmeisterin des Mädchens spielen und sie weiß doch oft selbst nicht viel mehr! Auch die Töchter der Bourgeoisie werden in die Haushaltungskunde nicht allzu häufig eingeweiht, und wenn, so geschieht es meist in einer Weise, die ihnen später, in beschränkteren Verhältnissen, gar nichts nützen kann. Von der richtigen Eintheilung der

Ausgaben, von der Hygiene in der Küche verstehen sie nicht allzu viel. Eine oft grenzenlose Verschwendung an Mitteln, an Material, an Zeit und Arbeitskraft entspringt daraus, so daß der Erwerb sie kaum wett machen kann.

Die bis zu heftiger Gegnerschaft sich steigernde Gereiztheit der Männer der Bourgeoisie gegen die Bestrebungen der Frauen, ihr Recht auf Arbeit durch die That geltend zu machen, ist zu einem sehr wesentlichen Theil auf diese internen Fragen zurückzuführen, und es ist heller Unverstand, der direkt schädlich wirkt, wenn so manche Sprecherinnen der Frauenbewegung mit dem Hinweis auf irgend welche fabelhafte amerikanische Ärztinnen oder Advokatinnen, die neben ihrer Praxis einen großen Haushalt selbständig führen und womöglich eine Schar Kinder vortrefflich erziehen sollen, die Gründe der Gegner aus der Welt zu schaffen glauben. Sie sind thatsächlich unanfechtbar und werden, je mehr die bürgerliche Frauenarbeit sich ausbreitet, um so schwerer ins Gewicht fallen.

Für die Kreise, aus denen sie emporwächst, kommt aber auch noch ein andrer Umstand in Betracht: Die Dienstbotenfrage. Ohne hier auf ihre Ursache näher einzugehen, sei nur hervorgehoben, daß thatsächlich der Mangel an weiblichen Dienstboten immer fühlbarer wird und in vorgeschrittenen Ländern, wie in England und Amerika, zu einer wahren Kalamität geworden ist. Das Klassenbewußtsein ist endlich auch in den Haussklavinnen erwacht; weder wollen sie all' ihre Zeit und Arbeitskraft für einen elenden Lohn verkaufen, noch geben sie sich mit der Wohnung, die man ihnen anweist und den sonstigen Arbeitsbedingungen, die man ihnen stellt, zufrieden. Der vermögenslose Mittelstand aber ist in den meisten Fällen nicht in der Lage, die berechtigten Forderungen der Mädchen zu erfüllen; er kann keine wesentlich höheren Löhne zahlen, er kann sich nicht zwei Mädchen halten, muß daher häufig das eine übermäßig anstrengen. Sein Budget ist schon durch die hohen Miethspreise ungebührlich belastet, er kann, um den Mädchen bessere Zimmer zu schaffen, keine größere Wohnung nehmen und steckt dabei zu tief in alten Vorurtheilen, um etwa die oft recht überflüssige »gute Stube« zu opfern. Aber auch höhere Löhne und bessere Arbeitsbedingungen werden schon jetzt häufig verschmäht; weil die Kinder des Volks ihre Freiheit über Alles schätzen gelernt haben und den Beruf einer Arbeiterin, die, wenn es ihr auch sonst miserabel genug geht, doch wenigstens stundenweise ihr eigener Herr ist, dem eines noch so gut genährten Dienstmädchens vorziehen, das dauernd unter Kontrolle steht. Es ist nun nicht zu hoffen, es ist wohl auch als sicher anzunehmen, daß diese ganze Bewegung zu Gunsten der Befreiung der Dienstboten sich rasch ausbreiten wird. Die »Dienstbotennoth«, wie die bürgerlichen Hausfrauen sich auszudrücken belieben – gerade Diejenigen, die das Vorhandensein der Noth der Dienstboten beharrlich abstreiten –, wird immer größeren Umfang annehmen und kann so weit führen, die Erwerbsarbeit der verheiratheten Frauen in bürgerlichen Berufen in Frage zu stellen.«

Hildegard Grünbaum-Sachs[1]:

»Jetzt bahnt sich endlich auch in Deutschland eine Wandlung in derselben Richtung an. Ihr wirtschaftlicher Antrieb ist einmal in dem Erwerbszwang der verheirateten Frauen zu finden, der sich bis weit in die bürgerlichen Kreise hinein ausgedehnt hat, sodann in der Tatsache, daß viele Nurhausfrauen, die sich früher Hausangestellte leisten konnten, heute die hauswirtschaftliche Arbeit selbst verrichten müssen, höchstens unterstützt von einer Stundenfrau. Diese Auswirkung des wirtschaftlichen Drucks im Leben der Hausfrau erzwingt eine Reform der Haushaltsführung, eine Rationalisierung im Hinblick auf den Zeit- und Kraftaufwand.

Nicht allein wirtschaftliche Gründe sind jedoch dafür verantwortlich zu machen, daß der ökonomische Imperativ »Strebe nach größtem Erfolg bei geringstem Aufwand« so lange Zeit nicht in den Einzelhaushalt drang, jetzt aber endlich anfängt, auch hier vernommen zu werden. Ohne in diesem Zusammenhang die Frage der materialistischen Geschichtsauffassung aufwerfen zu wollen, muß gesagt werden, daß jedenfalls in mannigfacher Verschlingung gleichviel in welcher kausalen Verknüpfung mit den wirtschaftlichen Motiven, psychologische Faktoren die Entwicklung vorwärts treiben. Im folgenden soll nun die Psychologie des Hausfrauentums auf dem Hintergrund der skizzierten wirtschaftlichen Tatsachen behandelt werden. Individuelle psychologische Konstellationen scheiden selbstverständlich dabei aus. Relevant für diese Untersuchung sind nur die typischen Reaktionen ganzer Gruppen von Menschen auf die durch gesellschaftliche Verhältnisse ausgelösten Reize.

Wir knüpfen an ein scheinbar geringfügiges, aber in seiner Art charakteristisches Vorkommnis an.

Die bürgerliche Haufrau der heute lebenden Generation klagt über zu große Belastung. Hilfe im früher üblich gewesenen Ausmaß verbieten die wirtschaftlichen Verhältnisse. Der Mann wird nachdenklich, sieht ihr bei der Arbeit zu, findet, daß sie alles denkbar unzweckmäßig angreift und belehrt sie darüber, wie sie den Haushalt anders organisieren und bis in die Einzelheiten hinein weniger umständlich erledigen müsse. Die Frau ist gekränkt und gibt irgend eine unsachliche Antwort. Der Geist und der Ton, in dem dieses Zwiegespräch geführt wird, ist nur aus bestimmten soziologischen und psychologischen Tatsachenreihen zu verstehen.

Die Gereiztheit der Frau deutet darauf hin, daß eine empfindliche Stelle berührt ist; – ein Punkt, an dem Minderwertigkeitsgefühle das ruhige Selbstvertrauen zerstört haben. In der Tat hat die alte Mädchenerziehung Minderwertigkeitsgefühle geradezu gezüchtet und damit den Grund zu unsachlichem Reagieren speziell bei Anlässen dieser Art gelegt.«

»Erst die Hausfrau, deren Typus jetzt im Werden ist, hat es nicht mehr nötig, sich unbewußt dagegen zu verwahren, daß andere in ihr Herrschaftsbereich

1 Hildegard Grünbaum-Sachs, Zur Krisis in der Hauswirtschaft, Langensalzen 1929.

dringen und womöglich dies und jenes praktischer anfassen. Sie stellt. i. G. Mann, Söhne und Töchter in den lebendigen Zusammenhang einer hauswirtschaftlichen Lebens- und Arbeitsgemeinschaft oder erstrebt dies zum mindesten als einen Idealzustand.

Eine gewisse Rolle spielt zwar auch der Umstand, daß sie intellektuell geschulter ist als ihre weiblichen Ahnen, aber ihre intellektuelle Aufgeschlossenheit kann sich nur so weit auswirken, als sie keine Minderwertigkeitsgefühle zu verdrängen hat. Alles tritt an Bedeutung zurück hinter der Tatsache, daß der weiblichen Jugend nicht länger Minderwertigkeitsgefühle anerzogen werden. Mögen wie auch noch in zahlreichen Fällen aus individuellen Ursachen entstehen, wie beim Manne auch, so werden sie doch nicht mehr als charakteristische Fehlentwicklung des weiblichen Geschlechts als solchem, als gesellschaftlich bedingte psychische Massenerscheinung gezüchtet. Die junge Frau der Gegenwart besitzt eine Lebenssicherheit, die aus der selbstverständlichen Beherrschung eines Berufsgebietes entspringt. Daß sie auch dadurch wirtschaftlich mehr oder weniger unabhängig ist, verstärkt wohl ihre innere Freiheit, macht aber nicht deren Kern aus. Der entscheidende Faktor ist nicht die äußere, finanzielle, sondern die innere, seelische Unabhängigkeit. Es kann schlechthin als ein Gradmesser für die innere Freiheit und menschliche Reife einer Hausfrau betrachtet werden, wie sie sich Neuerungsvorschläge gegenüber verhält. –

Eine innerlich freie Einstellung bahnt erst den Weg zu einer Umwälzung der Hauswirtschaft. Denn da im Hausfrauentum die technischen Verrichtungen enger als auf irgend einem anderen Wirkungsfeld mit dem Zentrum des persönlichen Lebens verknüpft sind, braucht gerade das Hausfrauentum am allermeisten zur vollen Entfaltung die in sich selbst ruhende, von Minderwertigkeitsgefühlen erlöste, freie weibliche Persönlichkeit.

So paradox es klingen mag: die wirkliche Eroberung des Hausfrauenberufs konnte erst als letzte kommen – erst nachdem die Emanzipation auf allen anderen Gebieten im wesentlichen vollendet war. In der veränderten Hausfrauenmentalität spiegelt sich die Geschichte der gegenseitigen Beziehungen der Geschlechter auf dem Hintergrund der wirtschaftlichen Umwälzung ab, die die Frauen in das außerhäusliche Berufsleben gedrängt hat.

Der Wendepunkt in der Verteilung der Produktion zwischen Volkswirtschaft und Einzelwirtschaft stellt an die Frau große Anforderungen in bezug auf geistige Beweglichkeit, Anpassungsfähigkeit und vorurteilloses Denken, in Richtung auf einen verfeinerten Instinkt für die wahre Produktivität. Man kann geradezu behaupten, daß die Hauswirtschaft im gegenwärtigen Stadium der Entwicklung durch die Forderung, die technischen Mittel zeitgemäß zu gestalten, so viel Gelegenheit zu produktiver Denkarbeit bietet, wie das Erwerbsleben sie nur noch den hoch qualifizierten Kräften in gehobenen Stellungen gewährt. Nur ein hoch entwickelter Durchschnitt von Hausfrauen wird sich dieser Aufgabe gewachsen zeigen. *Soweit ihnen Lösungen gelingen, können die Hausfrauen der Frauenbewegung dafür danken, daß sie den*

Horizont des weiblichen Geschlechts erweitert hat. Auch hierin liegt eine leise Paradoxie, denn die Frauenbewegung hat das Hausfrauentum scheinbar an die Wand gedrückt. Tatsächlich schenkt sie ihm mehr, als sie wohl bewußt für es erstrebt hat.«

Dreizehn Budgets von Arbeiterhaushaltungen

Nach Karl Landolt: Zehn Basler

Einkommen	Nahrung	Wohng.	Kleidung	Heizg.	Anschaffg.
1.142,71 frs Mann 550,86 „ Frau 477,85 „ Geschenke Miete 1.	42,5% Fleisch 19,28 frs Brot 104,08 „ Milch 179,03 „ Kaffee 19,75 „ Fette 23,33 „	34,6%	7,3% Kleider 32,30 frs Wäsche 30,50 „ Reparat. 22,24 „ Schuhe 1,20 „	3,8%	2,4%
1.914,92 „ Mann 1.313,43 „ Frau 321,79 „ Nebeneinnahmen Miete 2.	41,9% Fleisch 105,45 „ Brot 222,80 „ Milch 248,62 „ Kaffee 28,20 „ Fette 36,28 „	24,6%	9% Kleider 86,05 „ Schuhe 33,40 „ Wäsche 14,80 „ Reparat. 40,00 „	3,8%	2,6%
1.517,75 „ Mann 908,10 „ Frau 185,80 „ Nebeneinnahmen Miete 3.	58,3% Fleisch 168,49 „ Brot 219,26 „ Milch 237,90 „ Kaffee 26,85 „ Fette 54,03 „ Kartoffeln 46,05 „ Gemüse 16,95 „	13,6%	9% Kleider 58,90 „ Wäsche 17,55 „ Reparat. 24,07 „ Schuhe 33,20 „	5,5%	1,1%
1.397,45 „ Mann 1.137,35 „ Sohn 175,50 „ Tochter 39,60 „ keine Neben- einnahmen 4.	52,9% Fleisch 63,26 „ Brot 239,34 „ Milch 164,55 „ Kaffee 22,10 „ Fette 58,65 „ Kartoffeln 33,70 „ Gemüse 13,45 „	10,9%	19,6% Kleider 134,50 „ Wäsche 42,18 „ Reparat. 28,65 „ Schuhe 58,90 „	5,6%	2%
1.425,35 „ Mann 890,— „ Frau 633,85 „ Sohn 182,80 „ Tochter 639,50 „ 5.	46,9% Fleisch 126,33 „ Brot 324,29 „ Milch 309,70 „ Kaffee 40,25 „ Fette 133,49 „ Kartoffeln 42,23 „ Gemüse 43,28 „	12,3%	13,4% Kleider 180,95 „ Wäsche 37,35 „ Reparat. 52,58 „ Schuhe 63,10 „	6%	2,2%

aus dem letzten Viertel des 19. Jahrhunderts

Arbeiterhaushaltungen (1889/90)

Tabak	Getränke	Versichg.	Freizeit	Bemerkungen
0,1%	0,6%	1,5%	3,3% Abonn. 15,60 frs Politik 11,70 „	Mann Flickschuster, Frau Putzerin ausw. 5 Kinder, 3 Zimmer m. Küche, 1 Zimmer verm. (unsicher), Vater Gemeindebeamt.
—	7,6% Bier 133,25 frs Wein 14,00 „	2,1%	6,2% Abonn. 8,10 „ Polit. 22,45 „ Vergn. 83,65 „	Mann Zigarrenarbeiter, Frau Schneiderin zu Hause, 5 Kinder, 3 Zimmer m. Küche, 1 Zimmer vermietet (unsicher), Vater Schuhmacher, Sohn nicht Handwerker.
—	1,0%	2%	1,1% Abonn. 5,50 „ Polit. 7,72 „ Vergn. —	Mann Zigarrenarb., Frau Wickelmach. z. Hause, 4 Kinder, 2 Z. u. Küche, Bruder d. Frau in Kost und Logis (dauernd). Viel Krankh. Ursprüngl. Lehrberuf, dann Zigarrenmacherlehre.
0,7%	2,7%	—	0,5% Abonn. 5,55 „	Mann Hausarbeiter (Bandweberei), 2 älteste Kinder Fabrikarbeiter. 8 Kinder, 3 gest. 3 Z. m. Küche, viel Krankheit, Mutter Bandweberin, Sohn früher Subalternbeamter (Bürodiener), dann Bandweber.
0,4%	2%	3,8%	4,6% Abonn. 12,30 „ Polit. 9,60 „ Vergn. 74,55 „	Mann, Frau und zwei älteste Kinder Bandweber in Fabrik. 4 Kinder. 1 Großmutter, Schulden durch Bürgschaften, Vater niederer Beamter u. Bandweber.

Einkommen	Nahrung	Wohng.	Kleidung	Heizg.	Anschaffg.
1.748,59 „ Mann 1.596,99 „ Kap.Zins 132,60 „ 6.	42,8% Fleisch 268,83 „ Brot 53,20 „ Milch 157,96 „ Kaffee 12,35 „ Fette 51,75 „ Kartoffeln 8,95 „ Gemüse 30,60 „ (23¼ Pfd. Butter)	12,4%	13,7% Kleider 162,90 „ Wäsche 6,80 „ Reparat. 50,86 „ Schuhe 17,70 „	8,9%	6,1%
1.775,25 „ (Arbeitslohn des Gesellen abgezogen) 7.	43% Fleisch 144,87 frs Brot 56,38 „ Milch 121,15 „ Kaffee 27,55 „ Fette 38,47 „ Kartoffeln 23,— „ Gemüse 25,72 „	22,3%	6,7% Kleider 29,30 „ Wäsche 14,— „ Reparat. 17,79 „ Schuhe 28,65 „	3,6%	1,5%
1.877,52 „ (Arbeitshilfsmittel abgezogen) 8.	34,2% Fleisch 142,10 „ Brot 114,92 „ Milch 149,55 „ Kaffee 28,30 „ Fette 45,67 „ Kartoffeln 10,65 „ Gemüse 22,97 „ (Butter 24¾ Pfd.)	16,7%	19,2% Kleider 205,60 „ Wäsche 75,— „ Reparat. 51,06 „ Schuhe 20,50 „	5,6%	7,3%
1.409,75 „ Mann 1.157,50 „ Frau 57,25 „ Nebeneinnahmen 9.	56,4% Fleisch 61,73 „ Brot 238,43 „ Milch 334,36 „ Kaffee 26,65 „ Fette 47,80 „ Kartoffeln 22,05 „ Gemüse 4,80 „ (Butter 4 Pfd.)	11,5%	4,8% Kleider 7,60 „ Wäsche 3,10 „ Reparat. 11,50 „ Schuhe 45,70 „	5,8%	1,3%
2.134,95 „ Mann 1.735,80 „ Frau 199,15 „ Gratifikationen 10.	35,2% Fleisch 193,78 „ Brot 47,23 „ Milch 137,95 „ Kaffee 10,80 „ Fette 84,28 „ Kartoffeln 13,60 „ Gemüse 29,78 „ (Butter 44½ Pfd.)	13,7%	10,3% Kleider 49,55 „ Wäsche 59,10 „ Reparat. 77,95 „ Schuhe 29,30 „	5,8%	9,5%

Tabak	Getränke	Versichg.	Freizeit	Bemerkungen
—	2%	2,1%	0,3% Abonn. 4,25 „ Politik — Vergnügen — Diverses 11,4 „	Mann Schneidergeselle, in Konfektionsgeschäft, 1 Kind, 1 Zimmer m. Küche u. Verschlag, letzterer an Schlafgänger vermietet. Vater hat kleines Vermögen vererbt, Sohn Schneiderlehre. Frau Köchin. Todesfall eines Kindes.
0,1%	6,5% Bier 62,15 frs Wein 16,80 „	6,7%	7,2% Abonn. 15,75 „ Polit. 5,25 „ Vergn. 75,32 „	Mann Schneidergeselle zu Hause, Frau Hilfsarbeiterin des Mannes, keine Kinder. Hie und da Geselle m. Kost u. Wohnung. 2 Zimmer u. Küche. Halbwaise. Mutter Bandweberei, Kost- und Schlafgängerei. Frau vor der Ehe Köchin.
0,7%	7,5% Bier 64,10 „ Wein 60,21 „	1,6%	4% Abonn. 18,65 „ Polit. 7,80 „ Vergn. 45,85 „	Mann Schneidergeselle, zu Hause, ein Kind, hie und da Lehrling, 2 Zimmer, Küche. Vater früh verloren, Mutter mit Waschen und Spinnen Lebensunterhalt verdient.
1%	10,3% Bier 78,38 „ Wein 65,30 „	2,4%	0,6% Abonn. 3,30 „ Polit. 4,20 „	Mann Maurergeselle, Frau Näherin zu Hause. 4 Kinder. 2 Dachräume m. Küche, kleines Gärtchen. Schulden an Eßwaren. Kredit beim Weinhändler. Vater Maurer.
1,3%	6% Bier 92,— „ Wein 30,55 „	3,4%	10% Abonn. 18,97 „ Polit. 16,60 „ Vergn. 170,27 „	Mann Commis in Versicherungsgeschäft, Frau Zettlerin in Fabrik, später Weißnäherin zu Hause. Kein Kind. 1 Zimmer m. Küche. Mann früher Malermeister.

Nach Karl Flesch: Frankfurter

Einkommen	Nahrung	Wohng.	Kleidung	Heizg.	Anschaffg.
1.024,51 RM 11.	54,85% Fleisch 12,1% Brot 18,5% Milch 3,3% Kaffee 5,1% Fette 5,0% Kartoffeln 2,9% Gemüse 0,8%	16,07%	7,4% Schuhe 2,5% Schuhreparat. 2%	5,84%	1,6%
1.173,87 RM (einschl. Putzarbeit der Frau u. Gratifikationen) 12.	52,34% Fleisch 6,09% Brot 14,10% Milch 5,37% Fette 5,8% Kaffee 35,00 RM Kartoffeln 24,14 „ Gemüse 20,00 „	14,5%	12,81% Kleider 83,45 RM Schuhe 63,70 „	6,66%	—

Nach H. Mehner: Über den Haushalt und die

Einkommen	Nahrung	Wohng.	Kleidung	Heizg.	Anschaffg.
1.100,00 RM Mann 663,00 „ Frau und Kinder 437,00 „ 13.	ca. 61% pro Woche: Fleisch 1,20 RM Brot 3,52 „ Kaffee 0,50 „ Fette 6,72 „ Kartoffeln 1,17 „	6,5%	151,00 RM Schuhe bzw. Leder 14,50 RM	pro Woche 2,30 RM	

Arbeiter-Budgets (1890)

Tabak	Getränke	Versichg.	Freizeit	Bemerkungen
—	2,3%	4,6% Zwangs-versich.	7% einschl. Tabak Bildg. 9,05 RM keine Zeitung	Mann Arbeiter in Staatseisenbahnwerkstätte. 4 Kinder, 6 Kinder gestorben, unglückliche Ehe. 1 Zimmer und Küche. Ursprüngl. Schreiner. Zeitweilige Putz- und Wascharbeit der Frau. Zeitweiliges Mitwohnen der Schwiegermutter.
—	1,84%	von der Fabrik bezahlt	einschl. Tabak u. Anschaffg. 13% Zeitung 7,30 RM Polit. 13,80 „	Mann Arbeiter in chemischer Fabrik. 6 Kinder. 2 Zimmer u. Küche, kl. Gärtchen. Mann ursprüngl. Feilenhauer, Frau Hausangestellte.

Lebenshaltung einer Leipziger Arbeiterfamilie (1887)

Tabak	Getränke	Versichg.	Freizeit	Bemerkungen
pro Woche –,66 RM	pro Woche 1,60 RM	—	keine Zeitung kein Verein Schulbücher 4,20 RM	Mann Fabrikarbeiter, Frau ebenfalls in chemischer Fabrik. 3 Kinder. 2 Kinder verdienen gelegentlich. 1 Zimmer mit Kammer und Vorraum.

Arndt, Paul: Heimarbeiterelend in Deutschland. Jena 1927
ds.: Die Zukunft der Heimarbeit. Soziale Praxis und Archiv f. Volkswohlfahrt 34, 1925
Averdieck, Elise: Lebenserinnerungen. Aus ihren eigenen Aufzeichnungen zusammengestellt von Hannah Gleiß. Hamburg 1908
Bähr, Otto: Eine deutsche Stadt vor sechzig Jahren. Leipzig 1884
Ballin, Paul: Die Haushaltung der arbeitenden Klassen. Berlin 1883
Bansa, Otto Hrsg.: Ein Lebensbild in Briefen aus der Biedermeierzeit. Zur Geschichte einer Alt-Frankfurter Familie. Frankfurt 1914
Bauer, Stephan: Die Konsumtion nach ihren sozialen Klassen. In: Handwörterbuch der Staatswissenschaften Bd. 6, [3] 1910
Baum, Marie: Drei Klassen von Lohnarbeiterinnen in Industrie und Handel der Stadt Karlsruhe. Karlsruhe 1906
ds.: Der Einfluß der gewerblichen Arbeit auf das persönliche Leben der Frau. Jena 1910
ds. u. a.: Wohnung und Frau. Fünf Vorträge. Karlsruhe 1912
ds.: Wohnweise kinderreicher Familien in Düsseldorf-Stadt und Land. Berlin 1917
Bäumer, Gertrud: Die Frau in Volkswirtschaft und Staat der Gegenwart. Stuttgart und Berlin 1914
Beckerath, Herbert von: Ziele und Gestaltung in der deutschen Industriewirtschaft. Jena 1924
Beckmann, Fritz: Der Bauer im Zeitalter des Kapitalismus. Schmollers Jahrbuch 50, 1926 und 51, 1927
Bebel, August: Die Frau und der Sozialismus. Stuttgart 1979
Bellamy, Edward: Ein Rückblick aus dem Jahr 2000. Leipzig 1890 (»Looking Backward« deutsch, zuerst 1888)
Below, Georg von und Friedrich Meinecke, Hrsg.: Handbuch der mittelalterlichen und neueren Geschichte. München und Berlin 1905–1929
Bertuch, Friedrich J. und andere Hrsg.: Journal des Luxus und der Mode. 1786–1827
Bidlingmaier, Maria: Die Bäuerin in zwei Gemeinden Württembergs. Diss. Tübingen 1918
Bielfeld, Gretha: Die Mechanisierung des Haushalts und seine volkswirtschaftliche Bedeutung. Langensalza 1931
Bingemer, Heinrich Hrsg: Der Mann aus dem Römer. Eine Alt-Frankfurter Novelle von Georg Wilhelm Pfeifer. Nach der Erstausgabe vom Jahr 1860 neu hrsg. und mit heimatkundlichen Hinweisen versehen. Frankfurt 1925
Bohlen, Adolf: Die Lebenshaltung der höheren Beamten, Leipzig 1932
Bothe, Friedrich: Wirtschaft und Kultur in Goethes Vaterhaus. Die Lebenshaltung der Familie Goethe nach dem Haushaltungsbuch des Herrn Rat. Frankfurt 1932
ds.: Geschichte der Stadt Frankfurt am Main. 3., verm. Auflage Frankfurt 1929
Brand, Georg: Die Wirtschaftsbücher zweier Pfarrhäuser des Leipziger Kreises im vorigen Jahrhundert. Leipzig 1911
Brandt-Wyt, Renetta: Hauswirtschaftliche Nahrungsmittelkonsumtion und Frauenarbeit. München 1912
Braun, Lili: Frauenarbeit und Hauswirtschaft. Berlin 1901
ds.: Die Frauenfrage. Leipzig 1901
Brentano, Lujo von: Eine Geschichte der wirtschaftlichen Entwickung Englands. Bd. 1–3. Jena 1927–29
ds.: Der wirtschaftende Mensch in der Geschichte. Leipzig 1923
Brinkmann, Karl: Wirtschafts- und Sozialgeschichte. München 1927

Bücher, Karl: Haushalts-Budgets oder Wirtschaftsrechnungen? Zeitschr. f. d. ges. Staatswissenschaft 62, 1906
ds.: Die Frauenfrage im Mittelalter. Tübingen 1882
Burk, J. Chr. F.: Spiegel edler Pfarrfrauen. Stuttgart 1865
Conrad, Else: Lebensführung von 22 Arbeiterfamilien Münchens. München 1909
Dietz, Alexander: Frankfurter Handelsgeschichte. Frankfurt 1925
Dittrich, J. J.: Unsere Übergangszeit betreffend die Erlösung des Proletariats. Breslau 1848
Dohm, Hedwig: Der Frauen Natur und Recht. Zur Frauenfrage. Zwei Abhandlungen. Berlin 1876
Ehrenberg, Richard: Große Vermögen. Das Haus Parish in Hamburg. Jena 1905
ds.: Die Unternehmungen der Brüder Siemens. Jena 1906
ds.: Die Familie in ihrer Bedeutung für das Volksleben. Jena 1916
ds. und Hugo Racine: Kruppsche Arbeiterfamilien. Archiv f. exakte Wirtschaftsforschung, 6. Ergänzungsheft 1912
Elias, Norbert: Der höfische Mensch. Manuskript 1933 (vgl. Die höfische Gesellschaft. Neuwied und Berlin 1969)
Engel, Ernst: Das Königreich Sachsen in statistischer und staatswirtschaftlicher Beziehung. Bd. 1: Land und Leute, Wohnplätze und materielle Hilfsquellen. Dresden 1853
ds.: Das Rechnungsbuch der Hausfrau. Berlin 1882
ds.: Die Lebenskosten belgischer Arbeiterfamilien früher und jetzt. Dresden 1885
Engels, Friedrich: Der Ursprung der Familie, des Privateigentums und des Staates. Hottingen und Zürich 1884
ds.: Die Lage der arbeitenden Klassen in England. Stuttgart 1892
Erhebung: Österreichische Erhebung über Wirtschaftsrechnungen und Lebensverhältnisse von Wiener Arbeiterfamilien. Stat. Archiv Wien 10, 1917
Erhebung: Erhebung von Wirtschaftsrechnungen minderbemittelter Familien im Deutschen Reiche. 2. Sonderheft zum Reichsarbeitsblatt 1909
Erhebung: Erhebung der Lebenshaltung von 2000 Arbeiter-, Angestellten- und Beamtenhaushaltungen. Teil I und II. Berlin 1932
Feld, Wilhelm: Die Kinder der in Fabrikarbeit lebenden Frauen und ihre Verpflegung. Dresden 1906
Finke, Heinrich: Die Frau im Mittelalter. Kempten 1913
Fischer-Eckert, Li: Die wirtschaftliche und soziale Lage der Frauen in dem modernen Industrieort Hamborn, Hagen 1913
Fischer, Edmund: Frauenarbeit und Familie. Berlin 1914
Flesch, Karl: Frankfurter Arbeiter-Budgets. Frankfurt 1890
Franzen-Hellersberg, Lisbeth: Die jugendliche Arbeiterin, ihre Arbeitsweise und Lebensform. Tübingen 1932
Freytag, Gustav: Soll und Haben. Leipzig 1855
Fürth, Henriette: Die Berufstätigkeit des weiblichen Geschlechts und die Berufswahl der Mädchen. Gautzsch bei Leipzig 1908
ds.: Die Fabrikarbeit verheirateter Frauen. Frankfurt 1902
ds.: Ein mittelbürgerliches Budget über einen zehnjährigen Zeitraum. Jena 1907
ds.: Mindesteinkommen, Lebensmittelpreise und Lebenshaltung. Archiv f. Sozialwissenschaft und Sozialpolitik 33, 1911
ds.: Die Hausfrau. München 1914
Gerhardt, Adele und Helene Simon: Mutterschaft und geistige Arbeit. Berlin 1901
Gerloff, Wilhelm: Verbrauch und Verbrauchsbelastung kleiner und mittlerer Einkommen in Deutschland an der Wende des Jahrhunderts. Jena 1907

ds.: Wirtschaftsführung und Haushaltungsaufwand deutscher Volksschullehrer. Archiv f. Sozialwissenschaft u. Sozialpolitik 30, 1910
Geismar, Klara: Lebenserinnerungen. Privatdruck 1913
Gesellschaft: Gesellschaft der Freunde des vaterländischen Schul- und Erziehungswesens: Haushaltsrechnungen hamburgischer Volksschullehrer. Hamburg 1906
Glay, Frieda und Dorothea Kisch: Die wirtschaftlichen und sozialen Verhältnisse der berufstätigen Frau. Berlin 1930
Gnauck-Kühne, Elisabeth: Die soziale Lage der Frau. Berlin 1895
ds.: Die deutsche Frau um die Jahrhundertwende. Statistische Studien zur Frauenfrage. Berlin 1907
Goethe, Joh. W.: Hermann und Dorothea. 1798
ds.: Die Leiden des jungen Werther. 1774
Graf, Ursula: Die Probleme der weiblichen Bildung. Göttingen 1925
Grosse, Ernst: Die Formen der Familie und die Formen der Wirtschaft. Freiburg 1896
Gruber, Ignaz: Die Haushaltung der arbeitenden Klassen. Jena 1887
Grünbaum-Sachs, Hildegard: Handbuch für Hausarbeit. Berlin 1926
ds.: Zur Krisis in der Hausarbeit. Langensalza 1929
Gumplowicz, Ladislaus: Ehe und freie Liebe. Berlin 1900
Günther, Adolf: Zur Frage der Lebenshaltung des Mittelstandes. Schmollers Jahrbuch 37, 1913
ds.: Lebenskosten und Lebenshaltung. Schmollers Jahrbuch 40, 1916
ds.: Wirtschaftsrechnungen minderbemittelter Familien in Deutschland. Soziale Praxis und Archiv f. Volkswohlfahrt 19, 1910
Hahn, Eduard: Die Entstehung der wirtschaftlichen Arbeit. Heidelberg 1908
Hallo, Rudolf: Geschichte der Familie Hallo. 350 Jahre aus dem Leben einer deutschen Hofjuden- und Handwerkerfamilie. Privatdruck Kassel 1930
Hammacher, Emil: Hauptfragen der modernen Kultur. Leipzig 1914
Harms, Bernhard Hrsg: Strukturwandlungen der deutschen Volkswirtschaft. Bd. 1 und 2. Berlin 1928
Hartmann, Eduard von: Gedanken über Staat, Politik und Sozialismus. Leipzig 1923
Hartung, Fritz: Deutsche Geschichte 1871–1914. Bonn 1920
Hase, Karl: Ideale und Irrtümer. Leipzig 1830
Haushaltsrechnungen: Haushaltsrechnungen Nürnberger Arbeiter. Ein Beitrag zur Aufhellung der Lebensverhältnisse des Nürnberger Proletariats. Nürnberg 1901
Hebbel, Friedrich: Meine Kindheit. 1846–54
Heilborn, Ernst: Zwischen zwei Revolutionen. 1789–1918. Berlin 1927–29
Heinemann, Karl: Goethes Mutter. Leipzig 1892
Hellwald, Fr. von: Die menschliche Familie nach ihrer Entstehung und natürlichen Entwicklung. Leipzig 1889
Hermann, Georg: Jettchen Gebert. 1906
Hertz, Paul: Unser Elternhaus. Hamburg 1902
Heyl, Hedwig: Aus meinem Leben. Berlin 1925
Hirschberg, Ernst: Die soziale Lage der arbeitenden Klassen in Berlin. Berlin 1897
Hoffmann, Walter: Stadien und Typen der Industrialisierung. Jena 1931
Hofmann, E.: Zwei Haushaltsbudgets über einen zwanzigjährigen Zeitraum. Archiv f. soziale Gesetzgebung und Statistik 6, 1893
Hofmann, Walter: Die Lektüre der Frau. Leipzig 1931
Holtzendorff, Fr. von: Über die Verbesserungen in der gesellschaftlichen und wirtschaftlichen Stellung der Frauen. Berlin 1867
Ibsen, Henrik: Nora oder ein Puppenheim. 1879

Jahn, H.: Beleuchtung der Schrift »Über den Einfluß der Fabriken und Manufakturen in Schlesien« von Treumund Welp. Braunschweig 1844
Kamp, Otto: Erwerb und Wirtschaftsführung im Arbeiterhaushalt. Leipzig 1892
Kampffmeyer, Paul: Vom Zunftgesellen zum freien Arbeiter. Berlin 1924
Kanter, Hugo: Die Entwicklung des Handels mit gebrauchsfertigen Waren von der Mitte des 18. Jahrhunderts bis 1866 in Frankfurt. Tübingen und Leipzig 1902
Kempf, Rosa: Das Leben der jungen Fabrikmädchen in München. Leipzig 1911
Kiesselbach, Wilhelm: Drei Generationen. Deutsche Vierteljahrsschrift 23, 1860
Klewitz, Siegfried: Die von Staat und Kommunen für den Privathaushalt übernommenen Leistungen. Leipzig 1911
Knoblauch, Elisabeth: Zur Psychologie der studierenden Frau. Bonn 1930
Kracauer, Siegfried: Die Angestellten. Frankfurt 1930
Krebs, Hanna: Die Frau im Gewerbe. Zürich 1928
Kriegk, Georg: Die Brüder Senckenberg. Frankfurt 1869
Krolzig, Günther: Der Jugendliche in der Großstadtfamilie. Berlin 1930
Krukenberg, Elsbeth: Die Frau in der Familie. Leipzig 1910
Kulischer, Josef: Allgemeine Wirtschaftsgeschichte. München 1928–29
Landolt, Karl: Zehn Basler Arbeiterhaushaltungen. Zeitschrift f. schweizerische Statistik 27, 1891
ds.: Methode und Technik der Haushaltsstatistik. Freiburg 1894
Lange, Helene: Lebenserinnerungen. Berlin 1921
ds. und Gertrud Bäumer, Hrsg.: Handbuch der Frauenbewegung. Bd. 1–4 Berlin 1901 bis 1902
Laroche, Sophie von: Briefe an Lina. Speyer 1785
Lederer, Emil, Theodor Brauer und Jakob Marschak: Das soziale System des Kapitalismus. Tübingen 1927
ds., Albert Thomas und Otto Suhr: Wandlungen in Wirtschaft und Gesellschaft. Berlin 1928
Lepsius, Bernhard: Das Haus Lepsius. Berlin 1933
Lewald, Fanny: Gefühltes und Gedachtes. Leipzig 1900
Lexis, Wilhelm: Konsumtion. In: Handwörterbuch der Staatswissenschaften Bd. 6, ^{3}1910
ds.: Die volkswirtschaftliche Konsumtion. In: Handbuch der politischen Ökonomie ^{4}1898
Lion, Hilde: Zur Soziologie der Frauenbewegung. Berlin 1926
Lippert, Julius: Die Geschichte der Familie. Stuttgart 1884
Lischnewska, Maria: Warum muß die Frau Politik treiben? München 1910
Mann, Thomas: Die Buddenbrooks. 1901
Marenholtz-Bülow, Berta von: Erinnerungen an Friedrich Fröbel. Kassel 1876
May, Ernst und Fritz Wichert, Hrsg.: Das neue Frankfurt. Int. Monatsschrift für die Probleme kultureller Neugestaltung. 1926 ff.
May, Max: Zehn Arbeiter-Budgets. Berlin 1891
Mehner, H.: Über den Haushalt und die Lebenshaltung einer Leipziger Arbeiterfamilie. Schmollers Jahrbuch 11, 1887
Mennicke, Karl: Schicksal und Aufgaben der Frau in der Gegenwart. Potsdam 1929
Meißner, M.: Haushaltungsbücher. Mitteilungen der Geschichts- und Altertumsforschenden Gesellschaft des Osterlandes 11, 1907
Metallarbeiterverband: 320 Haushaltungsrechnungen deutscher Metallarbeiter. Stuttgart 1910
Meyer, Erna: Der neue Haushalt. Stuttgart 1926
ds., Hrsg.: Neuzeitliche Hauswirtschaftslehre. Stuttgart 1928

ds.: Der Haushalt eines höheren Justizbeamten. Schriften des Vereins f. Soz. Politik, Bd. 145, 1918
Mill, John Stuart: Die Hörigkeit der Frau. Berlin 1869
Minutoli, Alexander von: Die Lage der Weber und Spinner im Schlesischen Gebirge. Berlin 1851
Mohl, Robert von: Die Erziehung des weiblichen Geschlechts. In: Staatsrecht, Völkerrecht und Politik. Monographien Bd. 3, Tübingen 1869
Möser, Justus: Ausgewählte Patriotische Phantasien. Leipzig o. J. (zuerst 1775–86)
Müller-Lyer, Franz: Die Familie. München 1912
Nölting, Lili: Die Frauen und die Wirtschaft. Frankfurt 1920
Ortega y Gasset, José: Vom Einfluß der Frau auf die Geschichte. Zürich 1929
Otto, Eduard: Das Deutsche Handwerk. Leipzig 1904
Otto-Peters, Luise: Erinnerungen aus der Vergangenheit. Leipzig 1876
Otto, Rose: Über die Fabrikarbeit verheirateter Frauen. Stuttgart und Berlin 1910
Pache, Oskar: Die wirtschaftliche Hausfrau. Leipzig 1894
Parthey, Lili: Tagebücher aus der Berliner Biedermeierzeit. Leipzig und Berlin 1926
Pelz, Eduard (d. i. Treumund Welp): Über den Einfluß der Fabriken und Manufakturen in Schlesien. Vier Briefe. Leipzig 1844–46
Perkins-Stetson, Charlotte: Mann und Frau. Die wirtschaftlichen Beziehungen der Geschlechter als Hauptfaktor der sozialen Entwicklung. Dresden 1901
Pestalozzi, Joh. Heinrich: Lienhard und Gertrud. Teil 1–4. Berlin und Leipzig 1781–87
Peuckert, Will Erich: Schlesische Volkskunde des Proletariats. Frankfurt 1931
Pierstorff, Julius: Frauenarbeit und Frauenfrage. In: Handwörterbuch der Staatswissenschaften Bd. 3, [1]1892
ds.: Frauenfrage und Frauenbewegung. In: Wörterbuch der Volkswirtschaft Bd. 1, [3]1911
Pohle, Ludwig: Die Erhebungen der Gewerbeaufsichtsbeamten über die Fabrikarbeit verheirateter Frauen. Schmollers Jahrbuch 25, 1901 und 26, 1902
Potthoff, Heinz: Die Bedeutung des Haushalts in der Volkswirtschaft. Berlin 1921
ds.: Hauswirtschaft und Volkswirtschaft. Düsseldorf 1928
ds., Samy Jadesohn und Hermann Meissinger: Rechtssprechung des Arbeitsrechts. Stuttgart 1914 ff.
Le Play, Frédéric: Les ouvriers Européens. 6 Bde. Tours 1855–78
Reicke, Ilse: Die Frauenbewegung. Leipzig 1929
Richter, Claire: Das Oekonomiat. Hauswirtschaftlicher Großbetrieb als Selbstzweck. Berlin 1919
Richter, Ludwig: Lebenserinnerungen. Leipzig 1885
Riehl, Wilhelm: Die Familie. Stuttgart 1855
ds.: Vom deutschen Land und Volke. Eine Auswahl hrsg. von Paul Zaunert. Jena 1922
Riesbeck, Joh. Kaspar: Briefe eines reisenden Franzosen über Deutschland. Zürich 1783
Roßbach, Joh. Josef: Vom Geiste der Geschichte der Menschheit. 2.Teil: Vier Bücher Geschichte der Familie. Nördlingen 1859
Rühle, Otto: Illustrierte Kultur- und Sittengeschichte des Proletariats. Berlin 1930
Rühle-Gerstel, Alice: Das Frauenproblem der Gegenwart. Psychologische Bilanz. Leipzig 1932
Salomon, Alice: Soziale Frauenpflichten. Berlin 1902
ds. und Marie Baum Hrsg.: Das Familienleben in der Gegenwart. 182 Familienmonographien. Berlin 1930
Sapper, Agnes: Frau Pauline Brater. Lebensbild einer deutschen Frau. München 1908
Schäffle, Albert: Bau und Leben des sozialen Körpers. Tübingen 1875

Scheel, Hans von: Frauenfrage und Frauenstudium. Jahrbücher f. Nationalökonomie und Statistik 22, 1874
Scheffler, Karl: Leben, Kunst und Staat. Ges. Essays. Leipzig 1920
Schiff, Walter: Der Einfluß von Wohlhabenheitsgrad, Einkommenshöhe und Familiengröße auf die Befriedigung der Bedürfnisse. Zeitschrift f. Volkswirtschaft 26, 1916
Schiller, Friedrich: Das Lied von der Glocke. 1799
Schimper, Johanna: Ländliche Bauart und Wohnweise unter dem Einfluß der Berufsverschiebung. Karlsruhe 1915
Schirmacher, Käthe: Die Frauenarbeit im Hause, ihre ökonomische, rechtliche und soziale Wertung. Leipzig 1905
Schleich, Carl Ludwig: Besonnte Vergangenheit. Berlin 1921
Schleiermacher, Friedrich: Vertraute Briefe über Friedrich Schlegels Lucinde. Lübeck und Leipzig 1800
ds.: Predigten für den christlichen Hausstand. Berlin 1876
Schlosser, Julie: Aus dem Leben meiner Mutter. Berlin 1926–29
Schnapper-Arndt, Gottlieb: Fünf Dorfgemeinden auf dem Hohen Taunus, Leipzig 1883
Schneer, Alexander: Über die Not der Leinenarbeiter in Schlesien und die Mittel ihr abzuhelfen. Berlin 1844
ds.: Über die Zustände der arbeitenden Klassen in Breslau. Berlin 1845
Schollich: Der Haushalt eines großen Herrn im 18. Jahrhundert. Steirische Zeitschrift f. Geschichte 1905
Schücking. Levin: Die Familie im Puritanismus. Leipzig und Berlin 1929
Schultz, Alwin: Alltagsleben einer Frau zu Anfang des 18. Jahrhunderts. Leipzig 1890
Schultz, Alwin: Das häusliche Leben der europäischen Kulturvölker vom Mittelalter bis zur zweiten Hälfte des 18. Jahrhunderts. München und Berlin 1903
Schumacher, Edith: Die Kriegspflichten der Hausfrau. Bonn 1915
Schwabach, Erik-Ernst: Die Revolutionierung der Frau. Leipzig und Berlin 1928
Schwabe, Hermann: Die Resultate der Berliner Volkszählung vom 3. Dezember 1867. Bearbeitet, erläutert und graphisch dargestellt. Berlin 1869
Semper, Gottfried: Wissenschaft, Industrie und Kunst. Vorschläge zur Anregung nationalen Kunstgefühls. Braunschweig 1852
Siemering, Herta und Eduard Spranger, Hrsg.: Weibliche Jugend in unserer Zeit. Leipzig 1932
Sieveking, Heinrich: Grundzüge der neueren Wirtschaftsgeschichte vom 17. Jahrhundert bis zur Gegenwart. Dresden u. Leipzig ^{2}1915
Simmel, Georg: Weibliche Kultur. In: Philosophische Kultur. Ges. Essays. Leipzig 1911
Smiles, Samuel: Ausgewählte Schriften. Für das deutsche Volk bearbeitet. Bd. 1: Der Weg zum Erfolg; Bd. 2: Der Charakter; Bd. 3: Der Weg zum Wohlstand. Heidelberg 1889–90
Sombart, Werner: Sozialismus und soziale Bewegung im 19. Jahrhundert. Jena 1896
ds.: Der moderne Kapitalismus. Leipzig 1902
ds.: Das Proletariat. Frankfurt 1906
Sommer, Albrecht: Lehre vom Privathaushalt. Berlin 1931
Spencer, Herbert: Die Prinzipien der Soziologie. Stuttgart 1877
Stahl, Franz W.: Das deutsche Handwerk. Gießen 1874
Stecher, Max: Ökonomik des Haushalts. Langensalza 1927
Stein, Lorenz von: Die Frau auf dem Gebiet der Nationalökonomie. Stuttgart 1875
ds.: Die Frau auf dem sozialen Gebiet. Stuttgart 1880
Steinhausen, Georg: Häusliches und gesellschaftliches Leben im 19. Jahrhundert. Berlin 1898

Steinitzer, Erwin: Bedarfsdeckung und Erwerbswirtschaft. In: Grundriß der Sozialökonomik Bd. 4, 1925
Stephanus, Henricus: Der Frankfurter Markt oder die Frankfurter Messe. Im Auftrag der städt. histor. Kommission in deutscher Übersetzung hrsg. von Julius Ziehen. Frankfurt 1919
Stern, Anna: Soll und Haben im Hause oder die Liebe der Frau in ihrer wirtschaftlichen Betätigung. Bonn 1862
Sternberg, Alexander von: Erinnerungsblätter aus der Biedermeierzeit. Hrsg. von Joachim Kühn. Potsdam 1919
Stoffels, Elisabeth: Die Pflege deutscher Weiblichkeit in der deutschen Volksschule. Paderborn 1915
Strauß, Beatrice: Konsumtionswirtschaft. Ihre Parallelentwicklung mit der Frauenberufsfrage. Leipzig 1929
Suhr, Otto: Die Lebenshaltung der Angestellten. Berlin 1928
Suhr, Susanne: Die weiblichen Angestellten. Berlin 1930
Taut, Bruno: Die neue Wohnung. Die Frau als Schöpferin. Leipzig 1924
Teleky, Agnes: Einkommen und Miete bei kinderreichen Familien in Frankfurt, mit besonderer Berücksichtigung ihrer Wohnungsverhältnisse. Langensalza 1930
Textilarbeiterinnenverband, Deutscher: Mein Arbeitstag – mein Wochenende. 150 Berichte von deutschen Textilarbeiterinnen. Berlin 1930
Treitschke, Heinrich: Bilder aus der deutschen Geschichte. Berlin und Leipzig 1914–16
Tyszka, Karl von: Die Lebenshaltung der arbeitenden Klassen in den bedeutenderen Industriestaaten. Jena 1912
Uhsadel, Walter: Soziologische Verhältnisse kinderreicher Großstadtfamilien. Berlin 1928
Unger, Josef: Die Ehe in ihrer welthistorischen Entwicklung. Wien 1850
Viebig, Clara: Das tägliche Brot. Berlin 1901–1902
Vierkandt, Alfred: Gesellschaftslehre. Hauptprobleme der philosophischen Soziologie. Stuttgart 1923
Voelcker, Heinrich Hrsg.: Die Stadt Goethes. Frankfurt am Main im 18. Jahrhundert. Frankfurt 1932
Voß, Joh. Heinrich: Luise. 1783
ds.: Idyllen. 1785
Voigt-Diederichs, Helene: Auf Marienhoff. Buch der Erinnerungen. Jena 1925
Walter, Johannes von: Frauenlos und Frauenarbeit in der Geschichte des Christentums. Berlin 1911
Weber, Adolf: Wirtschaft und Politik. München 1925
Weber, Marianne: Die Beteiligung der Frau an der Wissenschaft. Berlin 1906
ds.: Ehefrau und Mutter in der Rechtsentwicklung. Tübingen 1907
ds.: Frauenfragen und Frauengedanken. Ges. Aufsätze. Tübingen 1919
ds.: Max Weber. Ein Lebensbild. Tübingen 1926
Weber, Max: Abriß der universalen Sozial- und Wirtschaftsgeschichte. München 1923
Weiland, Ruth: Die Kinder der Arbeitslosen. Eberswalde 1933
Weinberg, Margarete: Die Hausfrau in der deutschen Vergangenheit und Gegenwart. Mönchengladbach 1920
Weiß, August: Die Frau nach ihrem Wesen und ihrer Bestimmung. Leipzig 1892
Westermarck, Eduard: Geschichte der menschlichen Ehe. Berlin 1902
Wildenhayn, Fritz: Die Auflösung der Familie. Potsdam 1931
Wildermuth, Ottilie: Bilder und Geschichten aus dem schwäbischen Leben. Stuttgart 1853
ds.: Neue Bilder und Geschichten aus Schwaben. Stuttgart 1854

Wirtschaftsrechnungen: Zwei Wirtschaftsrechnungen von Familien höherer Beamter nebst einem Anhang: Wirtschaftsrechnungen von fünf minderbemittelten Familien. Reichs-Arbeitsblatt 9, 1911, 3. Sonderheft.
Wirtschaftskurve: Die Wirtschaftskurve. Mit den Indexzahlen der Frankfurter Zeitung. 1921 ff.
Witte, Irene und Christine Frederick: Die rationelle Haushaltsführung. Betriebswissenschaftliche Studien. Berlin 1921
Wörrishoffer, F.: Soziale Lage der Fabrikarbeiter in Mannheim. Karlsruhe 1891
Wunderlich, Frieda: Produktivität. Jena 1926
Wygodzinski, Willy: Die Hausfrau in der Volkswirtschaft. Tübingen 1916
Zahn-Harnack, Agnes: Die arbeitende Frau. Breslau 1924
Ziekursch, Johannes: Hundert Jahre schlesischer Agrargeschichte. Breslau 1915
Zirges, Wilhelm: Skizzen aus einem vielbewegten Leben. Leipzig 1859

Peter Krumme (Hrsg.)

Der (bisweilen) leere Stuhl

Arbeitsplätze von Schreibenden

Ullstein Buch 35239

Ullstein Materialien

»In der Werkstatt den Dichter zu zeigen, ist ein Problem der modernen Photographie. Die meisten widersetzen sich, weil sie sich schämen, in Anwesenheit des Photographen schöpferisch tätig zu sein, oder weil sie es dann einfach nicht könnten. Der Dichter am Schreibtisch hat am Schreibtisch nichts zu suchen, wenn der Photograph kommt, aber dieser will gerade, daß der Dichter am Schreibtisch sitzt, über die Schwierigkeit, die sich hierdurch ergibt, ist vorläufig nicht hinwegzukommen, und die illustrierten Zeitschriften, denen es wohl gelingen mag, die Minister beim Regieren zu erwischen, verzweifeln an der Aufgabe, ihrem Publikum zu zeigen, wie sich die Dichter beim Schreiben benehmen. Nur in Ausnahmefällen hat der Photograph Glück und kriegt den Moment zu fassen, wo die Produktion sich ungestört von der Aufnahme vollzieht.«

Karl Kraus (1912)

Walter H. Bruford

Die gesellschaftlichen Grundlagen der Goethezeit

Mit Literaturhinweisen von Reinhardt Habel

Ullstein Buch 3142

Ullstein Materialien

Dieses lange verschollene Werk – die einzige zusammenfassende Darstellung der Sozialgeschichte des 18. Jahrhunderts mit dem direkten Bezug zur Literaturgeschichte – war für Kenner immer ein Geheimtip, für Bibliotheken immer eine Rarität.

Edward P. Thompson

Plebejische Kultur und moralische Ökonomie

Aufsätze zur englischen Sozialgeschichte des 18. und 19. Jahrhunderts

Sozialgeschichtliche Bibliothek

Herausgegeben von Dieter Groh

Ullstein Buch 35046

Ullstein Materialien

Eine repräsentative Auswahl von Aufsätzen des international renommierten englischen Historikers Edward P. Thompson zur gegenwärtigen sozialgeschichtlichen Forschung.